Lebensmittelrecht

W0231159

dtv

Schnellübersicht

Lebensmittelrecht

EG-Lebensmittel-Basisverordnung
Lebensmittel- und Futtermittelgesetzbuch
mit den wichtigsten Durchführungsvorschriften

Textausgabe mit Sachverzeichnis
und einer Einführung
mit Verweisen auf horizontale Vorschriften,
insbesondere des EU-Rechts

von
Prof. Dr. Alfred Hagen Meyer

9. Auflage
Stand: 1. Oktober 2021

dtv

Redaktioneller Hinweis:
Paragraphenüberschriften in eckigen Klammern sind nichtamtlich.
Sie sind ebenso wie alle übrigen nichtamtlichen Bestandteile urheber- und
wettbewerbsrechtlich geschützt.
Die Angaben zum Stand der Sammlung auf dem Titelblatt beziehen sich auf
das Ausgabedatum der maßgeblichen Gesetz-, Verordnungs- und Amtsblätter.

prod. spez. R.num

Für Hinweise, Anregungen und Kritik ist der Verlag stets dankbar.
Richten Sie diese bitte an den Verlag C. H. Beck, Postfach 40 03 40,
80703 München E-Mail: amtliche.texte@beck.de

www.dtv.de

www.beck.de

Sonderausgabe
dtv Verlagsgesellschaft mbH & Co. KG,
Tumblingerstraße 21, 80337 München
© 2022 Redaktionelle Verantwortung: Verlag C. H. Beck oHG
Gesamtherstellung: Druckerei C. H. Beck, Nördlingen
(Adresse der Druckerei: Wilhelmstraße 9, 80801 München)
Umschlagtypographie auf der Grundlage
der Gestaltung von Celestino Piatti

CO_2
neutral

chbeck.de/nachhaltig

ISBN 978-3-423-53125-2 (dtv)
ISBN 978-3-406-78503-0 (C. H. Beck)

9 783406 785030

Inhaltsverzeichnis

V

Abkürzungsverzeichnis

ABl.	Amtsblatt
Abs.	Absatz
alc.	Alkohol
Amtl. Anm.	Amtliche Anmerkung
angef.	angefügt
Anh.	Anhang
Art.	Artikel
aufgeh.	aufgehoben
BAnz.	Bundesanzeiger
Bek.	Bekanntmachung
ber.	berichtigt
BGBl.	Bundesgesetzblatt
bish.	bisher
Buchst.	Buchstabe
bzw.	beziehungsweise
Celex-Nr.	Dokumenten-Nummer der Vorschriften der Europäischen Union
d. h.	das heißt
EG	Europäische Gemeinschaft(en)
EGV	Vertrag zur Gründung der Europäischen Gemeinschaft
EU	Europäische Union
EWG	Europäische Wirtschaftsgemeinschaft (jetzt EG – Europäische Gemeinschaft)
EWR	Europäischer Wirtschaftsraum
FNA	Fundstellennachweis A (Verzeichnis des geltenden Bundesrechts ohne völkerrechtliche Vereinbarungen)
g	Gramm
GVO	genetisch veränderte Organismen
GZT	Gemeinsamer Zolltarif
idF	in der Fassung
kcal	Kilokalorie
kg	Kilogramm
kJ	Kilojoule
l	Liter
LFGB	Lebensmittel- und Futtermittelgesetzbuch
LKV	Los-Kennzeichnungs-Verordnung

Abkürzungsverzeichnis

LMIDV .... Lebensmittelinformations-Durchführungsverordnung

max. .... maximal
µg .... Microgramm
mg .... Milligramm
mm .... Millimeter
ml .... Milliliter
mWv .... mit Wirkung vom

Nr. .... Nummer

qs .... quantum satis (in ausreichender Menge)
QUID .... Quantitative Ingredients Declaration (Mengenkennzeichnung von Lebensmitteln)

S. .... Seite

v. .... vom
v. H. .... vom Hundert
VO .... Verordnung
vol./Vol. .... Volumen

z. B. .... zum Beispiel

Einleitung

von Prof. Dr. Alfred Hagen Meyer, München

„Lebensmittelrecht" ist ein Sammelsurium europäischer und deutscher Normen, die insbesondere dem Schutz der Verbraucher vor Gesundheitsgefahren und Täuschung im Zusammenhang mit Lebensmitteln dienen.

In Deutschland ist der Rechtsrahmen für Lebensmittel durch die seit 21.2.2002 europaweit geltende Basis-Verordnung (EG) Nr. 178/2002 (Nr. **1**) und dem Lebensmittel- u. Futtermittelgesetzbuch (LFGB – Nr. **2**) im Allgemeinen sowie in Bestimmungen für einzelne Lebensmittel im Besonderen festgelegt (umfassend die Textsammlung *Meyer*, Lebensmittelrecht, C.H.Beck-Verlag). Das Lebensmittelrecht ist dabei europäisch geprägt; es gibt nahezu keine nationale Vorschrift, die nicht auf entsprechenden europäischen Vorgaben beruht bzw. diese in deutsches Recht umsetzt. So diente die deutsche Lebensmittel-Kennzeichnungsverordnung (LMKV) der Umsetzung der europäischen Etikettierungs-Richtlinie 2000/13/EG; beide abgelöst durch die seit dem 13.12.2014 geltende Lebensmittelinformations-Verordnung (LMIV 1169/2011 – Nr. **3**).

Diese dtv-Sammlung enthält die grundlegenden Regelungen des Lebensmittelrechts, die nachfolgend kurz vorgestellt bzw. kommentiert werden.

I. Allgemeines Lebensmittelrecht

1. Basis-Verordnung 178/2002

→ hoher Stellenwert im nat. LMR (AEUV)

Mit ihrem Weißbuch zur Lebensmittelsicherheit vom 12.1.2000 schlug die Europäische Kommission seinerzeit eine komplett neue Strategie vor, die die Sicherheit der Lebensmittel „vom Acker zum Tisch", also bis zum Verbraucher umfasst und auch den Futtermittelbereich für Lebensmittel liefernde Tiere einschließt. Von der Vielzahl der in dem Anhang zum Weißbuch enthaltenen Einzelmaßnahmen ist eine der Wesentlichen die am 28.1.2002 verabschiedete Verordnung (EG) Nr. 178/2002 zur Festlegung der allgemeinen Grundsätze und Anforderungen des Lebensmittelrechts, zur Errichtung der Europäischen Behörde für Lebensmittelsicherheit (EFSA) und zur Festlegung von Verfahren zur Lebensmittelsicherheit (nachfolgend: „BasisVO" – Nr. **1**). ! Skandal 90 er (Dioxin)

Den weiten Ansatz des Weißbuches aufgreifend umfasst diese BasisVO sowohl Lebensmittel als auch Futtermittel für die der Lebensmittelgewinnung dienenden Tiere und regelt die grundlegenden Anforderungen an das Lebensmittelrecht in der Europäischen Union. Der Begriff des Lebensmittelrechts wird hier insofern in einem umfassenden Sinne verstanden. Die für den gesamten europäischen Rechtsraum maßgebliche BasisVO zum Lebensmittelrecht gliedert sich in drei Bereiche: Allgemeine Grundsätze des Lebensmittelrechts (Kap. I Anwendungsbereich und Begriffsbestimmungen, Kap. II Allgemeines Lebensmittelrecht, Kap. V, Verfahren und Schlussbestimmungen), die Einrichtung der Europäischen Behörde für Lebensmittelsicherheit EFSA (Kap. III) sowie Rege-

Einleitung

lungen über das Schnellwarnsystem RASFF, Krisenmanagement und Notfälle (Kap. IV).

Die BasisVO trat am 21.2.2002 in Kraft (Art. 65); die Art. 11, 12 (allgemeine Verpflichtungen für die ein- bzw. ausgeführten Lebens- und Futtermittel) sowie Art. 14 – 20 (allgemeine Anforderungen des Lebensmittelrechts) gelten seit 1.1.2005.

Die **allgemeinen Grundsätze** des Lebensmittelrechts umfassen drei Bereiche: Legaldefinitionen (Art. 2 und 3), Prämissen für den Verordnungsgeber (Art. 4 – 10) sowie das Lebensmittelrecht im engeren Sinne mit allgemeinen Verpflichtungen für den Handel mit Lebensmitteln und allgemeinen Anforderungen des Lebensmittelrechts (Art. 11 – 21). Neben dem Begriff „Lebensmittel" (Art. 2) werden zahlreiche weitere **Begriffe** wie der „Lebensmittelunternehmer", das „Inverkehrbringen", das „Risiko" und der „Endverbraucher" definiert (Art. 3).

Lebensmittel sind nach Art. 2 BasisVO alle Stoffe, „die dazu bestimmt sind oder von denen nach vernünftigem Ermessen erwartet werden kann, dass sie in verarbeiteten, teilweise verarbeiteten oder unverarbeiteten Zustand von Menschen aufgenommen werden". Nach der Begriffsbestimmung ist jeder Stoff, der „aufgenommen" wird, ein Lebensmittel, unabhängig von seinem ernährungsphysiologischen Nutzen; auf einen eventuellen "Ernährungs- und Genusszweck" (s. § 1 des früheren Lebensmittels- und Bedarfsgegenständegesetzes – LMBG) kommt es nicht an. Die BasisVO enthält keine Legaldefinition, welche Stoffe als Lebensmittel „aufgenommen" werden. Die Bestimmung des Inhalts und der Grenzen des Lebensmittel-Begriffs bleibt daher der Praxis überlassen. Ein ausuferndes Verständnis der „Aufnahme" wird in Art. 2 BasisVO aber eingeschränkt durch die Zweckbestimmung der Nahrungsaufnahme („dazu bestimmt oder von denen nach vernünftigem Ermessen erwartet werden kann"). In Art. 2 wird erläuternd hervorgehoben, dass zu den Lebensmitteln auch Getränke, Kaugummi sowie alle Stoffe – einschließlich Wasser – zählen, die dem Lebensmittel bei seiner Herstellung oder Ver- oder Bearbeitung absichtlich zugesetzt werden. Zu den Lebensmitteln zählen auch Lebensmittelzusatzstoffe (Verordnung 1333/2008 vom 16.12.2008 über Lebensmittelzusatzstoffe, ABl. 2008 L 354, 16 = *Meyer*, Lebensmittelrecht, Textsammlung Nr. 600); der Lebensmittelbegriff umfasst keine Kontaminanten und Rückstände, wie Art. 2 Abs. 3 lit. h BasisVO klarstellt.

In den Artikeln 5 – 10 sind vor allem **allgemeine Grundsätze** niedergelegt, die der Verordnungsgeber sich in Bezug auf das Lebensmittelrecht und seinen Vollzug in der Praxis selbst auferlegt hat, wie der Schutz des freien Warenverkehrs (Art. 5 Abs. 2), die Berücksichtigung internationaler Normen, wie des Codex Alimentarius (Art. 5 Abs. 3), die Gewährleistung des Gesundheitsschutzes, basierend auf den Grundsätzen der Risikoanalyse (Art. 6), die Anwendung des Vorsorgeprinzips (Art. 7) und der Schutz der Verbraucherinteressen (Art. 8). Mit den Grundsätzen der Transparenz soll die Konsultation und Information der Öffentlichkeit sichergestellt werden (Art. 9 und 10). Art. 10 ist die Rechtsgrundlage für Warnungen vor gefährlichen Lebensmitteln; ergänzt im deutschen Recht durch § 40 LFGB, (weit) über den Anwendungsbereich des Art. 10 hinaus (legitimiert durch EuGH 11.4.2013, C-636/11 – Berger, Gammelfleisch).

Die Artikel 11 bis 21 legen die spezifischen **Sorgfaltspflichten** der im Verkehr mit Lebens- und Futtermitteln Verantwortlichen sowie die Verpflichtung zur Rückverfolgbarkeit fest (Art. 18).

Einleitung

Anforderungen an die **Lebensmittelsicherheit** regelt Art. 14 BasisVO. Nach Art. 14 gelten Lebensmittel als nicht sicher, wenn davon auszugehen ist, dass sie gesundheitsschädlich oder für den Verzehr durch den Menschen ungeeignet sind. Zu berücksichtigen sind dabei die normalen Bedingungen seiner Verwendung durch den Verbraucher (wie das Eliminieren von Kontaminanten durch Erhitzen der Lebensmittel), die dem Verbraucher (etwa auf dem Etikett) vermittelten Informationen sowie u. a. die toxischen Auswirkungen und die besondere gesundheitliche Empfindlichkeit bestimmter vulnerabler Verbrauchergruppen, wie Kinder, Stillende und Schwangere oder Allergiker.

Im Zusammenhang mit der Sicherheitsbewertung zeigen die Art. 6 (Risikoanalyse) und 7 (**Vorsorgeprinzip**) auf, welche Prüfkriterien zu berücksichtigen sind. Die Risikobewertung muss auf den verfügbaren wissenschaftlichen Erkenntnissen beruhen und ist in einer unabhängigen, objektiven und transparenten Art und Weise vorzunehmen. Mit Art. 6 BasisVO ist (auch) nationalen Behörden/Ämtern, wie vor allem den vollziehenden Landesbehörden vorgegeben, dass diese nicht nur den „Ergebnissen der Risikobewertung" (wie die der EFSA, des deutschen Bundesinstituts für Risikobewertung – BfR – und regionalen Untersuchungsämtern), sondern auch „anderen angesichts des betreffenden Sachverhalts berücksichtigenswerten Faktoren Rechnung tragen" müssen (wie Verzehrs- und Zubereitungshinweise auf dem Etikett), um die allgemeinen Ziele des Lebensmittelrechts gemäß Art. 5 zu erreichen (s. Art. 6 Abs. 3); der Europäische Gerichtshof stellte fest, dass ein Zuvielkonsum (Missbrauch) rechtlich irrelevant ist, wenn der Verbraucher auf dem Etikett klare und unmissverständliche Hinweise über die Verzehrseinheit erhält (EuGH, Urteil 5.3.2009, Rs C-88/07). Der europäische Gesetzgeber rezipiert mit den Anforderungen an die Lebensmittelsicherheit (Art. 6, 7, 14) Vorgaben des Europäischen Gerichtshofs. Der EuGH hebt stets hervor, dass das (europäische) Primärrecht eine Beschränkung des freien Warenverkehrs von Lebensmitteln nur zulässt, wenn sie dem Schutz der Gesundheit dient und der Eingriff verhältnismäßig ist (EuGH, Kommission vs. Dänemark, 23.9.2003). Nach den Vorgaben des EuGH haben die zuständigen nationalen Stellen dabei die Beweislast für die Schädlichkeit eines Stoffes (EuGH 19.1.2017, C-282/15 – Queisser, Aminosäuren). Das bedeutet, dass ein Mitgliedstaat für ein Verbot oder anderweitige Verkehrsbeschränkung konkret darlegen muss, dass durch den Verzehr eines Lebensmittels die Gesundheit von Menschen gefährdet sein kann. Aus dem Vorsorgegrundsatz (Art. 7 BasisVO) folgt allerdings, dass eine vorbeugende Maßnahme schon dann getroffen werden kann, wenn das Risiko, ohne dass seine Existenz und sein Umfang durch zwingende wissenschaftliche Daten in vollem Umfang nachgewiesen worden sind, auf der Grundlage der zum Zeitpunkt des Erlasses dieser Maßnahme verfügbaren wissenschaftlichen Daten gleichwohl hinreichend dokumentiert erscheint; somit genügt ein zumindest plausibles Gesundheitsrisiko. Im Hinblick auf eine wissenschaftliche Unsicherheit gerade auf dem Gebiet der Nährstoffe gesteht der EuGH den Mitgliedstaaten zwar einen Ermessensspielraum bezüglich der Risikoabwägung zu (EuGH, Urteil 30.11.1983, „van Bennekom", Slg. 1983, 3883); zum Grad der Gefahr in Bezug auf die Festlegung von Höchstmengen stellte der EFTA-Gerichtshof ("Surveillance Authority/Kingdom of Norway", E-3/00) allerdings fest, dass für die Feststellung von Gesundheitsgefahren rein hypothetische oder akademische Überlegungen nicht ausreichen. Eine sachgemäße Anwendung des Vorsorgeprinzips setzt voraus, dass erstens die potenziellen negativen Auswirkungen eines vorgeschlagenen Stoffs für die Gesundheit festgestellt werden und dass zweitens auf der Grundlage neuer wissenschaftlicher Daten eine umfassende Abwägung des Gesundheitsrisikos vorgenommen wird.

Art. 18 BasisVO schreibt vor, dass „die Lebensmittel- und Futtermittelunternehmer in der Lage sein müssen, jede Person festzustellen, von der sie ein Lebensmittel, Futtermittel, ein der Lebensmittelgewinnung dienendes Tier oder einen Stoff, der dazu bestimmt ist oder von dem erwartet werden kann, dass er in einem Lebensmittel oder Futtermittel verarbeitet wird, erhalten haben" (**Rückverfolgbarkeit**). Hierzu haben die Verantwortlichen Systeme und Verfahren (von der bloßen Sammlung von Lieferscheinen bis hin zu einer ausgefeilten, für Dritte verifizierbaren Logistik über EAN-Codes) einzurichten, mit denen diese Informationen den zuständigen Behörden auf Aufforderung mitgeteilt werden können. Die Diskussion hierüber ist Folge der Dioxinkrise in den 90er durch seinerzeit in Belgien kontaminiertes Futtermittel; diese Krise konnte sich nur entwickeln und über die gesamte Lebensmittelkette ausbreiten, weil interne Kontrollen (Gute Herstellungspraxis, Eigenkontrollen, Krisenpläne) und Möglichkeiten zur Herkunftssicherung vielerorts fehlten. Zur Behebung der Missstände sah die Europäische Kommission deshalb einen neuen rechtlichen Rahmen für erforderlich an, wobei einer der wichtigen Punkte die Rückverfolgbarkeit von Lebensmitteln durch die gesamte Herstellungskette ist (Weißbuch zur Lebensmittelsicherheit, Zusammenfassung, KOM (1999) 719 endg.). Die BasisVO sichert aber nur den Mindeststandard der Rückverfolgbarkeit; die VO erfordert keine stufenübergreifende Rückverfolgbarkeit, umfasst keine Verpackungen (hier greift allerdings die Verordnung 1935/2004 vom 27.10.2004 über Lebensmittelbedarfsgegenstände; ABl. 2004 L 338, 4 = *Meyer*, Textsammlung Nr. 8200); die innerbetriebliche Chargen-Rückverfolgbarkeit ist nicht vorgeschrieben und die konkrete Ausgestaltung der „Systeme und Verfahren zur Feststellung der anderen Unternehmen" ist nicht geregelt (insbesondere aufwendige EDV-Systeme sind nicht vorgeschrieben). Gleichwohl wird die innerbetriebliche und stufenübergreifende Rückverfolgbarkeit von den Unternehmen schon aus Eigeninteresse nachhaltig „gelebt".

In Kapitel III (Art. 22 bis 49) ist die Einrichtung der Europäischen Behörde für Lebensmittelsicherheit geregelt (engl. und allgemein übliches Akronym „**EFSA**"). Aufgabe der EFSA ist die wissenschaftliche Beratung von Legislative und Exekutive in der Europäischen Union (Art. 23). In den Bereichen Lebensmittelsicherheit, Tiergesundheit, Tierschutz, Pflanzengesundheit, Ernährung und Gentechnik soll sie die Risikobewertung vornehmen (Art. 22); darüber hinaus sind ihr auch Aufgaben zur Erhebung und Analyse von Daten (Art. 22 Abs. 4) und zum Monitoring zugewiesen. Im Bereich des Schnellwarnsystems hat sie lediglich eine begleitende Funktion; sie analysiert den Inhalt der entsprechenden Informationen, um die EU-Kommission und die Mitgliedstaaten unterstützen zu können (Art. 35).

Weitere relevante Regelung:

- Verordnung (EU) Nr. 1308/2013 vom 17.12.2013 über eine gemeinsame Marktorganisation für landwirtschaftliche Erzeugnisse (ABl. 2013 L 347, 671 = *Meyer*, Textsammlung Nr. 20)

Einleitung

2. Lebensmittel- und Futtermittelgesetzbuch

Das Lebensmittel- und Futtermittelgesetzbuch (LFGB – Nr. **2**) ist die für den deutschen Rechtsraum maßgebliche grundlegende Rechtsvorschrift für den Verkehr mit Lebensmitteln, kosmetischen Mitteln, Lebensmittelkontaktmaterialien und Bedarfsgegenständen sowie Futtermitteln zum Schutz des Verbrauchers, insbesondere vor gesundheitlicher Beeinträchtigung und Täuschung. Das LFGB dient zugleich vor allem der Anpassung des nationalen Rechts im Hinblick auf EU-Rechtsakte, insbesondere der BasisVO (Nr. **1**). Das LFGB ist seit 5.9.2006 in Kraft. Historisch steht das LFGB in der Nachfolge des früheren Nahrungsmittelgesetzes (1879) und des Lebensmittelgesetzes von 1927 (geändert 1936 und 1958) sowie des Lebensmittel- und Bedarfsgegenständegesetzes aus dem 1974 (LMBG; *Meyer*, Lebensmittelrecht, Textsammlung Nr. 100), das durch das LFGB ersetzt wurde.

Ziel des Gesetzgebers sollte es auch sein, durch die Bündelung von Regelungen in einem einzigen Gesetz das Lebensmittelrecht zu vereinheitlichen und damit transparenter zu machen. Dies ist aber nur bedingt gelungen. Das LFGB enthält eine Vielzahl von Verweisen auf Vorschriften des europäischen Rechts, insbesondere der BasisVO, was die Arbeit am Gesetz erschwert; so verweist § 2 Abs. 2 LFGB auf die Legaldefinition für „Lebensmittel" in Art. 2 BasisVO (Nr. **1**).

Das LFGB enthält Begriffsbestimmungen (§§ 2 und 3 LFGB) sowie Ge- u. Verbote zum Schutz der Gesundheit und vor Täuschung für alle vier Produktgruppen (§§ 5 ff). Das LFGB enthält des Weiteren Bestimmungen über Lebensmittelzusatzstoffe (§§ 2, 6, 7 bzw. Verweis auf die Regelungen des FIAP – Food Improvement Agents Package – wie der Verordnung 1333/2008 vom 16.12.2008 über Lebensmittelzusatzstoffe, = *Meyer*, Lebensmittelrecht, Textsammlung Nr. 600 ff), Rückständeund Verunreinigungen, das Deutsche Lebensmittelbuch (§§ 15, 16), die Amtliche Sammlung von Untersuchungsverfahren (§ 35), Allgemeinverfügungen (§ 54), Ausnahmegenehmigungen (§ 68), regelt die Zuständigkeit und Durchführung der Überwachung (§§ 38 – 48) sowie Straftaten und Ordnungswidrigkeiten (§§ 57 – 61). Als Rahmengesetz enthält es zahlreiche Ermächtigungen, die zur detaillierten Ausfüllung des Lebensmittelrechtsin Form von Durchführungsverordnungen erforderlich sind.

Regelungen über den **Täuschungsschutz** bei Lebensmitteln waren in den §§ 11 und 12 LFGB geregelt, nun abgelöst seit 13.12.2013 durch Art. 7 LMIV 1169/2011 betreffend die Information der Verbraucher über Lebensmittel (Nr. **3**).

Anders als das frühere LMBG enthält das LFGB keine Regelungen über **Tabakerzeugnisse**. Die Tabakerzeugnisse sind nun in einem eigenständigen Gesetz geregelt, dem Gesetz zur Umsetzung der Richtlinie über Tabakerzeugnisse und verwandte Erzeugnisse – Tabakerzeugnisgesetz (BGBl. 2016 I 569 = *Meyer*, Lebensmittelrecht, Textsammlung Nr. 8040).

Einleitung

II. Kennzeichnung, Werbung

1. Lebensmittelinformationsverordnung

Die Basis des Kennzeichnungsrechts für grundsätzlich alle vorverpackten Lebensmittel ist die seit 13.12.2014 geltende Lebensmittelinformationsverordnung LMIV 1169/2011 (Nr. **3**).

Nach der LMIV sind grundsätzlich vorverpackte Lebensmittel (nicht aber so genannte lose Ware) mit folgenden Angaben zu versehen (essentielle **Kennzeichnungselemente,** Art. 9 LMIV 1169/2011): die Bezeichnung des Lebensmittels, das Verzeichnis der Zutaten, die Menge bestimmter Zutaten oder Klassen von Zutaten (Akr. QUID), die Nettofüllmenge des Lebensmittels, das Mindesthaltbarkeitsdatum oder das Verbrauchsdatum, gegebenenfalls besondere Anweisungen für Aufbewahrung und/oder Anweisungen für die Verwendung, der Name oder die Firma und die Anschrift des Lebensmittelunternehmers, eine Gebrauchsanleitung, falls es schwierig wäre, das Lebensmittel ohne eine solche angemessen zu verwenden, für Getränke mit einem Alkoholgehalt von mehr als 1,2 Volumenprozent die Angabe des vorhandenen Alkoholgehalts in Volumenprozent und eine Nährwertdeklaration; ggfs. zukünftig das Ursprungsland oder der Herkunftsort. Die Angabe des Ursprungslands oder des Herkunftsorts so genannter „primärer" Zutaten ist in der DurchführungsVO (EU) 2018/775 geregelt (*Meyer*, Lebensmittelrecht, Textsammlung Nr. 230).

Die **Kennzeichnung** ist nach Art. 12 Abs. 2 LMIV 1169/2011 grundsätzlich auf der Verpackung anzubringen. Ort der Kennzeichnung kann auch ein mit der Verpackung „verbundenes Etikett" sein; hierunter ist beispielsweise ein auf Flaschen oder Dosen aufgeklebtes oder ein durch eine Kette oder einer Schnur mit der Verpackung verbundenes Etikett zu verstehen.

Die Kennzeichnung muss „an gut sichtbarer Stelle" angebracht werden (Art. 13 Abs. 1 LMIV 1169/2011). „Gut sichtbar" ist eine Stelle, die der Verbraucher ohne weiteres finden kann, auch wenn er die Packung hierbei (in der Hand) drehen muss. Die Bezeichnung, die Mengenkennzeichnung sowie ggf. der Alkoholgehalt müssen „im gleichen Sichtfeld" angegeben werden (Art. 13 Abs. 5 LMIV 1169/2011). Hierunter ist eine Stelle zu verstehen, die mit einem Blick erfasst werden kann; dies ist auch dann der Fall, wenn zum vollständigen Lesen der Angaben die Packung leicht in der Hand gedreht werden muss. Die Angaben müssen nicht in Zusammenhang stehen; zwischen diesen können sich auch andere Werbeangaben und Darstellungen befinden. Die Kennzeichnungselemente sind in deutscher oder einer leicht verständlichen Sprache (Art. 15 Abs. 1 LMIV 1169/2011; wobei der deutsche Verordnungsgeber mit einer nationalen LMIDV Deutsch verpflichtend vorsieht – s. unten II. 2.), deutlich lesbar (Art. 13 Abs. 1) und unverwischbar anzubringen (wobei die LMIV von „ggfs. dauerhaft" spricht, Art. 13 Abs. 1). Ob eine Angabe „deutlich lesbar" ist, hängt von den Umständen des Einzelfalls ab, wie Schriftgröße und -typ oder der farblichen Gestaltung von Schrift und Hintergrund (näheres Art. 2 Abs. 2 lit. m LMIV). Die Angaben müssen jedenfalls von einem Menschen mit voller Sehkraft ohne Hilfsmittel und ohne Anstrengung gelesen werden können. Für die essentiellen Kennzeichnungselemente des Art. 9 LMIV ist eine Mindestschriftgröße von 1,2 mm für das kleine „x" vorgesehen (Art. 13 Abs. 2 i. V. m. Anhang IV LMIV 1169/2011); bei Verpackungen, deren größte Oberfläche weniger als 80 cm^2 beträgt, beträgt die so genannte „x-Höhe" der Schriftgröße mindestens 0,9 mm (Art. 13 Abs. 3 LMIV 1169/2011)

Jedes Etikett eines Lebensmittels enthält eine **Bezeichnung** (Art. 17 LMIV 1169/2011). Dies ist vorrangig eine „rechtlich vorgeschriebene Bezeichnung" (Art. 2 Abs. 2 lit. n LMIV); fehlt diese kann alternativ eine „verkehrsübliche" (Art. 2 Abs. 2 lit. o LMIV) oder eine „beschreibende Bezeichnung" angegeben werden (Art. 2 Abs. 2p LMIV). „Rechtlich vorgeschrieben" ist eine Bezeichnung, die durch die für dieses Lebensmittel geltenden Rechtsvorschriften der Union vorgeschrieben ist, oder, wenn es keine derartigen Unionsvorschriften gibt, die Bezeichnung, welche in den Rechts- und Verwaltungsvorschriften des Mitgliedstaats vorgesehen ist, in dem das Lebensmittel an die Endverbraucher oder Anbieter von Gemeinschaftsverpflegung verkauft wird, wie die in der Anlage 1 zur KonfitürenVO (*Meyer*, Lebensmittelrecht, Textsammlung Nr. 5400) aufgeführten Bezeichnungen, etwa „Konfitüre extra".

Imitate dürfen die verbindlich vorgeschriebenen Bezeichnungen nicht tragen (Verstoß gegen das Irreführungsverbot des Art. 7 LMIV, mit eigener Fallgruppe für Imitate in Art. 7 Abs. 1 lit. d LMIV 1169/2011); Käse-Imitate dürfen daher nicht die Bezeichnung „Käse" führen (s. hierzu auch die Bezeichnungsschutzregeln für Milcherzeugnisse in der VO 1308/2013 über eine gemeinsame Marktorganisation für landwirtschaftliche Erzeugnisse – VO über die einheitliche GMO = *Meyer*, Lebensmittelrecht, Textsammlung Nr. 25).

Das **Zutatenverzeichnis** besteht aus einer „Aufzählung der Zutaten in absteigender Reihenfolge ihres Gewichtsanteiles zum Zeitpunkt ihrer Verwendung bei der Herstellung des Lebensmittels" (Art. 18 bis 20 LMIV 1169/2011). Der Aufzählung ist ein geeigneter Hinweis voranzustellen, in dem das Wort „Zutaten" erscheint (Art. 18 Abs. 1 LMIV 1169/2011), wie „Zutatenverzeichnis". Die Begriffsbestimmung für eine „Zutat" enthält Art. 2 Abs. 2 lit. f LMIV 1169/2011. Maßgebend ist die Verwendung eines Stoffes bei der Herstellung eines Lebensmittels. Der Begriff „verwenden" ist dabei umfassend zu verstehen; er umfasst jeden Ge- und Verbrauch, sowie Be-, Ver- und Weiterverarbeitung eines Stoffes bei der Herstellung von Lebensmitteln. Auch Lebensmittelzusatzstoffe sind demnach Zutaten, wie Art. 2 Abs. 2 lit. f LMIV 1169/2011 klarstellt. Stoffe, die als Zutat einer „zusammengesetzten Zutat" in das Lebensmittel gelangen, sind selbst Zutaten (Art. 2 Abs. 2 lit. h LMIV). Keine Zutaten sind dagegen natürliche Bestandteile von Zutaten, wie Catechine in einem Grüntee-Extrakt. In „absteigender Reihenfolge" sind die Zutaten aufgelistet, wenn an der Spitze des Verzeichnisses die Zutat mit dem höchsten Gewichtsanteil steht und am Ende des Verzeichnisses die Zutat mit dem geringsten Gewichtsanteil. Für das Zutatenverzeichnis wird auf den Gewichtsanteil im Zeitpunkt der Verwendung der Zutat, also dem Zeitpunkt der Verarbeitung, abgestellt; nachträgliche Änderungen des Anteils des Stoffes am Gesamtgewicht des Enderzeugnisses sind grundsätzlich unerheblich (Ausnahmen Art. 20 LMIV 1169/2011).

Auf allen Verpackungen mit Lebensmitteln ist grundsätzlich das **Mindesthaltbarkeitsdatum** (MHD) anzugeben (Art. 9 Abs. 1 lit. f und Art. 2 Abs. 2 lit. r LMIV 1169/2011). Bei in mikrobiologischer Hinsicht sehr leicht verderblichen Lebensmitteln, wie Fisch, ist anstelle des MHD ein Verbrauchsdatum anzugeben (Art. 24 LMIV 1169/2011). Das MHD ist das Datum, bis zu dem das Lebensmittel „bei richtiger Aufbewahrung seine spezifischen Eigenschaften behält" (Art. 2 Abs. 2 lit. r LMIV 1169/2011); es ist demnach weder ein Verfallsdatum (nach dessen Ablauf wäre das jeweilige Erzeugnis ungenießbar) noch

Einleitung

ein Verzehrsdatum. Soll nach Ablauf des MHD das Lebensmittel noch in den Verkehr gebracht werden, so muss der Inverkehrbringer – um seiner Sorgfaltspflicht genüge zu tun – umfangreiche Kontrollen durchführen, um sicherzustellen, dass das Erzeugnis noch seine spezifischen Eigenschaften aufweist; neben einer sensorischen Prüfung kommen eine mikrobiologische und auch eine chemische Prüfung in Betracht. In Tüten verpackter Mozzarella muss mindestens äußerlich daraufhin untersucht werden, ob einzelne Tüten bereits bombiert sind; des Weiteren müssen einzelne Proben zumindest auf ihren Geruch, Geschmack und ihre Konsistenz hin geprüft werden. Bei einem nach Ablauf des MHD noch in den Verkehr gebrachten Lebensmittel muss jedoch deutlich auf diesen Umstand hingewiesen werden, anderenfalls läge eine Irreführung vor. Nach Ablauf eines Verbrauchsdatums gilt ein Lebensmittel als nicht sicher i. S. v. Art. 14 Abs. 2 BasisVO 178/2002 (Nr. 1), s. Art. 24 Abs. 1 Satz 2 LMIV 1169/2011.

Art. 22 und Anhang VIII LMIV 1169/2011 enthalten die Verpflichtung zur **Mengenkennzeichnung** von Zutaten (Quantitive Ingredients Declaration = Akr. **QUID**). Im diesem Zusammenhang ist auch auf die von den Mitgliedstaaten verabschiedeten „Allgemeinen Leitlinien für die Umsetzung des Grundsatzes der mengenmäßigen Angabe der Lebensmittelzutaten (QUID)" hinzuweisen (abgedruckt in *Meyer*, Lebensmittelrecht Textsammlung Nr. 210); die Leitlinien sind rechtlich nicht verbindlich, geben aber eine für die Praxis wichtige Anleitung zur Mengenkennzeichnung von Zutaten.

Die LMIV enthält auch Vorgaben über die **Kennzeichnung allergener Zutaten**. Die Zahl der unter Lebensmittelallergien leidenden Menschen steigt; Schätzungen zufolge sind 8 % der Kinder und 3 % der Erwachsenen von diesem Problem betroffen. Gleichzeitig mehren sich die wissenschaftlichen Erkenntnisse über Allergie bzw. Unverträglichkeiten auslösende Lebensmittel. Die zur Auslösung einer Immunreaktion erforderliche Dosis eines Lebensmittelallergens variiert, kann in vielen Fällen aber sehr niedrig sein. Strikte Meidung der Allergie auslösenden Lebensmitteln ist die einzige Möglichkeit, eine Reaktion auszuschließen. Von Allergien und Unverträglichkeiten Betroffene verlassen sich zur Gesunderhaltung ihrer selbst und ihrer Kinder weitgehend auf die Kennzeichnung. Mit der Richtlinie 2003/89/EG wurde deshalb erstmals die Pflicht zur Angabe bestimmter Zutaten eingeführt, die Allergien oder Unverträglichkeiten hervorrufen können (sog. Hitliste); mit dieser Richtlinie, einer Änderung der früheren Etikettierungs-Richtlinie 2000/13/EG (Vorgänger der LMIV 1169/2011), verfolgt die Europäische Kommission das Ziel, dass Verbraucher über das Vorhandensein von Allergie auslösenden Zutaten besser zu informieren. Als allergene Zutaten gelten u. a. glutenhaltige Getreide und Erdnüsse (Anhang II LMIV). Die Hitliste enthält die weithin bekannten Stoffe, bei denen auch durch entsprechende Provokationstests das allergene Potential nachgewiesen ist; die Liste wird fortgeführt (zuletzt kamen Lupinen und Weichtiere und jeweils daraus gewonnene Erzeugnisse hinzu). Eine bloße Nennung der allergenen Zutaten im Zutatenverzeichnis reicht nicht aus; die in Anhang II aufgeführte Bezeichnung des Stoffe oder Erzeugnisse müssen durch einen Schriftsatz hervorgehoben werden, durch den sie sich von dem Rest des Zutatenverzeichnisses eindeutig abheben, z. B. durch die Schriftart, den Schriftstil oder die Hintergrundfarbe (Art. 21 Abs. 1 LMIV 1169/2011). Aus der Bezeichnung der Zutat muss des Weiteren deutlich werden, dass sie aus einer allergenen Zutat des Anhangs II (LMIV) hergestellt worden ist (z. B. „Sojaöl" statt

„pflanzliches Öl" oder „Weizenpaniermehl" statt nur „Paniermehl"). Aufgrund der gesetzlichen Vorgaben kann es zu einer Mehrfachnennung ein und desselben Allergens kommen bei Herkunft mehrerer Zutaten aus einem allergenen Rohstoff (Sojamehl, -öl, -lecithin); Sternchenhinweise („* aus Soja") bei der jeweiligen Zutat sind jedoch nicht zulässig (Art. 21 Abs. 1 Satz 3 LMIV 1169/2011). Zum besseren Verständnis legte die Kommission hierzu eine (nicht verbindliche) Bekanntmachung vor über die Bereitstellung von Informationen über Stoffe oder Erzeugnisse, die Allergien oder Unverträglichkeiten auslösen und die im Anhang II der LMIV 1169/2011 aufgeführt sind (ABl. 2017 C 428, 1; abgedruckt in *Meyer*, Lebensmittelrecht Textsammlung Nr. 210). Da „Dinkel" eine bekannte Bezeichnung für den Ur-Weizen ist, muss – entgegen der Ansicht der Kommission – im Zutatenverzeichnis der Dinkel nicht als „Weizen" bzw. „Dinkelweizen" ausgewiesen werden.

Auch eine **Nährwertkennzeichnung** ist bei Lebensmitteln Pflicht (seit 13.12.2016; Art. 29 bis 35 LMIV 1169/2011), in Bezug auf Brennwert und die Mengen an Fett, gesättigte Fettsäuren, Kohlenhydraten, Zucker, Eiweiß und Salz; ggfs. freiwillig ergänzt um Nährstoffe des Art. 30 Abs. 2 LMIV 1169/2011. Angaben über Cholesterin oder Trans-Fettsäuren sind nicht erlaubt (zu letzterem ausdrücklich Art. 30 Abs. 7 LMIV 1169/2011). Eine partielle Nährwertkennzeichnung von lediglich einzelnen der zuvor genannten Nährwerte ist nicht möglich; dies kann dazu führen, dass neben dem Gehalt eines Nährwerts eine „Null"-Deklaration der anderen folgt. Sind der Brennwert oder die Nährstoffmenge(n) in einem Erzeugnis vernachlässigbar, so können die Angaben dazu durch eine Angabe wie „enthält geringfügige Mengen von …" ersetzt werden, die in unmittelbarer Nähe zu einer etwaigen Nährwertdeklaration stehen muss (Art. 34 Abs. 5 LMIV 1169/2011).

Um für den Verbraucher eine übersichtliche und einheitliche Art der Präsentation der Nährwertkennzeichnung zu gewährleisten, sind die Nährwertangaben in einer **Tabelle** grundsätzlich untereinander, lediglich bei Platzmangel auf kleinen Behältnissen auch hintereinander aufzuführen. Hierbei sind die Nährwerte in der Reihenfolge nach Art. 34 i. V. m. Anhang XV LMIV 1169/2011 anzugeben. Die Angabe des Brennwertes und des Gehaltes an Nährstoffen oder Nährstoffbestandteilen hat je 100g oder 100 ml des Lebensmittels zu erfolgen; dies gilt selbst dann – um einheitliche Bezugsgrößen zu haben – wenn das Lebensmittel weniger als 100 g/ml wiegt (Art. 32 i. V. m. Anhang XV LMIV 1169/2011). Zusätzlich zu dieser Bezugsgröße können portionsbezogene Angaben gemacht werden (Art. 33 LMIV 1169/2011). Für Erzeugnisse, die erst nach Zugabe von anderen Lebensmitteln verzehrfertig sind, wie Schokoladenpulver, aus dem durch Zusatz von Milch ein Getränk hergestellt wird, können anstelle der Regelbezugsgrößen die Nährwertangaben auf der Grundlage der Zubereitung gemacht werden, sofern ausreichend genaue Angaben über die Zubereitungsweise gemacht werden und die Angaben sich auf das verbrauchsfertige Lebensmittel beziehen (Art. 33 LMIV 1169/2011).

Die Angaben des Brennwertes und des Gehalts an Nährstoffen hat nach Art. 33 in festgesetzten Einheiten zu erfolgen, so dass die Nährwertkennzeichnung verschiedener Lebensmittel von den angesprochenen Verbrauchern leicht verglichen werden kann. Die Amtliche Begründung zum früheren, nun obsoleten § 5 Abs. 3 (deutsche) NährwertkennzeichnungsV (NKV) führte hierzu aus, dass anstelle der in Anlage 1 zur NKV für Vitamine aufgeführten Bezeichnungen auch andere verkehrsübliche Bezeichnungen verwendet werden kön-

Einleitung

nen. Hierbei umfasse die Nährstoffgruppe „Vitamin A" auch Beta-Carotin und andere Provitamin-A-Carotinoide. Auch für andere Nährwertangaben wie den Brennwert können synonyme Bezeichnungen gewählt werden. In der Praxis ist es üblich, anstelle von „Brennwert" die Angabe „Energiewert" oder „Energie" zu wählen, anstelle von „Eiweiß" auch „Protein". Um den Verbraucher über den Umfang seiner Versorgung an Vitaminen und Mineralstoffen (einschl. Spurenelementen) in Bezug auf die Referenzmenge für die tägliche Zufuhr zu informieren, wird in Art. 32 Abs. 3 LMIV 1169/2011 zusätzlich die Angabe des Prozentsatzes der festgelegten Referenzmengenvorgeschrieben. In Ergänzung hierzu wird in einer Anhang XIII vorgegeben, dass eine Nährwertkennzeichnung der dort genannten Stoffe nur dann erfolgen soll, „wenn mindestens 15 % der Nährstoffbezugswerte in 100g oder 100 ml enthalten" sind, wobei bei Getränken 7,5 % der Nährstoffbezugswerte je 100 ml genügt.

Anhang V der LMIV 1169/2011 listet die Lebensmittel, bei denen eine Nährwertdeklaration nicht notwendig ist, wie bei Tee und Kaffee. Bzgl. der Fallgruppe „handwerklich hergestellter Lebensmittel" liegt eine „Entscheidungshilfe der Länder zu den Ausnahmen der verpflichtenden Nährwertdeklaration nach Anhang V Nr. 19 (Stand: 30.10.2017)" vor.

Regelungen über den **Täuschungsschutz** bei Lebensmitteln enthält Art. 7 LMIV 1169/2011. Art. 7 Abs. 1 enthält eine Generalklausel der Irreführung („insbesondere"). Die Generalklausel wird mit dem Beispielskatalog des Art. 7 Abs. 1 lit. a bis d LMIV konkretisiert. Art. 7 Abs. 3 LMIV verbietet krankheitsbezogene Angaben bei Lebensmitteln. Auf die objektive Richtigkeit der Aussagen kommt es dabei nicht an. Zweck der Vorschrift ist die Verhütung einer Selbstmedikation. Gesundheitsbezogene Werbung erfasst Art. 7 Abs. 3 LMIV nicht; diese unterliegt der Health ClaimVO 1924/2006 (Nr. **5**).

Weitere relevante Regelungen:

- Bekanntmachung der Kommission zur Anwendung des Prinzips der mengenmäßigen Angabe von Lebensmittelzutaten (QUID), ABl. 2017 C 393, 5 = *Meyer*, Textsammlung Nr. 210
- Durchführungsverordnung (EU) Nr. 1337/2013 mit Durchführungsbestimmungen zur Verordnung (EU) Nr. 1169/2011 hinsichtlich der Angabe des Ursprungslandes bzw. Herkunftsortes von frischem, gekühltem oder gefrorenem Schweine-, Schaf-, Ziegen- und Geflügelfleisch (ABl. 2013 L 335, 19 = *Meyer*, Textsammlung Nr. 215)
- Durchführungsverordnung (EU) Nr. 828/2014 über die Anforderungen an die Bereitstellung von Informationen für Verbraucher über das Nichtvorhandensein oder das reduzierte Vorhandensein von Gluten in Lebensmitteln (ABl. 2014 L 228, 5 = *Meyer*, Textsammlung Nr. 220)
- Bekanntmachung der Kommission vom 13.7.2017 über die Bereitstellung von Informationen über Stoffe oder Erzeugnisse, die Allergien oder Unverträglichkeiten auslösen und die im Anhang II der LMIV 1169/2011 aufgeführt sind (ABl. 2017 C 428, 1= *Meyer*, Textsammlung Nr. 225)
- Verordnung (EU) Nr. 1151/2012 über Qualitätsregelungen für Agrarerzeugnisse und Lebensmittel (ABl. 2012 L 343, 1 = *Meyer*, Textsammlung Nr. 400)

2. Durchführungsverordnung zur VO (EU) 1169/2011

Die erste (deutsche) „Vorläufige Verordnung zur Ergänzung unionsrechtlicher Vorschriften betreffend die Information der Verbraucher über die Art und Weise der Kennzeichnung von Stoffen oder Erzeugnissen, die Allergien und Unverträglichkeiten auslösen, bei unverpackten Lebensmitteln" (Vorläufige Lebensmittelinformations-Ergänzungsverordnung – **VorlLMIEV**) wurde 2014 im Bundesgesetzblatt veröffentlicht (BGBl. 2014 I 1994). Der Anwendungsbereich der Verordnung war jedoch begrenzt auf Regelungen zu Allergenen für nicht vorverpackte Lebensmittel (lose Ware).

Am 5.7.2017 veröffentlichte das Bundesministerium für Ernährung und Landwirtschaft (BMEL) die „Verordnung zur Durchführung unionsrechtlicher Vorschriften betreffend die Information der Verbraucher über Lebensmittel", kurz **LMIDV** (= *Meyer*, Textsammlung Nr. 215). Diese VO umfasst nunmehr neben Regelungen über Allergene auch die für Sanktionen wegen Verstößen gegen die Vorgaben der LMIV 1169/2011 und der Durchführungsverordnung (EU) Nr. 1337/2013 hinsichtlich der Angabe des Ursprungslandes bzw. Herkunftsortes von frischem, gekühltem oder gefrorenem Schweine-, Schaf-, Ziegen- und Geflügelfleisch (ABl. 2013 L 335, 19 = *Meyer*, Textsammlung Nr. 215).

Die LMIDV gilt für die Kennzeichnung von Lebensmitteln, die für die Abgabe an Endverbraucher und Anbieter von Gemeinschaftsverpflegung gedacht sind sowie die Weitergabe von Angaben an andere Lebensmittelunternehmer bei der Lieferung von Lebensmitteln (§ 1 LMIDV).

Allgemein gilt, dass Lebensmittelinformationen in deutscher **Sprache** angegeben werden sollen (§ 2 Abs. 1 LMIDV). Andererseits fordert jedoch Art. 7 LMIV 11669/2011 (Nr. **3**) lediglich, dass Informationen zutreffend, klar und für den Verbraucher leicht verständlich sein (s. auch EuGH, Piageme / Peeters, ABl. 1991 C 369, 89, Slg. 90 I-2971); dies würde an sich in bestimmten Fällen eine andere als die deutsche Sprache zulassen, so Englisch in Geschäften mit spezifisch englischer Ware (AG Köln, ZLR 2002, 525, „Hauch von Harrods"). Für aus dem Ausland im Flugverkehr importierte Lebensmittel gilt, dass Lebensmittelinformationen auch in anderer leicht verständlicher Sprache angegeben werden dürfen, wobei die Information über allergene Zutaten und Verarbeitungshilfsstoffe zusätzlich in deutscher Sprache erfolgen muss (§ 2 Abs. 2 LMIDV).

Auch für **nicht vorverpackte Lebensmittel** (auch so genannte „lose Ware") müssen die Angaben über **Allergene** nach Art. 9 Abs. 1 Buchst. c LMIV 1169/2011 bereitgestellt werden (Art. 44 Abs. 1 Buchst. a LMIV). Die LMIDV erklärt die Allergeninformationen für nicht vorverpackte Lebensmittel für verpflichtend (§ 4 Abs. 2). Insoweit regelt die LMIDV, dass Verbraucher im Hinblick auf lose Ware, auf Wunsch des Verbrauchers auf Verkaufsort verpackte und bzgl. des unmittelbaren Verkaufs nicht vorverpackter Lebensmittel in folgender Weise über entsprechende Angaben informiert werden können (§ 4 Abs. 3): auf einem Schild auf dem Lebensmittel oder in der Nähe des Lebensmittels, auf Speise- und Getränkekarten oder in Preisverzeichnissen, durch einen Aushang in der Verkaufsstätte oder durch sonstige schriftliche oder vom Lebensmittelunternehmer bereitgestellte elektronische Informationsangebote (Flachbildschirm in einer Kantine); zu letzterem müsse die Informationen für

Einleitung

Endverbraucher und Anbieter für Gemeinschaftsverpflegung unmittelbar und leicht zugänglich sein, sodass diese vor Kaufabschluss von den Angaben Kenntnis nehmen können.

In Speise- und Getränkekarten können Angaben auch in leicht verständlichen Fußnoten oder Endnoten bereitgestellt werden, wenn auf diese bei der Bezeichnung des Lebensmittels in hervorgehobener Weise hingewiesen wird. Im Fall schriftl./elektronischer Informationsangebote muss bei dem Lebensmittel oder in einem Aushang in der Verkaufsstätte darauf hingewiesen werden, wie die erforderlichen Angaben bereitgestellt werden. Abweichend hiervon kann über Zutaten und Verarbeitungshilfsstoffe auch mündlich durch angestelltes Personal informiert werden, wenn diese Personen über die Verwendung der betreffenden Zutaten und Verarbeitungshilfsstoffe hinreichend unterrichtet sind (§ 4 Abs. 4).

Hinsichtlich Sanktionen bei Verstößen wiederholt § 5 LMIDV Verbote der LMIV 1169/2011 und führt diese einzeln auf, um sodann entsprechende Sanktionen in § 6 LMIDV zu regeln. Dieses Regelungssystem hat den Hintergrund, dass aufgrund des Rechtsstaatsprinzips aus Art. 20 Abs. 3 GG das Verbot „keine Strafe ohne Gesetz" folgt.

3. Los-KennzeichnungsVO

Die Los-KennzeichnungsVO (LKV vom 23.6.1993 – Nr. 4) verpflichtet die Inverkehrbringer von Lebensmitteln zur Angabe einer Buchstaben-, Ziffern- oder Buchstaben-/Ziffern-Kombination, der zu entnehmen ist, dass alle Erzeugnisse mit gleichlautender „Los"-Angabe unter praktisch gleichen Bedingungen erzeugt, hergestellt oder verpackt wurden (§ 1 LKV). Relevant ist eine solche Angabe vor allem bei einer Rückrufaktion einer Charge eines bestimmten Lebensmittels. Die Los-Angabe ist ggfs. der Buchstabe „L" voranzustellen (§ 1 Abs. 1 Satz 3 LKV).

Die Los-Angabe ist u. a. entbehrlich bei Lebensmitteln, bei denen das Mindesthaltbarkeitsdatum oder Verbrauchsdatum unverschlüsselt unter Angabe des Tages und des Monats in dieser Reihenfolge angegeben ist (§ 2 Nr. 5 LKV), weil dann schon das MHD die individuelle Zuordnung ermöglicht.

4. Eichrecht

Zu den lebensmittelrechtlichen (Kennzeichnungs-) Vorschriften gehören auch die des **Eichrechts**, vor allem wenn es um Fragen zu Füllmengen und die Anforderungen an die Genauigkeit derselben geht.

Zu den eichrechtlichen Vorschriften gehören das Mess- und Eichgesetz (MessEG, BGBl. 2013 I 2722 = *Meyer*, Lebensmittelrecht, Textsammlung Nr. 560) und die Verordnung über Fertigpackungen und andere Verkaufseinheiten (FPackV = *Meyer*, Lebensmittelrecht, Textsammlung Nr. 570). § 43 Abs. 2 MessEG verbietet sogenannte „Mogelpackungen"; damit soll verhindert werden, dass sich Verbraucher trotz der angegebenen Nennfüllmenge für ihre Kaufentscheidung von der einen größeren Inhalt vortäuschenden Verpackung leiten lassen.

Fertigpackungen dürfen nur in den Verkehr gebracht werden, wenn die **Füllmenge** nach Gewicht, Volumen oder Stückzahl oder in einer anderen Größe angegeben ist. Unbestimmte Füllmengenangaben (wie „ca. 100 ml"), die Angabe eines Füllmengenbereichs (wie „100 bis 120 ml") oder die Angabe des Bruttogewichts (wie „Inhalt: 100g, Brutto: 120 g") verbietet § 3 Abs. 2 FPackV. Die FPackV enthält des Weiteren Vorschriften über die Kennzeichnung von Sammelpackungen (§ 39 FPackV) und die Stückzahlkennzeichnung (§§ 21 FPackV). Die Art und Weise der Füllmengenangabe regelt § 18; Schriftgrößen sind in § 38 vorgeschrieben. Die FPackV enthält auch Vorschriften über die verbindliche Werte für die Nennfüllmengen von Fertigpackungen mit Wein und Spirituosen (Anlage 1) sowie die Angabe des Abtropfgewichts (§§ 5 FPackV).

5. Health Claim-Verordnung

Nach langer und schwieriger Diskussion zwischen den einzelnen EU-Mitgliedstaaten und den europäischen Institutionen ist die Verordnung über nährwert- und gesundheitsbezogene Werbung (nachfolgend „Health Claim-VO" – Nr. 5) am 30.12.2006 im Amtsblatt der EU zuerst in einer falschen, dann am 18.1.2007 in der richtigen Fassung veröffentlicht worden (ABl. 2007 L 12, 3).

Die Health Claim-VO erfasst sowohl nährwert- als auch gesundheitsbezogene Angaben, die in kommerziellen Mitteilungen bei der Kennzeichnung von oder bei der Werbung für Lebensmittel gemacht werden, die als solche an den Endverbraucher abgegeben werden sollen; Empfehlungen nationaler Vereinigungen von Fachleuten der Bereiche Medizin, Ernährung oder Diätetik sind demzufolge von der VO nicht erfasst (Art. 11). Nach Art. 3 (Allgemeine Grundsätze für alle Angaben) dürfen „nährwert- und gesundheitsbezogene Angaben bei der Kennzeichnung und Aufmachung von Lebensmitteln, die in der Gemeinschaft in Verkehr gebracht werden, bzw. bei der Werbung hierfür nur verwendet werden, wenn sie den Bestimmungen der vorliegenden Verordnung entsprechen".

Als „**nährwertbezogene Angabe**" wird jede Angabe verstanden, mit der erklärt, suggeriert oder auch nur mittelbar zum Ausdruck gebracht wird, dass Lebensmittel besondere positive Nährwerteigenschaften besitzen, und zwar Hinblick auf die Energie (Brennwert), der Nährstoffe und „andere Substanzen" (Art. 2 Abs. 2 Nr. 4 Health Claim-VO). Als „andere Substanzen" werden andere Stoffe als Nährstoffe verstanden, die eine ernährungsbezogene/physiologische Wirkung haben (Art. 2 Abs. 2 Nr. 3); die VO lässt – wie sie so oft auch an anderen Stellen – offen, was sie hierunter versteht. „Andere Substanzen" können beispielsweise körpereigene Wirkstoffe und Stoffwechselprodukte sein (Kreatin, L-Carnitin, Coenzym Q10, Inosin, Cholin, Inositol), Fette wie die konjugierte Linolsäure (CLA) und mittelkettige Triglyceride (MCT) oder sekundäre Pflanzenstoffe wie Flavonoide und Phytosterine.

Nährwertbezogene Angaben dürfen nach Art. 8 Health Claim-VO nur gemacht werden, wenn sie im Anhang der Verordnung aufgeführt sind und den dort festgelegten Bedingungen entsprechen. Die im Anhang der Health Claim-VO gelisteten nährwertbezogenen Angaben und die Bedingungen für ihre Verwendung stellen einen abschließenden Positivkatalog dar. Bei der Auslobung von Fett sind beispielsweise gemäß dem Anhang zur Health Claim-VO folgende besondere Verwendungsbedingungen zu beachten: Die Angabe, ein Lebensmittel sei „fettarm", ist nur dann zulässig, wenn das Produkt im Falle von festen

Einleitung

Lebensmitteln weniger als 3g/100g Fett oder weniger als 1,5 g/100ml im Fall von flüssigen Lebensmitteln enthält (1,8g/100ml, bei teilentrahmter Milch); die Angabe, ein Lebensmittel sei „fettfrei" bzw. ohne Fett, ist nur dann zulässig, wenn das Produkt nicht mehr als 0,5 Fett pro 100g oder 100 ml enthält.

Als „**gesundheitsbezogene Angabe**" wird jede Angabe verstanden, mit der erklärt, suggeriert oder auch nur mittelbar zum Ausdruck gebracht wird, dass ein Zusammenhang zwischen einem Lebensmittel und der Gesundheit andererseits besteht (Art. 2 Abs. 2 Nr. 5). Der Begriff wird weit verstanden (EuGH 6.9.2012, C-544/10; BGH Urt. 17.5.2018, Az. I ZR 252/16, wonach „bekömmlich" im Sinne von „gut verträglich" verstanden werde).

Die Health Claim-VO erfasst auch „Angaben über die Verringerung eines **Krankheitsrisikos**" (Art. 2 Abs. 2 Nr. 6). Nach früherem Rechtsverständnis waren dies krankheitsbezogene Angaben i. S. d. § 12 LFGB (bzw. jetzt Art. 7 Abs. 3 LMIV 1169/2011).

Gesundheitsbezogene Angaben, die die Bedeutung eines Nährstoffs oder einer anderen Substanz für Wachstum, Entwicklung und Körperfunktionen (Art. 13 Abs. 1 lit. a), die psychischen Funktionen oder Verhaltensfunktionen (lit. b) oder die schlank machenden oder gewichtskontrollierenden Eigenschaften des Lebensmittels oder die Verringerung des Hungergefühls oder ein verstärktes Sättigungsgefühl oder eine verringerte Energieaufnahme durch den Verzehr des Lebensmittels (lit. c) beschreiben oder darauf verweisen, dürfen nur gemacht werden, wenn sie in einer **Gemeinschaftsliste** (Art. 13 Abs. 3) aufgenommen sind. Die Mitgliedstaaten waren berufen, der Kommission bis 31.1.2008 Listen mit Health Claims zusammen mit den für sie geltenden Bedingungen und mit Hinweisen auf die entsprechende wissenschaftliche Absicherung zu übermitteln (Art. 13 Abs. 2); sie meldeten ca. 44.000! Die Kommission sollte dann bis 31.1.2010 über die Aufnahme in die Gemeinschaftsliste entscheiden (Art. 13 Abs. 3); ein (erster) Teil der Gemeinschaftsliste wurde erst 2012 mit der Verordnung 432/2012 erlassen (ABl. 2012 L 136, 1 = *Meyer*, Textsammlung Nr. 265), in Folge sukzessive ergänzt; derzeit (Stand 15.7.2020) sind weniger als 300 Health Claims zugelassen.

Neben diesem Registrierungsverfahren besteht die Möglichkeit, ein förmliches individuelles **Zulassungsverfahren** einzuleiten. Ein Lebensmittelunternehmer, der eine nicht in der betreffenden Gemeinschaftsliste aufgeführte gesundheitsbezogene Angabe zu verwenden beabsichtigt, kann die Aufnahme der Angabe in die Liste beantragen (Art. 13 Abs. 5). Der Beantragung einer Zulassung bedarf es ferner stets, wenn es um eine Angabe über die Verringerung eines **Krankheitsrisikos** oder um gesundheitsbezogene Angaben bezüglich **Kinder** geht (Art. 14).

Nach Art. 10 Abs. 3 Health Claim-VO sind „Verweise auf allgemeine, nichtspezifische Vorteile des Nährstoffs oder Lebensmittels für die Gesundheit im Allgemeinen oder das gesundheitsbezogene Wohlbefinden nur zulässig", wenn ihnen ein zugelassener health claim beigefügt ist. Die VO erklärt allerdings nicht, was sie unter Angaben „gesundheitsbezogenen **Wohlbefindens**" versteht. In einem ersten Entwurf der VO wollte die Kommission noch jegliche Angaben verbieten, „die auf allgemeine, nichtspezifische Vorteile des Nährstoffs oder Lebensmittels in Bezug auf allgemeine Gesundheit und Wohlbefinden verweisen" (Art. 11 VO-Entwurf 2003). Als Beispiele hierfür nannte die Kommission „reinigt Ihren Organismus", „trägt zu einem ausgeglichenen Stoffwechsel

Einleitung

bei" und „hilft, Ihr gutes Körpergefühl zu erhalten" (DG SANCO, Begründung zum VO-E, Rn. 19). Nach dem die Health Claim-VO nun lediglich Angaben über das „*gesundheitsbezogene* Wohlbefinden" erfasst, nicht aber Angaben über das „*allgemeine* Wohlbefinden", dürften zukünftig Angaben wie „für Ihr Wohlbefinden" nicht von der Health Claim-VO erfasst sein; „bekömmlich" ist aber gesundheitsbezogen und deshalb als Werbung für ein Bier verboten (Art. 4 Health Claim-VO; BGH Urt. 17.5.2018, Az. I ZR 252/16).

Wie bei neuen Rechtsvorschriften üblich, ist auch in der Health Claim-VO vorgesehen, dass **Übergangsregelungen** bestehen, um es den betroffenen Unternehmen zu ermöglichen, die Umstellung auf die neuen gesetzlichen Rahmenbedingungen sachgerecht vorzunehmen und noch vorhandene „alte" Ware abverkaufen zu können (Art. 28). Mit Erlass der VO 432/2012 mit der Teil-Gemeinschaftsliste gelten die Übergangsfristen weitgehend nur noch für die „on hold" gesetzten health claims, wie „Botanicals" (Pflanzen und Kräuter bzw. Extrakte hieraus) oder Kinder-Claims (Art. 28 Abs. 6 Health Claim-VO).

III. Horizontale Vorschriften, Beispiele

1. Anreicherungs-Verordnung 1925/2006

Die Verordnung 1925/2006 über „den Zusatz von Vitaminen, Mineralstoffen und bestimmten anderen Stoffen zu Lebensmitteln" (kurz: AnreicherungsVO) regelt die Anreicherung von Lebensmitteln mit Vitaminen, Mineralstoffen sowie „bestimmten anderen Stoffen", die von Lebensmittelherstellern freiwillig zugesetzt werden (können). Die VO sieht dabei Höchstmengen für Nährstoffe (allerdings immer noch nicht erlassen), Regelungen über die Kennzeichnung und Maßnahmen für die Überwachung vor.

Spezifische Bestimmungen in Gemeinschaftsvorschriften über so genannte Food for Specific Groups FSG (*Meyer*, Lebensmittelrecht, Textsammlung Nr. 2200 ff), Novel Food (*Meyer*, Lebensmittelrecht, Textsammlung Nr. 2000 ff), Lebensmittelzusatzstoffe und Aromastoffe (*Meyer*, Lebensmittelrecht, Textsammlung Nr. 600 ff) sowie zugelassene önologische Verfahren und Behandlungen gehen der AnreicherungsVO vor (Art. 1 Abs. 3). Von der VO nicht erfasst sind die Nahrungsergänzungsmitteln zugesetzten Vitamine und Mineralstoffe (Art. 1 Abs. 2); hier gilt die europäische Richtlinie 2002/46 bzw. die deutsche NahrungsergänzungsmittelV (NemV).

Da die übermäßige Zufuhr einiger Vitamine und Mineralstoffe Risiken für die Gesundheit mit sich bringen kann, sollte die Anreicherung nur innerhalb von Höchstmengen zugelassen sein, die von der Kommission festgesetzt werden sollen; bis heute ist dies allerdings nicht geregelt. Die Mindestgehalte orientieren sich an den Nährstoffbezugswertenvon mindestens 15 % (bzw. 7,5 % bei Getränken) für Vitamine und Mineralstoffe, die im Anhang der LMIV 1169/2011 (hier Nr. **3** = *Meyer*, Lebensmittelrecht, Textsammlung Nr. 205) über die Nährwertkennzeichnung von Lebensmitteln angegeben ist.

Die Anreicherungsverordnung schreibt weiter die Nährwertkennzeichnung von Lebensmitteln vor, denen Vitamine, Mineralstoffe und bestimmte andere Stoffe zugesetzt wurden (Art. 7 Abs. 3). Dies erfordert insbesondere die Angabe des Gesamtgehalts an zugesetzten Vitaminen und Mineralstoffen sowie der sieben in der LMIV vorgeschriebenen Nährwerte (Art. 30 Abs. 1 LMIV 1169/2011).

Einleitung

Der Hinweis auf den Zusatz von Vitaminen und Nährstoffen ist nach der Maßgabe der Health Claim-VO 1924/2006 (Nr. **5**) zulässig (Art. 7 Abs. 4).

Gegenüber der Nahrungsergänzungsmittel-Richtlinie 2002/46 (*Meyer*, Lebensmittelrecht, Textsammlung Nr. 2500) weist die AnreicherungsVO die Besonderheit auf, dass „bestimmte andere Stoffe" als Vitamine und Mineralstoffe geprüft, ihre Verwendung gegebenenfalls beschränkt oder verboten werden können (Negativliste nach Art. 8 i. V. m. Anhang III). Ein Entwurf der VO vom 17.1.2003 nannte als Beispiel der als gesundheitsschädlich und deshalb zu verbietenden Stoffe u. a. Ephedrin, Hormone, Kava-Kava, Nikotin und Aristolochiasäure. Das in Art. 8 vorgesehene Verfahren findet Anwendung, wenn ein „anderer Stoff" Lebensmitteln zugesetzt oder bei der Herstellung von Lebensmitteln unter Bedingungen verwendet wird, die zu einer Aufnahme von Mengen dieses Stoffes führen würden, welche weit über den unter normalen Bedingungen bei einer ausgewogenen und abwechslungsreichen Ernährung vernünftigerweise anzunehmenden Mengen liegen und/oder die ein potenzielles Risiko für die Verbraucher bergen würden; eine entsprechende Risikobewertung richtet sich nach Art. 6, 7 BasisVO 178/2002 (Nr. **1**). Teil A mit den verbotenen Stoffe listet Aloe-Emodin, Danthron und Emodin sowie alle Zubereitungen, in denen diese Stoffe enthalten sind, des Weiteren Ephedrakraut und Zubereitungen daraus, die aus Ephedra-Arten gewonnen werden, Zubereitungen aus Blättern von Aloe-Arten, die Hydroxyanthracen-Derivate enthalten und Yohimberinde und Zubereitungen daraus, die aus Yohimbe (Pausinystalia yohimbe (K. Schum) Pierre ex Beille) gewonnen werden. Teil B der Stoffe, deren Verwendung eingeschränkt ist, nennt derzeit andere Trans-Fettsäuren als solche, die auf natürliche Weise in Fett tierischen Ursprungs vorkommen. Teil C mit den Stoffen, die von der Gemeinschaft geprüft werden sind Zubereitungen aus der Rinde von Rhamnus frangula L. oder Rhamnus purshiana DC., die Hydroxyanthracen-Derivate enthalten, Zubereitungen aus Blättern oder Früchten von Cassia senna L., die Hydroxyanthracen-Derivate enthalten und Zubereitungen aus der Wurzel oder dem Rhizom von Rheum palmatum L., Rheum officinale Baillon und ihren Hybriden, die Hydroxyanthracen-Derivate enthalten.

2. Nahrungsergänzungsmittel-Verordnung

Den Rechtsrahmen für Nahrungsergänzungsmittel setzt die Nahrungsergänzungsmittel-Richtlinie 2002/46/EG vom 10.6.2002 (*Meyer*, Lebensmittelrecht, Textsammlung Nr. 2500) sowie die durch die am 28.5.2004 in Kraft getretene Nahrungsergänzungsmittel-Verordnung (NemV; *Meyer*, Lebensmittelrecht, Textsammlung Nr. 2550).

Nach der Legaldefinition in Art. 2 (bzw. § 1 NemV) sind **Nahrungsergänzungsmittel** „Lebensmittel, die dazu bestimmt sind, die normale Ernährung zu ergänzen und die aus Einfach- oder Mehrfachkonzentraten von Nährstoffen oder sonstigen Stoffen mit ernährungsspezifischer oder physiologischer Wirkung bestehen und in dosierter Form in den Verkehr gebracht werden". „Dosiert" bedeutet dabei die Darreichung in „Form von z. B. Kapseln, Pastillen, Tabletten, Pillen und anderen ähnlichen Darreichungsformen, Pulverbeuteln, Flüssigampullen, Flaschen mit Tropfeinsätzen und ähnlichen Darreichungsformen von Flüssigkeiten und Pulvern zur Aufnahme in abgemessenen kleinen Mengen" (§ 1 Abs. 1 Nr. 3 NemV).

Einleitung

Die Richtlinie erstreckt sich hinsichtlich der Kennzeichnung auf alle „Nahrungsergänzungsmittel" i. S. d. obigen Legaldefinition, erfasst bezüglich der **Rezeptur** aber nur die in der Richtlinie 2002/46 (s. § 3 NemV) genannten Vitamine und Mineralstoffe (einschließlich Spurenelemente). Andere als die gelisteten Vitamine und Mineralstoffe sind verboten; das Verbot betrifft namentlich Ultraspurenelemente wie Silicium und Vanadium, die nicht als essenziell gesehen werden, oder Orotate. Nahrungsergänzungsmittel können eine breite Palette von Nährstoffen und anderen Zutaten enthalten, unter anderem, aber nicht ausschließlich, neben Vitaminen und Mineralstoffen auch Aminosäuren, essenzielle Fettsäuren, Ballaststoffe und verschiedene Pflanzen und Kräuterextrakte (s. Erwägungsgrund 6 der Richtlinie 2002/46/EG). Andere Stoffe als Vitamine und Mineralstoffe sollen jedoch nicht erfasst werden (Kommmission, 5.12.2008, KOM(2008) 824 endg., Bericht über die Verwendung anderer Stoffe als Vitamine und Mineralstoffe in Nahrungsergänzungsmitteln). Die Richtlinie ist daher keine umfassende Regelung der Nahrungsergänzungsmittel; sie ist vielmehr lückenhaft.

Die Richtlinie sähe die Festsetzung von **Höchstmengen** für Vitamine und Mineralstoffe vor (Art. 5). Die Höchstmengen sollen sich dabei an den wissenschaftlich anerkannten Verträglichkeitsgrenzen (upper safe levels = UL-Werte) orientieren, unter Berücksichtigung der unterschiedlichen Sensibilität einzelner Verbrauchergruppen und der Zufuhr von Stoffen aus unterschiedlichen Quellen. Eine Regelung hierüber steht aber immer noch aus. Hersteller und Inverkehrbringer müssen daher im Rahmen ihrer Sorgfaltspflicht sichere Höchstmengen entsprechend Art. 5 bestimmen, was enorme Schwierigkeiten bereitet. Das BMEL beabsichtigt Höchstmengen in der NemV zu regeln; Vorarbeiten des BfR hierzu liegen vor („Höchstmengen für Vitamine und Mineralstoffe in Nahrungsergänzungsmitteln", Journal für Verbraucherschutz und Lebensmittelsicherheit, Vol. 13, S. 25–39).

Die Richtlinie 2002/46/EG enthält ein Verkehrsverbot für Produkte, die nicht ihren Anforderungen entsprechen (Art. 3, 15), Reinheitskriterien (Art. 4), die sich an internationalen Standards orientieren, sowie die Möglichkeit der Anzeigepflicht für den Hersteller (Monitoring nach Art. 10), die in § 5 NemV geregelt ist.

§ 4 NemV bzw. Art. 6 Richtlinie 2002/46/EG regelt, in Ergänzung zur LMIV 1169/2011 (Nr. **3** = *Meyer*, Lebensmittelrecht, Textsammlung Nr. 205), die **Kennzeichnung** von Nahrungsergänzungsmitteln. Die gesetzlich vorgeschriebene Bezeichnung lautet „Nahrungsergänzungsmittel", unter Nennung der charakteristischen Zutaten (Art. 6 Abs. 3 lit. a bzw. § 4 Abs. 1 und 2 Nr. 1 NemV). Pflicht ist des Weiteren eine Tagesverzehrempfehlung, ein Warnhinweis, die empfohlene Tagesdosis nicht zu überschreiten, ein Hinweis darauf, dass Nahrungsergänzungen nicht als Ersatz für eine abwechslungsreiche Ernährung verwendet werden sollten, sowie ein Hinweis, das Produkt außerhalb der Reichweite von Kindern zu lagern. Außerdem darf in der Kennzeichnung und Werbung für Nahrungsergänzungsmittel nicht suggeriert werden, dass bei einer ausgewogenen, abwechslungsreichen Ernährung im Allgemeinen die Zufuhr angemessener Nährstoffmengen nicht möglich sei (Art. 7 bzw. § 4 Abs. 4 NemV).

Einleitung

3. Öko-Verordnung 834/2007 und 2018/848

a) bisherige ÖkoVO 834/2007

Regelungen über den ökologischen/biologischen Landbau und die Kennzeichnung der dergestalt gewonnenen Lebensmittel enthält die ÖkoVO 834/2007 vom 28.6.2007 (*Meyer*, Textsammlung Nr. 2605).

Nachdem in der ÖkoVO 2092/92 a. F. ursprünglich nur Lebensmittel pflanzlicher Herkunft erfasst waren, sind mit der Änderungsverordnung 1804/99 auch die Anforderungen an Erzeugnisse tierischer Herkunft geregelt worden. Mit der ÖkoVO 834/2007 wurde des Weiteren die Basis für die Aufnahme von Regelungen für die ökologischen Aquakulturen, Wein, Seetang und Hefen geschaffen.

Die Verwendung von gentechnisch veränderten Organismen (**GVO**) und aus oder durch GVO hergestellten Erzeugnissen ist (mit Ausnahme der Verwendung entsprechend gewonnener Tierarzneimittel) im ökologischen Landbau generell verboten (Art. 9); allerdings gilt auch für Produkte des ökologischen Landbaus der gemäß der VO 1829/2003 über genetisch veränderte Lebensmittel und Futtermittel (*Meyer*, Lebensmittelrecht, Textsammlung Nr. 2000) geltende Schwellenwert für die Kennzeichnung von GVO-Erzeugnissen bei zufälligen oder technisch unvermeidbaren Einträgen in Höhe von maximal 0,9 %.

Nach Art. 22 Abs. 2 lit. g ÖkoVO 834/2007 können **Lebensmittelzusatzstoffe** sowie Enzyme und Vitamine, die mit Hilfe von GVO hergestellt werden, per Ausnahmeregelung für Öko-Produkte zugelassen werden; Voraussetzung hierfür ist allerdings, dass am Markt keine Stoffe erhältlich sind, die ohne Gentechnik gewonnen werden.

Erzeuger wie Vertreiber unterliegen gem. Art. 27 ff ÖkoVO einem **Kontrollverfahren**. Ein fakultativer Kontrollvermerk dokumentiert die Konformität der Erzeugnisse mit den Anforderungen der ÖkoVO (Art. 24 Abs. 1a und Art. 27 Abs. 10).

Art. 23 regelt, ob in der **Bezeichnung** oder im Zutatenverzeichnis des Erzeugnisses auf den ökologischen Landbau Bezug genommen werden darf. Verarbeitete Erzeugnisse dürfen in der Verkehrsbezeichnung nur dann als Öko-Lebensmittel ausgelobt werden dürfen, wenn sie einen Bio-Anteil von mindestens 95 % der Zutaten landwirtschaftlichen Ursprungs aufweisen (Art. 23 Abs. 4 lit. a ii ÖkoVO 834/2007). Die frühere sog. 70 %-Kategorie entfiel; dafür wurden allerdings im Rahmen der Kennzeichnung Auslobungserleichterungen eingebaut. Bei verarbeiteten Produkten mit einem Ökoanteil von weniger als 95 % dürfen auch einzelne Bestandteile in der Zutatenliste als Öko-Ware ausgewiesen werden, sofern das Erzeugnis überwiegend aus Zutaten landwirtschaftlichen Ursprungs hergestellt wird (Art. 23 Abs. 4 und Art. 19).

Die Verwendung eines **Gemeinschaftslogos** ist für vorverpackte Produkte aus der Europäischen Union verpflichtend (Art. 24 Abs. 1b und Art. 25). Bei Verwendung des Gemeinschaftslogos ist die Benennung des Ortes der Erzeugung der landwirtschaftlichen Ausgangsstoffe vorgeschrieben, wie „EU-Landwirtschaft" (Art. 24 Abs. 1c). Dieses Gemeinschaftslogo kann durch einzelstaatliche Logos (Bsp. das deutsche „Bio-Siegel") oder die Marken privater Anbauverbände (wie Bioland, Demeter) ergänzt werden (Art. 25 Abs. 2), wobei letztere auf strengeren, über die Vorgaben der ÖkoVO hinausgehenden Verbandsrichtlinien basieren können.

b) neue ÖkoVO 2018/848

Am 17. Juni 2018 ist die neue EU-Ökobasisverordnung 2018/848 (*Meyer*, Textsammlung Nr. 2610) in Kraft getreten. Ihr Geltungsbeginn wurde im November 2020 um ein Jahr auf den 1.1.2022 verschoben.

Der Geltungsbereich wurde um die in Anhang I aufgeführten Erzeugnisse ergänzt; dies sind u. a. Mate, Zuckermais Weinblätter, Palmherzen, Hopfentriebe und andere ähnliche genießbare Pflanzenteile und daraus hergestellte Erzeugnisse, Hefen, Salz, ätherische Öle, traditionelle pflanzliche Zubereitungen auf pflanzlicher Basis, Rohwolle und Rohbaumwolle.

Die Liste der Begriffsbestimmungen in Art. 3 umfasst nun insgesamt 75 Begriffe und ist damit deutlich umfangreicher als zuvor nach Art. 2 ÖkoV 834/2007.

Art. 4 – 8 regeln die Ziele und Grundsätze ökologischer Produktion nach der ÖkoVO 2018/848 und tragen dem gesteigerten Interesse an Nachhaltigkeit und Einhaltung hoher Tierschutzstandards Rechnung. Dadurch wird die Verantwortlichkeit der Lebensmittelunternehmen gestärkt.

Allgemeine und spezifische Produktionsvorschriften regeln die Art. 9 – 29. Nach Art. 10 Abs. 4 ÖkoVO 2018/848 dürfen Umstellungserzeugnisse nicht als solche gekennzeichnet werden. Auch die sonstigen Vorgaben zur Umstellung werden ausführlich geregelt worden. Durch die neue Verordnung werden alle Unternehmen entlang der gesamten Produktionskette verpflichtet, Kontaminationsrisiken zu verringern (Art. 3 Nr. 5 und Art. 28, 29). Insbesondere Verarbeitungsunternehmen, die bislang davon ausgenommen waren, sind künftig ebenfalls von der Verpflichtung erfasst (Art. 28 Abs. 1: „Unternehmer auf jeder Stufe der Produktion, der Aufbereitung und des Vertriebs").

Art. 21 überträgt der Kommission die Ermächtigung zum Erlass delegierter Rechtsakte zur Änderung von Anhang II zu erlassen, mit denen detaillierte Produktionsvorschriften und Vorschriften über die Umstellungspflicht für Erzeugnisse, die nicht unter die in den Artikeln 12 bis 19 aufgeführten Kategorien von Erzeugnissen fallen, hinzugefügt werden oder diese hinzugefügten Vorschriften geändert werden.

Vorschriften zur Kennzeichnung von biologischen Erzeugnissen als solchen sowie als Zutaten liefern die Art. 30 ff. i. V. m. Anhang IV. Diese bleiben größtenteils unverändert. So auch die Vorgabe, dass mindestens 95 Prozent der Zutaten eines Produktes aus ökologischer Produktion stammen müssen, um die entsprechende Bezeichnung tragen zu dürfen (Art. 30 Abs. 5). Die Vorgaben zur Regionalität wurden dagegen gelockert: während nach der VO 834/2007 98 Prozent der Zutaten regional sein mussten (Art. 24 Abs. 1), um die Herkunftsangabe auf das Produkt setzen zu dürfen, reichen seit künftig 95 Prozent (Art. 32 Abs. 2). Aromen dürfen als „bio" ausgelobt werden, wenn sie nur für natürliche Aromastoffe und natürliche Aromaextrakte verwendet werden, die gemäß Art. 16 Abs. 2, 3 und 4 der Aromen-Verordnung 1334/2008 gekennzeichnet sind, falls alle ihre aromatisierenden Bestandteile und deren Trägerstoffe aus ökologischer/biologischer Produktion stammen (Art. 30 Abs. 5 lit. a). Der Einsatz von Aromen, die nicht „bio", sondern lediglich „natürlich" i. S. d. Art. 16 Abs. 2–4 AromenVO 1334/2008 sind, bleibt in Bio-Lebensmitteln weiterhin zulässig, jedoch dürfen solche Aromen nicht selbst als „bio" bezeichnet werden.

Einleitung

4. weitere relevante horizontale Vorschriften

- Verordnung (EG) 1333/2008 über Lebensmittelzusatzstoffe (ABl. 2008 L 354, 16 = *Meyer*, Textsammlung Nr. 600)
- Verordnung (EU) Nr. 231/2012 mit Spezifikationen für die in den Anhängen II und III der Verordnung (EG) Nr. 1333/2008 aufgeführten Lebensmittelzusatzstoffe (ABl. 2012 L 83, 1 = *Meyer*, Textsammlung Nr. 620)
- Verordnung zur Durchführung unionsrechtlicher Vorschriften über Lebensmittelzusatzstoffe (Lebensmittelzusatzstoff-Durchführungsverordnung – LMZDV; BGBl. 2021 I 1362 = Meyer Textsammlung Nr. 700)
- Verordnung (EG) 1332/2008 über Lebensmittelenzyme (ABl. 2008 L 354, 7 = *Meyer*, Textsammlung Nr. 680)
- Verordnung (EG) 1334/2008 über Aromen und bestimmte Lebensmittelzutaten mit Aromaeigenschaften zur Verwendung in und auf Lebensmitteln (ABl. 2008 L 354, 34 = Meyer, Textsammlung Nr. 800)
- Verordnung 852/2004 (EG) über Lebensmittelhygiene (AB. 2004 L 139, 1 = *Meyer*, Textsammlung Nr. 900)
- Verordnung (EG) 2073/2005 über mikrobiologische Kriterien für Lebensmittel (ABl. 2005 L 338, 1= *Meyer*, Textsammlung Nr. 905)
- Verordnung 853/2004 mit speziellen Hygienevorschriften für Lebensmittel tierischen Ursprungs (ABl. 2004 L 139, 55 = *Meyer*, Textsammlung Nr. 910)
- Verordnung (EG) 1881/2006 zur Festsetzung der Höchstgehalte für bestimmte Kontaminanten in Lebensmitteln (ABl. 2006 L 364, 5 = *Meyer*, Textsammlung Nr. 1205)
- Verordnung (EG) Nr. 396/2005 über Höchstgehalte an Pestizidrückständen in oder auf Lebens- und Futtermitteln pflanzlichen und tierischen Ursprungs (ABl. 2005 L 70, 1 = *Meyer*, Textsammlung Nr. 1220)
- Verordnung (EG) Nr. 1829/2003 über genetisch veränderte Lebensmittel und Futtermittel (ABl. 2003 L 268, 1 = *Meyer*, Textsammlung Nr. 2000)
- Verordnung (EG) Nr. 1830/2003 über die Rückverfolgbarkeit und Kennzeichnung von genetisch veränderten Organismen und über die Rückverfolgbarkeit von aus genetisch veränderten Organismen hergestellten Lebensmitteln und Futtermitteln (ABl. 2003 L 268, 24 = *Meyer*, Textsammlung Nr. 2005)
- Verordnung (EU) 2015/2283 vom 25. November 2015 über neuartige Lebensmittel (ABl. 2015 L 327, 1 = *Meyer*, Textsammlung Nr. 2010)
- Verordnung (EU) 609/2013 über Lebensmittel für Säuglinge und Kleinkinder, Lebensmittel für besondere medizinische Zwecke und Tagesrationen für gewichtskontrollierende Ernährung (ABl. 2013 L 181, 35 = *Meyer*, Textsammlung Nr. 2205)
- Delegierte Verordnung (EU) 2016/127 zur Ergänzung der Verordnung (EU) Nr. 609/2013 im Hinblick auf die besonderen Zusammensetzungs- und Informationsanforderungen für Säuglingsanfangsnahrung und Folgenahrung und hinsichtlich der Informationen, die bezüglich der Ernährung von Säuglingen und Kleinkindern bereitzustellen sind (ABl. 2016 L 25, 1 = *Meyer*, Textsammlung Nr. 2210)

- Delegierte Verordnung (EU) 2016/128 zur Ergänzung der Verordnung (EU) Nr. 609/2013 im Hinblick auf die besonderen Zusammensetzungs- und Informationsanforderungen für Lebensmittel für besondere medizinische Zwecke (ABl. 2016 L 25, 30 = *Meyer*, Textsammlung Nr. 2220)
- Delegierte Verordnung (EU) 2017/1798 zur Ergänzung der Verordnung (EU) Nr. 609/2013 hinsichtlich der besonderen Zusammensetzungs- und Informationsanforderungen an Tagesrationen für gewichtskontrollierende Ernährung (ABl. 2017 L 259, 2 = *Meyer*, Textsammlung Nr. 2230)

Prof. Dr. Alfred Hagen Meyer
Rechtsanwalt meyer.rechtsanwalts GmbH
Sophienstr. 5, 80333 München
meyer@meyerlegal.de
Fon 089/550 69 88 - 0
www.meyerlegal.de

1. Verordnung (EG) Nr. 178/2002 des Europäischen Parlaments und des Rates vom 28. Januar 2002 zur Festlegung der allgemeinen Grundsätze und Anforderungen des Lebensmittelrechts, zur Errichtung der Europäischen Behörde für Lebensmittelsicherheit und zur Festlegung von Verfahren zur Lebensmittelsicherheit[1)]

(ABl. L 31 S. 1)

Celex-Nr. 3 2002 L 0178

zuletzt geänd. durch Art. 1 VO (EU) 2019/1381 v. 20.6.2019 (ABl. L 231 S. 1)

Nichtamtliche Inhaltsübersicht

[1)] Die Änderungen durch VO v. 20.6.2019 (ABl. L 231 S. 1) treten teilweise erst **mWv 1.7.2022** in Kraft und sind im Text noch nicht berücksichtigt.

DAS EUROPÄISCHE PARLAMENT UND DER RAT DER EUROPÄISCHEN UNION –

gestützt auf den Vertrag zur Gründung der Europäischen Gemeinschaft[1], insbesondere auf die Artikel 37, 95, 133 und 152 Absatz 4 Buchstabe b)[2],

auf Vorschlag der Kommission[3],

nach Stellungnahme des Wirtschafts- und Sozialausschusses[4],

nach Stellungnahme des Ausschusses der Regionen[5],

gemäß dem Verfahren des Artikels 251 des Vertrags[6][7],

in Erwägung nachstehender Gründe:

(1) Der freie Verkehr mit sicheren und bekömmlichen Lebensmitteln ist ein wichtiger Aspekt des Binnenmarktes und trägt wesentlich zur Gesundheit und zum Wohlergehen der Bürger und zu ihren sozialen und wirtschaftlichen Interessen bei.

(2) Bei der Durchführung der Politiken der Gemeinschaft muss ein hohes Maß an Schutz für Leben und Gesundheit des Menschen gewährleistet werden.

(3) Der freie Verkehr mit Lebensmitteln und Futtermitteln in der Gemeinschaft ist nur dann möglich, wenn die Anforderungen an die Lebensmittel- und Futtermittelsicherheit in den einzelnen Mitgliedstaaten nicht wesentlich voneinander abweichen.

(4) Die Konzepte, Grundsätze und Verfahren des Lebensmittelrechts der Mitgliedstaaten weisen große Unterschiede auf. Wenn die Mitgliedstaaten Maßnahmen betreffend Lebensmittel erlassen, können diese Unterschiede den freien Verkehr mit Lebensmitteln behindern, ungleiche Wettbewerbs-

---

[1] Nunmehr Vertrag über die Arbeitsweise der Europäischen Union durch Vertrag von Lissabon v. 13.12.2007 (ABl. C 306 S. 1).
[2] Nunmehr Art. 43, 114, 207 und 168 AEUV durch Vertrag von Lissabon v. 13.12.2007 (ABl. C 306 S. 1).
[3] **Amtl. Anm.:** ABl. C 96 E vom 27.3.2001, S. 247.
[4] **Amtl. Anm.:** ABl. C 155 vom 29.5.2001, S. 32.
[5] **Amtl. Anm.:** Stellungnahme vom 14. Juni 2001 (noch nicht im Amtsblatt veröffentlicht).
[6] Nunmehr Art. 294 AEUV durch Vertrag von Lissabon v. 13.12.2007 (ABl. C 306 S. 1).
[7] **Amtl. Anm.:** Stellungnahme des Europäischen Parlaments vom 12. Juni 2001 (noch nicht im Amtsblatt veröffentlicht), Gemeinsamer Standpunkt des Rates vom 17. September 2001 (noch nicht im Amtsblatt veröffentlicht) und Beschluss des Europäischen Parlaments vom 11. Dezember 2001 (noch nicht im Amtsblatt veröffentlicht). Beschluss des Rates vom 21. Januar 2002.

bedingungen schaffen und dadurch das Funktionieren des Binnenmarktes unmittelbar beeinträchtigen.

(5) Eine Angleichung dieser Konzepte, Grundsätze und Verfahren ist daher notwendig, um eine gemeinsame Grundlage für Maßnahmen des Lebensmittel- und Futtermittelsektors zu schaffen, die in den Mitgliedstaaten und auf Gemeinschaftsebene erlassen werden. Jedoch muss für die Anpassung miteinander kollidierender Bestimmungen im geltenden Recht sowohl auf nationaler als auch auf gemeinschaftlicher Ebene genügend Zeit eingeräumt und vorgesehen werden, dass bis zum Abschluss der Anpassung die geltenden Vorschriften unter Berücksichtigung der in dieser Verordnung dargelegten Grundsätze angewandt werden.

(6) Wasser wird, wie andere Lebensmittel auch, unmittelbar oder mittelbar aufgenommen und trägt daher zur Gesamtexposition des Verbrauchers gegenüber aufgenommenen Stoffen einschließlich chemischer und mikrobiologischer Kontaminanten bei. Da jedoch die Kontrolle der Qualität von Wasser für den menschlichen Gebrauch bereits im Rahmen der Richtlinien 80/778/EWG[1] und 98/83/EG[2] des Rates erfolgt, genügt es, Wasser ab der Stelle der Einhaltung gemäß Artikel 6 der Richtlinie 98/83/EG zu berücksichtigen.

(7) Es sollten auch Anforderungen an Futtermittel, beispielsweise an die Herstellung und Verwendung von Futtermitteln, die für der Lebensmittelgewinnung dienende Tiere bestimmt sind, in das Lebensmittelrecht aufgenommen werden. Dies gilt unbeschadet entsprechender Anforderungen, die bislang und auch künftig in den Rechtsvorschriften über Futtermittel für alle Tiere einschließlich Heimtieren enthalten sind.

(8) Die Gemeinschaft hat sich für ein hohes Gesundheitsschutzniveau bei der Entwicklung des Lebensmittelrechts entschieden, das sie ohne Diskriminierung anwendet, unabhängig davon, ob die Lebensmittel oder Futtermittel auf dem Binnenmarkt oder international gehandelt werden.

(9) Es muss dafür gesorgt werden, dass Verbraucher, andere Akteure und Handelspartner dem dem Lebensmittelrecht zugrunde liegenden Entscheidungsfindungsprozess, seiner wissenschaftlichen Grundlage und den Strukturen und der Unabhängigkeit der Institutionen, die für den Schutz der Gesundheit und anderer Belange zuständig sind, Vertrauen entgegenbringen.

(10) Die Erfahrung hat gezeigt, dass es zum Schutz der menschlichen Gesundheit und für das reibungslose Funktionieren des Binnenmarktes notwendig ist, Maßnahmen zu treffen, die gewährleisten, dass nicht sichere Lebensmittel nicht in den Verkehr gelangen und dass Systeme vorhanden sind, mit deren Hilfe Probleme der Lebensmittelsicherheit erkannt werden können und hierauf reagiert werden kann. Auch im Zusammenhang mit der Sicherheit von Futtermitteln müssen diese Fragen angegangen werden.

(11) Für ein hinreichend umfassendes einheitliches Konzept der Lebensmittelsicherheit muss die Definition des Lebensmittelrechts so weit gefasst werden, dass sie ein großes Spektrum an Bestimmungen abdeckt, die sich mittelbar oder unmittelbar auf die Sicherheit von Lebensmitteln und Futtermitteln auswirken, darunter auch Vorschriften zu Materialien und Ge-

---

[1] **Amtl. Anm.:** ABl. L 229 vom 30.8.1980, S. 11. Aufgehoben durch die Richtlinie 98/83/EG.
[2] **Amtl. Anm.:** ABl. L 330 vom 5.12.1998, S. 32.

genständen, die mit Lebensmitteln in Berührung kommen, zu Futtermitteln und anderen landwirtschaftlichen Produktionsmitteln auf der Ebene der Primärproduktion.

(12) Um Lebensmittelsicherheit gewährleisten zu können, müssen alle Aspekte der Lebensmittelherstellungskette als Kontinuum betrachtet werden, und zwar von − einschließlich − der Primärproduktion und der Futtermittelproduktion bis hin − einschließlich − zum Verkauf bzw. zur Abgabe der Lebensmittel an den Verbraucher, da jedes Glied dieser Kette eine potenzielle Auswirkung auf die Lebensmittelsicherheit haben kann.

(13) Die Erfahrung hat gezeigt, dass es aus diesem Grund notwendig ist, auch die Erzeugung, die Herstellung, den Transport und den Vertrieb von Futtermitteln, die an der Lebensmittelgewinnung dienende Tiere verfüttert werden, zu berücksichtigen, einschließlich der Zucht von Tieren, die in Fischzuchtbetrieben als Futter verwendet werden können, da die absichtliche oder unabsichtliche Kontamination von Futtermitteln, die Verfälschung oder betrügerische oder andere unzulässige Praktiken im Zusammenhang damit eine mittelbare oder unmittelbare Auswirkung auf die Lebensmittelsicherheit haben können.

(14) Aus dem gleichen Grund ist es notwendig, auch andere Verfahren und landwirtschaftliche Produktionsmittel auf der Ebene der Primärproduktion und ihre potenziellen Auswirkungen auf die Lebensmittelsicherheit insgesamt zu berücksichtigen.

(15) Die Vernetzung von Spitzenlabors auf regionaler und/oder überregionaler Ebene zur kontinuierlichen Überwachung der Lebensmittelsicherheit könnte erheblich zur Verhütung potenzieller gesundheitlicher Risiken für die Menschen beitragen.

(16) Die von den Mitgliedstaaten und der Gemeinschaft erlassenen Maßnahmen für Lebensmittel und Futtermittel sollten in der Regel auf einer Risikoanalyse beruhen, es sei denn, dies ist angesichts der Umstände oder der Art der Maßnahme nicht angebracht. Die Durchführung einer Risikoanalyse vor dem Erlass solcher Maßnahmen sollte dazu beitragen, dass ungerechtfertigte Hemmnisse für den freien Verkehr mit Lebensmitteln vermieden werden.

(17) Soweit das Lebensmittelrecht die Verringerung, Ausschaltung oder Vermeidung eines Gesundheitsrisikos anstrebt, ergibt sich aus den drei miteinander verbundenen Einzelschritten der Risikoanalyse, nämlich Risikobewertung, Risikomanagement und Risikokommunikation, eine systematische Methodik zur Ermittlung effektiver, angemessener und gezielter Maßnahmen oder sonstiger Aktionen des Gesundheitsschutzes.

(18) Im Interesse des Vertrauens in die wissenschaftliche Basis des Lebensmittelrechts sollten Risikobewertungen unabhängig, objektiv und transparent auf der Grundlage der verfügbaren wissenschaftlichen Informationen und Daten durchgeführt werden.

(19) Es wird allgemein anerkannt, dass die wissenschaftliche Risikobewertung allein in manchen Fällen nicht alle Informationen liefert, auf die sich eine Risikomanagemententscheidung gründen sollte, und dass auch noch andere für den jeweils zu prüfenden Sachverhalt relevante Faktoren wie beispielsweise gesellschaftliche, wirtschaftliche und ethische Gesichtspunkte,

Traditionen und Umwelterwägungen wie auch die Frage der Kontrollierbarkeit zu berücksichtigen sind.

(20) Zur Gewährleistung des Gesundheitsschutzniveaus in der Gemeinschaft wurde das Vorsorgeprinzip herangezogen, wodurch Hemmnisse für den freien Verkehr mit Lebensmitteln und Futtermitteln geschaffen wurden. Deshalb muss gemeinschaftsweit eine einheitliche Grundlage für die Anwendung dieses Prinzips geschaffen werden.

(21) In besonderen Fällen, in denen ein Risiko für Leben oder Gesundheit gegeben ist, wissenschaftlich aber noch Unsicherheit besteht, ergibt sich aus dem Vorsorgeprinzip ein Mechanismus zur Ermittlung von Risikomanagementmaßnahmen oder anderen Aktionen, um das in der Gemeinschaft gewählte hohe Gesundheitsschutzniveau sicherzustellen.

(22) Die Lebensmittelsicherheit und der Schutz der Verbraucherinteressen sind in zunehmendem Maß ein Anliegen der Öffentlichkeit, der Nichtregierungsorganisationen, Fachverbände, internationalen Handelspartner und Handelsorganisationen. Es muss dafür gesorgt werden, dass das Vertrauen der Verbraucher und der Handelspartner durch eine offene und transparente Entwicklung des Lebensmittelrechts gewährleistet wird, sowie auch dadurch, dass die Behörden in geeigneter Weise dafür sorgen, dass die Öffentlichkeit informiert wird, wenn ein hinreichender Verdacht dafür vorliegt, dass ein Lebensmittel ein Gesundheitsrisiko darstellen kann.

(23) Sicherheit und Vertrauen der Verbraucher in der Gemeinschaft und in Drittländern sind von größter Bedeutung. Die Gemeinschaft ist ein wichtiger globaler Handelspartner im Lebensmittel- und Futtermittelsektor und ist als solcher internationalen Handelsabkommen beigetreten, an der Entwicklung internationaler Normen zum Lebensmittelrecht beteiligt und unterstützt die Grundsätze des freien Handels mit sicheren Futtermitteln und sicheren, bekömmlichen Lebensmitteln, ohne Diskriminierung, nach lauteren und ethisch einwandfreien Handelsgepflogenheiten.

(24) Es muss sichergestellt werden, dass aus der Gemeinschaft ausgeführte oder wieder ausgeführte Lebensmittel und Futtermittel dem Gemeinschaftsrecht oder den vom Einfuhrland gestellten Anforderungen entsprechen. Andernfalls können Lebensmittel und Futtermittel nur dann ausgeführt oder wieder ausgeführt werden, wenn das Einfuhrland ausdrücklich zugestimmt hat. Auch bei Zustimmung des Einfuhrlandes muss aber sichergestellt sein, dass keine gesundheitsschädlichen Lebensmittel oder nicht sicheren Futtermittel ausgeführt oder wieder ausgeführt werden.

(25) Es ist notwendig, die allgemeinen Grundsätze für den Handel mit Lebensmitteln und Futtermitteln und die Ziele und Grundsätze für den Beitrag der Gemeinschaft zur Ausarbeitung internationaler Normen und Handelsabkommen festzulegen.

(26) Einige Mitgliedstaaten haben horizontale Rechtsvorschriften zur Lebensmittelsicherheit erlassen und dabei insbesondere den Unternehmen die allgemeine Verpflichtung auferlegt, nur Lebensmittel in Verkehr zu bringen, die sicher sind. Allerdings wenden diese Mitgliedstaaten bei der Entscheidung, ob ein Lebensmittel sicher ist, unterschiedliche Basiskriterien an. Angesichts dieser unterschiedlichen Konzepte und des Fehlens horizontaler Rechtsvorschriften in anderen Mitgliedstaaten sind Hemmnisse für den Handel mit Lebensmitteln zu erwarten. Ähnliche Hemmnisse können auch im Handel mit Futtermitteln entstehen.

(27) Es ist daher notwendig, allgemeine Anforderungen dahin gehend einzuführen, dass nur sichere Lebensmittel und Futtermittel in Verkehr gebracht werden, damit der Binnenmarkt für solche Erzeugnisse reibungslos funktioniert.

(28) Die Erfahrung hat gezeigt, dass das Funktionieren des Binnenmarktes im Lebensmittel- oder Futtermittelsektor gefährdet sein kann, wenn Lebensmittel und Futtermittel nicht rückverfolgt werden können. Es ist daher notwendig, ein umfassendes System der Rückverfolgbarkeit bei Lebensmittel- und Futtermittelunternehmen festzulegen, damit gezielte und präzise Rücknahmen vorgenommen bzw. die Verbraucher oder die Kontrollbediensteten entsprechend informiert und damit womöglich unnötige weiter gehende Eingriffe bei Problemen der Lebensmittelsicherheit vermieden werden können.

(29) Es muss sichergestellt werden, dass ein Lebensmittel- oder Futtermittelunternehmen einschließlich des Importeurs zumindest das Unternehmen feststellen kann, das das Lebensmittel oder Futtermittel, das Tier oder die Substanz, die möglicherweise in einem Lebensmittel oder Futtermittel verarbeitet wurden, geliefert hat, damit bei einer Untersuchung die Rückverfolgbarkeit in allen Stufen gewährleistet ist.

(30) Der Lebensmittelunternehmer ist am besten in der Lage, ein sicheres System der Lebensmittellieferung zu entwickeln und dafür zu sorgen, dass die von ihm gelieferten Lebensmittel sicher sind; er sollte daher auch die primäre rechtliche Verantwortung für die Gewährleistung der Lebensmittelsicherheit tragen. Dieser Grundsatz gilt zwar in einigen Mitgliedstaaten und Teilbereichen des Lebensmittelrechts, ist aber in anderen Bereichen nicht ausdrücklich festgelegt, oder die Verantwortung geht infolge der von der zuständigen Behörde des Mitgliedstaats durchgeführten Kontrollen auf diese Behörden über. Solche Diskrepanzen können Handelshemmnisse schaffen und den Wettbewerb zwischen Lebensmittelunternehmern in verschiedenen Mitgliedstaaten beeinträchtigen.

(31) Entsprechende Anforderungen sollten für Futtermittel und Futtermittelunternehmer gelten.

(32) Die wissenschaftliche und technische Basis der Rechtsetzung der Gemeinschaft im Bereich der Lebensmittel- und Futtermittelsicherheit sollte zur Erzielung eines hohen Gesundheitsschutzniveaus in der Gemeinschaft beitragen. Die Gemeinschaft sollte auf hochwertige, unabhängige und effiziente wissenschaftliche und technische Unterstützung zurückgreifen können.

(33) Die wissenschaftlichen und technischen Fragen im Zusammenhang mit der Lebensmittel- und Futtermittelsicherheit werden immer wichtiger und komplexer. Die Errichtung einer Europäischen Behörde für Lebensmittelsicherheit, nachstehend „die Behörde" genannt, soll das derzeitige System der wissenschaftlichen und technischen Unterstützung, das den immer höheren Anforderungen nicht mehr gewachsen ist, verstärken.

(34) Die Behörde sollte bei der Risikobewertung im Einklang mit den allgemeinen Grundsätzen des Lebensmittelrechts als unabhängige wissenschaftliche Referenzstelle fungieren und dadurch zu einem reibungslosen Funktionieren des Binnenmarktes beitragen. Sie kann für die Begutachtung in strittigen wissenschaftlichen Fragen in Anspruch genommen werden, damit die Gemeinschaftsorgane und die Mitgliedstaaten zur Gewähr-

leistung der Lebensmittel- und Futtermittelsicherheit notwendige Risiko-managemententscheidungen in Kenntnis der Sachlage treffen können, was gleichzeitig dazu beiträgt, dass der Binnenmarkt nicht durch neue ungerechtfertigte oder unnötige Hindernisse für den freien Verkehr mit Lebensmitteln und Futtermitteln aufgesplittert wird.

(35) Die Behörde sollte eine unabhängige wissenschaftliche Quelle für Beratung, Information und Risikokommunikation zur Stärkung des Vertrauens der Verbraucher darstellen. Im Interesse der Kohärenz zwischen den Aufgabenbereichen Risikobewertung, Risikomanagement und Risikokommunikation sollte jedoch das Zusammenwirken von Verantwortlichen für die Risikobewertung und Verantwortlichen für das Risikomanagement verstärkt werden.

(36) Die Behörde sollte einen umfassenden, unabhängigen wissenschaftlichen Überblick über die Sicherheit und andere Aspekte der gesamten Lebensmittel- und Futtermittelkette vermitteln, was weit reichende Kompetenzen für die Behörde voraussetzt. Diese Kompetenzen sollten sich auf Fragen erstrecken, die einen mittelbaren oder unmittelbaren Einfluss auf die Sicherheit der Lebensmittel- und Futtermittelkette, auf Tiergesundheit, Tierschutz und Pflanzenschutz haben. Es muss jedoch sichergestellt sein, dass der Schwerpunkt der Arbeit der Behörde auf der Lebensmittelsicherheit liegt; ihr Auftrag in Bezug auf Fragen der Tiergesundheit, des Tierschutzes und des Pflanzenschutzes sollte, soweit kein Zusammenhang mit der Sicherheit der Lebensmittelkette besteht, auf die Erstellung wissenschaftlicher Gutachten beschränkt sein. Ferner sollte die Behörde die Aufgabe haben, in Fragen der menschlichen Ernährung im Zusammenhang mit dem Gemeinschaftsrecht wissenschaftliche Gutachten zu erstellen und wissenschaftliche und technische Unterstützung zu leisten und die Kommission – auf deren Antrag hin – im Bereich der Information im Zusammenhang mit Gesundheitsprogrammen der Gemeinschaft zu unterstützen.

(37) Da einige nach dem Lebensmittelrecht zugelassene Produkte wie Schädlingsbekämpfungsmittel oder Zusatzstoffe in Futtermitteln Risiken für die Umwelt oder die Sicherheit der Arbeitnehmer mit sich bringen können, sollten auch einige Aspekte des Umwelt- und des Arbeitsschutzes nach den einschlägigen Rechtsvorschriften von der Behörde bewertet werden.

(38) Um Doppelarbeit bei der wissenschaftlichen Bewertung und den Gutachten über genetisch veränderte Organismen (GVO) zu vermeiden, sollte die Behörde unbeschadet der in der Richtlinie 2001/18/EG[1] festgelegten Verfahren auch wissenschaftliche Gutachten zu anderen Erzeugnissen als Lebensmitteln und Futtermitteln abgeben, die sich auf genetisch veränderte Organismen im Sinne der genannten Richtlinie beziehen.

(39) Die Behörde sollte die Gemeinschaft und die Mitgliedstaaten auch bei der Ausarbeitung und Einführung internationaler Lebensmittelsicherheitsstandards und bei Handelsabkommen in wissenschaftlichen Fragen unterstützen.

---

[1] **Amtl. Anm.:** Richtlinie 2001/18/EG des Europäischen Parlaments und des Rates vom 12. März 2001 über die absichtliche Freisetzung genetisch veränderter Organismen in die Umwelt und zur Aufhebung der Richtlinie 90/220/EWG des Rates (ABl. L 106 vom 17.4.2001, S. 1).

(40) Das Vertrauen der Gemeinschaftsorgane, der Öffentlichkeit und der Beteiligten in die Behörde ist von entscheidender Bedeutung. Deshalb muss ihre Unabhängigkeit, ihre hohe wissenschaftliche Qualität, Transparenz und Effizienz unbedingt gewährleistet sein. Auch die Zusammenarbeit mit den Mitgliedstaaten ist unverzichtbar.

(41) Daher sollte die Ernennung der Mitglieder des Verwaltungsrats so erfolgen, dass die höchste fachliche Qualifikation, ein breites Spektrum an einschlägigem Fachwissen, beispielsweise in den Bereichen Management und öffentliche Verwaltung, und die größtmögliche geografische Streuung in der Union gewährleistet sind. Dies sollte durch ein System der Rotation zwischen den verschiedenen Herkunftsländern der Mitglieder des Verwaltungsrates erleichtert werden, wobei kein Posten Angehörigen eines bestimmten Mitgliedstaats vorbehalten sein darf.

(42) Damit die Behörde ihre Funktion erfüllen kann, sollte sie über die Mittel verfügen, die sie zur Wahrnehmung aller an sie gestellten Aufgaben benötigt.

(43) Der Verwaltungsrat sollte die notwendigen Befugnisse zur Feststellung des Haushaltsplans, zur Überprüfung seiner Ausführung, zur Aufstellung der internen Regeln, zum Erlass von Finanzvorschriften, zur Ernennung von Mitgliedern des Wissenschaftlichen Ausschusses und der wissenschaftlichen Gremien und zur Ernennung des Geschäftsführenden Direktors erhalten.

(44) Um ihre Tätigkeit effizient wahrzunehmen, sollte die Behörde eng mit den zuständigen Stellen in den Mitgliedstaaten zusammenarbeiten. Ein Beirat sollte eingesetzt werden, der den geschäftsführenden Direktor berät, einen Mechanismus für den Informationsaustausch schafft und eine enge Zusammenarbeit insbesondere im Hinblick auf das Vernetzungssystem sicherstellt. Diese Zusammenarbeit und ein angemessener Informationsaustausch sollten auch dazu führen, dass divergierende wissenschaftliche Gutachten möglichst selten vorkommen.

(45) Die Behörde sollte, was die wissenschaftliche Begutachtung anbelangt, in ihrem Zuständigkeitsbereich die Aufgabe der der Kommission angeschlossenen Wissenschaftlichen Ausschüsse übernehmen. Diese Ausschüsse müssen reorganisiert werden, um eine bessere wissenschaftliche Kohärenz in Bezug auf die Lebensmittelkette zu gewährleisten und ihre Tätigkeit effizienter zu gestalten. Deshalb sollten für die Erstellung dieser Gutachten innerhalb der Behörde ein Wissenschaftlicher Ausschuss und Ständige Wissenschaftliche Gremien eingesetzt werden.

(46) Um ihre Unabhängigkeit zu gewährleisten, sollten als Mitglieder des Wissenschaftlichen Ausschusses und der Wissenschaftlichen Gremien auf der Grundlage eines offenen Bewerbungsverfahrens unabhängige Wissenschaftler berufen werden.

(47) Die Rolle der Behörde als unabhängige wissenschaftliche Referenzstelle bedeutet, dass ein wissenschaftliches Gutachten nicht nur von der Kommission angefordert werden kann, sondern auch vom Europäischen Parlament und von den Mitgliedstaaten. Um sicherzustellen, dass der Prozess der Erstellung wissenschaftlicher Gutachten handhabbar und kohärent ist, sollte die Behörde die Möglichkeit haben, einen Antrag anhand von vorab festgelegten Kriterien mit entsprechender Begründung abzulehnen oder abzuändern. Auch sind Maßnahmen zu treffen, die dazu beitragen, dass divergierende wissenschaftliche Gutachten möglichst vermieden werden,

und für den Fall, dass Gutachten wissenschaftlicher Gremien dennoch voneinander abweichen, sind Verfahren vorzusehen, nach denen die Divergenzen beseitigt oder den für das Risikomanagement Verantwortlichen eine transparente Basis wissenschaftlicher Informationen zur Verfügung gestellt wird.

(48) Die Behörde sollte ferner in der Lage sein, die für die Erfüllung ihrer Aufgaben notwendigen wissenschaftlichen Studien in Auftrag zu geben, wobei sie sicherstellen muss, dass bei den von ihr aufgebauten Verbindungen zur Kommission und zu den Mitgliedstaaten Doppelarbeit vermieden wird. Dies sollte in offener und transparenter Weise erfolgen und die Behörde sollte Fachkompetenz und Strukturen, die in der Gemeinschaft bereits bestehen, berücksichtigen.

(49) Das Fehlen eines wirksamen Systems zur Sammlung und Auswertung von Daten zur Lebensmittelkette auf Gemeinschaftsebene gilt als erhebliches Manko. Deshalb sollte in Form eines von der Behörde koordinierten Netzes ein Sammel- und Auswertungssystem für einschlägige Daten in den Aufgabenbereichen der Behörde eingerichtet werden. Dafür bedarf es einer Überprüfung der in diesen Bereichen bereits bestehenden Datensammelnetze der Gemeinschaft.

(50) Eine bessere Identifizierung neu auftretender Risiken kann sich langfristig für die Mitgliedstaaten und die Gemeinschaft bei der Umsetzung ihrer Politiken als wichtiges Präventionsinstrument erweisen. Deshalb muss der Behörde auch die Aufgabe der vorausschauenden Informationsbeschaffung und Beobachtung sowie der Bewertung neu auftretender Risiken und der Unterrichtung darüber zum Zwecke der Prävention zugewiesen werden.

(51) Die Errichtung der Behörde sollte es den Mitgliedstaaten ermöglichen, stärker an den wissenschaftlichen Verfahren beteiligt zu werden. Es sollte daher eine enge Zusammenarbeit zwischen der Behörde und den Mitgliedstaaten herbeigeführt werden. Insbesondere sollte die Behörde bestimmte Aufgaben an Organisationen in den Mitgliedstaaten übertragen können.

(52) Zwischen der Notwendigkeit, nationale Organisationen zur Ausführung von Aufgaben für die Behörde in Anspruch zu nehmen, und der Notwendigkeit der Einhaltung der hierzu festgelegten Kriterien im Interesse der Gesamtkohärenz muss ein Gleichgewicht gefunden werden. Die bestehenden Verfahren für die Zuweisung wissenschaftlicher Aufgaben an die Mitgliedstaaten, insbesondere in Bezug auf die Bewertung von der Industrie eingereichter Unterlagen für die Zulassung bestimmter Stoffe, Produkte oder Verfahren, sollten innerhalb eines Jahres im Hinblick auf die Errichtung der Behörde und die dadurch gebotenen neuen Möglichkeiten überprüft werden, wobei sichergestellt werden muss, dass die Bewertungsverfahren mindestens so streng sind wie zuvor.

(53) Die Kommission bleibt voll verantwortlich für die Information über Risikomanagementmaßnahmen; daher sollten zwischen der Behörde und der Kommission die entsprechenden Informationen ausgetauscht werden; eine enge Zusammenarbeit zwischen der Behörde, der Kommission und den Mitgliedstaaten ist auch erforderlich, um die Kohärenz des Kommunikationsprozesses insgesamt zu gewährleisten.

(54) Die Unabhängigkeit der Behörde und ihre Rolle bei der Aufklärung der Öffentlichkeit setzen voraus, dass sie in den in ihre Zuständigkeit fallenden

Bereichen autonom informieren kann, wobei ihre Aufgabe darin besteht, objektive, verlässliche und leicht verständliche Informationen zu vermitteln.

(55) In dem besonderen Bereich der öffentlichen Informationskampagnen ist zur Berücksichtigung der regionalen Gegebenheiten und des Zusammenhangs mit der Gesundheitspolitik eine sachgemäße Zusammenarbeit mit den Mitgliedstaaten und anderen interessierten Parteien notwendig.

(56) Über ihre an Unabhängigkeit und Transparenz ausgerichteten Leitprinzipien hinaus sollte die Behörde für Kontakte mit Verbrauchern und anderen Beteiligten offen sein.

(57) Die Behörde sollte über den Gesamthaushaltsplan der Europäischen Union finanziert werden. Allerdings sollte innerhalb von drei Jahren nach Inkrafttreten dieser Verordnung anhand der insbesondere bei der Bearbeitung der von der Industrie eingereichten Genehmigungsunterlagen gesammelten Erfahrungen die Möglichkeit einer Gebührenerhebung geprüft werden. Für etwaige Zuschüsse aus dem Gesamthaushaltsplan der Europäischen Union bleibt das Haushaltsverfahren der Gemeinschaft anwendbar. Die Rechnungsprüfung sollte durch den Rechnungshof erfolgen.

(58) Europäischen Ländern, die nicht Mitglied der Europäischen Union sind und Abkommen geschlossen haben, nach denen sie verpflichtet sind, die Vorschriften des Gemeinschaftsrechts in dem in dieser Verordnung erfassten Bereich umzusetzen und durchzuführen, muss die Möglichkeit einer Beteiligung eingeräumt werden.

(59) Ein Schnellwarnsystem besteht bereits im Rahmen der Richtlinie 92/59/EWG des Rates vom 29. Juni 1992 über die allgemeine Produktsicherheit[1]. Der Anwendungsbereich dieses Systems umfasst Lebensmittel und Industrieerzeugnisse, nicht jedoch Futtermittel. Die jüngsten Krisen im Lebensmittelsektor haben die Notwendigkeit eines verbesserten und erweiterten Schnellwarnsystems für Lebensmittel und Futtermittel aufgezeigt. Dieses überarbeitete System sollte von der Kommission verwaltet werden und als Mitglieder des Netzes die Mitgliedstaaten, die Kommission und die Behörde umfassen. Es sollte sich nicht auf die Gemeinschaftsvereinbarungen für den beschleunigten Informationsaustausch im Fall einer radiologischen Notstandssituation nach der Entscheidung 87/600/Euratom des Rates[2] erstrecken.

(60) Vorkommnisse im Zusammenhang mit der Lebensmittelsicherheit in jüngerer Zeit haben gezeigt, dass es notwendig ist, geeignete Maßnahmen für Notfallsituationen festzulegen, wonach auf alle Lebensmittel unabhängig von ihrer Art und Herkunft und alle Futtermittel bei einer ernsthaften Gefährdung der Gesundheit von Mensch und Tier und der Umwelt einheitliche Verfahren angewandt werden können. Durch einen solchen umfassenden Ansatz für Sofortmaßnahmen zur Lebensmittelsicherheit dürfte es möglich sein, wirksam einzugreifen und künstliche Diskrepanzen beim Umgang mit einem ernsthaften Risiko im Zusammenhang mit Lebensmitteln und Futtermitteln zu vermeiden.

(61) Die jüngsten Krisen im Lebensmittelsektor haben auch gezeigt, welche Vorteile gut konzipierte, zügigere Verfahren des Krisenmanagements für

---

[1] **Amtl. Anm.:** ABl. L 228 vom 11.8.1992, S. 24.
[2] **Amtl. Anm.:** ABl. L 371 vom 30.12.1987, S. 76.

die Kommission mit sich bringen würden. Solche organisatorischen Verfahren sollten es ermöglichen, die Koordinierung der Maßnahmen zu verbessern und die wirksamsten Lösungen nach dem neuesten Stand der wissenschaftlichen Erkenntnisse zu ermitteln. Bei den überarbeiteten Verfahren sollten daher die Zuständigkeiten der Behörde berücksichtigt und ihre wissenschaftliche und technische Unterstützung bei Lebensmittelkrisen in Form von Gutachten vorgesehen werden.

(62) Zur Gewährleistung einer effizienteren Gesamtkonzeption für die Lebensmittelkette sollte ein Ständiger Ausschuss für die Lebensmittelkette und Tiergesundheit eingerichtet werden, der den Ständigen Veterinärausschuss, den Ständigen Lebensmittelausschuss und den Ständigen Futtermittelausschuss ersetzt. Die Beschlüsse 68/361/EWG[1], 69/414/EWG[2] und 70/372/EWG[3] des Rates sind dementsprechend aufzuheben. Aus demselben Grund sollte der Ausschuss für die Lebensmittelkette und Tiergesundheit auch den Ständigen Ausschuss für Pflanzenschutz in Bezug auf dessen Zuständigkeit für Pflanzenschutzmittel und für die Festsetzung von Rückstandshöchstgehalten (gemäß den Richtlinien 76/895/EG[4], 86/362/EG[5], 86/363/EWG[6], 90/642/EWG[7] und 91/414/EWG[8]) ersetzen.

(63) Die zur Durchführung dieser Verordnung erforderlichen Maßnahmen sollten gemäß dem Beschluss 1999/468/EG des Rates vom 28. Juni 1999 zur Festlegung der Modalitäten für die Ausübung der der Kommission übertragenen Durchführungsbefugnisse[9] erlassen werden.

(64) Die Unternehmer müssen genügend Zeit erhalten, um sich an einige der in dieser Verordnung festgelegten Anforderungen anzupassen, und die Europäische Behörde für Lebensmittelsicherheit sollte ihre Tätigkeit am 1. Januar 2002 aufnehmen.

(65) Es ist wichtig, dass eine Überschneidung der Aufgaben der Behörde mit den Aufgaben der mit Verordnung (EWG) Nr. 2309/93 des Rates[10] errichteten Europäischen Agentur für die Beurteilung von Arzneimitteln (EMEA) vermieden wird. Es muss daher festgehalten werden, dass die vorliegende Verordnung unbeschadet der durch Gemeinschaftsvorschriften der EMEA übertragenen Befugnisse gilt. Hierzu zählen auch die der Agentur aufgrund der Verordnung (EWG) Nr. 2377/90 des Rates vom 26. Juni 1990 zur Schaffung eines Gemeinschaftsverfahrens für die Fest-

---

[1] **Amtl. Anm.:** ABl. L 255 vom 18.10.1968, S. 23.

[2] **Amtl. Anm.:** ABl. L 291 vom 19.11.1969, S. 9.

[3] **Amtl. Anm.:** ABl. L 170 vom 3.8.1970, S. 1.

[4] **Amtl. Anm.:** ABl. L 340 vom 9.12.1976, S. 26. Richtlinie zuletzt geändert durch die Richtlinie 2000/57/EG der Kommission (ABl. L 244 vom 29.9.2001, S. 76).

[5] **Amtl. Anm.:** ABl. L 221 vom 7.8.1986, S. 37. Richtlinie zuletzt geändert durch die Richtlinie 2001/57/EG der Kommission (ABl. L 208 vom 1.8.2001, S. 36).

[6] **Amtl. Anm.:** ABl. L 221 vom 7.8.1986, S. 43. Richtlinie zuletzt geändert durch die Richtlinie 2001/57/EG der Kommission.

[7] **Amtl. Anm.:** ABl. L 350 vom 14.12.1990, S. 71. Richtlinie zuletzt geändert durch die Richtlinie 2001/57/EG der Kommission.

[8] **Amtl. Anm.:** ABl. L 230 vom 19.8.1991, S. 1. Richtlinie zuletzt geändert durch die Richtlinie 2001/49/EG der Kommission (ABl. L 176 vom 29.6.2001, S. 61).

[9] **Amtl. Anm.:** ABl. L 184 vom 17.7.1999, S. 23.

[10] **Amtl. Anm.:** ABl. L 214 vom 24.8.1993, S. 1. Verordnung geändert durch die Verordnung Nr. 649/98/EG der Kommission (ABl. L 88 vom 24.3.1998, S. 7).

setzung von Höchstmengen für Tierarzneimittelrückstände in Nahrungsmitteln tierischen Ursprungs[1] übertragenen Befugnisse.

(66) Zur Erreichung der grundlegenden Ziele dieser Verordnung ist es erforderlich und angemessen, eine Angleichung der Konzepte, Grundsätze und Verfahren, die eine gemeinsame Grundlage für das Lebensmittelrecht in der Gemeinschaft bilden, vorzusehen und eine Europäische Behörde für Lebensmittelsicherheit zu errichten. Entsprechend dem in Artikel 5 des Vertrags verankerten Grundsatz der Verhältnismäßigkeit geht diese Verordnung nicht über das zur Erreichung der Ziele erforderliche Maß hinaus –

HAT FOLGENDE VERORDNUNG ERLASSEN:

Kapitel I. Anwendungsbereich und Begriffsbestimmungen

Art. 1 Ziel und Anwendungsbereich. (1) [1] Diese Verordnung schafft die Grundlage für ein hohes Schutzniveau für die Gesundheit des Menschen und die Verbraucherinteressen bei Lebensmitteln unter besonderer Berücksichtigung der Vielfalt des Nahrungsmittelangebots, einschließlich traditioneller Erzeugnisse, wobei ein reibungsloses Funktionieren des Binnenmarkts gewährleistet wird. [2] In ihr werden einheitliche Grundsätze und Zuständigkeiten, die Voraussetzungen für die Schaffung eines tragfähigen wissenschaftlichen Fundaments und effiziente organisatorische Strukturen und Verfahren zur Untermauerung der Entscheidungsfindung in Fragen der Lebensmittel- und Futtermittelsicherheit festgelegt.

(2) *[1]* Für die Zwecke von Absatz 1 werden in dieser Verordnung die allgemeinen Grundsätze für Lebensmittel und Futtermittel im Allgemeinen und für die Lebensmittel- und Futtermittelsicherheit im Besonderen auf gemeinschaftlicher und einzelstaatlicher Ebene festgelegt.

[2] Mit dieser Verordnung wird die Europäische Behörde für Lebensmittelsicherheit errichtet.

[3] Ferner werden Verfahren für Fragen festgelegt, die sich mittelbar oder unmittelbar auf die Lebensmittel- und Futtermittelsicherheit auswirken.

(3) [1] Diese Verordnung gilt für alle Produktions-, Verarbeitungs- und Vertriebsstufen von Lebensmitteln und Futtermitteln. [2] Sie gilt nicht für die Primärproduktion für den privaten häuslichen Gebrauch oder für die häusliche Verarbeitung, Handhabung oder Lagerung von Lebensmitteln zum häuslichen privaten Verbrauch.

Art. 2 Definition von „Lebensmittel". *[1]* Im Sinne dieser Verordnung sind „Lebensmittel" alle Stoffe oder Erzeugnisse, die dazu bestimmt sind oder von denen nach vernünftigem Ermessen erwartet werden kann, dass sie in verarbeitetem, teilweise verarbeitetem oder unverarbeitetem Zustand von Menschen aufgenommen werden.

[2] [1] Zu „Lebensmitteln" zählen auch Getränke, Kaugummi sowie alle Stoffe – einschließlich Wasser –, die dem Lebensmittel bei seiner Herstellung oder Ver- oder Bearbeitung absichtlich zugesetzt werden. [2] Wasser zählt hierzu unbe-

---

[1] **Amtl. Anm.:** ABl. L 224 vom 18.8.1990. S. 1. Verordnung zuletzt geändert durch die Verordnung Nr. 1533/2001/EG der Kommission (ABl. L 205 vom 31.7.2001, S. 16).

schadet der Anforderungen der Richtlinien 80/778/EWG und 98/83/EG ab der Stelle der Einhaltung im Sinne des Artikels 6 der Richtlinie 98/83/EG.

[3] Nicht zu „Lebensmitteln" gehören:

a) Futtermittel,   ≈ Erzeugnisse §2 Abs. 1 u. 2 LFGB, Art 3 Abs. 4 Basis

b) lebende Tiere, soweit sie nicht für das Inverkehrbringen zum menschlichen Verzehr hergerichtet worden sind, außer Austern

c) Pflanzen vor dem Ernten, kein LM solang am Baum etc

d) Arzneimittel im Sinne der Richtlinien 65/65/EWG[1] und 92/73/EWG[2] des Rates,   → legt AMG fest ; Einstufung durch EMA

e) kosmetische Mittel im Sinne der Richtlinie 76/768/EWG[3] des Rates,

f) Tabak und Tabakerzeugnisse im Sinne der Richtlinie 89/622/EWG[4] des Rates,

g) Betäubungsmittel und psychotrope Stoffe im Sinne des Einheitsübereinkommens der Vereinten Nationen über Suchtstoffe, 1961, und des Übereinkommens der Vereinten Nationen über psychotrope Stoffe, 1971,

h) Rückstände und Kontaminanten.

i) Medizinprodukte im Sinne der Verordnung (EU) 2017/745 des Europäischen Parlaments und des Rates[5]

Art. 3 Sonstige Definitionen. Im Sinne dieser Verordnung bezeichnet der Ausdruck

1. „Lebensmittelrecht" die Rechts- und Verwaltungsvorschriften für Lebensmittel im Allgemeinen und die Lebensmittelsicherheit im Besonderen, sei es auf gemeinschaftlicher oder auf einzelstaatlicher Ebene, wobei alle Produktions-, Verarbeitungs- und Vertriebsstufen von Lebensmitteln wie auch von Futtermitteln, die für der Lebensmittelgewinnung dienende Tiere hergestellt oder an sie verfüttert werden, einbezogen sind;

2. „Lebensmittelunternehmen" alle Unternehmen, gleichgültig, ob sie auf Gewinnerzielung ausgerichtet sind oder nicht und ob sie öffentlich oder privat sind, die eine mit der Produktion, der Verarbeitung und dem Vertrieb von Lebensmitteln zusammenhängende Tätigkeit ausführen;

3. „Lebensmittelunternehmer" die natürlichen oder juristischen Personen, die dafür verantwortlich sind, dass die Anforderungen des Lebensmittelrechts in dem ihrer Kontrolle unterstehenden Lebensmittelunternehmen erfüllt werden;

4. „Futtermittel" Stoffe oder Erzeugnisse, auch Zusatzstoffe, verarbeitet, teilweise verarbeitet oder unverarbeitet, die zur oralen Tierfütterung bestimmt sind;

---

[1] **Amtl. Anm.:** ABl. 22 vom 9.2.1965, S. 369. Richtlinie zuletzt geändert durch die Richtlinie 93/39/EWG (ABl. L 214 vom 24.8.1993, S. 22).
[2] **Amtl. Anm.:** ABl. L 297 vom 13.10.1992, S. 8.
[3] **Amtl. Anm.:** ABl. L 262 vom 27.9.1976, S. 169. Richtlinie zuletzt geändert durch die Richtlinie 2000/41/EG der Kommission (ABl. L 145 vom 20.6.2000, S. 25).
[4] **Amtl. Anm.:** ABl. L 359 vom 8.12.1989, S. 1. Richtlinie zuletzt geändert durch die Richtlinie 92/41/EWG (ABl. L 158 vom 11.6.1992, S. 30).
[5] **Amtl. Anm.:** Verordnung (EU) 2017/745 des Europäischen Parlaments und des Rates vom 5. April 2017 über Medizinprodukte, zur Änderung der Richtlinie 2001/83/EG, der Verordnung (EG) Nr. 178/2002 und der Verordnung (EG) Nr. 1223/2009 und zur Aufhebung der Richtlinien 90/385/EWG und 93/42/EWG (ABl. L 117 vom 5.5.2017, S. 1).

5. „Futtermittelunternehmen" alle Unternehmen, gleichgültig, ob sie auf Gewinnerzielung ausgerichtet sind oder nicht und ob sie öffentlich oder privat sind, die an der Erzeugung, Herstellung, Verarbeitung, Lagerung, Beförderung oder dem Vertrieb von Futtermitteln beteiligt sind, einschließlich Erzeuger, die Futtermittel zur Verfütterung in ihrem eigenen Betrieb erzeugen, verarbeiten oder lagern;

6. „Futtermittelunternehmer" die natürlichen oder juristischen Personen, die dafür verantwortlich sind, dass die Anforderungen des Lebensmittelrechts in dem ihrer Kontrolle unterstehenden Futtermittelunternehmen erfüllt werden; → auch verantwortliche LM-Industrie → Tracebility

7. „Einzelhandel" die Handhabung und/oder Be- oder Verarbeitung von Lebensmitteln und ihre Lagerung am Ort des Verkaufs oder der Abgabe an den Endverbraucher; hierzu gehören Verladestellen, Verpflegungsvorgänge, Betriebskantinen, Großküchen, Restaurants und ähnliche Einrichtungen der Lebensmittelversorgung, Läden, Supermarkt-Vertriebszentren und Großhandelsverkaufsstellen;

8. „Inverkehrbringen" das Bereithalten von Lebensmitteln oder Futtermitteln für Verkaufszwecke einschließlich des Anbietens zum Verkauf oder jeder anderen Form der Weitergabe, gleichgültig, ob unentgeltlich oder nicht, sowie den Verkauf, den Vertrieb oder andere Formen der Weitergabe selbst;

9. „Risiko" eine Funktion der Wahrscheinlichkeit einer die Gesundheit beeinträchtigenden Wirkung und der Schwere dieser Wirkung als Folge der Realisierung einer Gefahr;

10. „Risikoanalyse" einen Prozess aus den drei miteinander verbundenen Einzelschritten Risikobewertung, Risikomanagement und Risikokommunikation;

11. „Risikobewertung" einen wissenschaftlich untermauerten Vorgang mit den vier Stufen Gefahrenidentifizierung, Gefahrenbeschreibung, Expositionsabschätzung und Risikobeschreibung;

12. „Risikomanagement" den von der Risikobewertung unterschiedenen Prozess der Abwägung strategischer Alternativen in Konsultation mit den Beteiligten unter Berücksichtigung der Risikobewertung und anderer berücksichtigenswerter Faktoren und gegebenenfalls der Wahl geeigneter Präventions- und Kontrollmöglichkeiten;

13. „Risikokommunikation" im Rahmen der Risikoanalyse den interaktiven Austausch von Informationen und Meinungen über Gefahren und Risiken, risikobezogene Faktoren und Risikowahrnehmung zwischen Risikobewertern, Risikomanagern, Verbrauchern, Lebensmittel- und Futtermittelunternehmen, Wissenschaftlern und anderen interessierten Kreisen einschließlich der Erläuterung von Ergebnissen der Risikobewertung und der Grundlage für Risikomanagemententscheidungen;

14. „Gefahr" ein biologisches, chemisches oder physikalisches Agens in einem Lebensmittel oder Futtermittel oder einen Zustand eines Lebensmittels oder Futtermittels, der eine Gesundheitsbeeinträchtigung verursachen kann;

15. „Rückverfolgbarkeit" die Möglichkeit, ein Lebensmittel oder Futtermittel, ein der Lebensmittelgewinnung dienendes Tier oder einen Stoff, der dazu bestimmt ist oder von dem erwartet werden kann, dass er in einem Lebensmittel oder Futtermittel verarbeitet wird, durch alle Produktions-, Verarbeitungs- und Vertriebsstufen zu verfolgen;

Tracebility Art. 3 2-6
22
50
HACCP

16. „Produktions-, Verarbeitungs- und Vertriebsstufen" alle Stufen, einschließlich der Einfuhr von – einschließlich – der Primärproduktion eines Lebensmittels bis – einschließlich – zu seiner Lagerung, seiner Beförderung, seinem Verkauf oder zu seiner Abgabe an den Endverbraucher und, soweit relevant, die Einfuhr, die Erzeugung, die Herstellung, die Lagerung, die Beförderung, den Vertrieb, den Verkauf und die Lieferung von Futtermitteln;

17. „Primärproduktion" die Erzeugung, die Aufzucht oder den Anbau von Primärprodukten einschließlich Ernten, Melken und landwirtschaftlicher Nutztierproduktion vor dem Schlachten. Sie umfasst auch das Jagen und Fischen und das Ernten wild wachsender Erzeugnisse.

18. „Endverbraucher" den letzten Verbraucher eines Lebensmittels, der das Lebensmittel nicht im Rahmen der Tätigkeit eines Lebensmittelunternehmens verwendet.

Kapitel II. Allgemeines Lebensmittelrecht

Art. 4 Anwendungsbereich. (1) Dieses Kapitel bezieht sich auf alle Produktions-, Verarbeitungs- und Vertriebsstufen von Lebensmitteln wie auch von Futtermitteln, die für die Lebensmittelgewinnung dienende Tiere hergestellt oder an sie verfüttert werden.

(2) Die in den Artikeln 5 bis 10 festgelegten allgemeinen Grundsätze bilden einen horizontalen Gesamtrahmen, der einzuhalten ist, wenn Maßnahmen getroffen werden.

(3) Die bestehenden lebensmittelrechtlichen Grundsätze und Verfahren werden so bald wie möglich, spätestens jedoch bis zum 1. Januar 2007 so angepasst, dass sie mit den Artikeln 5 bis 10 in Einklang stehen.

(4) Bis dahin werden abweichend von Absatz 2 die bestehenden Rechtsvorschriften unter Berücksichtigung der in den Artikeln 5 bis 10 festgelegten Grundsätze durchgeführt.

Abschnitt 1. Allgemeine Grundsätze des Lebensmittelrechts

Art. 5 Allgemeine Ziele. (1) Das Lebensmittelrecht verfolgt eines oder mehrere der allgemeinen Ziele eines hohen Maßes an Schutz für das Leben und die Gesundheit der Menschen, des Schutzes der Verbraucherinteressen, einschließlich lauterer Handelsgepflogenheiten im Lebensmittelhandel, gegebenenfalls unter Berücksichtigung des Schutzes der Tiergesundheit, des Tierschutzes, des Pflanzenschutzes und der Umwelt.

(2) Das Lebensmittelrecht soll in der Gemeinschaft den freien Verkehr mit Lebensmitteln und Futtermitteln, die nach den allgemeinen Grundsätzen und Anforderungen dieses Kapitels hergestellt oder in Verkehr gebracht werden, herbeiführen.

(3) Soweit internationale Normen bestehen oder in Kürze zu erwarten sind, sind sie bei der Entwicklung oder Anpassung des Lebensmittelrechts zu berücksichtigen, außer wenn diese Normen oder wichtige Teile davon ein unwirksames oder ungeeignetes Mittel zur Erreichung der legitimen Ziele des Lebensmittelrechts darstellen würden, wenn wissenschaftliche Gründe dagegen sprechen oder wenn die Normen zu einem anderen Schutzniveau führen würden, als es in der Gemeinschaft als angemessen festgelegt ist.

Art. 6 Risikoanalyse. (1) Um das allgemeine Ziel eines hohen Maßes an Schutz für Leben und Gesundheit der Menschen zu erreichen, stützt sich das Lebensmittelrecht auf Risikoanalysen, außer wenn dies nach den Umständen oder der Art der Maßnahme unangebracht wäre.

(2) Die Risikobewertung beruht auf den verfügbaren wissenschaftlichen Erkenntnissen und ist in einer unabhängigen, objektiven und transparenten Art und Weise vorzunehmen.

(3) Beim Risikomanagement ist den Ergebnissen der Risikobewertung, insbesondere dem Gutachten der Behörde gemäß Artikel 22, anderen angesichts des betreffenden Sachverhalts berücksichtigenswerten Faktoren sowie – falls die in Artikel 7 Absatz 1 dargelegten Umstände vorliegen – dem Vorsorgeprinzip Rechnung zu tragen, um die allgemeinen Ziele des Lebensmittelrechts gemäß Artikel 5 zu erreichen.

(4) Die Risikokommunikation erfüllt die Ziele und entspricht den allgemeinen Grundsätzen, die in den Artikeln 8a und 8b festgelegt sind.

Art. 7 Vorsorgeprinzip. (1) In bestimmten Fällen, in denen nach einer Auswertung der verfügbaren Informationen die Möglichkeit gesundheitsschädlicher Auswirkungen festgestellt wird, wissenschaftlich aber noch Unsicherheit besteht, können vorläufige Risikomanagementmaßnahmen zur Sicherstellung des in der Gemeinschaft gewählten hohen Gesundheitsschutzniveaus getroffen werden, bis weitere wissenschaftliche Informationen für eine umfassendere Risikobewertung vorliegen.

(2) ¹Maßnahmen, die nach Absatz 1 getroffen werden, müssen verhältnismäßig sein und dürfen den Handel nicht stärker beeinträchtigen, als dies zur Erreichung des in der Gemeinschaft gewählten hohen Gesundheitsschutzniveaus unter Berücksichtigung der technischen und wirtschaftlichen Durchführbarkeit und anderer angesichts des betreffenden Sachverhalts für berücksichtigenswert gehaltener Faktoren notwendig ist. ²Diese Maßnahmen müssen innerhalb einer angemessenen Frist überprüft werden, die von der Art des festgestellten Risikos für Leben oder Gesundheit und der Art der wissenschaftlichen Informationen abhängig ist, die zur Klärung der wissenschaftlichen Unsicherheit und für eine umfassendere Risikobewertung notwendig sind.

Art. 8 Schutz der Verbraucherinteressen. (1) ¹Das Lebensmittelrecht hat den Schutz der Verbraucherinteressen zum Ziel und muss den Verbrauchern die Möglichkeit bieten, in Bezug auf die Lebensmittel, die sie verzehren, eine sachkundige Wahl zu treffen. ²Dabei müssen verhindert werden:

a) Praktiken des Betrugs oder der Täuschung,

b) die Verfälschung von Lebensmitteln und

c) alle sonstigen Praktiken, die den Verbraucher irreführen können.

Abschnitt 1a. Risikokommunikation

Art. 8a Ziele der Risikokommunikation. Unter Berücksichtigung der Aufgaben der Risikobewerter und der Risikomanager verfolgt die Risikokommunikation folgende Ziele:

a) Sie schärft das Bewusstsein und fördert das Verständnis für die spezifischen Fragen, die während des gesamten Risikoanalyseprozesses geprüft werden, auch in Fällen, in denen es abweichende wissenschaftliche Bewertungen gibt,

b) sie sorgt für Kohärenz, Transparenz und Klarheit bei der Ausarbeitung von Empfehlungen und Entscheidungen betreffend das Risikomanagement,

c) sie bereitet eine solide Grundlage – gegebenenfalls auch eine wissenschaftliche Grundlage – für das Verständnis von Risikomanagemententscheidungen,

d) sie verbessert die allgemeine Wirksamkeit und Effizienz der Risikoanalyse,

e) sie sorgt dafür, dass die Öffentlichkeit die Risikoanalyse, einschließlich der jeweiligen Aufgaben und Zuständigkeiten der Risikobewerter und Risikomanager, besser versteht, damit das Vertrauen in deren Ergebnisse zunimmt,

f) sie stellt sicher, dass Verbraucher, Lebensmittel- und Futtermittelunternehmen, die Wissenschaft und alle anderen interessierten Kreise in geeigneter Weise einbezogen werden,

g) sie gewährleistet einen geeigneten und transparenten Informationsaustausch mit den interessierten Kreisen über die mit der Lebensmittelkette verbundenen Risiken,

h) sie stellt sicher, dass die Verbraucher über Strategien zur Risikovermeidung informiert werden und

i) sie leistet einen Beitrag zum Kampf gegen die Verbreitung von Fehlinformationen und ihre Quellen.

Art. 8b Allgemeine Grundsätze der Risikokommunikation. Unter Berücksichtigung der Aufgaben der Risikobewerter und der Risikomanager gewährleistet die Risikokommunikation Folgendes:

a) Sie sorgt dafür, dass – gestützt auf die Grundsätze der Transparenz, Offenheit und Nutzerfreundlichkeit – präzise Informationen und alle geeigneten Informationen interaktiv und rechtzeitig mit allen interessierten Kreisen ausgetauscht werden und diese Informationen korrekt sind,

b) sie bietet in jeder Phase des Risikoanalyseprozesses, von der Ausarbeitung von Ersuchen um wissenschaftliche Beratung über die Durchführung von Risikobewertungen bis zu den konkreten Risikomanagemententscheidungen, transparente Informationen auch darüber, wie die Risikomanagemententscheidungen zustande gekommen sind und welche Faktoren dabei berücksichtigt wurden,

c) sie berücksichtigt die Risikowahrnehmungen aller interessierten Kreise,

d) sie fördert das gegenseitige Verständnis und den Dialog aller interessierten Kreise und

e) sie ist klar und verständlich, auch für jene, die nicht direkt an dem Prozess beteiligt sind oder keinen wissenschaftlichen Hintergrund haben, wobei die geltenden rechtlichen Bestimmungen über die Vertraulichkeit und den Schutz personenbezogener Daten gebührend zu beachten sind.

Art. 8c Allgemeiner Plan für die Risikokommunikation. (1) [1] Die Kommission erlässt im Wege von Durchführungsrechtsakten einen allgemeinen Plan für die Risikokommunikation, um die in Artikel 8a genannten Ziele im Einklang mit den in Artikel 8b enthaltenen allgemeinen Grundsätzen zu erreichen. [2] Die Kommission aktualisiert diesen allgemeinen Plan unter Berücksichtigung technischer und wissenschaftlicher Fortschritte und gewonnener Erfahrungen regelmäßig. [3] Diese Durchführungsrechtsakte werden nach dem Verfahren gemäß Artikel 58 Absatz 2 erlassen. [4] Bei der Vorbereitung dieser Durchführungsrechtsakte konsultiert die Kommission die Behörde.

(2) [1] Der allgemeine Plan für die Risikokommunikation fördert einen integrierten Risikokommunikationsrahmen, der von den Risikobewertern und den Risikomanagern auf Unionsebene und auf nationaler Ebene konsequent und systematisch befolgt wird. [2] Der Plan

a) enthält die Schlüsselfaktoren, die berücksichtigt werden müssen, wenn geprüft wird, wie und auf welcher Ebene die Risikokommunikationsmaßnahmen erfolgen sollen,

b) bestimmt die verschiedenen Arten von Risikokommunikationsmaßnahmen und die verschiedenen Ebenen, auf denen sie erfolgen, sowie die geeigneten wichtigsten Tools und Kanäle, die dabei zu benutzen sind, wobei die Bedürfnisse der jeweiligen Zielgruppen berücksichtigt werden,

c) richtet geeignete Mechanismen der Koordinierung und Zusammenarbeit ein, um die Kohärenz der Risikokommunikation unter Risikobewertern und Risikomanagern zu stärken und

d) richtet geeignete Mechanismen ein, um einen offenen Dialog zwischen Verbrauchern, Lebensmittel- und Futtermittelunternehmen, der Wissenschaft und allen anderen interessierten Kreisen sowie eine geeignete Einbeziehung all dieser Kreise zu gewährleisten.

Abschnitt 2. Grundsätze der Transparenz

Art. 9 Konsulation der Öffentlichkeit. Bei der Erarbeitung, Bewertung und Überprüfung des Lebensmittelrechts ist unmittelbar oder über Vertretungsgremien in offener und transparenter Weise eine Konsultation der Öffentlichkeit durchzuführen, es sei denn, dies ist aus Dringlichkeitsgründen nicht möglich.

Art. 10 Information der Öffentlichkeit. Besteht ein hinreichender Verdacht, dass ein Lebensmittel oder Futtermittel ein Risiko für die Gesundheit von Mensch oder Tier mit sich bringen kann, so unternehmen die Behörden unbeschadet der geltenden nationalen oder Gemeinschaftsbestimmungen über den Zugang zu Dokumenten je nach Art, Schwere und Ausmaß des Risikos geeignete Schritte, um die Öffentlichkeit über die Art des Gesundheitsrisikos aufzuklären; dabei sind möglichst umfassend das Lebensmittel oder Futtermittel oder die Art des Lebensmittels oder Futtermittels, das möglicherweise damit verbundene Risiko und die Maßnahmen anzugeben, die getroffen wurden oder getroffen werden, um dem Risiko vorzubeugen, es zu begrenzen oder auszuschalten.

Abschnitt 3. Allgemeine Verpflichtungen für den Lebensmittelhandel

Art. 11 In die Gemeinschaft eingeführte Lebensmittel und Futtermittel. In die Gemeinschaft eingeführte Lebensmittel und Futtermittel, die in der Gemeinschaft in den Verkehr gebracht werden sollen, müssen die entsprechenden Anforderungen des Lebensmittelrechts oder von der Gemeinschaft als zumindest gleichwertig anerkannte Bedingungen erfüllen oder aber, soweit ein besonderes Abkommen zwischen der Gemeinschaft und dem Ausfuhrland besteht, die darin enthaltenen Anforderungen.

Art. 12 Aus der Gemeinschaft ausgeführte Lebensmittel und Futtermittel. (1) *[1]* Aus der Gemeinschaft ausgeführte oder wieder ausgeführte Lebensmittel und Futtermittel, die in einem Drittland in den Verkehr gebracht werden sollen, haben die entsprechenden Anforderungen des Lebensmittelrechts zu erfüllen, sofern die Behörden des Einfuhrlandes nichts anderes verlangen oder die Gesetze, Verordnungen, Normen, Verfahrensvorschriften und andere Rechts- und Verwaltungsverfahren, die im Einfuhrland in Kraft sind, nichts anderes festlegen.

[2] Andernfalls, außer wenn Lebensmittel gesundheitsschädlich oder Futtermittel nicht sicher sind, dürfen Lebensmittel und Futtermittel nur dann aus der Gemeinschaft ausgeführt oder wieder ausgeführt werden, wenn die zuständigen Behörden des Bestimmungslandes dem ausdrücklich zugestimmt haben, nachdem sie über die Gründe, aus denen die betreffenden Lebensmittel oder Futtermittel in der Gemeinschaft nicht in Verkehr gebracht werden durften, und die näheren Umstände umfassend unterrichtet worden sind.

(2) Soweit Bestimmungen eines zwischen der Gemeinschaft oder einem ihrer Mitgliedstaaten und einem Drittland geschlossenen bilateralen Abkommens anwendbar sind, sind diese bei der Ausfuhr von Lebensmitteln und Futtermitteln aus der Gemeinschaft oder aus diesem Mitgliedstaat in dieses Drittland einzuhalten.

Art. 13 Internationale Normen. Unbeschadet ihrer Rechte und Pflichten

a) tragen die Gemeinschaft und die Mitgliedstaaten zur Entwicklung von internationalen technischen Normen für Lebensmittel und Futtermittel und von Gesundheits- und Pflanzenschutznormen bei;

b) fördern sie die Koordinierung der Arbeit internationaler Regierungs- und Nichtregierungsorganisationen zu Lebensmittel- und Futtermittelnormen;

c) tragen sie soweit sachdienlich und angemessen zur Ausarbeitung von Abkommen über die Anerkennung der Gleichwertigkeit spezieller Maßnahmen in Bezug auf Lebensmittel und Futtermittel bei;

d) richten sie besonderes Augenmerk auf die besonderen Entwicklungs-, Finanz- und Handelserfordernisse der Entwicklungsländer, um zu gewährleisten, dass internationale Normen keine unnötigen Hindernisse für Ausfuhren aus den Entwicklungsländern bilden;

e) fördern sie die Kohärenz zwischen den internationalen technischen Standards und dem Lebensmittelrecht und gewährleisten zugleich, dass das hohe in der Gemeinschaft geltende Schutzniveau nicht gesenkt wird.

Abschnitt 4. Allgemeine Anforderungen des Lebensmittelrechts

Art. 14 Anforderungen an die Lebensmittelsicherheit. (1) Lebensmittel, die nicht sicher sind, dürfen nicht in Verkehr gebracht werden.

(2) Lebensmittel gelten als nicht sicher, wenn davon auszugehen ist, dass sie

a) gesundheitsschädlich sind,

b) für den Verzehr durch den Menschen ungeeignet sind.

(3) Bei der Entscheidung der Frage, ob ein Lebensmittel sicher ist oder nicht, sind zu berücksichtigen:

Missbrauchsprinzip

a) die normalen Bedingungen seiner Verwendung durch den Verbraucher und auf allen Produktions-, Verarbeitungs- und Vertriebsstufen sowie

b) die dem Verbraucher vermittelten Informationen einschließlich der Angaben auf dem Etikett oder sonstige ihm normalerweise zugängliche Informationen über die Vermeidung bestimmter die Gesundheit beeinträchtigender Wirkungen eines bestimmten Lebensmittels oder einer bestimmten Lebensmittelkategorie.

(4) Bei der Entscheidung der Frage, ob ein Lebensmittel gesundheitsschädlich ist, sind zu berücksichtigen

a) die wahrscheinlichen sofortigen und/oder kurzfristigen und/ oder langfristigen Auswirkungen des Lebensmittels nicht nur auf die Gesundheit des Verbrauchers, sondern auch auf nachfolgende Generationen,

b) die wahrscheinlichen kumulativen toxischen Auswirkungen,

c) die besondere gesundheitliche Empfindlichkeit einer bestimmten Verbrauchergruppe, falls das Lebensmittel für diese Gruppe von Verbrauchern bestimmt ist.

(5) Bei der Entscheidung der Frage, ob ein Lebensmittel für den Verzehr durch den Menschen ungeeignet ist, ist zu berücksichtigen, ob das Lebensmittel infolge einer durch Fremdstoffe oder auf andere Weise bewirkten Kontamination, durch Fäulnis, Verderb oder Zersetzung ausgehend von dem beabsichtigten Verwendungszweck nicht für den Verzehr durch den Menschen inakzeptabel geworden ist.

(6) Gehört ein nicht sicheres Lebensmittel zu einer Charge, einem Posten oder einer Lieferung von Lebensmitteln der gleichen Klasse oder Beschreibung, so ist davon auszugehen, dass sämtliche Lebensmittel in dieser Charge, diesem Posten oder dieser Lieferung ebenfalls nicht sicher sind, es sei denn, bei einer eingehenden Prüfung wird kein Nachweis dafür gefunden, dass der Rest der Charge, des Postens oder der Lieferung nicht sicher ist.

(7) Lebensmittel, die spezifischen Bestimmungen der Gemeinschaft zur Lebensmittelsicherheit entsprechen, gelten hinsichtlich der durch diese Bestimmungen abgedeckten Aspekte als sicher.

(8) Entspricht ein Lebensmittel den für es geltenden spezifischen Bestimmungen, so hindert dies die zuständigen Behörden nicht, geeignete Maßnahmen zu treffen, um Beschränkungen für das Inverkehrbringen dieses Lebensmittels zu verfügen oder seine Rücknahme vom Markt zu verlangen, wenn, obwohl es den genannten Bestimmungen entspricht, da der begründete Verdacht besteht, dass es nicht sicher ist.

(9) Fehlen spezifische Bestimmungen der Gemeinschaft, so gelten Lebensmittel als sicher, wenn sie mit den entsprechenden Bestimmungen des nationalen Lebensmittelrechts des Mitgliedstaats, in dessen Hoheitsgebiet sie vermarktet werden, in Einklang stehen, sofern diese Bestimmungen unbeschadet des Vertrags, insbesondere der Artikel 28 und 30[1], erlassen und angewandt werden.

Art. 15 Anforderungen an die Futtermittelsicherheit. (1) Futtermittel, die nicht sicher sind, dürfen nicht in Verkehr gebracht oder an der Lebensmittelgewinnung dienende Tiere verfüttert werden.

---

[1] Nunmehr Art. 34 und 36 AEUV durch Vertrag von Lissabon v. 13.12.2007 (ABl. C 306 S. 1).

(2) Futtermittel gelten als nicht sicher in Bezug auf den beabsichtigten Verwendungszweck, wenn davon auszugehen ist, dass sie
– die Gesundheit von Mensch oder Tier beeinträchtigen können;
– bewirken, dass die Lebensmittel, die aus den den Lebensmittelgewinnung dienenden Tieren hergestellt werden, als nicht sicher für den Verzehr durch den Menschen anzusehen sind.

(3) Gehört ein Futtermittel, bei dem festgestellt worden ist, dass es die Anforderungen an die Futtermittelsicherheit nicht erfüllt, zu einer Charge, einem Posten oder einer Lieferung von Futtermitteln der gleichen Klasse oder Beschreibung, so ist davon auszugehen, dass sämtliche Futtermittel in dieser Charge, diesem Posten oder dieser Lieferung ebenfalls betroffen sind, es sei denn, bei einer eingehenden Prüfung wird kein Nachweis dafür gefunden, dass der Rest der Charge, des Postens oder der Lieferung die Anforderungen an die Futtermittelsicherheit nicht erfüllt.

(4) Futtermittel, die spezifischen Bestimmungen der Gemeinschaft zur Futtermittelsicherheit entsprechen, gelten hinsichtlich der durch diese Bestimmungen abgedeckten Aspekte als sicher.

(5) Entspricht ein Futtermittel den für es geltenden spezifischen Bestimmungen, so hindert dies die zuständigen Behörden nicht, geeignete Maßnahmen zu treffen, um Beschränkungen für das Inverkehrbringen dieses Futtermittels zu verfügen oder seine Rücknahme vom Markt zu verlangen, wenn, obwohl es den genannten Bestimmungen entspricht, der begründete Verdacht besteht, dass es nicht sicher ist.

(6) Fehlen spezifische Bestimmungen der Gemeinschaft, so gelten Futtermittel als sicher, wenn sie mit den entsprechenden Bestimmungen des nationalen Rechts des Mitgliedstaats, in dessen Hoheitsgebiet sie in Verkehr sind, in Einklang stehen, sofern diese Bestimmungen unbeschadet des Vertrags, insbesondere der Artikel 28 und 30, erlassen und angewandt werden.

Art. 16 Aufmachung. Unbeschadet spezifischer Bestimmungen des Lebensmittelrechts dürfen die Kennzeichnung, Werbung und Aufmachung von Lebensmitteln oder Futtermitteln auch in Bezug auf ihre Form, ihr Aussehen oder ihre Verpackung, die verwendeten Verpackungsmaterialien, die Art ihrer Anordnung und den Rahmen ihrer Darbietung sowie die über sie verbreiteten Informationen, gleichgültig über welches Medium, die Verbraucher nicht irreführen.

Art. 17 Zuständigkeiten. (1) Die Lebensmittel- und Futtermittelunternehmer sorgen auf allen Produktions-, Verarbeitungs- und Vertriebsstufen in den ihrer Kontrolle unterstehenden Unternehmen dafür, dass die Lebensmittel oder Futtermittel die Anforderungen des Lebensmittelrechts erfüllen, die für ihre Tätigkeit gelten, und überprüfen die Einhaltung dieser Anforderungen.

(2) *[1]* Die Mitgliedstaaten setzen das Lebensmittelrecht durch und überwachen und überprüfen, dass die entsprechenden Anforderungen des Lebensmittelrechts von den Lebensmittel und Futtermittelunternehmern in allen Produktions-, Verarbeitungs- und Vertriebsstufen eingehalten werden.

[2] Hierzu betreiben sie ein System amtlicher Kontrollen und führen andere den Umständen angemessene Maßnahmen durch, einschließlich der öffentlichen Bekanntgabe von Informationen über die Sicherheit und Risiken von

Lebensmitteln und Futtermitteln, der Überwachung der Lebensmittel- und Futtermittelsicherheit und anderer Aufsichtsmaßnahmen auf allen Produktions-, Verarbeitungs- und Vertriebsstufen.

[3] [1] Außerdem legen sie Vorschriften für Maßnahmen und Sanktionen bei Verstößen gegen das Lebensmittel- und Futtermittelrecht fest. [2] Diese Maßnahmen und Sanktionen müssen wirksam, verhältnismäßig und abschreckend sein.

Art. 18 Rückverfolgbarkeit. (1) Die Rückverfolgbarkeit von Lebensmitteln und Futtermitteln, von der Lebensmittelgewinnung dienenden Tieren und allen sonstigen Stoffen, die dazu bestimmt sind oder von denen erwartet werden kann, dass sie in einem Lebensmittel oder Futtermittel verarbeitet werden, ist in allen Produktions-, Verarbeitungs- und Vertriebsstufen sicherzustellen.

(2) *[1]* Die Lebensmittel- und Futtermittelunternehmer müssen in der Lage sein, jede Person festzustellen, von der sie ein Lebensmittel, Futtermittel, ein der Lebensmittelgewinnung dienendes Tier oder einen Stoff, der dazu bestimmt ist oder von dem erwartet werden kann, dass er in einem Lebensmittel oder Futtermittel verarbeitet wird, erhalten haben.

[2] Sie richten hierzu Systeme und Verfahren ein, mit denen diese Informationen den zuständigen Behörden auf Aufforderung mitgeteilt werden können.

(3) [1] Die Lebensmittel- und Futtermittelunternehmer richten Systeme und Verfahren zur Feststellung der anderen Unternehmen ein, an die ihre Erzeugnisse geliefert worden sind. [2] Diese Informationen sind den zuständigen Behörden auf Aufforderung zur Verfügung zu stellen.

(4) Lebensmittel oder Futtermittel, die in der Gemeinschaft in Verkehr gebracht werden oder bei denen davon auszugehen ist, dass sie in der Gemeinschaft in Verkehr gebracht werden, sind durch sachdienliche Dokumentation oder Information gemäß den diesbezüglich in spezifischeren Bestimmungen enthaltenen Auflagen ausreichend zu kennzeichnen oder kenntlich zu machen, um ihre Rückverfolgbarkeit zu erleichtern.

(5) Bestimmungen zur Anwendung der Anforderungen dieses Artikels auf bestimmte Sektoren können nach dem in Artikel 58 Absatz 2 genannten Verfahren erlassen werden.

Art. 19 Verantwortung für Lebensmittel: Lebensmittelunternehmen.

(1) [1] Erkennt ein Lebensmittelunternehmer oder hat er Grund zu der Annahme, dass ein von ihm eingeführtes, erzeugtes, verarbeitetes, hergestelltes oder vertriebenes Lebensmittel den Anforderungen an die Lebensmittelsicherheit nicht entspricht, so leitet er unverzüglich Verfahren ein, um das betreffende Lebensmittel vom Markt zu nehmen, sofern das Lebensmittel nicht mehr unter der unmittelbaren Kontrolle des ursprünglichen Lebensmittelunternehmers steht, und die zuständigen Behörden darüber zu unterrichten. [2] Wenn das Produkt den Verbraucher bereits erreicht haben könnte, unterrichtet der Unternehmer die Verbraucher effektiv und genau über den Grund für die Rücknahme und ruft erforderlichenfalls bereits an diese gelieferte Produkte zurück, wenn andere Maßnahmen zur Erzielung eines hohen Gesundheitsschutzniveaus nicht ausreichen.

(2) Lebensmittelunternehmer, die für Tätigkeiten im Bereich des Einzelhandels oder Vertriebs verantwortlich sind, die nicht das Verpacken, das Etikettieren, die Sicherheit oder die Unversehrtheit der Lebensmittel betreffen, leiten im Rahmen ihrer jeweiligen Tätigkeiten Verfahren zur Rücknahme von Produkten, die die Anforderungen an die Lebensmittelsicherheit nicht erfüllen, vom Markt ein und tragen zur Lebensmittelsicherheit dadurch bei, dass sie sachdienliche Informationen, die für die Rückverfolgung eines Lebensmittels erforderlich sind, weitergeben und an den Maßnahmen der Erzeuger, Verarbeiter, Hersteller und/oder der zuständigen Behörden mitarbeiten.

(3) [1]Erkennt ein Lebensmittelunternehmer oder hat er Grund zu der Annahme, dass ein von ihm in Verkehr gebrachtes Lebensmittel möglicherweise die Gesundheit des Menschen schädigen kann, teilt er dies unverzüglich den zuständigen Behörden mit. [2]Der Unternehmer unterrichtet die Behörden über die Maßnahmen, die getroffen worden sind, um Risiken für den Endverbraucher zu verhindern, und darf niemanden daran hindern oder davon abschrecken, gemäß einzelstaatlichem Recht und einzelstaatlicher Rechtspraxis mit den zuständigen Behörden zusammenzuarbeiten, um einem mit einem Lebensmittel verbundenen Risiko vorzubeugen, es zu begrenzen oder auszuschalten.

(4) Die Lebensmittelunternehmer arbeiten bei Maßnahmen, die getroffen werden, um die Risiken durch ein Lebensmittel, das sie liefern oder geliefert haben, zu vermeiden oder zu verringern, mit den zuständigen Behörden zusammen.

Art. 20 Verantwortung für Futtermittel: Futtermittelunternehmen.

(1) [1]Erkennt ein Futtermittelunternehmer oder hat er Grund zu der Annahme, dass ein von ihm eingeführtes, erzeugtes, verarbeitetes, hergestelltes oder vertriebenes Futtermittel die Anforderungen an die Futtermittelsicherheit nicht erfüllt, so leitet er unverzüglich Verfahren ein, um das betreffende Futtermittel vom Markt zu nehmen und unterrichtet die zuständigen Behörden hiervon. [2]In diesem Fall bzw. im Fall von Artikel 15 Absatz 3, d.h. wenn eine Charge, ein Posten oder eine Lieferung die Anforderungen an die Futtermittelsicherheit nicht erfüllt, wird das Futtermittel vernichtet, sofern die Bedenken der zuständigen Behörde nicht auf andere Weise ausgeräumt werden. [3]Das Unternehmen unterrichtet die Verwender des Futtermittels effektiv und genau über den Grund für die Rücknahme und ruft erforderlichenfalls bereits an diese gelieferte Produkte zurück, wenn andere Maßnahmen zur Erzielung eines hohen Gesundheitsschutzniveaus nicht ausreichen.

(2) Futtermittelunternehmer, die für Tätigkeiten im Bereich des Einzelhandels oder Vertriebs verantwortlich sind, die nicht das Verpacken, das Etikettieren, die Sicherheit oder die Unversehrtheit der Futtermittel betreffen, leiten im Rahmen ihrer jeweiligen Tätigkeiten Verfahren zur Rücknahme von Produkten, die die Anforderungen an die Futtermittelsicherheit nicht erfüllen, vom Markt ein und tragen zur Lebensmittelsicherheit dadurch bei, dass sie sachdienliche Informationen, die für die Rückverfolgung eines Futtermittels erforderlich sind, weitergeben und an den Maßnahmen der Erzeuger, Verarbeiter, Hersteller und/oder der zuständigen Behörden mitarbeiten.

(3) [1]Erkennt ein Futtermittelunternehmer oder hat er Grund zu der Annahme, dass ein von ihm in Verkehr gebrachtes Futtermittel möglicherweise die Anforderungen an die Futtermittelsicherheit nicht erfüllt, teilt er dies unverzüglich den zuständigen Behörden mit. [2]Der Unternehmer unterrichtet die

zuständigen Behörden über die Maßnahmen, die getroffen worden sind, um eine Gefährdung durch die Verwendung des Futtermittels zu verhindern, und darf niemanden daran hindern oder davon abschrecken, gemäß einzelstaatlichem Recht und einzelstaatlicher Rechtspraxis mit den zuständigen Behörden zusammenzuarbeiten, um einem mit einem Futtermittel verbundenen Risiko vorzubeugen, es zu begrenzen oder auszuschalten.

(4) Die Futtermittelunternehmer arbeiten bei den Maßnahmen, die getroffen werden, um Risiken durch ein Futtermittel, das sie liefern oder geliefert haben, zu vermeiden, mit den zuständigen Behörden zusammen.

Art. 21 Haftung. Die Bestimmungen dieses Kapitels gelten unbeschadet der Richtlinie 85/374/EWG des Rates vom 25. Juli 1985 zur Angleichung der Rechts- und Verwaltungsvorschriften der Mitgliedstaaten über die Haftung für fehlerhafte Produkte[1].

Kapitel III. Europäische Behörde für Lebensmittelsicherheit

Abschnitt 1. Auftrag und Aufgaben

Art. 22 Auftrag der Behörde. (1) Es wird eine Europäische Behörde für Lebensmittelsicherheit, im Folgenden „die Behörde" genannt, errichtet.

(2) [1] Aufgabe der Behörde ist die wissenschaftliche Beratung sowie die wissenschaftliche und technische Unterstützung für die Rechtsetzung und Politik der Gemeinschaft in allen Bereichen, die sich unmittelbar oder mittelbar auf die Lebensmittel- und Futtermittelsicherheit auswirken. [2] Sie stellt unabhängige Informationen über alle Fragen in diesen Bereichen bereit und macht auf Risiken aufmerksam.

(3) Die Behörde trägt zu einem hohen Maß an Schutz für Leben und Gesundheit der Menschen bei und berücksichtigt dabei im Rahmen des Funktionierens des Binnenmarktes die Tiergesundheit und den Tierschutz, die Pflanzengesundheit und die Umwelt.

(4) Die Behörde sammelt und analysiert Daten, um die Beschreibung und Überwachung von Risiken zu ermöglichen, die sich unmittelbar oder mittelbar auf die Lebensmittel- und Futtermittelsicherheit auswirken.

(5) Der Auftrag der Behörde umfasst ferner

a) wissenschaftliche Beratung und wissenschaftliche und technische Unterstützung in Bezug auf die menschliche Ernährung im Zusammenhang mit der Rechtsetzung der Gemeinschaft sowie – auf Antrag der Kommission – Hilfe bei der Information über Ernährungsfragen im Rahmen des Gesundheitsprogramms der Gemeinschaft,

b) wissenschaftliche Gutachten zu anderen Fragen im Zusammenhang mit Tiergesundheit, Tierschutz und Pflanzengesundheit,

c) wissenschaftliche Gutachten zu anderen Erzeugnissen als Lebensmitteln und Futtermitteln, die sich auf genetisch veränderte Organismen im Sinne der Richtlinie 2001/18/EG beziehen, unbeschadet der dort festgelegten Verfahren.

---

[1] **Amtl. Anm.:** ABl. L 210 vom 7.8.1985, S. 29. Richtlinie zuletzt geändert durch die Richtlinie 1999/34/EG des Europäischen Parlaments und des Rates (ABl. L 141 vom 4.6.1999, S. 20).

(6) Die Behörde erstellt wissenschaftliche Gutachten, die als wissenschaftliche Grundlage für die Ausarbeitung und den Erlass von Gemeinschaftsmaßnahmen in den Bereichen ihres Auftrags dienen.

(7) *[1]* Die Behörde nimmt ihre Aufgaben unter Bedingungen wahr, die es ihr ermöglichen, aufgrund ihrer Unabhängigkeit, der wissenschaftlichen und technischen Qualität ihrer Gutachten und der von ihr verbreiteten Informationen, der Transparenz ihrer Verfahren und ihrer Arbeitsweise sowie ihres Engagements bei der Wahrnehmung ihrer Aufgaben als eine maßgebliche Referenzstelle zu fungieren.

[2] Sie handelt in enger Zusammenarbeit mit den zuständigen Stellen in den Mitgliedstaaten, die ähnliche Aufgaben wahrnehmen wie die Behörde, und gegebenenfalls mit den einschlägigen Unionsagenturen.

(8) Die Behörde, die Kommission und die Mitgliedstaaten arbeiten zusammen, um eine effektive Kohärenz zwischen den Funktionen Risikobewertung, Risikomanagement und Risikokommunikation herbeizuführen.

(9) Die Mitgliedstaaten arbeiten mit der Behörde zusammen, um die Erfüllung ihres Auftrags zu gewährleisten.

Art. 23 Aufgaben der Behörde. Die Behörde hat folgende Aufgaben:

a) Sie liefert den Organen der Gemeinschaft und den Mitgliedstaaten die bestmöglichen wissenschaftlichen Gutachten in allen im Gemeinschaftsrecht vorgesehenen Fällen und zu jeder Frage, die unter ihren Auftrag fällt;

b) sie fördert und koordiniert die Erarbeitung einheitlicher Risikobewertungsverfahren in den Bereichen ihres Auftrags;

c) sie gewährt der Kommission wissenschaftliche und technische Unterstützung in den Bereichen ihres Auftrags sowie – auf Wunsch – bei der Auslegung und Prüfung von Gutachten zur Risikobewertung;

d) sie gibt für die Erfüllung ihres Auftrags erforderliche wissenschaftliche Studien in Auftrag;

e) sie macht in den Bereichen ihres Auftrags wissenschaftliche und technische Daten ausfindig, sammelt sie, stellt sie zusammen, analysiert sie und fasst sie zusammen;

f) sie führt in den Bereichen ihres Auftrags Maßnahmen zur Identifizierung und Beschreibung neu auftretender Risiken durch;

g) sie sorgt für die Vernetzung von Organisationen, die in den Bereichen ihres Auftrags tätig sind, und trägt die Verantwortung für den Betrieb der Netze;

h) sie gewährt auf Anforderung der Kommission wissenschaftliche und technische Unterstützung bei den von der Kommission durchgeführten Verfahren für das Krisenmanagement im Bereich der Sicherheit von Lebensmitteln und Futtermitteln;

i) sie gewährt in den Bereichen ihres Auftrags auf Anforderung der Kommission wissenschaftliche und technische Unterstützung mit dem Ziel, die Zusammenarbeit zwischen der Gemeinschaft, beitrittswilligen Ländern, internationalen Organisationen und Drittländern zu verbessern;

j) sie stellt in den Bereichen ihres Auftrags sicher, dass die Öffentlichkeit und die Beteiligten rasch zuverlässige, objektive und verständliche Informationen erhalten;

k) sie erstellt in Fragen, auf die sich ihr Auftrag erstreckt, unabhängig ihre eigenen Schlussfolgerungen und Leitlinien;

l) sie führt in den Bereichen ihres Auftrags alle sonstigen Aufgaben aus, die ihr von der Kommission zugewiesen werden.

Abschnitt 2. Organisation

Art. 24 Organe der Behörde. Die Behörde umfasst

a) einen Verwaltungsrat,

b) einen Geschäftsführenden Direktor mit zugehörigem Personal,

c) einen Beirat,

d) einen Wissenschaftlichen Ausschuss und Wissenschaftliche Gremien.

Art. 25 Verwaltungsrat. (1) *[1]* [1] Der Verwaltungsrat setzt sich aus 14 Mitgliedern, die vom Rat im Benehmen mit dem Europäischen Parlament anhand einer Liste ernannt werden, welche von der Kommission erstellt wird und die eine deutlich höhere Zahl von Bewerbern enthält, als Mitglieder zu ernennen sind, sowie einem Vertreter der Kommission zusammen. [2] Vier der Mitglieder kommen aus dem Kreis der Organisationen, die die Verbraucherschaft und andere Interessen in der Lebensmittelkette vertreten.

[2] [1] Die von der Kommission erstellte Liste wird dem Europäischen Parlament gemeinsam mit der entsprechenden Dokumentation übermittelt. [2] So rasch wie möglich und innerhalb von drei Monaten nach der Mitteilung kann das Europäische Parlament seine Positionen zur Prüfung dem Rat vorlegen, der dann den Verwaltungsrat ernennt.

[3] Die Ernennung der Mitglieder des Verwaltungsrats erfolgt so, dass die höchste fachliche Qualifikation, ein breites Spektrum an einschlägigem Fachwissen und im Einklang damit die größt mögliche geografische Streuung in der Union gewährleistet sind.

(2) [1] Die Amtszeit der Mitglieder beträgt vier Jahre und kann einmal verlängert werden. [2] Für die Hälfte der Mitglieder beträgt die erste Amtszeit jedoch sechs Jahre.

(3) [1] Der Verwaltungsrat legt auf Vorschlag des Geschäftsführenden Direktors die internen Regeln der Behörde fest. [2] Diese Regeln werden veröffentlicht.

(4) Der Verwaltungsrat wählt eines seiner Mitglieder als seinen Vorsitzenden für einen Zeitraum von zwei Jahren; Wiederwahl ist möglich.

(5) *[1]* Der Verwaltungsrat gibt sich eine Geschäftsordnung.

[2] Sofern nicht anders vorgesehen, ist für die Beschlüsse des Verwaltungsrats die Mehrheit seiner Mitglieder erforderlich.

(6) Der Verwaltungsrat tritt auf Einladung durch den Vorsitzenden oder auf Verlangen von mindestens einem Drittel seiner Mitglieder zusammen.

(7) Der Verwaltungsrat sorgt dafür, dass die Behörde ihren Auftrag erfüllt und die ihr zugewiesenen Aufgaben nach Maßgabe dieser Verordnung wahrnimmt.

(8) *[1]* [1] Vor dem 31. Januar jeden Jahres nimmt der Verwaltungsrat das Arbeitsprogramm der Behörde für das kommende Jahr an. [2] Ferner nimmt er ein mehrjähriges Programm an, das abgeändert werden kann. [3] Der Verwaltungsrat sorgt dafür, dass diese Programme mit den Prioritäten der Gemein-

schaft für Rechtsetzung und Politik im Bereich der Lebensmittelsicherheit im Einklang stehen.

[2] Vor dem 30. März jeden Jahres nimmt der Verwaltungsrat den Gesamtbericht über die Tätigkeit der Behörde im abgelaufenen Jahr an.

(9) [1] Der Verwaltungsrat erlässt nach Konsultation der Kommission die für die Behörde geltende Finanzregelung. [2] Diese darf von der Verordnung (EG, Euratom) Nr. 2343/2002 der Kommission vom 19. November 2002 betreffend die Rahmenfinanzregelung für Einrichtungen gemäß Artikel 185 der Verordnung (EG, Euratom) Nr. 1605/2002 des Rates über die Haushaltsordnung für den Gesamthaushaltsplan der Europäischen Gemeinschaften[1] nur abweichen, wenn besondere Merkmale der Funktionsweise der Behörde es erfordern und nachdem die Kommission dem zugestimmt hat.

(10) [1] Der Geschäftsführende Direktor nimmt ohne Stimmberechtigung an den Sitzungen des Verwaltungsrats teil und nimmt die Sekretariatsgeschäfte wahr. [2] Der Verwaltungsrat lädt den Vorsitzenden des Wissenschaftlichen Ausschusses ein, ohne Stimmrecht an seinen Sitzungen teilzunehmen.

Art. 26 Geschäftsführender Direktor. (1) [1] Der Geschäftsführende Direktor wird vom Verwaltungsrat für einen Zeitraum von fünf Jahren auf der Grundlage einer Bewerberliste ernannt, die von der Kommission nach einem allgemeinen Auswahlverfahren im Anschluss an die Veröffentlichung eines Aufrufs zur Interessenbekundung im *Amtsblatt der Europäischen Gemeinschaften* und an anderer Stelle vorgeschlagen wird; Wiederernennung ist möglich. [2] Vor der Ernennung wird der vom Verwaltungsrat benannte Kandidat unverzüglich aufgefordert, vor dem Europäischen Parlament eine Erklärung abzugeben und Fragen der Abgeordneten zu beantworten. [3] Er kann von der Mehrheit des Verwaltungsrates seines Amtes enthoben werden.

(2) [1] Der Geschäftsführende Direktor ist der gesetzliche Vertreter der Behörde. [2] Er trägt die Verantwortung

a) für die laufende Verwaltung der Behörde,

b) für die Erstellung eines Vorschlags für die Arbeitsprogramme der Behörde im Benehmen mit der Kommission,

c) für die Umsetzung des Arbeitsprogramms und der vom Verwaltungsrat angenommenen Beschlüsse,

d) für die Bereitstellung angemessener wissenschaftlicher, technischer und administrativer Unterstützung für den Wissenschaftlichen Ausschuss und die Wissenschaftlichen Gremien,

e) dafür, dass die Behörde ihre Aufgaben gemäß den Erfordernissen ihrer Nutzer wahrnimmt, insbesondere, dass die erbrachten Dienstleistungen und die dafür aufgewendete Zeit angemessen sind,

f) für die Vorbereitung des Entwurfs eines Voranschlags der Einnahmen und Ausgaben sowie für die Ausführung des Haushaltsplans der Behörde,

g) für sämtliche Personalangelegenheiten,

h) für die Entwicklung und Unterhaltung der Kontakte zum Europäischen Parlament und die Sicherstellung eines regelmäßigen Dialogs mit dessen zuständigen Ausschüssen.

---

[1] **Amtl. Anm.:** ABl. L 357 vom 31.12.2002, S. 72. Berichtigt in ABl. L 2 vom 7.1.2003, S. 39.

(3) *[1]* Der Geschäftsführende Direktor legt dem Verwaltungsrat jährlich
a) den Entwurf eines allgemeinen Berichts über sämtliche Tätigkeiten der Behörde im abgelaufenen Jahr,
b) den Entwurf der Arbeitsprogramme
zur Genehmigung vor.

[2] Nach Annahme durch den Verwaltungsrat übermittelt der Geschäftsführende Direktor die Arbeitsprogramme dem Europäischen Parlament, dem Rat, der Kommission und den Mitgliedstaaten und sorgt für ihre Veröffentlichung. *[3]* Spätestens am 15. Juni und nach Annahme durch den Verwaltungsrat übermittelt der Geschäftsführende Direktor den allgemeinen Bericht über die Tätigkeiten der Behörde dem Europäischen Parlament, dem Rat, der Kommission, dem Rechnungshof, dem Europäischen Wirtschafts- und Sozialausschuss sowie dem Ausschuss der Regionen und sorgt für seine Veröffentlichung. *[4]* Der Geschäftsführende Direktor übermittelt der Haushaltsbehörde jährlich alle einschlägigen Informationen zu den Ergebnissen der Bewertungsverfahren.

Art. 27 Beirat. (1) [1] Der Beirat setzt sich aus Vertretern zuständiger, ähnliche Aufgaben wie die Behörde wahrnehmender Stellen der Mitgliedstaaten zusammen, wobei jeder Mitgliedstaat einen Vertreter benennt. [2] Die Mitglieder können durch zur selben Zeit ernannte Stellvertreter vertreten werden.

(2) Die Mitglieder des Beirats dürfen nicht dem Verwaltungsrat angehören.

(3) [1] Der Beirat berät den Geschäftsführenden Direktor bei der Ausübung seines Amtes gemäß dieser Verordnung, insbesondere bei der Erstellung eines Vorschlags für das Arbeitsprogramm der Behörde. [2] Der Geschäftsführende Direktor kann den Beirat ferner ersuchen, ihn bei der Festlegung von Prioritäten bei den Ersuchen um wissenschaftliche Gutachten zu beraten.

(4) [1] Der Beirat dient als Einrichtung für den Austausch von Informationen über potenzielle Risiken und die Zusammenführung von Erkenntnissen. [2] Er sorgt für eine enge Zusammenarbeit zwischen der Behörde und den zuständigen Stellen in den Mitgliedstaaten insbesondere in Bezug auf Folgendes:
a) Vermeidung von Überschneidungen bei von der Behörde in Auftrag gegebenen wissenschaftlichen Studien mit entsprechenden Programmen der Mitgliedstaaten gemäß Artikel 32,
b) die in Artikel 30 Absatz 4 genannten Fälle, in denen die Behörde und eine Stelle eines Mitgliedstaats verpflichtet sind, zusammenzuarbeiten,
c) Förderung der Vernetzung von Organisationen, die in den Bereichen des Auftrags der Behörde tätig sind, gemäß Artikel 36 Absatz 1,
d) Fälle, in denen die Behörde oder ein Mitgliedstaat ein neu auftretendes Risiko identifiziert.

(5) [1] Den Vorsitz im Beirat führt der Geschäftsführende Direktor. [2] Der Beirat tritt nach Einberufung durch den Vorsitzenden oder auf Antrag von mindestens einem Drittel seiner Mitglieder mindestens vier Mal im Jahr zusammen. [3] Die Arbeitsweise des Beirats wird in den internen Regeln der Behörde festgelegt und veröffentlicht.

(6) Die Behörde stellt die für den Beirat erforderliche technische und logistische Unterstützung bereit und nimmt die Sekretariatsgeschäfte im Zusammenhang mit den Beiratssitzungen wahr.

(7) *[1]* [1]Vertreter der zuständigen Dienststellen der Kommission können sich an der Arbeit des Beirats beteiligen. [2]Der Geschäftsführende Direktor kann Vertreter des Europäischen Parlaments und andere einschlägige Einrichtungen zur Teilnahme einladen.

[2] Berät der Beirat über Fragen gemäß Artikel 22 Absatz 5 Buchstabe b), so können sich Vertreter einschlägiger Einrichtungen der Mitgliedstaaten, die ähnliche Aufgaben wie die in Artikel 22 Absatz 5 Buchstabe b) genannten wahrnehmen, an der Arbeit des Beirats beteiligen; hierfür kann jeder Mitgliedstaat einen Vertreter entsenden.

Art. 28 Wissenschaftlicher Ausschuss und Wissenschaftliche Gremien.

(1) Der Wissenschaftliche Ausschuss und die ständigen Wissenschaftlichen Gremien sind in ihrem jeweiligen Zuständigkeitsbereich verantwortlich für die Erstellung der wissenschaftlichen Gutachten der Behörde und haben die Möglichkeit, bei Bedarf öffentliche Anhörungen zu veranstalten.

(2) *[1]* [1]Der Wissenschaftliche Ausschuss ist für die allgemeine Koordinierung verantwortlich, die zur Gewährleistung der Kohärenz der Verfahren zur Erstellung der wissenschaftlichen Gutachten erforderlich ist, insbesondere für die Festlegung der Arbeitsverfahren und die Harmonisierung der Arbeitsmethoden. [2]Er gibt Gutachten zu interdisziplinären Fragen ab, die in die Zuständigkeit von mehr als einem Wissenschaftlichen Gremium fallen, sowie zu Fragen, für die kein Wissenschaftliches Gremium zuständig ist.

[2] [1]Im Bedarfsfall setzt er Arbeitsgruppen ein, insbesondere für Fragen, für die kein wissenschaftliches Gremium zuständig ist. [2]In diesem Fall stützt er sich bei der Erstellung der wissenschaftlichen Gutachten auf das Fachwissen dieser Arbeitsgruppen.

(3) Der Wissenschaftliche Ausschuss setzt sich aus den Vorsitzenden der Wissenschaftlichen Gremien sowie sechs unabhängigen Wissenschaftlern, die keinem der Wissenschaftlichen Gremien angehören, zusammen.

(4) *[1]* [1]Die Wissenschaftlichen Gremien setzen sich aus unabhängigen Wissenschaftlern zusammen. [2]Zum Zeitpunkt der Errichtung der Behörde werden folgende Wissenschaftliche Gremien eingesetzt:

a) das Gremium für Lebensmittelzusatzstoffe und Aromastoffe,

b) das Gremium für Zusatzstoffe, Erzeugnisse und Stoffe in der Tierernährung,

c) das Gremium für Pflanzenschutzmittel und ihre Rückstände;

d) das Gremium für genetisch veränderte Organismen,

e) das Gremium für Ernährung, neuartige Lebensmittel und Lebensmittelallergene,

f) das Gremium für biologische Gefahren,

g) das Gremium für Kontaminanten in der Lebensmittelkette,

h) das Gremium für Tiergesundheit und Tierschutz,

i) das Gremium für Pflanzengesundheit,

j) das Gremium für Lebensmittelkontaktmaterialien, Enzyme und Verarbeitungshilfsstoffe.

[2] Der Kommission wird die Befugnis übertragen, gemäß Artikel 57a delegierte Rechtsakte zur Änderung von Unterabsatz 1 in Bezug auf die Anzahl und die Bezeichnungen der Wissenschaftlichen Gremien zu erlassen, um sie auf

Antrag der Behörde an die technische und wissenschaftliche Entwicklung anzupassen.

(5) Die Mitglieder des Wissenschaftlichen Ausschusses, die keinem Wissenschaftlichen Gremium angehören, und die Mitglieder der Wissenschaftlichen Gremien werden im Anschluss an die Veröffentlichung eines Aufrufs zur Interessenbekundung im *Amtsblatt der Europäischen Gemeinschaften*, in den einschlägigen führenden wissenschaftlichen Publikationen und auf der Website der Behörde vom Verwaltungsrat auf Vorschlag des Geschäftsführenden Direktors für eine Amtszeit von drei Jahren ernannt; Wiederernennung ist möglich.

(6) Der Wissenschaftliche Ausschuss und die Wissenschaftlichen Gremien wählen aus dem Kreis ihrer Mitglieder je einen Vorsitzenden und zwei Stellvertretende Vorsitzende.

(7) [1] Für die Beschlüsse des Wissenschaftlichen Ausschusses und der Wissenschaftlichen Gremien ist die Mehrheit ihrer Mitglieder erforderlich. [2] Positionen von Minderheiten werden aufgezeichnet.

(8) [1] Die Vertreter der zuständigen Dienststellen der Kommission sind berechtigt, an den Sitzungen des Wissenschaftlichen Ausschusses, der Wissenschaftlichen Gremien und ihrer Arbeitsgruppen teilzunehmen. [2] Wenn sie darum gebeten werden, können sie Klarstellungen und Informationen liefern, dürfen jedoch nicht versuchen, auf die Diskussionen Einfluss zu nehmen.

(9) [1] Die Verfahren für die Tätigkeit und Zusammenarbeit des Wissenschaftlichen Ausschusses und der Wissenschaftlichen Gremien werden in den internen Regeln der Behörde festgelegt.

[2] Geregelt werden insbesondere

a) die Frage, wie oft die Mitgliedschaft im Wissenschaftlichen Ausschuss und in den Wissenschaftlichen Gremien verlängert werden kann,

b) die Anzahl der Mitglieder jedes Wissenschaftlichen Gremiums,

c) die Erstattung von Auslagen der Mitglieder des Wissenschaftlichen Ausschusses und der Wissenschaftlichen Gremien,

d) das Verfahren für die Zuweisung der Aufgaben und der angeforderten wissenschaftlichen Gutachten an den Wissenschaftlichen Ausschuss und die Wissenschaftlichen Gremien,

e) die Einsetzung und Organisation der Arbeitsgruppen des Wissenschaftlichen Ausschusses und der Wissenschaftlichen Gremien sowie die Möglichkeit, externe Sachverständige an diesen Arbeitsgruppen zu beteiligen,

f) die Möglichkeit, Beobachter zu den Sitzungen des Wissenschaftlichen Ausschusses und der Wissenschaftlichen Gremien einzuladen,

g) die Möglichkeit, öffentliche Anhörungen zu veranstalten.

Abschnitt 3. Arbeitsweise

Art. 29 Wissenschaftliche Gutachten. (1) [1] Die Behörde gibt wissenschaftliche Gutachten ab

a) auf Ersuchen der Kommission zu jeder Frage in den Bereichen ihres Auftrags und in allen Fällen, in denen das Gemeinschaftsrecht die Anhörung der Behörde vorsieht;

b) auf eigene Initiative zu Fragen in den Bereichen ihres Auftrags.

[2] Das Europäische Parlament oder ein Mitgliedstaat kann von der Behörde zu Fragen in den Bereichen ihres Auftrags ein wissenschaftliches Gutachten anfordern.

(2) Ersuchen um Gutachten gemäß Absatz 1 müssen Hintergrundinformationen zur Erläuterung der wissenschaftlichen Problemstellung sowie des Gemeinschaftsinteresses enthalten.

(3) Sieht das Gemeinschaftsrecht nicht bereits eine Frist für die Abgabe eines wissenschaftlichen Gutachtens vor, so gibt die Behörde außer in hinreichend begründeten Fällen ihre wissenschaftlichen Gutachten innerhalb der in den jeweiligen Ersuchen angegebenen Frist ab.

(4) [1] Gehen verschiedene Ersuchen um ein Gutachten zu den gleichen Fragen ein oder entspricht ein Ersuchen nicht den Anforderungen von Absatz 2 oder ist es unklar abgefasst, so kann die Behörde das Ersuchen entweder ablehnen oder im Benehmen mit der ersuchenden Einrichtung bzw. dem/den ersuchenden Mitgliedstaat(en) Änderungen an dem betreffenden Ersuchen vorschlagen. [2] Der ersuchenden Einrichtung bzw. dem/den ersuchenden Mitgliedstaat(en) werden die Gründe für die Ablehnung mitgeteilt.

(5) [1] Hat die Behörde zu einem speziellen Punkt eines Ersuchens bereits ein wissenschaftliches Gutachten abgegeben, so kann sie das Ersuchen ablehnen, wenn sie zu dem Schluss kommt, dass keine neuen wissenschaftlichen Erkenntnisse vorliegen, die eine erneute Überprüfung rechtfertigen würden. [2] Der ersuchenden Einrichtung bzw. dem/den ersuchenden Mitgliedstaat(en) werden die Gründe für die Ablehnung mitgeteilt.

(6) Zur Anwendung dieses Artikels erlässt die Kommission nach Anhörung der Behörde

a) delegierte Rechtsakte gemäß Artikel 57a, um diese Verordnung durch Festlegung des von der Behörde bei den an sie gerichteten Ersuchen um ein wissenschaftliches Gutachten anzuwendenden Verfahrens zu ergänzen,

b) Durchführungsrechtsakte zur Festlegung der Leitlinien für die wissenschaftliche Beurteilung von Stoffen, Produkten oder Verfahren, die nach dem Unionsrecht einer vorherigen Zulassung oder der Aufnahme in eine Positivliste bedürfen, vor allem in den Fällen, in denen das Unionsrecht vorsieht oder zulässt, dass der Antragsteller zu diesem Zweck Unterlagen vorlegt. Diese Durchführungsrechtsakte werden gemäß dem in Artikel 58 Absatz 2 genannten Verfahren erlassen.

(7) Die Geschäftsordnung der Behörde regelt die Anforderungen an Format, begleitende Erläuterungen und Veröffentlichung von wissenschaftlichen Gutachten.

Art. 30 Divergierende wissenschaftliche Gutachten. (1) Die Behörde nimmt eine Beobachtungsfunktion wahr, um potenzielle Divergenzen zwischen ihren wissenschaftlichen Gutachten und den wissenschaftlichen Gutachten anderer Stellen mit ähnlichen Aufgaben zu einem frühen Zeitpunkt festzustellen.

(2) Stellt die Behörde eine potenzielle Divergenz fest, so nimmt sie Kontakt zu der betreffenden Stelle auf, um sicherzustellen, dass alle relevanten wissenschaftlichen Informationen weitergegeben werden, und um die möglicherweise strittigen wissenschaftlichen Fragen einzugrenzen.

(3) [1] Wurde eine substanzielle Divergenz in wissenschaftlichen Fragen fest-gestellt und handelt es sich bei der betreffenden Stelle um eine Einrichtung der Gemeinschaft oder um einen der wissenschaftlichen Ausschüsse der Kommission, so sind die Behörde und die betreffende Stelle verpflichtet zusammen-zuarbeiten, um entweder die Divergenz zu beseitigen oder der Kommission ein gemeinsames Papier vorzulegen, in dem die strittigen wissenschaftlichen Fragen verdeutlicht und die entsprechenden Unsicherheiten in Bezug auf die Daten ermittelt werden. [2] Dieses Dokument wird veröffentlicht.

(4) [1] Wurde eine substanzielle Divergenz in wissenschaftlichen Fragen fest-gestellt und handelt es sich bei der betreffenden Stelle um eine Stelle eines Mitgliedstaats, so sind die Behörde und die nationale Stelle verpflichtet, zu-sammenzuarbeiten, um entweder die Divergenz zu beseitigen oder ein gemein-sames Papier zu erstellen, in dem die strittigen wissenschaftlichen Fragen ver-deutlicht und die entsprechenden Unsicherheiten in Bezug auf die Daten ermittelt werden. [2] Dieses Dokument wird veröffentlicht.

Art. 31 Wissenschaftliche und technische Unterstützung. (1) [1] Die Kommission kann bei der Behörde wissenschaftliche oder technische Unter-stützung in den Bereichen ihres Auftrags anfordern. [2] Die Aufgabe der wissen-schaftlichen und technischen Unterstützung besteht in wissenschaftlicher oder technischer Arbeit unter Anwendung anerkannter wissenschaftlicher oder tech-nischer Grundsätze, die keine wissenschaftliche Beurteilung durch den Wissen-schaftlichen Ausschuss oder ein Wissenschaftliches Gremium erfordert. [3] Zu diesen Aufgaben zählen insbesondere die Unterstützung der Kommission bei der Festlegung oder Bewertung technischer Kriterien wie auch bei der Kon-zipierung technischer Leitlinien.

(2) Fordert die Kommission wissenschaftliche oder technische Unterstützung bei der Behörde an, so setzt sie im Einvernehmen mit der Behörde die Frist fest, innerhalb deren die Aufgabe ausgeführt werden muss.

Art. 32 Wissenschaftliche Studien. (1) [1] Die Behörde gibt für die Erfüllung ihres Auftrags erforderliche wissenschaftliche Studien in Auftrag und bedient sich dabei der besten verfügbaren unabhängigen wissenschaftlichen Ressour-cen. [2] Die Studien werden auf offene und transparente Weise in Auftrag gege-ben. [3] Die Behörde achtet darauf, Überschneidungen mit Forschungsprogram-men der Mitgliedstaaten oder der Gemeinschaft zu vermeiden und fördert die Zusammenarbeit durch geeignete Koordination.

(2) Die Behörde informiert das Europäische Parlament, die Kommission und die Mitgliedstaaten über die Ergebnisse ihrer wissenschaftlichen Studien.

Art. 32a Beratung vor Antragstellung. (1) [1] Sind im Unionsrecht Vor-schriften enthalten, wonach die Behörde wissenschaftliche Ergebnisse, ein-schließlich wissenschaftlicher Gutachten vorlegen muss, bieten die Mitarbeiter der Behörde auf Ersuchen eines potenziellen Antragstellers oder Anmelders vor der Antragstellung Beratung zu den für den Antrag oder die Meldung gelten-den Vorschriften und zu den darin erforderlichen Angaben an. [2] Eine solche von den Mitarbeitern der Behörde erteilte Beratung ist unverbindlich und greift keiner späteren Bewertung von Anträgen oder Meldungen durch die Wissenschaftlichen Gremien vor. [3] Die Mitarbeiter der Behörde, die den Rat erteilen, dürfen nicht an wissenschaftlichen oder technischen Arbeiten beteiligt sein, die direkt oder indirekt für den Antrag oder die Meldung, der oder die Gegenstand der Beratung ist, relevant sind.

(2) Die Behörde veröffentlicht auf ihrer Website allgemeine Leitlinien zu den für die Anträge und Meldungen geltenden Vorschriften und zu den darin erforderlichen Angaben, gegebenenfalls auch zum Design der erforderlichen Studien.

Art. 32b Meldung von Studien. (1) Die Behörde richtet eine Datenbank der Studien ein, die von Unternehmern in Auftrag gegeben oder durchgeführt wurden, um einen Antrag oder eine Meldung zu stützen, für die im Unionsrecht Vorschriften enthalten sind, wonach die Behörde ein wissenschaftliches Ergebnis, einschließlich eines wissenschaftlichen Gutachtens, vorlegen muss, und verwaltet diese Datenbank.

(2) Für die Zwecke des Absatzes 1 melden die Unternehmer der Behörde unverzüglich auch den Titel und den Anwendungsbereich jeder Studie, die sie zur Stützung eines Antrags oder einer Meldung in Auftrag gegeben oder selbst durchgeführt haben, sowie die Labore oder Untersuchungseinrichtungen, die diese Studie durchführen, und das Datum ihres Beginns und ihres geplanten Abschlusses.

(3) [1] Für die Zwecke des Absatzes 1 melden die Labore und Untersuchungseinrichtungen in der Union der Behörde unverzüglich auch den Titel und den Anwendungsbereich jeder Studie, die von einem Unternehmer Auftrag gegeben wurde und die von ihnen zur Stützung eines Antrags oder einer Meldung durchgeführt wurde, sowie den Namen des Unternehmers, der die Studie in Auftrag gegeben hat.

[2] Dieser Absatz gilt entsprechend auch für Labore und andere Untersuchungseinrichtungen in Drittländern, sofern das in den einschlägigen Abkommen oder Vereinbarungen mit diesen Drittländern, auch im Sinne von Artikel 49, vorgesehen ist.

(4) [1] Ein Antrag oder eine Meldung wird nicht für gültig oder zulässig befunden, wenn sie sich auf Studien stützt, die zuvor nicht gemäß den Absätzen 2 oder 3 gemeldet wurden, es sei denn, der Antragsteller oder Anmelder legt eine stichhaltige Begründung dafür vor, dass diese Studien nicht gemeldet wurden.

[2] Wurden Studien zuvor nicht gemäß den Absätzen 2 oder 3 gemeldet und wurde keine stichhaltige Begründung vorgelegt, kann ein Antrag oder eine Meldung erneut eingereicht werden, wenn der Antragsteller oder Anmelder der Behörde diese Studien – und insbesondere deren Titel und Anwendungsbereich, die Labore oder Untersuchungseinrichtungen, die die Studien durchführen, sowie das Datum ihres Beginns und ihres geplanten Abschlusses – meldet.

[3] Die Bewertung der Gültigkeit oder der Zulässigkeit eines solchen erneut eingereichten Antrags oder einer erneut eingereichten Meldung beginnt sechs Monate nach dem Tag, an dem die Studien gemäß Unterabsatz 2 gemeldet wurden.

(5) [1] Ein Antrag oder eine Meldung wird nicht für gültig oder zulässig befunden, wenn Studien, die zuvor gemäß den Absätzen 2 oder 3 gemeldet wurden, nicht im Antrag oder in der Meldung enthalten sind, es sei denn, der

Antragsteller oder Anmelder legt eine stichhaltige Begründung dafür vor, dass diese Studien nicht enthalten sind.

[2] Sind Studien, die zuvor gemäß den Absätzen 2 oder 3 gemeldet wurden, nicht in dem Antrag oder der Meldung enthalten und wurde keine stichhaltige Begründung vorgelegt, kann ein Antrag oder eine Meldung erneut eingereicht werden, wenn der Antragsteller oder Anmelder alle Studien einreicht, die gemäß den Absätzen 2 oder 3 gemeldet wurden.

[3] Die Bewertung der Gültigkeit oder der Zulässigkeit des erneut eingereichten Antrags oder der erneut eingereichten Meldung beginnt sechs Monate nach dem Tag, an dem die Studien gemäß Unterabsatz 2 eingereicht wurden.

(6) [1] Stellt die Behörde während der Risikobewertung fest, dass Studien, die gemäß den Absätzen 2 oder 3 gemeldet wurden, nicht vollständig in dem entsprechenden Antrag oder der Meldung enthalten sind und dass keine stichhaltige Begründung des Antragstellers oder Anmelders dafür vorliegt, wird die Frist, in der die Behörde ein wissenschaftliches Ergebnis vorlegen muss, ausgesetzt. [2] Diese Aussetzung endet sechs Monate nach der Einreichung aller Daten dieser Studien.

(7) Die Behörde veröffentlicht die gemeldeten Angaben nur dann, wenn ein entsprechender Antrag oder eine entsprechende Meldung eingegangen ist, und nachdem sie gemäß den Artikeln 38 bis 39e über die Offenlegung der begleitenden Studien entschieden hat.

(8) [1] Die Behörde legt die praktischen Vorkehrungen zur Umsetzung der Bestimmungen dieses Artikels fest; dazu zählen auch die Vorkehrungen für die Anforderung und Veröffentlichung der stichhaltigen Begründungen in den Fällen gemäß den Absätzen 4, 5 und 6. [2] Diese Vorkehrungen müssen mit dieser Verordnung und anderen einschlägigen Bestimmungen des Unionsrechts in Einklang stehen.

Art. 32c Konsultation Dritter. (1) [1] Bei Genehmigungen oder Zulassungen, auch durch Meldung, die nach den einschlägigen Vorschriften des Unionsrechts verlängert werden können, meldet der potenzielle Antragsteller oder Anmelder, der eine Verlängerung zu beantragen beabsichtigt, der Behörde die Studien, die er zu diesem Zweck durchführen will, wobei er angibt, wie bei der Durchführung der verschiedenen Studien die Einhaltung der rechtlichen Anforderungen sichergestellt wird. [2] Nach dieser Meldung der Studien leitet die Behörde eine Konsultation der Interessenträger und der Öffentlichkeit zu den zum Zweck einer Verlängerung geplanten Studien sowie der vorgeschlagenen Studiendesigns ein. [3] Die Behörde bietet unter Berücksichtigung der von den Interessenträgern und der Öffentlichkeit übermittelten Anmerkungen, die für die Risikobewertung der angestrebten Verlängerung von Bedeutung sind, eine Beratung zum Inhalt des geplanten Antrags auf Verlängerung sowie zum Studiendesign an. [4] Der von der Behörde erteilte Rat ist unverbindlich und greift der späteren Bewertung des Antrags oder der Anmeldung auf Verlängerung einer Zulassung durch die Wissenschaftlichen Gremien nicht vor.

(2) [1] Die Behörde konsultiert die Interessenträger und die Öffentlichkeit auf der Grundlage der nicht vertraulichen Fassung des Antrags oder der Anmeldung, die von der Behörde gemäß den Artikeln 38 bis 39e öffentlich gemacht wurde, unverzüglich nach dieser Offenlegung, um festzustellen, ob zu dem Gegenstand des Antrags oder der Anmeldung andere relevante wissenschaftliche Daten oder Studien verfügbar sind. [2] Wenn in gebührend begründeten Fällen

die Gefahr besteht, dass die Ergebnisse der nach diesem Absatz durchgeführten öffentlichen Konsultation wegen der Frist, in der die Behörde ein wissenschaftliches Ergebnis vorlegen muss, nicht angemessen berücksichtigt werden können, dürfen diese Fristen um höchstens sieben Wochen verlängert werden. [3] Dieser Absatz berührt nicht die Verpflichtungen der Behörde gemäß Artikel 33 und gilt nicht für ergänzende Informationen, die die Antragsteller oder Anmelder während des Risikobewertungsprozesses vorlegen.

(3) Die Behörde legt die praktischen Vorkehrungen zur Umsetzung der in diesem Artikel und in Artikel 32a genannten Verfahren fest.

Art. 32d Studien zu Überprüfungszwecken. [1] Wenn außergewöhnliche Umstände in Form gravierender Kontroversen oder widersprüchlicher Ergebnisse vorliegen, kann die Kommission die Behörde ersuchen, wissenschaftliche Studien in Auftrag zu geben, um die Nachweise zu überprüfen, die sie bei ihrem Risikobewertungsprozess verwendet; dies geschieht unbeschadet der Pflicht der Antragsteller, die Sicherheit eines zur Zulassung vorgelegten Gegenstands nachzuweisen. [2] Die in Auftrag gegebenen Studien können einen breiteren Anwendungsbereich haben als die zu überprüfenden Nachweise.

Art. 33 Datenerhebung. (1) [1] Die Behörde macht in den Bereichen ihres Auftrags relevante wissenschaftliche und technische Daten ausfindig, sammelt sie, stellt sie zusammen, analysiert sie und fasst sie zusammen. [2] Dies betrifft insbesondere die Erhebung von Daten über

a) den Verzehr von Lebensmitteln und die Exposition von Menschen gegenüber den damit verbundenen Risiken,

b) die Inzidenz und Prävalenz biologischer Risiken,

c) Kontaminanten in Lebensmitteln und Futtermitteln,

d) Rückstände.

(2) Für die Zwecke von Absatz 1 arbeitet die Behörde eng mit allen im Bereich der Datenerhebung tätigen Organisationen zusammen, auch solchen in beitrittswilligen Ländern und Drittländern, sowie mit internationalen Stellen.

(3) Die Mitgliedstaaten treffen die erforderlichen Maßnahmen, damit die Daten, die in den unter die Absätze 1 und 2 fallenden Bereichen von ihnen erhoben werden, an die Behörde übermittelt werden können.

(4) Die Behörde legt den Mitgliedstaaten und der Kommission geeignete Empfehlungen für mögliche Verbesserungen in Bezug auf die technische Vergleichbarkeit der Daten vor, die sie erhält und analysiert, um eine Konsolidierung auf Gemeinschaftsebene zu erleichtern.

(5) [1] Innerhalb eines Jahres nach dem Inkrafttreten dieser Verordnung veröffentlicht die Kommission ein Verzeichnis der auf Gemeinschaftsebene in den Bereichen des Auftrags der Behörde existierenden Datenerhebungssysteme.

[2] Der Bericht, dem gegebenenfalls entsprechende Vorschläge beizufügen sind, gibt insbesondere an:

a) die Funktion, die der Behörde im Rahmen jedes einzelnen Systems zugewiesen werden soll, sowie etwa erforderliche Veränderungen oder Verbesserungen, damit die Behörde in Zusammenarbeit mit den Mitgliedstaaten ihren Auftrag erfüllen kann;

b) die Mängel, die behoben werden sollen, damit die Behörde auf Gemeinschaftsebene relevante wissenschaftliche und technische Daten in den Bereichen ihres Auftrags erheben und zusammenfassen kann.

(6) Die Behörde übermittelt dem Europäischen Parlament, der Kommission und den Mitgliedstaaten die Ergebnisse ihrer Tätigkeit im Bereich der Datenerhebung.

Art. 34 Identifizierung neu auftretender Risiken. (1) Die Behörde erarbeitet Überwachungsverfahren für das systematische Ermitteln, Sammeln, Zusammenstellen und Analysieren von Informationen und Daten, um neu auftretende Risiken in den Bereichen ihres Auftrags zu identifizieren.

(2) [1] Liegen der Behörde Informationen vor, die ein neu auftretendes ernstes Risiko vermuten lassen, so fordert sie zusätzliche Informationen bei den Mitgliedstaaten, bei anderen Einrichtungen der Gemeinschaft und bei der Kommission an. [2] Die Mitgliedstaaten, die betroffenen Einrichtungen der Gemeinschaft und die Kommission reagieren hierauf unverzüglich und übermitteln sämtliche relevanten Informationen, über die sie verfügen.

(3) Die Behörde verwendet in Erfüllung ihres Auftrags sämtliche ihr zugehenden Informationen zur Identifizierung neu auftretender Risiken.

(4) Die Behörde leitet die Bewertung und die erhobenen Informationen über neu auftretende Risiken an das Europäische Parlament, die Kommission und die Mitgliedstaaten weiter.

Art. 35 Schnellwarnsystem. [1] Die im Rahmen des Schnellwarnsystems übermittelten Informationen werden an die Behörde gerichtet, damit diese ihrem Auftrag, die gesundheitlichen und ernährungsphysiologischen Risiken von Lebensmitteln zu überwachen, optimal nachkommen kann. [2] Sie analysiert den Inhalt dieser Informationen, um der Kommission und den Mitgliedstaaten alle zur Risikoanalyse erforderlichen Angaben mitteilen zu können.

Art. 36 Vernetzung von Organisationen, die in den Bereichen, auf die sich der Auftrag der Behörde erstreckt, tätig sind. (1) [1] Die Behörde fördert die Vernetzung von Organisationen, die in den Bereichen ihres Auftrags tätig sind, auf europäischer Ebene. [2] Ziel einer solchen Vernetzung ist es insbesondere, durch die Koordinierung von Tätigkeiten, den Informationsaustausch, die Konzipierung und Durchführung gemeinsamer Projekte sowie den Austausch von Erfahrungen und bewährten Praktiken in den Bereichen des Auftrags der Behörde einen Rahmen für die wissenschaftliche Zusammenarbeit zu schaffen.

(2) [1] Auf Vorschlag des Geschäftsführenden Direktors erstellt der Verwaltungsrat ein zu veröffentlichendes Verzeichnis der von den Mitgliedstaaten benannten zuständigen Organisationen, die die Behörde einzeln oder im Rahmen von Netzen bei der Erfüllung ihres Auftrags unterstützen können. [2] Die Behörde kann diese Organisationen mit bestimmten Aufgaben betrauen, insbesondere mit vorbereitenden Arbeiten für wissenschaftliche Gutachten, mit wissenschaftlicher und technischer Unterstützung, mit der Erhebung von Daten und der Identifizierung neu auftretender Risiken. [3] Für einige der Aufgaben kann eine finanzielle Unterstützung in Betracht gezogen werden. [4] Die Behörde kann diese Organisationen mit bestimmten Aufgaben betrauen, insbesondere mit vorbereitenden Arbeiten für wissenschaftliche Gutachten, mit wissen-

schaftlicher und technischer Unterstützung, mit der Erhebung von Daten und der Identifizierung neu auftretender Risiken. [5] Für einige der Aufgaben kann eine finanzielle Unterstützung in Betracht gezogen werden.

(3) [1] Der Kommission wird die Befugnis übertragen, gemäß Artikel 57a delegierte Rechtsakte zur Ergänzung dieser Verordnung durch Festlegung der Kriterien für die Aufnahme einer Einrichtung in das Verzeichnis der von den Mitgliedstaaten benannten zuständigen Organisationen, der Regelungen für die Aufstellung harmonisierter Qualitätsanforderungen sowie der finanziellen Bestimmungen für eine etwaige finanzielle Unterstützung zu erlassen.

[2] Sonstige Durchführungsvorschriften zu den Absätzen 1 und 2 werden von der Kommission nach Anhörung der Behörde nach dem in Artikel 58 Absatz 2 genannten Regelungsverfahren aufgestellt.

(4) [1] Innerhalb eines Jahres nach Inkrafttreten dieser Verordnung veröffentlicht die Kommission ein Verzeichnis der in den Bereichen des Auftrags der Behörde existierenden gemeinschaftlichen Systeme, welche vorsehen, dass die Mitgliedstaaten bestimmte Aufgaben im Bereich der wissenschaftlichen Beurteilung ausführen, insbesondere die Prüfung von Zulassungsunterlagen. [2] Der Bericht, dem gegebenenfalls entsprechende Vorschläge beizufügen sind, gibt insbesondere für jedes System an, welche Veränderungen oder Verbesserungen möglicherweise erforderlich sind, damit die Behörde in Zusammenarbeit mit den Mitgliedstaaten ihren Auftrag erfüllen kann.

Abschnitt 4. Unabhängigkeit, Transparenz, Vertraulichkeit und Information

Art. 37 Unabhängigkeit. (1) [1] Die Mitglieder des Verwaltungsrats, die Mitglieder des Beirats und der Geschäftsführende Direktor verpflichten sich, im öffentlichen Interesse unabhängig zu handeln.

[2] [1] Zu diesem Zweck geben sie eine Verpflichtungserklärung sowie eine Interessenerklärung ab, aus der entweder hervorgeht, dass keinerlei Interessen bestehen, die als ihre Unabhängigkeit beeinträchtigend angesehen werden könnten, oder dass unmittelbare oder mittelbare Interessen vorhanden sind, die als ihre Unabhängigkeit beeinträchtigend angesehen werden könnten. [2] Diese Erklärungen werden jedes Jahr schriftlich abgegeben.

(2) [1] Die Mitglieder des Wissenschaftlichen Ausschusses und der Wissenschaftlichen Gremien verpflichten sich, unabhängig von jedem äußeren Einfluss zu handeln.

[2] [1] Zu diesem Zweck geben sie eine Verpflichtungserklärung sowie eine Interessenerklärung ab, aus der entweder hervorgeht, dass keinerlei Interessen bestehen, die als ihre Unabhängigkeit beeinträchtigend angesehen werden könnten, oder dass unmittelbare oder mittelbare Interessen vorhanden sind, die als ihre Unabhängigkeit beeinträchtigend angesehen werden könnten. [2] Diese Erklärungen werden jedes Jahr schriftlich abgegeben.

(3) Die Mitglieder des Verwaltungsrats, der Geschäftsführende Direktor, die Mitglieder des Beirats, die Mitglieder des Wissenschaftlichen Ausschusses und der Wissenschaftlichen Gremien sowie die externen Sachverständigen, die an deren Arbeitsgruppen beteiligt sind, geben auf jeder Sitzung etwaige Interessen an, die bezüglich der jeweiligen Tagesordnungspunkte als ihre Unabhängigkeit beeinträchtigend angesehen werden könnten.

Art. 38 Transparenz. (1) *[1]* ¹Die Behörde übt ihre Tätigkeiten mit einem hohen Maß an Transparenz aus. ²Sie macht insbesondere Folgendes öffentlich zugänglich:

a) die Tagesordnungen, Teilnehmerlisten und Protokolle der Sitzungen des Verwaltungsrats, des Beirats, des Wissenschaftlichen Ausschusses und der Wissenschaftlichen Gremien und deren Arbeitsgruppen;

b) alle ihre wissenschaftlichen Ergebnisse, einschließlich der Gutachten des Wissenschaftlichen Ausschusses und der Wissenschaftlichen Gremien nach ihrer Annahme, immer unter Beifügung der Positionen von Minderheiten und der Ergebnisse der während des Risikobewertungsprozesses durchgeführten Konsultationen;

c) wissenschaftliche Daten, Studien und sonstige Informationen zur Stützung von Anträgen; dazu zählen von den Antragstellern vorgelegte ergänzende Informationen sowie sonstige wissenschaftliche Daten und Informationen zur Stützung von Ersuchen des Europäischen Parlaments, der Kommission oder eines Mitgliedstaats um ein wissenschaftliches Ergebnis, auch ein wissenschaftliches Gutachten, unter Berücksichtigung des Schutzes vertraulicher Informationen und der personenbezogenen Daten gemäß den Artikel 39 bis 39e;

d) die Informationen, auf denen ihre wissenschaftlichen Ergebnisse, auch die wissenschaftlichen Gutachten, beruhen, unter Berücksichtigung des Schutzes vertraulicher Informationen und personenbezogener Daten gemäß den Artikel 39 bis 39e;

e) die von den Mitgliedern des Verwaltungsrats, vom Geschäftsführenden Direktor und von den Mitgliedern des Beirats, des Wissenschaftlichen Ausschusses und der Wissenschaftlichen Gremien sowie von den Mitgliedern der Arbeitsgruppen jährlich abgegebenen Interessenerklärungen und die Interessenerklärungen in Bezug auf Tagesordnungspunkte von Sitzungen;

f) ihre wissenschaftlichen Studien gemäß den Artikeln 32 und 32d;

g) ihren jährlichen Tätigkeitsbericht;

h) abgelehnte oder geänderte Ersuchen des Europäischen Parlaments, der Kommission oder eines Mitgliedstaats um wissenschaftliche Gutachten sowie die Gründe für die Ablehnung bzw. Änderung;

i) eine Zusammenfassung der Beratung gemäß den Artikeln 32a und 32c, die die Behörde Unternehmern vor der Antragstellung erteilt hat.

[2] Die in Unterabsatz 1 genannten Informationen werden unverzüglich veröffentlicht, mit Ausnahme der unter den Buchstaben c (in Zusammenhang mit Anträgen) und i erwähnten Informationen, die veröffentlicht werden, sobald ein Antrag für gültig oder zulässig befunden wurde.

[3] ¹Die in Unterabsatz 2 genannten Informationen werden in einem gesonderten Bereich auf der Website der Behörde öffentlich gemacht. ²Dieser gesonderte Bereich steht der Öffentlichkeit zur Verfügung und ist leicht zugänglich. ³Diese Informationen können in einem elektronischen Format heruntergeladen, ausgedruckt und durchsucht werden.

(1a) *[1]* Die Veröffentlichung der Informationen gemäß Absatz 1 Unterabsatz 1 Buchstaben c, d und i berührt weder

a) bestehende Vorschriften betreffend die Rechte des geistigen Eigentums, die die Verwendung der veröffentlichten Dokumente oder ihres Inhalts zu bestimmten Zwecken einschränken, noch

b) die Bestimmungen des Unionsrechts zum Schutz der Investitionen, die Innovatoren zur Beschaffung von Informationen und Daten im Zusammenhang mit Zulassungsanträgen getätigt haben („Unterlagenschutz").

[2] [1]Die Offenlegung der Informationen gemäß Absatz 1 Unterabsatz 1 Buchstabe c kann nicht als ausdrückliche oder stillschweigende Erlaubnis oder Genehmigung betrachtet werden, die relevanten Daten und Informationen und ihren Inhalt unter Missachtung von Rechten des geistigen Eigentums oder des Unterlagenschutzes zu verwenden, zu kopieren oder anderweitig auszuwerten, und die Union übernimmt bei Verwendung durch Dritte keine Verantwortung. [2]Die Behörde stellt sicher, dass diejenigen, denen der Zugriff auf die einschlägigen Informationen gewährt wird, zuvor klare Zusicherungen oder unterzeichnete Erklärungen abgeben.

(2) Der Verwaltungsrat hält seine Sitzungen öffentlich ab, soweit er nicht für bestimmte Verwaltungsfragen betreffende Tagesordnungspunkte auf Vorschlag des Geschäftsführenden Direktors anders entscheidet, und er kann Vertreter der Verbraucher oder sonstige Beteiligte ermächtigen, bestimmte Tätigkeiten der Behörde zu beobachten.

(3) Die Behörde legt die praktischen Vorkehrungen zur Umsetzung der Transparenzregeln gemäß den Absätzen 1, 1a und 2 dieses Artikels fest; dabei berücksichtigt sie die Artikel 39 bis 39g sowie Artikel 41.

Art. 39 Vertraulichkeit. (1) Abweichend von Artikel 38 gibt die Behörde keine Informationen öffentlich bekannt, für die gemäß den Bedingungen dieses Artikels um vertrauliche Behandlung ersucht wurde.

(2) Auf Ersuchen eines Antragstellers darf die Behörde eine vertrauliche Behandlung nur für die folgenden Informationen gewähren, wenn der Antragsteller darlegt, dass die Offenlegung dieser Informationen seinen Interessen erheblich schaden könnte:

a) den Herstellungs- oder Erzeugungsprozess, einschließlich des Verfahrens und dessen innovativer Aspekte, sowie sonstiger technischer und betrieblicher Spezifikationen für diesen Prozess oder dieses Verfahren, mit Ausnahme der für die Sicherheitsbewertung wichtigen Informationen;

b) Geschäftsbeziehungen zwischen einem Hersteller oder Importeur und dem Antragsteller bzw. Zulassungsinhaber;

c) Geschäftsinformationen, aus denen Bezugsquellen, Marktanteile oder die Geschäftsstrategie des Antragstellers hervorgehen und

d) die quantitative Zusammensetzung des Gegenstands des Ersuchens mit Ausnahme der für die Sicherheitsbewertung relevanten Informationen.

(3) Die Liste der Informationen gemäß Absatz 2 lässt sektorspezifische Bestimmungen des Unionsrechts unberührt.

(4) Ungeachtet der Absätze 2 und 3 gilt:

a) Wenn dringend gehandelt werden muss, um die Gesundheit von Mensch oder Tier oder die Umwelt zu schützen, beispielsweise in einer Notfallsituation, kann die Behörde die Informationen gemäß den Absätzen 2 und 3 offenlegen.

b) Informationen, die Teil der Schlussfolgerungen wissenschaftlicher Ergebnisse, auch wissenschaftlicher Gutachten, der Behörde sind und sich auf vorhersehbare Auswirkungen auf die Gesundheit von Mensch oder Tier oder die Umwelt beziehen, werden dennoch offengelegt.

Art. 39a Ersuchen um vertrauliche Behandlung. (1) [1] Wenn ein Antragsteller einen Antrag, stützende wissenschaftliche Daten und andere ergänzende Informationen gemäß dem Unionsrecht übermittelt, kann er darum ersuchen, dass Teile der vorgelegten Informationen gemäß Artikel 39 Absätze 2 und 3 vertraulich behandelt werden. [2] Diesem Ersuchen sind nachprüfbare Belege beizulegen, aus denen hervorgeht, wie die Offenlegung der betreffenden Informationen den betroffenen Interessen gemäß Artikel 39 Absätze 2 und 3 erheblich schaden könnte.

(2) [1] Bei einem Ersuchen um vertrauliche Behandlung legt der Antragsteller eine nicht vertrauliche und eine vertrauliche Fassung der in den Standarddatenformaten gemäß Artikel 39f – soweit vorhanden – übermittelten Informationen vor. [2] In der nicht vertraulichen Fassung sind keine Informationen enthalten, die der Antragsteller auf der Grundlage von Artikel 39 Absätze 2 und 3 als vertraulich einstuft, und werden die Stellen, an denen Informationen entfernt wurden, als solche gekennzeichnet. [3] Die vertrauliche Fassung enthält alle übermittelten Informationen, auch die Informationen, die der Antragsteller als vertraulich einstuft. [4] Die Informationen, die in der vertraulichen Fassung vertraulich behandelt werden sollen, sind eindeutig zu kennzeichnen. [5] Der Antragsteller muss eindeutig angeben, aus welchen Gründen er die vertrauliche Behandlung der verschiedenen Informationen beantragt.

Art. 39b Entscheidung über die vertrauliche Behandlung. (1) Die Behörde

a) macht die nicht vertrauliche Fassung des Antrags, wie sie vom Antragsteller vorgelegt wurde, unverzüglich öffentlich zugänglich, sobald der Antrag für gültig oder zulässig befunden wurde;

b) nimmt unverzüglich eine konsequente und gezielte Untersuchung des Ersuchens um vertrauliche Behandlung in Übereinstimmung mit diesem Artikel vor;

c) unterrichtet den Antragsteller schriftlich darüber, dass und warum sie Informationen offenlegen möchte, bevor sie förmlich über das Vertraulichkeitsersuchen befindet. Ist der Antragsteller nicht mit der Einschätzung der Behörde einverstanden, kann er dazu Stellung nehmen oder seinen Antrag innerhalb von zwei Wochen ab dem Datum, an dem ihm die Position der Behörde mitgeteilt wurde, zurückziehen;

d) trifft unter Berücksichtigung der Bemerkungen des Antragstellers eine begründete Entscheidung über das Vertraulichkeitsersuchen, und zwar innerhalb von zehn Wochen ab dem Datum des Eingangs des Vertraulichkeitsersuchens im Fall von Anträgen und unverzüglich im Fall ergänzender Daten und Informationen; sie gibt dem Antragsteller ihre Entscheidung bekannt, stellt ihm Informationen zu seinem Recht auf Zweitantragstellung gemäß Absatz 2 zur Verfügung und unterrichtet die Kommission und gegebenenfalls die Mitgliedstaaten über ihre Entscheidung und

e) macht alle zusätzlichen Daten und Informationen öffentlich zugänglich, für die eine vertrauliche Behandlung als unbegründet abgelehnt wurde, und zwar frühestens zwei Wochen, nachdem sie dem Antragsteller ihre Entscheidung gemäß Buchstabe d bekannt gegeben hat.

(2) [1]Binnen zwei Wochen ab Unterrichtung des Antragstellers über die Entscheidung der Behörde über sein Vertraulichkeitsersuchen gemäß Absatz 1 kann der Antragsteller einen Zweitantrag stellen, um die Behörde um die Überprüfung ihrer Entscheidung zu ersuchen. [2]Der Zweitantrag hat aufschiebende Wirkung. [3]Die Behörde prüft die Gründe für den Zweitantrag und trifft eine begründete Entscheidung über diesen Zweitantrag. [4]Sie unterrichtet den Antragsteller binnen drei Wochen nach Zweitantragstellung über ihre Entscheidung und unterrichtet den Antragsteller gleichzeitig über mögliche Rechtsbehelfe, das heißt die Erhebung einer Klage beim Gerichtshof der Europäischen Union (Gerichtshof) gegen die Behörde gemäß Absatz 3. [5]Die Behörde macht alle zusätzlichen Daten und Informationen öffentlich zugänglich, für die sie das Vertraulichkeitsersuchen als unbegründet abgelehnt hat, und zwar frühestens zwei Wochen, nachdem sie den Antragsteller gemäß diesem Absatz über ihre begründete Entscheidung über den Zweitantrag unterrichtet hat.

(3) Gegen Entscheidungen der Behörde gemäß diesem Artikel kann beim Gerichtshof unter den in den Artikeln 263 und 278 des Vertrags über die Arbeitsweise der Europäischen Union (AEUV) festgelegten Bedingungen Klage erhoben werden.

Art. 39c Überprüfung der Vertraulichkeit. [1]Vor der Herausgabe ihrer wissenschaftlichen Ergebnisse, auch ihrer wissenschaftlichen Gutachten, überprüft die Behörde, ob bereits früher als vertraulich akzeptierte Informationen dennoch gemäß Artikel 39 Absatz 4 Buchstabe b öffentlich zugänglich gemacht werden können. [2]Sollte dies der Fall sein, befolgt die Behörde entsprechend das Verfahren gemäß Artikel 39b.

Art. 39d Pflichten im Hinblick auf die Vertraulichkeit. (1) Die Behörde stellt der Kommission und den Mitgliedstaaten alle in ihrem Besitz befindlichen Informationen im Zusammenhang mit einem Antrag oder einem Ersuchen des Europäischen Parlaments, der Kommission oder der Mitgliedstaaten um ein wissenschaftliches Ergebnis, auch ein wissenschaftliches Gutachten, zur Verfügung, sofern dies nicht in Bestimmungen des Unionsrechts anders angegeben ist.

(2) [1]Die Kommission und die Mitgliedstaaten sorgen mit den erforderlichen Maßnahmen dafür, dass nach dem Unionsrecht bei ihnen eingegangene Informationen, deren vertrauliche Behandlung beantragt wird, erst dann öffentlich zugänglich gemacht werden, wenn die Behörde eine Entscheidung über die vertrauliche Behandlung getroffen hat und diese endgültig ist. [2]Die Kommission und die Mitgliedstaaten sorgen des Weiteren mit den erforderlichen Maßnahmen dafür, dass Informationen, deren vertrauliche Behandlung die Behörde gewährt hat, nicht öffentlich zugänglich gemacht werden.

(3) [1]Zieht ein Antragsteller seinen Antrag zurück oder hat er ihn zurückgezogen, so wahren die Behörde, die Kommission und die Mitgliedstaaten die Vertraulichkeit von Informationen, die die Behörde in Übereinstimmung mit den Artikeln 39 bis 39e gewährt hat. [2]Der Antrag gilt als zurückgezogen, sobald bei der zuständigen Einrichtung, bei der der Antrag zuerst eingereicht wurde, das entsprechende schriftliche Ersuchen eingegangen ist. [3]Wird der

Antrag zurückgezogen, bevor die Behörde gegebenenfalls gemäß Artikel 39b Absätze 1 oder 2 endgültig über das Vertraulichkeitsersuchen befunden hat, sehen die Kommission, die Mitgliedstaaten und die Behörde davon ab, die Informationen, deren vertrauliche Behandlung beantragt wurde, öffentlich zugänglich zu machen.

(4) Die Mitglieder des Verwaltungsrats, der Geschäftsführende Direktor, die Mitglieder des Wissenschaftlichen Ausschusses und der Wissenschaftlichen Gremien sowie die an deren Arbeitsgruppen beteiligten externen Sachverständigen, die Mitglieder des Beirats sowie die Beamten und sonstigen Bediensteten der Behörde unterliegen auch nach ihrem Ausscheiden aus der jeweiligen Funktion dem Berufsgeheimnis gemäß Artikel 339 AEUV.

(5) ¹Die Behörde legt im Benehmen mit der Kommission die praktischen Vorkehrungen zur Umsetzung der Vertraulichkeitsregeln gemäß den Artikeln 39, 39a, 39b, 39e und diesem Artikel fest, auch Vorkehrungen betreffend die Übermittlung und Behandlung von Ersuchen um vertrauliche Behandlung von Informationen, die gemäß Artikel 38 öffentlich zugänglich zu machen sind; dabei berücksichtigt sie die Artikel 39f und 39g. ²Für die Beurteilung von Zweitanträgen gemäß Artikel 39b Absatz 2 stellt die Behörde eine angemessene Arbeitsteilung sicher.

Art. 39e Schutz personenbezogener Daten. (1) Bei Ersuchen um wissenschaftliche Ergebnisse, auch wissenschaftliche Gutachten nach dem Unionsrecht, gibt die Behörde in jedem Fall Folgendes bekannt:

a) den Namen und die Anschrift des Antragstellers,

b) die Namen der Verfasser der veröffentlichten oder öffentlich verfügbaren Studien, die solche Ersuchen unterstützen, und

c) die Namen aller Teilnehmer und Beobachter in Sitzungen des Wissenschaftlichen Ausschusses und der Wissenschaftlichen Gremien, deren Arbeitsgruppen oder jeder anderen Ad-hoc-Gruppe, die zu diesem Thema zusammentritt.

(2) Ungeachtet des Absatzes 1 wird davon ausgegangen, dass die Offenlegung der Namen und Anschriften natürlicher Personen, die an Versuchen mit Wirbeltieren oder an der Beschaffung toxikologischer Informationen beteiligt sind, die Privatsphäre und die Integrität dieser natürlichen Personen erheblich verletzt, weshalb diese Informationen nicht offengelegt werden, sofern in den Verordnungen (EU) 2016/679¹⁾ und (EU) 2018/1725²⁾ des Europäischen Parlaments und des Rates nichts anderes festgelegt ist.

(3) ¹Die Verordnung (EU) 2016/679 und die Verordnung (EU) 2018/1725 gelten für die Verarbeitung personenbezogener Daten gemäß der vorliegenden Verordnung. ²Alle gemäß Artikel 38 der vorliegenden Verordnung und gemäß

---

¹⁾ **Amtl. Anm.:** Verordnung (EU) 2016/679 des Europäischen Parlaments und des Rates vom 27. April 2016 zum Schutz natürlicher Personen bei der Verarbeitung personenbezogener Daten, zum freien Datenverkehr und zur Aufhebung der Richtlinie 95/46/EG (Datenschutz-Grundverordnung) (ABl. L 119 vom 4.5.2016, S. 1).
²⁾ **Amtl. Anm.:** Verordnung (EU) 2018/1725 des Europäischen Parlaments und des Rates vom 23. Oktober 2018 zum Schutz natürlicher Personen bei der Verarbeitung personenbezogener Daten durch die Organe, Einrichtungen und sonstigen Stellen der Union, zum freien Datenverkehr und zur Aufhebung der Verordnung (EG) Nr. 45/2001 und des Beschlusses Nr. 1247/2002/EG (ABl. L 295 vom 21.11.2018, S. 39).

dem vorliegenden Artikel veröffentlichten personenbezogenen Daten dürfen nur verwendet werden, um die Transparenz der Risikobewertung gemäß der vorliegenden Verordnung zu gewährleisten, und sie dürfen nicht in einer Weise weiter verarbeitet werden, die gemäß Artikel 5 Absatz 1 Buchstabe b der Verordnung (EU) 2016/679 bzw. Artikel 4 Absatz 1 Buchstabe b der Verordnung (EU) 2018/1725 nicht mit diesem Zweck vereinbar ist.

Art. 39f Standarddatenformate. (1) [1] Für die Zwecke von Artikel 38 Absatz 1 Buchstabe c und im Interesse der effizienten Verarbeitung der an die Behörde gerichteten Ersuchen um wissenschaftliche Ergebnisse werden Standarddatenformate gemäß Absatz 2 des vorliegenden Artikels festgelegt, um Dokumente übermitteln, durchsuchen, kopieren und ausdrucken zu können; dabei wird auf die Übereinstimmung mit den rechtlichen Anforderungen der Union geachtet. [2] Diese Standarddatenformate

a) stützen sich nicht auf herstellerspezifische Standards;

b) gewährleisten nach Möglichkeit die Interoperabilität mit bestehenden Datenübermittlungssystemen;

c) sind benutzerfreundlich und auf die Nutzung durch kleine und mittlere Unternehmen zugeschnitten.

(2) Bei der Festlegung der in Absatz 1 genannten Standarddatenformate ist folgendes Verfahren zu befolgen:

a) Die Behörde schlägt für die verschiedenen Zulassungsverfahren und relevanten Ersuchen des Europäischen Parlaments, der Kommission und der Mitgliedstaaten um ein wissenschaftliches Ergebnis Standarddatenformate vor.

b) Die Kommission genehmigt die Standarddatenformate im Wege von Durchführungsrechtsakten, wobei sie die geltenden Anforderungen der verschiedenen Zulassungsverfahren und anderen Rechtsrahmen berücksichtigt und alle erforderlichen Anpassungen vornimmt. Diese Durchführungsrechtsakte werden nach dem in Artikel 58 Absatz 2 genannten Verfahren erlassen.

c) Die Behörde stellt die Standarddatenformate nach ihrer Genehmigung auf ihrer Website zur Verfügung.

d) Sobald Standarddatenformate gemäß diesem Artikel genehmigt worden sind, können Anträge sowie Ersuchen des Europäischen Parlaments, der Kommission und der Mitgliedstaaten um ein wissenschaftliches Ergebnis, auch ein wissenschaftliches Gutachten, nur noch in Übereinstimmung mit diesen Standarddatenformaten übermittelt werden.

Art. 39g Informationssysteme. Die von der Behörde zum Speichern ihrer Daten, auch vertraulichen und personenbezogenen Daten, verwalteten Informationssysteme sind so konzipiert, dass gewährleistet ist, dass jeder Zugriff vollständig nachprüfbar ist und dass sie die den bestehenden Sicherheitsrisiken angemessenen höchsten Sicherheitsstandards erfüllen, wobei sie Artikel 39 bis 39f Rechnung tragen.

Art. 40 Information seitens der Behörde. (1) Unbeschadet der Zuständigkeit der Kommission für die Bekanntgabe ihrer Risikomanagemententscheidungen sorgt die Behörde in den Bereichen ihres Auftrags von sich aus für Information.

(2) [1] Die Behörde stellt sicher, dass die Öffentlichkeit und die Beteiligten rasch objektive, zuverlässige und leicht zugängliche Informationen erhalten, insbesondere über die Ergebnisse ihrer Arbeit. [2] Um dieses Ziel zu erreichen, erstellt und verbreitet die Behörde Informationsmaterial für die Allgemeinheit.

(3) [1] Die Behörde arbeitet eng mit der Kommission und den Mitgliedstaaten zusammen, um die erforderliche Kohärenz bei der Risikokommunikation herbeizuführen.

[2] Die Behörde macht alle gemäß den Artikeln 38 bis 39e von ihr herausgegebenen wissenschaftlichen Ergebnisse, auch die wissenschaftlichen Gutachten, sowie die stützenden wissenschaftlichen Daten und sonstigen Informationen, öffentlich zugänglich.

(4) Die Behörde sorgt bei Informationskampagnen für eine angemessene Zusammenarbeit mit den zuständigen Stellen in den Mitgliedstaaten und sonstigen Beteiligten.

Art. 41 Zugang zu den Dokumenten. (1) [1] Ungeachtet der Vertraulichkeitsvorschriften gemäß den Artikeln 39 bis 39d der vorliegenden Verordnung gilt für Dokumente im Besitz der Behörde die Verordnung (EG) Nr. 1049/2001[1]) des Europäischen Parlaments und des Rates.

[2] [1] Bei Umweltinformationen findet auch die Verordnung (EG) Nr. 1367/2006 des Europäischen Parlaments und des Rates[2]) Anwendung. [2] In Bezug auf Umweltinformationen in Besitz der Mitgliedstaaten findet – ungeachtet der Vertraulichkeitsvorschriften gemäß den Artikeln 39 bis 39d der vorliegenden Verordnung – die Richtlinie 2003/4/EG des Europäischen Parlaments und des Rates[3]) Anwendung.

(2) Der Verwaltungsrat erlässt bis zum 27. März 2020 die praktischen Durchführungsbestimmungen für die Verordnung (EG) Nr. 1049/2001 und die Artikel 6 und 7 der Verordnung (EG) Nr. 1367/2006, wobei ein größtmöglicher Zugang zu den Dokumenten in seinem Besitz gewährleistet wird.

(3) Gegen die Entscheidungen der Behörde gemäß Artikel 8 der Verordnung (EG) Nr. 1049/2001 kann Beschwerde beim Bürgerbeauftragten oder Klage beim Gerichtshof nach Maßgabe von Artikel 195 bzw. 230 des Vertrags[4]) erhoben werden.

Art. 42 Verbraucher, Erzeuger und sonstige Beteiligte. Die Behörde unterhält effektive Kontakte mit Vertretern der Verbraucher, der Erzeuger, der verarbeitenden Industrie und sonstigen Beteiligten.

---

[1]) **Amtl. Anm.:** Verordnung (EG) Nr. 1049/2001 des Europäischen Parlaments und des Rates vom 30. Mai 2001 über den Zugang der Öffentlichkeit zu Dokumenten des Europäischen Parlaments, des Rates und der Kommission (ABl. L 145 vom 31.5.2001, S. 43).
[2]) **Amtl. Anm.:** Verordnung (EG) Nr. 1367/2006 des Europäischen Parlaments und des Rates vom 6. September 2006 über die Anwendung der Bestimmungen des Übereinkommens von Århus über den Zugang zu Informationen, die Öffentlichkeitsbeteiligung an Entscheidungsverfahren und den Zugang zu Gerichten in Umweltangelegenheiten auf Organe und Einrichtungen der Gemeinschaft (ABl. L 264 vom 25.9.2006, S. 13).
[3]) **Amtl. Anm.:** Richtlinie 2003/4/EG des Europäischen Parlaments und des Rates vom 28. Januar 2003 über den Zugang der Öffentlichkeit zu Umweltinformationen und zur Aufhebung der Richtlinie 90/313/EWG des Rates (ABl. L 41 vom 14.2.2003, S. 26).
[4]) Nunmehr Art. 228 bzw. 263 AEUV; siehe Art. 5 Vertrag von Lissabon v. 13.12.2007 (ABl. C 306 S. 1).

Abschnitt 5. Finanzbestimmungen

Art. 43 Feststellung des Haushalts der Behörde. (1) Die Einnahmen der Behörde bestehen aus einem Beitrag der Gemeinschaft und Beiträgen der Staaten, mit denen die Gemeinschaft Abkommen im Sinne von Artikel 49 geschlossen hat, sowie Gebühren für Veröffentlichungen, Konferenzen, Ausbildungsveranstaltungen und andere derartige von der Behörde angebotene Tätigkeiten.

(2) Die Ausgaben der Behörde umfassen die Personal-, Verwaltungs-, Infrastruktur- und Betriebskosten sowie Verpflichtungen, die durch Verträge mit Dritten oder durch die finanzielle Unterstützung gemäß Artikel 36 entstehen.

(3) Rechtzeitig vor dem in Absatz 5 genannten Zeitpunkt erstellt der Geschäftsführende Direktor einen Entwurf eines Voranschlags der Einnahmen und Ausgaben der Behörde für das folgende Haushaltsjahr, den er zusammen mit einem vorläufigen Stellenplan dem Verwaltungsrat übermittelt.

(4) Einnahmen und Ausgaben müssen ausgeglichen sein.

(5) [1] Auf der Grundlage des vom Geschäftsführenden Direktor vorgelegten Entwurfs eines Voranschlags der Einnahmen und Ausgaben stellt der Verwaltungsrat jedes Jahr den Voranschlag der Einnahmen und Ausgaben der Behörde für das folgende Haushaltsjahr auf. [2] Dieser Voranschlag umfasst auch einen vorläufigen Stellenplan zusammen mit vorläufigen Arbeitsprogrammen und wird der Kommission und den Staaten, mit denen die Gemeinschaft Abkommen gemäß Artikel 49 geschlossen hat, spätestens am 31. März durch den Verwaltungsrat zugeleitet.

(6) Die Kommission übermittelt den Voranschlag zusammen mit dem Vorentwurf des Gesamthaushaltsplans der Europäischen Union dem Europäischen Parlament und dem Rat (nachstehend „Haushaltsbehörde" genannt).

(7) Die Kommission setzt auf der Grundlage des Voranschlags die von ihr für erforderlich erachteten Mittelansätze für den Stellenplan und den Betrag des Zuschusses aus dem Gesamthaushaltsplan in den Vorentwurf des Gesamthaushaltsplans der Europäischen Union ein, den sie gemäß Artikel 272 des Vertrags[1] der Haushaltsbehörde vorlegt.

(8) [1] Die Haushaltsbehörde bewilligt die Mittel für den Zuschuss für die Behörde.

[2] Die Haushaltsbehörde stellt den Stellenplan der Behörde fest.

(9) [1] Der Haushaltsplan wird vom Verwaltungsrat festgestellt. [2] Er wird endgültig, wenn der Gesamthaushaltsplan der Europäischen Union endgültig festgestellt ist. [3] Er wird gegebenenfalls entsprechend angepasst.

(10) [1] [1] Der Verwaltungsrat unterrichtet die Haushaltsbehörde schnellstmöglich über alle von ihm geplanten Vorhaben, die erhebliche finanzielle Auswirkungen auf die Finanzierung des Haushaltsplans haben könnten, was insbesondere für Immobilienvorhaben wie die Anmietung oder den Erwerb von Gebäuden gilt. [2] Er setzt die Kommission von diesen Vorhaben in Kenntnis.

[2] Hat ein Teil der Haushaltsbehörde mitgeteilt, dass er eine Stellungnahme abgeben will, übermittelt er diese Stellungnahme dem Verwaltungsrat innerhalb von sechs Wochen nach der Unterrichtung über das Vorhaben.

---

[1] Nunmehr Art. 313 f. AEUV; siehe Art. 5 Vertrag von Lissabon v. 13.12.2007 (ABl. C 306 S. 1).

Art. 44 Ausführung des Haushaltsplans der Behörde. (1) Der Geschäftsführende Direktor führt den Haushaltsplan der Behörde aus.

(2) [1]Spätestens zum 1. März nach dem Ende des Haushaltsjahrs übermittelt der Rechnungsführer der Behörde dem Rechnungsführer der Kommission die vorläufigen Rechnungen zusammen mit dem Bericht über die Haushaltsführung und das Finanzmanagement für das abgeschlossene Haushaltsjahr. [2]Der Rechnungsführer der Kommission konsolidiert die vorläufigen Rechnungen der Organe und dezentralisierten Einrichtungen gemäß Artikel 128 der Haushaltsordnung.

(3) [1]Spätestens am 31. März nach dem Ende des Haushaltsjahrs übermittelt der Rechnungsführer der Kommission dem Rechnungshof die vorläufigen Rechnungen der Behörde zusammen mit dem Bericht über die Haushaltsführung und das Finanzmanagement für das abgeschlossene Haushaltsjahr. [2]Dieser Bericht geht auch dem Europäischen Parlament und dem Rat zu.

(4) Nach Eingang der Bemerkungen des Rechnungshofes zu den vorläufigen Rechnungen der Behörde gemäß Artikel 129 der Haushaltsordnung stellt der Geschäftsführende Direktor in eigener Verantwortung die endgültigen Jahresabschlüsse der Behörde auf und legt sie dem Verwaltungsrat zur Stellungnahme vor.

(5) Der Verwaltungsrat gibt eine Stellungnahme zu den endgültigen Jahresabschlüssen der Behörde ab.

(6) Der Geschäftsführende Direktor leitet diese endgültigen Jahresabschlüsse zusammen mit der Stellungnahme des Verwaltungsrats spätestens am 1. Juli nach dem Ende des Haushaltsjahrs dem Europäischen Parlament, dem Rat, der Kommission und dem Rechnungshof zu.

(7) Die endgültigen Jahresabschlüsse werden veröffentlicht.

(8) [1]Der Geschäftsführende Direktor übermittelt dem Rechnungshof spätestens am 30. September eine Antwort auf seine Bemerkungen. [2]Diese Antwort geht auch dem Verwaltungsrat zu.

(9) Der Geschäftsführende Direktor unterbreitet dem Europäischen Parlament auf dessen Anfrage hin gemäß Artikel 146 Absatz 3 der Haushaltsordnung alle Informationen, die für die ordnungsgemäße Abwicklung des Entlastungsverfahrens für das betreffende Haushaltsjahr erforderlich sind.

(10) Auf Empfehlung des Rates, der mit qualifizierter Mehrheit beschließt, erteilt das Europäische Parlament dem Geschäftsführenden Direktor vor dem 30. April des Jahres n + 2 Entlastung zur Ausführung des Haushaltsplans für das Jahr n.

Art. 45 Von der Behörde eingenommene Gebühren. Innerhalb von drei Jahren nach Inkrafttreten dieser Verordnung veröffentlicht die Kommission nach Konsultation der Behörde, der Mitgliedstaaten und der Beteiligten einen Bericht zu der Frage, ob es möglich und ratsam ist, gemäß dem Mitentscheidungsverfahren und im Einklang mit dem Vertrag einen Legislativvorschlag für sonstige Dienstleistungen der Behörde vorzulegen.

Abschnitt 6. Allgemeine Bestimmungen

Art. 46 Rechtspersönlichkeit und Vorrechte. (1) [1]Die Behörde besitzt Rechtspersönlichkeit. [2]Sie genießt in allen Mitgliedstaaten die weitreichendsten Befugnisse, die die jeweilige Rechtsordnung juristischen Personen zu erkennt. [3] Insbesondere kann sie bewegliches und unbewegliches Eigentum erwerben und veräußern wie auch gerichtliche Verfahren einleiten.

(2) Das Protokoll über Vorrechte und Befreiungen der Europäischen Gemeinschaften findet auf die Behörde Anwendung.

Art. 47 Haftung. (1) [1] Die vertragliche Haftung der Behörde unterliegt dem für den betreffenden Vertrag geltenden Recht. [2] Der Gerichtshof der Europäischen Gemeinschaften ist für Entscheidungen aufgrund von Schiedsklauseln in den von der Behörde geschlossenen Verträgen zuständig.

(2) [1] Was die nicht vertragliche Haftung betrifft, so leistet die Behörde gemäß den allgemeinen Grundsätzen in den Rechtsordnungen der Mitgliedstaaten Ersatz für Schäden, die sie oder ihre Bediensteten in Ausübung ihres Amtes verursacht haben. [2] Der Europäische Gerichtshof ist für Entscheidungen in Schadensersatzstreitigkeiten zuständig.

(3) Die persönliche Haftung der Bediensteten gegenüber der Behörde unterliegt den einschlägigen Bestimmungen, die für das Personal der Behörde gelten.

Art. 48 Personal. (1) Das Personal der Behörde unterliegt den für die Beamten und sonstigen Bediensteten der Europäischen Gemeinschaften geltenden Regeln und Verordnungen.

(2) Bezüglich ihres Personals übt die Behörde die Befugnisse aus, die der Anstellungsbehörde übertragen wurden.

Art. 49 Beteiligung von Drittländern. *[1]* Die Behörde steht der Beteiligung von Ländern offen, die mit der Europäischen Gemeinschaft Abkommen geschlossen und zu deren Umsetzung gemeinschaftsrechtliche Vorschriften in dem unter diese Verordnung fallenden Bereich übernommen haben und anwenden.

[2] Gemäß den einschlägigen Bestimmungen jener Abkommen werden Vereinbarungen getroffen, die insbesondere die Natur, das Ausmaß und die Art und Weise einer Beteiligung dieser Länder an der Arbeit der Behörde festlegen; hierzu zählen auch Bestimmungen über die Mitwirkung in von der Behörde betriebenen Netzen, die Aufnahme in die Liste der einschlägigen Organisationen, denen die Behörde bestimmte Aufgaben übertragen kann, finanzielle Beiträge und Personal.

Kapitel IV. Schnellwarnsystem, Krisenmanagement und Notfälle

RASFF

Abschnitt 1. Schnellwarnsystem

Art. 50 Schnellwarnsystem. (1) [1] Es wird ein Schnellwarnsystem für die Meldung eines von Lebensmitteln oder Futtermitteln ausgehenden unmittelbaren oder mittelbaren Risikos für die menschliche Gesundheit als Netz eingerichtet. [2] An ihm sind die Mitgliedstaaten, die Kommission und die Behörde beteiligt. [3] Die Mitgliedstaaten, die Kommission und die Behörde ernennen jeweils eine Kontaktstelle, die Mitglied des Netzes ist. [4] Die Kommission ist für die Verwaltung des Netzes zuständig.

(2) *[1]* [1] Liegen einem Mitglied des Netzes Informationen über das Vorhandensein eines ernsten unmittelbaren oder mittelbaren Risikos für die menschliche Gesundheit vor, das von Lebensmitteln oder Futtermitteln ausgeht, so werden diese Informationen der Kommission unverzüglich über das Schnell-

warnsystem gemeldet. [2] Die Kommission leitet diese Informationen unverzüglich an die Mitglieder des Netzes weiter.

[2] Die Behörde kann die Meldung durch wissenschaftliche oder technische Informationen ergänzen, die den Mitgliedstaaten ein rasches und angemessenes Risikomanagement erleichtern.

(3) [1] Unbeschadet sonstiger Rechtsvorschriften der Gemeinschaft melden die Mitgliedstaaten der Kommission unverzüglich über das Schnellwarnsystem

a) sämtliche von ihnen ergriffenen Maßnahmen zur Beschränkung des Inverkehrbringens von Lebensmitteln oder Futtermitteln oder zur Erzwingung ihrer Rücknahme vom Markt oder ihres Rückrufs aus Gründen des Gesundheitsschutzes in Fällen, in denen rasches Handeln erforderlich ist;

b) sämtliche Empfehlungen oder Vereinbarungen mit der gewerblichen Wirtschaft, die zum Ziel haben, bei einem ernsten Risiko für die menschliche Gesundheit, das rasches Handeln erforderlich macht, das Inverkehrbringen oder die Verwendung von Lebensmitteln oder Futtermitteln auf freiwilliger Basis oder durch eine entsprechende Auflage zu verhindern, einzuschränken oder besonderen Bedingungen zu unterwerfen;

c) jede mit einem unmittelbaren oder mittelbaren Risiko für die menschliche Gesundheit zusammenhängende Zurückweisung eines Postens, eines Behälters oder einer Fracht Lebensmittel oder Futtermittel durch eine zuständige Behörde an einer Grenzkontrollstelle innerhalb der Europäischen Union.

[2] [1] Der Meldung ist eine eingehende Erläuterung der Gründe für die Maßnahme der zuständigen Behörden des meldenden Mitgliedstaats beizufügen. [2] Die Meldung ist zu gegebener Zeit durch zusätzliche Informationen zu ergänzen, insbesondere wenn die Maßnahmen, die Anlass der Meldung waren, geändert oder aufgehoben werden.

[3] Die Kommission übermittelt den Mitgliedern des Netzes unverzüglich die Meldung und die gemäß den Unterabsätzen 1 und 2 erhaltenen zusätzlichen Informationen.

[4] Weist eine zuständige Behörde an einer Grenzkontrollstelle innerhalb der Europäischen Union einen Posten, einen Behälter oder eine Fracht zurück, so setzt die Kommission unverzüglich sämtliche Grenzkontrollstellen innerhalb der Europäischen Union sowie das Ursprungsdrittland hiervon in Kenntnis.

(4) Wurde ein Lebensmittel oder Futtermittel, das Gegenstand einer Meldung über das Schnellwarnsystem war, in ein Drittland versendet, so übermittelt die Kommission diesem Land die entsprechenden Informationen.

(5) [1] Die Mitgliedstaaten setzen die Kommission unverzüglich davon in Kenntnis, welche Schritte oder Maßnahmen sie nach Erhalt der Meldungen und zusätzlichen Informationen, die über das Schnellwarnsystem übermittelt wurden, eingeleitet haben. [2] Die Kommission leitet diese Informationen umgehend an die Mitglieder des Netzes weiter.

(6) [1] Die Teilnahme am Schnellwarnsystem kann beitrittswilligen Ländern, Drittländern und internationalen Organisationen durch Abkommen zwischen der Gemeinschaft und den betreffenden Ländern oder internationalen Organisationen ermöglicht werden; die Verfahren sind in diesen Abkommen festzulegen. [2] Diese Abkommen müssen auf Gegenseitigkeit beruhen und Vertraulichkeitsregeln enthalten, die den in der Gemeinschaft geltenden Regeln gleichwertig sind.

Art. 51 Durchführungsmaßnahmen. [1] Die Durchführungsmaßnahmen zu Artikel 50 werden von der Kommission nach Erörterung mit der Behörde gemäß dem in Artikel 58 Absatz 2 genannten Verfahren festgelegt. [2] Sie regeln insbesondere die spezifischen Bedingungen und Verfahren für die Weiterleitung von Meldungen und zusätzlichen Informationen.

Art. 52 Vertraulichkeitsregeln für das Schnellwarnsystem. (1) [1] [1] Den Mitgliedern des Netzes vorliegende Informationen über Risiken für die menschliche Gesundheit aufgrund von Lebensmitteln und Futtermitteln sind in der Regel in Übereinstimmung mit dem Informationsprinzip nach Artikel 10 der Öffentlichkeit zugänglich zu machen. [2] Die Öffentlichkeit muss in der Regel Zugang zu Informationen über die Identifizierung des fraglichen Produkts, die Art des Risikos und die ergriffenen Maßnahmen haben.

[2] Die Mitglieder des Netzes tragen jedoch dafür Sorge, dass ihre Mitarbeiter und sonstigen Bediensteten in hinreichend begründeten Fällen Informationen, die sie für die Zwecke dieses Abschnitts erhalten haben und die ihrer Natur gemäß der Geheimhaltung unterliegen, nicht weitergeben; hiervon ausgenommen sind Informationen, die aus Gründen des Gesundheitsschutzes öffentlich bekannt gegeben werden müssen, wenn die Umstände dies erfordern.

(2) [1] Der Schutz der Geheimhaltung darf die Weitergabe von Informationen, die für die Wirksamkeit der Marktüberwachung und der Durchsetzungsmaßnahmen im Bereich der Lebensmittel und Futtermittel relevant sind, an die zuständigen Behörden nicht verhindern. [2] Behörden, die Informationen erhalten, welche der Geheimhaltung unterliegen, gewährleisten deren Vertraulichkeit gemäß Absatz 1.

Abschnitt 2. Notfälle

Art. 53 Sofortmaßnahmen in Bezug auf Lebensmittel und Futtermittel mit Ursprung in der Gemeinschaft oder auf aus Drittländern eingeführte Lebensmittel und Futtermittel. (1) Ist davon auszugehen, dass ein Lebensmittel oder Futtermittel mit Ursprung in der Gemeinschaft oder ein aus einem Drittland eingeführtes Lebensmittel oder Futtermittel wahrscheinlich ein ernstes Risiko für die Gesundheit von Mensch oder Tier oder für die Umwelt darstellt und dass diesem Risiko durch Maßnahmen des betreffenden Mitgliedstaats oder der betreffenden Mitgliedstaaten nicht auf zufrieden stellende Weise begegnet werden kann, so trifft die Kommission nach dem in Artikel 58 Absatz 2 genannten Verfahren von sich aus oder auf Verlangen eines Mitgliedstaats unverzüglich eine oder mehrere der folgenden Maßnahmen, je nachdem, wie ernst die Situation ist:

a) bei einem Lebensmittel oder Futtermittel mit Ursprung in der Gemeinschaft:

   i) Aussetzung des Inverkehrbringens oder der Verwendung des fraglichen Lebensmittels,

   ii) Aussetzung des Inverkehrbringens oder der Verwendung des fraglichen Futtermittels,

   iii) Festlegung besonderer Bedingungen für das fragliche Lebensmittel oder Futtermittel,

   iv) jede sonst geeignete vorläufige Maßnahme;

b) bei einem aus einem Drittland eingeführten Lebensmittel oder Futtermittel:

i) Aussetzung der Einfuhr des fraglichen Lebensmittels oder Futtermittels aus dem gesamten betroffenen Drittland oder aus einem Gebiet dieses Landes sowie gegebenenfalls aus dem Durchfuhrdrittland,

ii) Festlegung besonderer Bedingungen für das fragliche Lebensmittel oder Futtermittel aus dem gesamten betroffenen Drittland oder einem Gebiet dieses Landes,

iii) jede sonst geeignete vorläufige Maßnahme.

(2) *[1]* In dringenden Fällen kann die Kommission die Maßnahmen nach Absatz 1 jedoch vorläufig erlassen, nachdem sie den oder die betroffenen Mitgliedstaaten angehört und die übrigen Mitgliedstaaten darüber unterrichtet hat.

[2] Die Maßnahmen werden nach dem in Artikel 58 Absatz 2 genannten Verfahren so rasch wie möglich, auf jeden Fall aber innerhalb von 10 Arbeitstagen bestätigt, geändert, aufgehoben oder verlängert; die Gründe für die Entscheidung der Kommission werden unverzüglich veröffentlicht.

Art. 54 Sonstige Sofortmaßnahmen. (1) ¹Setzt ein Mitgliedstaat die Kommission offiziell von der Notwendigkeit in Kenntnis, Sofortmaßnahmen zu ergreifen, und hat die Kommission nicht gemäß Artikel 53 gehandelt, so kann der Mitgliedstaat vorläufige Schutzmaßnahmen ergreifen. ²In diesem Fall unterrichtet er die anderen Mitgliedstaaten und die Kommission unverzüglich.

(2) Innerhalb von 10 Arbeitstagen befasst die Kommission den mit Artikel 58 Absatz 1 eingesetzten Ausschuss nach dem in Artikel 58 Absatz 2 genannten Verfahren mit der Frage der Verlängerung, der Änderung oder der Aufhebung der vorläufigen nationalen Schutzmaßnahmen.

(3) Der Mitgliedstaat darf seine vorläufigen nationalen Schutzmaßnahmen so lange beibehalten, bis die Gemeinschaftsmaßnahmen erlassen sind.

Abschnitt 3. Krisenmanagement

Art. 55 Allgemeiner Plan für das Krisenmanagement. (1) Die Kommission erstellt in enger Zusammenarbeit mit der Behörde und den Mitgliedstaaten einen allgemeinen Plan für das Krisenmanagement im Bereich der Lebensmittel- und Futtermittelsicherheit (im Folgenden „der allgemeine Plan" genannt).

(2) *[1]* Der allgemeine Plan legt insbesondere fest, in welchen Fällen auf Lebensmittel oder Futtermittel zurückzuführende unmittelbare oder mittelbare Risiken für die menschliche Gesundheit voraussichtlich nicht durch bereits vorhandene Vorkehrungen verhütet, beseitigt oder auf ein akzeptables Maß gesenkt werden oder ausschließlich durch Anwendung der in den Artikeln 53 und 54 genannten Maßnahmen angemessen bewältigt werden können.

[2] Der allgemeine Plan legt auch fest, welche praktischen Verfahren erforderlich sind, um eine Krise zu bewältigen, welche Transparenzgrundsätze hierbei Anwendung finden sollen und welche Kommunikationsstrategie gewählt werden soll.

Art. 56 Krisenstab. (1) Stellt die Kommission fest, dass ein Fall vorliegt, in dem ein von einem Lebensmittel oder Futtermittel ausgehendes ernstes unmittelbares oder mittelbares Risiko für die menschliche Gesundheit nicht durch die bereits getroffenen Vorkehrungen verhütet, beseitigt oder verringert werden oder ausschließlich durch Anwendung der in den Artikeln 53 und 54 genannten Maßnahmen angemessen bewältigt werden kann, so unterrichtet sie unverzüglich die Mitgliedstaaten und die Behörde; die Zuständigkeit der Kommission für die Sicherstellung der Anwendung des Gemeinschaftsrechts bleibt hiervon unberührt.

(2) Die Kommission richtet unverzüglich einen Krisenstab ein, an welchem die Behörde beteiligt wird und dem diese erforderlichenfalls wissenschaftliche und technische Unterstützung gewährt.

Art. 57 Aufgaben des Krisenstabs. (1) Der Krisenstab ist verantwortlich für die Sammlung und Beurteilung sämtlicher relevanter Informationen und die Ermittlung der gangbaren Wege zu einer möglichst effektiven und raschen Verhütung oder Beseitigung des Risikos für die menschliche Gesundheit oder seiner Senkung auf ein akzeptables Maß.

(2) Der Krisenstab kann die Unterstützung jeder juristischen oder natürlichen Person anfordern, deren Fachwissen er zur wirksamen Bewältigung der Krise für nötig hält.

(3) Der Krisenstab informiert die Öffentlichkeit über die bestehenden Risiken und die getroffenen Maßnahmen.

Kapitel V. Verfahren und Schlussbestimmungen

Abschnitt 1. Ausübung der Befugnisübertragung, Ausschuss- und Vermittlungsverfahren

Art. 57a Ausübung der Befugnisübertragung. (1) Die Befugnis zum Erlass delegierter Rechtsakte wird der Kommission unter den in diesem Artikel festgelegten Bedingungen übertragen.

(2) [1] Die Befugnis zum Erlass delegierter Rechtsakte gemäß Artikel 28 Absatz 4, Artikel 29 Absatz 6 und Artikel 36 Absatz 3 wird der Kommission für einen Zeitraum von fünf Jahren ab dem 26. Juli 2019 übertragen. [2] Die Kommission erstellt spätestens neun Monate vor Ablauf des Zeitraums von fünf Jahren einen Bericht über die Befugnisübertragung. [3] Die Befugnisübertragung verlängert sich stillschweigend um Zeiträume gleicher Länge, es sei denn, das Europäische Parlament oder der Rat widersprechen einer solchen Verlängerung spätestens drei Monate vor Ablauf des jeweiligen Zeitraums.

(3) [1] Die Befugnisübertragung gemäß Artikel 28 Absatz 4, Artikel 29 Absatz 6 und Artikel 36 Absatz 3 kann vom Europäischen Parlament oder vom Rat jederzeit widerrufen werden. [2] Der Beschluss über den Widerruf beendet die Übertragung der in diesem Beschluss angegebenen Befugnis. [3] Er wird am Tag nach seiner Veröffentlichung im *Amtsblatt der Europäischen Union* oder zu einem im Beschluss über den Widerruf angegebenen späteren Zeitpunkt wirksam. [4] Die Gültigkeit von delegierten Rechtsakten, die bereits in Kraft sind, wird von dem Beschluss über den Widerruf nicht berührt.

(4) Vor dem Erlass eines delegierten Rechtsakts konsultiert die Kommission die von den einzelnen Mitgliedstaaten benannten Sachverständigen im Einklang mit den in der Interinstitutionellen Vereinbarung vom 13. April 2016 über bessere Rechtsetzung[1] enthaltenen Grundsätzen.

---

[1] **Amtl. Anm.:** ABl. L 123 vom 12.5.2016, S. 1.

(5) Sobald die Kommission einen delegierten Rechtsakt erlässt, übermittelt sie ihn gleichzeitig dem Europäischen Parlament und dem Rat.

(6) [1] Ein delegierter Rechtsakt, der gemäß Artikel 28 Absatz 4, Artikel 29 Absatz 6 und Artikel 36 Absatz 3 erlassen wurde, tritt nur in Kraft, wenn weder das Europäische Parlament noch der Rat innerhalb einer Frist von zwei Monaten nach Übermittlung dieses Rechtsakts an das Europäische Parlament und den Rat Einwände erhoben haben oder wenn vor Ablauf dieser Frist das Europäische Parlament und der Rat beide der Kommission mitgeteilt haben, dass sie keine Einwände erheben werden. [2] Auf Initiative des Europäischen Parlaments oder des Rates wird diese Frist um zwei Monate verlängert.

Art. 58 Ausschuss. (1) [1] [1] [1] Die Kommission wird von einem Ständigen Ausschuss für Pflanzen, Tiere, Lebensmittel und Futtermittel (im Folgenden „der Ausschuss" genannt) unterstützt. Dieser Ausschuss ist ein Ausschuss im Sinne der Verordnung (EU) Nr. 182/2011 des Europäischen Parlaments und des Rates[1]. [2] Der Ausschuss wird nach Fachgruppen organisiert, die alle einschlägigen Themen behandeln.

[2] Alle Verweise im Unionsrecht auf den Ständigen Ausschuss für die Lebensmittelkette und Tiergesundheit gelten als Verweise auf den Ausschuss gemäß Unterabsatz 1.

(2) [1] Wird auf diesen Absatz Bezug genommen, so gelten die Artikel 5 und 7 des Beschlusses 1999/468/EG unter Beachtung von dessen Artikel 8.

[2] Der Zeitraum nach Artikel 5 Absatz 6 des Beschlusses 1999/468/EG wird auf drei Monate festgesetzt.

Art. 59 Funktionen des Ausschusses. [1] Der Ausschuss nimmt die ihm durch diese Verordnung und sonstige einschlägige Gemeinschaftsbestimmungen zugewiesenen Funktionen in den Fällen und unter den Bedingungen wahr, die in den genannten Vorschriften festgelegt sind. [2] Ferner kann er entweder auf Initiative des Vorsitzenden oder auf schriftlichen Antrag eines seiner Mitglieder jede Frage prüfen, die unter die genannten Vorschriften fällt.

Art. 60 Vermittlungsverfahren. (1) Ist ein Mitgliedstaat der Ansicht, dass eine von einem anderen Mitgliedstaat im Bereich der Lebensmittelsicherheit getroffene Maßnahme entweder mit dieser Verordnung unvereinbar oder so beschaffen ist, dass sie das Funktionieren des Binnenmarktes beeinträchtigen kann, so legt er unbeschadet der Anwendung sonstiger Gemeinschaftsvorschriften die Angelegenheit der Kommission vor, die den betreffenden Mitgliedstaat unverzüglich unterrichtet.

(2) [1] Die beiden betroffenen Mitgliedstaaten und die Kommission bemühen sich nach Kräften, das Problem zu lösen. [2] Kann keine Einigung erzielt werden, so kann die Kommission bei der Behörde ein Gutachten zu etwaigen relevanten strittigen wissenschaftlichen Fragen anfordern. [3] Die Bedingungen einer solchen Anforderung und die Frist, innerhalb deren die Behörde das Gutachten zu erstellen hat, werden zwischen der Kommission und der Behörde nach Konsultation der beiden betroffenen Mitgliedstaaten einvernehmlich festgelegt.

---

[1] **Amtl. Anm.:** Verordnung (EU) Nr. 182/2011 des Europäischen Parlaments und des Rates vom 16. Februar 2011 zur Festlegung der allgemeinen Regeln und Grundsätze, nach denen die Mitgliedstaaten die Wahrnehmung der Durchführungsbefugnisse durch die Kommission kontrollieren (ABl. L 55 vom 28.2.2011, S. 13).

Abschnitt 2. Schlussbestimmungen

Art. 61 Überprüfungsklausel. (1) Die Kommission gewährleistet die regelmäßige Überprüfung der Anwendung dieser Verordnung.

(2) ¹Bis zum 28. März 2026 und danach alle fünf Jahre bewertet die Kommission entsprechend den Leitlinien der Kommission die Leistung der Behörde im Verhältnis zu ihren Zielen, ihrem Mandat, ihren Aufgaben, ihren Verfahren und ihrem Standort. ²Diese Bewertung erstreckt sich zudem auf die Auswirkungen von Artikel 32a auf die Arbeitsweise der Behörde, wobei der jeweiligen Arbeitsbelastung und Mobilisierung der Mitarbeiter und der Frage, ob dies zu Veränderungen bei der Verteilung der Ressourcen der Behörde auf Kosten der Tätigkeiten von öffentlichem Interesse geführt hat, besondere Aufmerksamkeit zu widmen ist. ³Diese Bewertung betrifft die eventuell erforderliche Änderung des Mandats der Behörde und die finanziellen Auswirkungen einer solchen Änderung.

(3) Im Rahmen der in Absatz 2 genannten Überprüfung bewertet die Kommission, ob der organisatorische Rahmen der Behörde im Hinblick auf Entscheidungen über Vertraulichkeitsersuchen und Zweitanträge weiter aktualisiert werden muss, und zwar durch die Einrichtung einer eigenen Beschwerdekammer oder durch andere geeignete Mittel.

(4) Ist die Kommission der Auffassung, dass Ziele, Mandat und Aufgaben der Behörde die Fortführung ihrer Tätigkeiten nicht länger rechtfertigen, kann sie eine entsprechende Änderung oder Aufhebung der betreffenden Bestimmungen dieser Verordnung vorschlagen.

(5) ¹Die Kommission erstattet dem Europäischen Parlament, dem Rat und dem Verwaltungsrat über die Ergebnisse ihrer Prüfungen und Bewertungen gemäß diesem Artikel Bericht. ²Diese Ergebnisse werden öffentlich zugänglich gemacht.

Art. 61a Sondierungsbesuche. *[1]* ¹Experten der Kommission führen auf Sondierungsbesuche in den Mitgliedstaaten durch, um zu überprüfen, ob die Labore und anderen Untersuchungseinrichtungen die einschlägigen Normen für die Durchführung von Untersuchungen und Studien einhalten, die der Behörde als Teil eines Antrags vorgelegt werden, und ob die Meldepflicht gemäß Artikel 32b Absatz 3 bis zum 28. März 2025 eingehalten wird. ²Bis zu diesem Zeitpunkt und sofern das in den einschlägigen Abkommen oder Vereinbarungen mit Drittländern, auch im Sinne des Artikels 49, vorgesehen ist, führen Experten der Kommission auch Sondierungsbesuche in Drittländern durch, um zu überprüfen, ob dortige Labore und andere Untersuchungseinrichtungen diese Normen einhalten.

[2] ¹Die bei diesen Sondierungsbesuchen festgestellten Verstöße werden der Kommission, den Mitgliedstaaten, der Behörde sowie den überprüften Laboren und anderen Untersuchungseinrichtungen, mitgeteilt. ²Die Kommission, die Behörde und die Mitgliedstaaten stellen sicher, dass mit geeigneten Maßnahmen auf diese festgestellten Verstöße reagiert wird.

[3] ¹Das Ergebnis dieser Sondierungsbesuche wird in einem zusammenfassenden Bericht dargelegt. ²Die Kommission legt auf der Grundlage dieses Berichts gegebenenfalls einen Legislativvorschlag vor, der insbesondere Bestimmungen zu möglicherweise notwendigen Kontrollverfahren, einschließlich Audits, enthält.

Art. 62 **Bezugnahmen auf die Europäische Behörde für Lebensmittelsicherheit und auf den Ständigen Ausschuss für die Lebensmittelkette und Tiergesundheit.** (1) Bezugnahmen auf den Wissenschaftlichen Lebensmittelausschuss, den Wissenschaftlichen Futtermittelausschuss, den Wissenschaftlichen Veterinärausschuss, den Wissenschaftlichen Ausschuss für Schädlingsbekämpfungsmittel, den Wissenschaftlichen Ausschuss „Pflanzen" sowie den Wissenschaftlichen Lenkungsausschuss in den Rechtsvorschriften der Gemeinschaft werden durch eine Bezugnahme auf die Europäische Behörde für Lebensmittelsicherheit ersetzt.

(2) *[1]* Bezugnahmen auf den Ständigen Lebensmittelausschuss, den Ständigen Futtermittelausschuss und den Ständigen Veterinärausschuss in den Rechtsvorschriften der Gemeinschaft werden durch eine Bezugnahme auf den Ständigen Ausschuss für die Lebensmittelkette und Tiergesundheit ersetzt.

[2] Bezugnahmen auf den Ständigen Ausschuss für Pflanzenschutz im Zusammenhang mit Pflanzenschutzmitteln und Rückstandshöchstgehalten in den Rechtsvorschriften der Gemeinschaft, die sich auf die Richtlinien 76/895/EWG, 86/362/EWG, 86/363/EWG, 90/642/EWG und 91/414/EWG stützen, wie auch in diesen Richtlinien selbst, werden durch eine Bezugnahme auf den Ständigen Ausschuss für die Lebensmittelkette und Tiergesundheit ersetzt.

(3) Im Sinne der Absätze 1 und 2 bezeichnet der Ausdruck „Rechtsvorschriften der Gemeinschaft" sämtliche Verordnungen, Richtlinien, Beschlüsse und Entscheidungen der Gemeinschaft.

(4) Die Beschlüsse 68/361/EWG, 69/414/EWG und 70/372/EWG werden aufgehoben.

Art. 63 **Zuständigkeit der Europäischen Agentur für die Beurteilung von Arzneimitteln.** Diese Verordnung berührt nicht die Zuständigkeit, die der Europäischen Agentur für die Beurteilung von Arzneimitteln gemäß der Verordnung (EWG) Nr. 2309/93, der Verordnung (EWG) Nr. 2377/90, der Richtlinie 75/319/EWG des Rates[1] und der Richtlinie 81/851/EWG des Rates[2] übertragen wurde.

Art. 64 **Beginn der Tätigkeit der Behörde.** Die Behörde nimmt ihre Tätigkeit am 1. Januar 2002 auf.

Art. 65 **Inkrafttreten.** *[1]* Diese Verordnung tritt am zwanzigsten Tag nach ihrer Veröffentlichung[3] im *Amtsblatt der Europäischen Gemeinschaften* in Kraft.

[2] Die Artikel 11 und 12 sowie 14 bis 20 gelten ab dem 1. Januar 2005.

[3] Die Artikel 29, 56, 57, 60 und Artikel 62 Absatz 1 gelten vom Tag der Ernennung der Mitglieder des Wissenschaftlichen Ausschusses und der Wissenschaftlichen Gremien an, die durch eine Mitteilung in der C-Reihe des Amtsblatts bekannt gegeben wird.

Diese Verordnung ist in allen ihren Teilen verbindlich und gilt unmittelbar in jedem Mitgliedstaat.

---

[1] **Amtl. Anm.:** ABl. L 147 vom 9.6.1975, S. 13. Richtlinie geändert durch die Richtlinie 2001/83/EG des Europäischen Parlaments und des Rates (ABl. L 311 vom 28.11.2001, S. 67).
[2] **Amtl. Anm.:** ABl. L 317 vom 6.11.1981, S. 1. Richtlinie geändert durch die Richtlinie 2001/82/EG des Europäischen Parlaments und des Rates (ABl. L 311 vom 28.11.2001, S. 1).
[3] Veröffentlicht am 1.2.2002.

2. Lebensmittel-, Bedarfsgegenstände- und Futtermittelgesetzbuch (Lebensmittel- und Futtermittelgesetzbuch – LFGB)[1) 2) 3) 4)]

In der Fassung der Bekanntmachung vom 15. September 2021[5)]

(BGBl. I S. 4253)

FNA 2125-44

zuletzt geänd. durch Art. 13 PersonengesellschaftsrechtsmodernisierungsG (MoPeG) v. 10.8.2021 (BGBl. I S. 3436)

Inhaltsübersicht

[1)] **Amtl. Anm.:** Das Gesetz dient der Umsetzung der in der Anlage zu Fußnote [1)] des Gesetzes zur Neuordnung des Lebensmittel- und des Futtermittelrechts vom 1. September 2005 (BGBl. I S. 2618, 3007) in den Nummern 1 bis 72 und 75 aufgeführten Rechtsakte.

[2)] **Amtl. Anm.:** Die Verpflichtungen aus der Richtlinie 98/34/EG des Europäischen Parlaments und des Rates vom 22. Juni 1998 über ein Informationsverfahren auf dem Gebiet der Normen und technischen Vorschriften und der Vorschriften für die Dienste der Informationsgesellschaft (ABl. L 204 vom 21.7.1998, S. 37), die zuletzt durch die Richtlinie 2006/96/EG (ABl. L 363 vom 20.12.2006, S. 81) geändert worden ist, sind beachtet worden.

[3)] **Amtl. Anm.:** Das Gesetz dient der Umsetzung der Richtlinie 2008/112/EG des Europäischen Parlaments und des Rates vom 16. Dezember 2008 zur Änderung der Richtlinien 76/768/EWG, 88/378/EWG und 1999/13/EG des Rates sowie der Richtlinien 2000/53/EG, 2002/96/EG und 2004/42/EG des Europäischen Parlaments und des Rates zwecks ihrer Anpassung an die Verordnung (EG) Nr. 1272/2008 über die Einstufung, Kennzeichnung und Verpackung von Stoffen und Gemischen (ABl. L 345 vom 23.12.2008, S. 68).

[4)] Die Änd. durch G v. 12.5.2021 (BGBl. I S. 1087) treten erst **mWv 26.5.2022** in Kraft, die Änd. durch G v. 27.7.2021 (BGBl. I S. 3274) treten teilweise erst **mWv 1.9.2022** bzw. **mWv 31.12.2022** in Kraft und die Änd. durch G v. 10.8.2021 (BGBl. I S. 3436) tritt erst **mWv 1.1.2024** in Kraft. Sie alle sind im Text noch nicht berücksichtigt.

[5)] Neubekanntmachung des LFGB v. 3.6.2013 (BGBl. I S. 1426) in der ab 10.8.2021 geltenden Fassung.

Abschnitt 1. Allgemeine Bestimmungen

§ 1 Zweck des Gesetzes. (1) Zweck des Gesetzes ist es,

1. vorbehaltlich der Absätze 2 und 4 bei Lebensmitteln, Futtermitteln, Mitteln zum Tätowieren, kosmetischen Mitteln und Bedarfsgegenständen den Schutz der Endverbraucher durch Vorbeugung gegen eine oder Abwehr einer Gefahr für die menschliche Gesundheit sicherzustellen,

2. beim Verkehr mit Lebensmitteln, Futtermitteln, Mitteln zum Tätowieren, kosmetischen Mitteln und Bedarfsgegenständen vor Täuschung zu schützen,

3. die Unterrichtung sicherzustellen

   a) der Wirtschaftsbeteiligten,

   b) der Endverbraucher beim Verkehr mit Lebensmitteln, Mitteln zum Tätowieren, kosmetischen Mitteln und Bedarfsgegenständen und

   c) der Verwenderinnen und Verwender beim Verkehr mit Futtermitteln,

4. a) bei Futtermitteln

   aa) den Schutz von Tieren durch Vorbeugung gegen eine oder Abwehr einer Gefahr für die tierische Gesundheit sicherzustellen,

   bb) vor einer Gefahr für den Naturhaushalt durch in tierischen Ausscheidungen vorhandene unerwünschte Stoffe, die ihrerseits bereits in Futtermitteln vorhanden gewesen sind, zu schützen,

   b) durch Futtermittel die tierische Erzeugung so zu fördern, dass

   aa) die Leistungsfähigkeit der Nutztiere erhalten und verbessert wird und

   bb) die von Nutztieren gewonnenen Lebensmittel und sonstigen Produkte den an sie gestellten qualitativen Anforderungen, auch im Hinblick auf ihre Unbedenklichkeit für die menschliche Gesundheit, entsprechen.

(1a) Absatz 1 Nummer 2 erfasst auch den Schutz

1. vor Täuschung im Falle zum Verzehr ungeeigneter Lebensmittel im Sinne des Artikels 14 Absatz 2 Buchstabe b und Absatz 5 der Verordnung (EG) Nr. 178/2002[1]) des Europäischen Parlaments und des Rates vom 28. Januar 2002 zur Festlegung der allgemeinen Grundsätze und Anforderungen des Lebensmittelrechts, zur Errichtung der Europäischen Behörde für Lebensmittelsicherheit und zur Festlegung von Verfahren zur Lebensmittelsicherheit (ABl. L 31 vom 1.2.2002, S. 1), die zuletzt durch die Verordnung (EU) 2019/1381 (ABl. L 231 vom 6.9.2019, S. 1) geändert worden ist, oder

2. vor Verwendung ungeeigneter Bedarfsgegenstände im Sinne des § 2 Absatz 6 Satz 1 Nummer 1.

(2) Zweck dieses Gesetzes ist es, den Schutz der menschlichen Gesundheit im privaten häuslichen Bereich durch Vorbeugung gegen eine oder Abwehr einer Gefahr, die von Erzeugnissen ausgeht oder ausgehen kann, sicherzustellen, soweit dies in diesem Gesetz angeordnet ist.

(3) Dieses Gesetz dient ferner der Umsetzung und Durchführung von Rechtsakten der Europäischen Gemeinschaft oder der Europäischen Union, die Sachbereiche dieses Gesetzes betreffen, insbesondere der Verordnung (EG) Nr. 178/2002.

(4) Abschnitt 9a

1. bezweckt, bei Erzeugnissen, die radioaktiv kontaminiert sind oder kontaminiert sein können, den Schutz der Endverbraucher und von Tieren durch Vorbeugung gegen eine oder Abwehr einer Gefahr für die menschliche oder tierische Gesundheit sicherzustellen,

2. dient ferner der Umsetzung und Durchführung von Rechtsakten der Europäischen Gemeinschaft, der Europäischen Union oder der Europäischen Atomgemeinschaft, die Sachbereiche der Nummer 1 betreffen, insbesondere der Verordnung (Euratom) 2016/52 des Rates vom 15. Januar 2016 zur Festlegung von Höchstwerten an Radioaktivität in Lebens- und Futtermitteln im Falle eines nuklearen Unfalls oder eines anderen radiologischen Notfalls und zur Aufhebung der Verordnung (Euratom) Nr. 3954/87 des Rates und der Verordnungen (Euratom) Nr. 944/89 und (Euratom) Nr. 770/90 der Kommission (ABl. L 13 vom 20.1.2016, S. 2).

§ 2 Begriffsbestimmungen. (1) Erzeugnisse sind Lebensmittel, einschließlich Lebensmittelzusatzstoffen, Futtermittel, Mittel zum Tätowieren, kosmetische Mittel und Bedarfsgegenstände.

(2) (weggefallen)

(3) (weggefallen)

(4) (weggefallen)

(5) (weggefallen)

(6) [1] Bedarfsgegenstände sind

1. Materialien und Gegenstände im Sinne des Artikels 1 Absatz 2 der Verordnung (EG) Nr. 1935/2004 des Europäischen Parlaments und des Rates vom 27. Oktober 2004 über Materialien und Gegenstände, die dazu bestimmt sind, mit Lebensmitteln in Berührung zu kommen und zur Aufhebung der Richtlinien 80/590/EWG und 89/109/EWG (ABl. L 338 vom 13.11.2004,

---

[1]) Nr. 1.

S. 4), die durch die Verordnung (EG) Nr. 596/2009 (ABl. L 188 vom 18.7. 2009, S. 14) geändert worden ist,

2. Packungen, Behältnisse oder sonstige Umhüllungen, die dazu bestimmt sind, mit kosmetischen Mitteln in Berührung zu kommen,

3. Gegenstände, die dazu bestimmt sind, mit den Schleimhäuten des Mundes in Berührung zu kommen,

4. Gegenstände, die zur Körperpflege bestimmt sind,

5. Spielwaren und Scherzartikel,

6. Gegenstände, die dazu bestimmt sind, nicht nur vorübergehend mit dem menschlichen Körper in Berührung zu kommen, wie Bekleidungsgegenstände, Bettwäsche, Masken, Perücken, Haarteile, künstliche Wimpern, Armbänder,

7. Reinigungs- und Pflegemittel, die für den häuslichen Bedarf oder für Bedarfsgegenstände im Sinne der Nummer 1 bestimmt sind,

8. Imprägnierungsmittel und sonstige Ausrüstungsmittel für Bedarfsgegenstände im Sinne der Nummer 6, die für den häuslichen Bedarf bestimmt sind,

9. Mittel und Gegenstände zur Geruchsverbesserung in Räumen, die zum Aufenthalt von Menschen bestimmt sind.

²Bedarfsgegenstände sind nicht

1. Gegenstände, die

a) nach § 2 Absatz 2 des Arzneimittelgesetzes als Arzneimittel gelten,

b)¹⁾ nach Artikel 2 Nummer 1 und 2 der Verordnung (EU) 2017/745 des Europäischen Parlaments und des Rates vom 5. April 2017 über Medizinprodukte, zur Änderung der Richtlinie 2001/83/EG, der Verordnung (EG) Nr. 178/2002 und der Verordnung (EG) Nr. 1223/2009 und zur Aufhebung der Richtlinien 90/385/EWG und 93/42/EWG des Rates (ABl. L 117 vom 5.5.2017, S. 1; L 117 vom 3.5.2019, S. 9; L 334 vom 27.12.2019, S. 165), die durch die Verordnung (EU) 2020/561 (ABl. L 130 vom 24.4.2020, S. 18) geändert worden ist, in der jeweils geltenden Fassung und im Sinne der § 3 Nummer 4 und 9 des Medizinproduktegesetzes in der bis einschließlich 25. Mai 2021 geltenden Fassung als Medizinprodukte oder als Zubehör für Medizinprodukte gelten,

c) nach Artikel 3 Absatz 1 Buchstabe a der Verordnung (EU) Nr. 528/2012 des Europäischen Parlaments und des Rates vom 22. Mai 2012 über die Bereitstellung auf dem Markt und die Verwendung von Biozidprodukten (ABl. L 167 vom 27.6.2012, S. 1; L 303 vom 20.11.2015, S. 109; L 280 vom 28.10.2017, S. 57), die zuletzt durch die Verordnung (EU) Nr. 334/ 2014 (ABl. L 103 vom 5.4.2014, S. 22; L 305 vom 21.11.2015, S. 55) geändert worden ist, Biozid-Produkte sind,

---

¹⁾ **Amtl. Anm.:** Gemäß Artikel 10 in Verbindung mit Artikel 20 Absatz 5 des Gesetzes vom 12. Mai 2021 (BGBl. I S. 1087) werden am 26. Mai 2022 die Wörter „des § 3 Nummer 4 und 9 des Medizinproduktegesetzes in der bis einschließlich 25. Mai 2021 geltenden Fassung" durch die Wörter „von Artikel 2 Nummer 2 und 4 der Verordnung (EU) 2017/746 des Europäischen Parlaments und des Rates vom 5. April 2017 über In-vitro-Diagnostika und zur Aufhebung der Richtlinie 98/79/EG und des Beschlusses 2010/227/EU der Kommission (ABl. L 117 vom 5.5.2017, S. 176; L 117 vom 3.5.2019, S. 11; L 334 vom 27.12.2019, S. 167) in der jeweils geltenden Fassung" ersetzt.

2. die in Artikel 1 Absatz 3 der Verordnung (EG) Nr. 1935/2004 genannten Materialien und Gegenstände, Überzugs- und Beschichtungsmaterialien und Wasserversorgungsanlagen.

§ 3 Weitere Begriffsbestimmungen. (1) Im Sinne dieses Gesetzes sind:

1. Herstellen: das Gewinnen, einschließlich des Schlachtens oder Erlegens lebender Tiere, deren Fleisch als Lebensmittel zu dienen bestimmt ist, das Herstellen, das Zubereiten, das Be- und Verarbeiten und das Mischen, = ALLES

2. Behandeln: das Wiegen, Messen, Um- und Abfüllen, Stempeln, Bedrucken, Verpacken, Kühlen, Gefrieren, Tiefgefrieren, Auftauen, Lagern, Aufbewahren, Befördern sowie jede sonstige Tätigkeit, die nicht als Herstellen oder Inverkehrbringen anzusehen ist,

3. Verzehren: das Aufnehmen von Lebensmitteln durch den Menschen durch Essen, Kauen, Trinken sowie durch jede sonstige Zufuhr von Stoffen in den
⊕ Magen, ! § 14 Basis VO

4. Auslösewert: Grenzwert für den Gehalt an einem gesundheitlich nicht erwünschten Stoff, der in oder auf einem Lebensmittel enthalten ist, bei dessen Überschreitung Untersuchungen vorgenommen werden müssen, um die Ursachen für das Vorhandensein des jeweiligen Stoffs mit dem Ziel zu ermitteln, Maßnahmen zu seiner Verringerung oder Beseitigung einzuleiten,

5. mit Lebensmitteln verwechselbare Produkte: Produkte, die zwar keine Lebensmittel sind, bei denen jedoch aufgrund ihrer Form, ihres Geruchs, ihrer Farbe, ihres Aussehens, ihrer Aufmachung, ihrer Kennzeichnung, ihres Volumens oder ihrer Größe vorhersehbar ist, dass sie von den Endverbrauchern, insbesondere von Kindern, mit Lebensmitteln verwechselt werden und deshalb zum Mund geführt, gelutscht oder geschluckt werden, wodurch insbesondere die Gefahr des Erstickens, der Vergiftung, der Perforation oder des Verschlusses des Verdauungskanals entstehen kann; ausgenommen sind Arzneimittel, die einem Zulassungs- oder Registrierungsverfahren unterliegen,

6. unerwünschte Stoffe: Stoffe – außer Tierseuchenerregern –, die in oder auf Futtermitteln enthalten sind und

   a) als Rückstände in von Nutztieren gewonnenen Lebensmitteln oder sonstigen Produkten eine Gefahr für die menschliche Gesundheit darstellen,

   b) eine Gefahr für die tierische Gesundheit darstellen,

   c) vom Tier ausgeschieden werden und als solche eine Gefahr für den Naturhaushalt darstellen oder

   d) die Leistung von Nutztieren oder als Rückstände in von Nutztieren gewonnenen Lebensmitteln oder sonstigen Produkten die Qualität dieser Lebensmittel oder Produkte nachteilig beeinflussen

   können,

7. Mittelrückstände: Rückstände an Pflanzenschutzmitteln im Sinne des Pflanzenschutzgesetzes, Vorratsschutzmitteln oder Schädlingsbekämpfungsmitteln, soweit sie in Rechtsakten der Europäischen Gemeinschaft oder der Europäischen Union im Anwendungsbereich dieses Gesetzes aufgeführt sind und die in oder auf Futtermitteln vorhanden sind,

8. Naturhaushalt: seine Bestandteile Boden, Wasser, Luft, Klima, Tiere und Pflanzen sowie das Wirkungsgefüge zwischen ihnen,

+ Art 3 | 8 Basis VO

9. Nutztiere: Tiere einer Art, die üblicherweise zum Zweck der Gewinnung von Lebensmitteln oder sonstigen Produkten gehalten wird, sowie Pferde,
10. Aktionsgrenzwert: Grenzwert für den Gehalt an einem unerwünschten Stoff, bei dessen Überschreitung Untersuchungen vorgenommen werden müssen, um die Ursachen für das Vorhandensein des unerwünschten Stoffs mit dem Ziel zu ermitteln, Maßnahmen zu seiner Verringerung oder Beseitigung einzuleiten.

(2) Im Anwendungsbereich dieses Gesetzes umfasst der Begriff des Verwendens eines Mittels zum Tätowieren auch die Tätigkeit des Tätowierens.

(3) Im Anwendungsbereich dieses Gesetzes gelten die Begriffsbestimmungen der Verordnung (EG) Nr. 178/2002[1]) mit den Maßgaben, dass

1. Futtermittelunternehmen im Sinne des Artikels 3 Nummer 5 der Verordnung (EG) Nr. 178/2002 auch Unternehmen sind, deren Tätigkeit sich auf Futtermittel bezieht, die zur oralen Tierfütterung von nicht der Lebensmittelgewinnung dienenden Tieren bestimmt sind,
2. Futtermittelunternehmer im Sinne des Artikels 3 Nummer 6 der Verordnung (EG) Nr. 178/2002 auch derjenige ist, dessen Verantwortung sich auf Futtermittel bezieht, die zur oralen Tierfütterung von nicht der Lebensmittelgewinnung dienenden Tieren bestimmt sind,
3. für das Inverkehrbringen von Mitteln zum Tätowieren, Bedarfsgegenständen und mit Lebensmitteln verwechselbaren Produkten Artikel 3 Nummer 8 der Verordnung (EG) Nr. 178/2002 entsprechend gilt,
4. Endverbraucher im Sinne von Artikel 3 Nummer 18 der Verordnung (EG) Nr. 178/2002 auch eine Person ist, an die ein Mittel zum Tätowieren oder ein Bedarfsgegenstand zur persönlichen Verwendung oder zur Verwendung im eigenen Haushalt abgegeben wird, wobei Gewerbetreibende, soweit sie ein Mittel zum Tätowieren oder einen Bedarfsgegenstand zum Verbrauch innerhalb ihrer Betriebsstätte beziehen, dem Endverbraucher gleichstehen.

(4) Im Anwendungsbereich dieses Gesetzes gelten Verpflegungseinrichtungen der Bundeswehr auch dann, wenn sie nicht gewerblich tätig sind, als Anbieter von Gemeinschaftsverpflegung im Sinne des Artikels 2 Absatz 2 Buchstabe d der Verordnung (EU) Nr. 1169/2011[2]) des Europäischen Parlaments und des Rates vom 25. Oktober 2011 betreffend die Information der Verbraucher über Lebensmittel und zur Änderung der Verordnungen (EG) Nr. 1924/2006 und (EG) Nr. 1925/2006 des Europäischen Parlaments und des Rates und zur Aufhebung der Richtlinie 87/250/EWG der Kommission, der Richtlinie 90/496/EWG des Rates, der Richtlinie 1999/10/EG der Kommission, der Richtlinie 2000/13/EG des Europäischen Parlaments und des Rates, der Richtlinien 2002/67/EG und 2008/5/EG der Kommission und der Verordnung (EG) Nr. 608/2004 der Kommission (ABl. L 304 vom 22.11.2011, S. 18; L 331 vom 18.11.2014, S. 41; L 50 vom 21.2.2015, S. 48; L 266 vom 30.9.2016, S. 7), die zuletzt durch die Verordnung (EU) 2015/2283 (ABl. L 327 vom 11.12.2015, S. 1) geändert worden ist.

§ 4 Vorschriften und Ermächtigungen zum Geltungsbereich. (1) Die Vorschriften dieses Gesetzes

---

[1]) Nr. 1.
[2]) Nr. 3.

1. für Lebensmittel gelten auch für lebende Tiere, die der Gewinnung von Lebensmitteln dienen, soweit dieses Gesetz dies bestimmt,
2. über das Inverkehrbringen von kosmetischen Mitteln gelten entsprechend für deren Bereitstellung auf dem Markt,
3. für Mittel zum Tätowieren gelten auch für vergleichbare Stoffe und Gemische aus Stoffen, die dazu bestimmt sind, zur Beeinflussung des Aussehens in oder unter die menschliche Haut eingebracht zu werden und dort, auch vorübergehend, zu verbleiben,
4. und der aufgrund dieses Gesetzes erlassenen Rechtsverordnungen gelten nicht für Erzeugnisse im Sinne des Weingesetzes – ausgenommen die in § 1 Absatz 2 des Weingesetzes genannten Erzeugnisse –; sie gelten jedoch, soweit das Weingesetz oder aufgrund des Weingesetzes erlassene Rechtsverordnungen auf Vorschriften dieses Gesetzes oder der aufgrund dieses Gesetzes erlassenen Rechtsverordnungen verweisen.

(2) In Rechtsverordnungen nach diesem Gesetz können

1. Anbieter von Gemeinschaftsverpflegung sowie Gewerbetreibende, soweit sie Lebensmittel oder Bedarfsgegenstände zum Verbrauch innerhalb ihrer Betriebsstätte beziehen, dem Endverbraucher gleichgestellt werden,
2. weitere als in den §§ 2 und 3 genannte Begriffsbestimmungen oder davon abweichende Begriffsbestimmungen vorgesehen werden, soweit dadurch der Anwendungsbereich dieses Gesetzes nicht erweitert wird.

(3) Das Bundesministerium für Ernährung und Landwirtschaft (Bundesministerium) wird ermächtigt, im Einvernehmen mit dem Bundesministerium für Wirtschaft und Energie durch Rechtsverordnung mit Zustimmung des Bundesrates, soweit es zur Erfüllung der in § 1 Absatz 1 Nummer 1, auch in Verbindung mit § 1 Absatz 3, genannten Zwecke erforderlich ist, den Bedarfsgegenständen andere Gegenstände und Mittel des persönlichen oder häuslichen Bedarfs gleichzustellen, wenn von diesen Gegenständen und Mitteln des persönlichen oder häuslichen Bedarfs bei bestimmungsgemäßem oder vorauszusehendem Gebrauch aufgrund ihrer stofflichen Zusammensetzung, insbesondere durch toxikologisch wirksame Stoffe oder durch Verunreinigungen, gesundheitsgefährdende Einwirkungen auf den menschlichen Körper ausgehen können.

VP
Abschnitt 2. Verkehr mit Lebensmitteln

§ 5 Verbote zum Schutz der Gesundheit. (1) [1]Es ist verboten, Lebensmittel für andere derart herzustellen oder zu behandeln, dass ihr Verzehr gesundheitsschädlich im Sinne des Artikels 14 Absatz 2 Buchstabe a der Verordnung (EG) Nr. 178/2002[1] ist. [2]Unberührt bleiben

1. das Verbot des Artikels 14 Absatz 1 in Verbindung mit Absatz 2 Buchstabe a der Verordnung (EG) Nr. 178/2002 über das Inverkehrbringen gesundheitsschädlicher Lebensmittel und
2. Regelungen in Rechtsverordnungen aufgrund des § 13 Absatz 1 Nummer 3 und 4, soweit sie für den privaten häuslichen Bereich gelten.

(2) Es ist ferner verboten,

---

[1] Nr. **1.**

1. Stoffe, die keine Lebensmittel sind und deren Verzehr gesundheitsschädlich im Sinne des Artikels 14 Absatz 2 Buchstabe a der Verordnung (EG) Nr. 178/2002 ist, als Lebensmittel in den Verkehr zu bringen,
2. mit Lebensmitteln verwechselbare Produkte für andere herzustellen, zu behandeln oder in den Verkehr zu bringen.

§ 6 (weggefallen)

§ 7 **Ermächtigungen zum Schutz der Gesundheit und vor Täuschung.** VP

(1) Das Bundesministerium wird ermächtigt, im Einvernehmen mit dem Bundesministerium für Wirtschaft und Energie durch Rechtsverordnung mit Zustimmung des Bundesrates, soweit es zur Erfüllung der in § 1 Absatz 1 Nummer 1 oder 2, jeweils auch in Verbindung mit § 1 Absatz 3, genannten Zwecke erforderlich ist,

1. im Rahmen des Artikels 20 in Verbindung mit Anhang IV der Verordnung (EG) Nr. 1333/2008 des Europäischen Parlaments und des Rates vom 16. Dezember 2008 über Lebensmittelzusatzstoffe (ABl. L 354 vom 31.12. 2008, S. 16; L 105 vom 27.4.2010, S. 114; L 322 vom 21.11.2012, S. 8; L 123 vom 19.5.2015, S. 122), die zuletzt durch die Verordnung (EU) 2020/771 (ABl. L 184 vom 12.6.2020, S. 25) geändert worden ist, oder
2. soweit es zur Umsetzung oder Durchführung von Rechtsakten der Europäischen Gemeinschaft oder der Europäischen Union im Anwendungsbereich dieses Gesetzes erforderlich ist,

beim Herstellen oder Behandeln von bestimmten Lebensmitteln die Verwendung von Lebensmittelzusatzstoffen oder Verarbeitungshilfsstoffen zu verbieten oder zu beschränken. ↘ z.B. Farbstoffe, Verdauungsm., Emulg.

(2) Das Bundesministerium wird ferner ermächtigt, im Einvernehmen mit dem Bundesministerium für Wirtschaft und Energie durch Rechtsverordnung mit Zustimmung des Bundesrates, soweit es insbesondere unter Berücksichtigung ernährungsphysiologischer Erfordernisse zur Erfüllung der in § 1 Absatz 1 Nummer 1 oder 2, jeweils auch in Verbindung mit § 1 Absatz 3, genannten Zwecke erforderlich ist,

1. beim Herstellen oder Behandeln von Lebensmitteln den Zusatz von bestimmten Vitaminen, Mineralstoffen, Aminosäuren und deren Derivaten sowie anderen Stoffen mit ernährungsbezogener oder physiologischer Wirkung zu verbieten oder zu beschränken,
2. Höchstmengen oder Mindestmengen für den Gehalt an in Nummer 1 genannten Stoffen in Lebensmitteln und Reinheitsanforderungen für in Nummer 1 genannte Stoffe festzusetzen.

(3) Lebensmittel, die einer nach Absatz 1 oder Absatz 2 erlassenen Rechtsverordnung nicht entsprechen, dürfen nicht in den Verkehr gebracht werden.

§ 8 **Bestrahlungsverbot und Zulassungsermächtigung.** (1) Es ist verboten,

1. bei Lebensmitteln eine Bestrahlung mit ultravioletten oder ionisierenden Strahlen anzuwenden, die nicht zugelassen ist

   a) durch eine aufgrund dieses Gesetzes erlassene Rechtsverordnung, oder

→ VP mit Erl. Vorbeh. z.B

b) durch unmittelbar geltende Rechtsvorschriften der Europäischen Gemeinschaft oder der Europäischen Union, insbesondere durch die Verordnung (EU) 2015/2283 des Europäischen Parlaments und des Rates vom 25. November 2015 über neuartige Lebensmittel, zur Änderung der Verordnung (EU) Nr. 1169/2011 des Europäischen Parlaments und des Rates und zur Aufhebung der Verordnung (EG) Nr. 258/97 des Europäischen Parlaments und des Rates und der Verordnung (EG) Nr. 1852/2001 der Kommission (ABl. L 327 vom 11.12.2015, S. 1), die durch die Verordnung (EU) 2019/1381 (ABl. L 231 vom 6.9.2019, S. 1) geändert worden ist, in Verbindung mit der Durchführungsverordnung (EU) 2017/2470 der Kommission vom 20. Dezember 2017 zur Erstellung der Unionsliste der neuartigen Lebensmittel gemäß der Verordnung (EU) 2015/2283 des Europäischen Parlaments und des Rates über neuartige Lebensmittel (ABl. L 351 vom 30.12.2017, S. 72), die zuletzt durch die Durchführungsverordnung (EU) 2020/1163 (ABl. L 258 vom 7.8.2020, S. 1) geändert worden ist, in der jeweils geltenden Fassung,

2. Lebensmittel in den Verkehr zu bringen, die entgegen dem Verbot der Nummer 1 bestrahlt sind.

(2) Das Bundesministerium wird ermächtigt, im Einvernehmen mit den Bundesministerien für Bildung und Forschung und für Umwelt, Naturschutz und nukleare Sicherheit durch Rechtsverordnung mit Zustimmung des Bundesrates,

1. soweit es mit den Zwecken des § 1 Absatz 1 Nummer 1 oder 2, jeweils auch in Verbindung mit § 1 Absatz 3, vereinbar ist, eine solche Bestrahlung allgemein oder für bestimmte Lebensmittel oder für bestimmte Verwendungszwecke zuzulassen,

2. soweit es zur Erfüllung der in § 1 Absatz 1 Nummer 1 oder 2, jeweils auch in Verbindung mit § 1 Absatz 3, genannten Zwecke erforderlich ist, bestimmte technische Verfahren für zugelassene Bestrahlungen vorzuschreiben.

§ 9 Pflanzenschutz- oder sonstige Mittel. (1) [1]Es ist verboten, Lebensmittel in den Verkehr zu bringen,

1. wenn in oder auf ihnen Pflanzenschutzmittel im Sinne des Pflanzenschutzgesetzes, Düngemittel im Sinne des Düngegesetzes, andere Pflanzen- oder Bodenbehandlungsmittel, Biozid-Produkte im Sinne des Chemikaliengesetzes, soweit sie dem Vorratsschutz, der Schädlingsbekämpfung oder dem Schutz von Lebensmitteln dienen (Pflanzenschutz- oder sonstige Mittel) oder deren Umwandlungs- oder Reaktionsprodukte vorhanden sind, die nach Absatz 2 Nummer 1 Buchstabe a festgesetzte Höchstmengen überschreiten,

2. wenn in oder auf ihnen Pflanzenschutzmittel im Sinne des Pflanzenschutzgesetzes vorhanden sind, die nicht zugelassen sind oder die bei den Lebensmitteln oder deren Ausgangsstoffen nicht angewendet werden dürfen,

3. die den Anforderungen nach Artikel 18 Absatz 1, auch in Verbindung mit Artikel 20 Absatz 1, der Verordnung (EG) Nr. 396/2005 des Europäischen Parlaments und des Rates vom 23. Februar 2005 über Höchstgehalte an Pestizidrückständen in oder auf Lebens- und Futtermitteln pflanzlichen und tierischen Ursprungs und zur Änderung der Richtlinie 91/414/EWG des Rates (ABl. L 70 vom 16.3.2005, S. 1), die zuletzt durch die Verordnung

(EU) 2020/192 (ABl. L 40 vom 13.2.2020, S. 4) geändert worden ist, nicht entsprechen.

[2] Satz 1 Nummer 2 gilt nicht, soweit für die dort genannten Mittel Rückstandshöchstgehalte nach Artikel 18 Absatz 1, auch in Verbindung mit Artikel 20 Absatz 1, der Verordnung (EG) Nr. 396/2005 oder Höchstmengen nach Absatz 2 Nummer 1 Buchstabe a festgesetzt sind.

(2) Das Bundesministerium wird ermächtigt, im Einvernehmen mit dem Bundesministerium für Wirtschaft und Energie durch Rechtsverordnung mit Zustimmung des Bundesrates,

1. soweit es zur Erfüllung der in § 1 Absatz 1 Nummer 1 oder 2, jeweils auch in Verbindung mit § 1 Absatz 3, genannten Zwecke erforderlich ist,
   a) für Pflanzenschutz- oder sonstige Mittel oder deren Umwandlungs- und Reaktionsprodukte Höchstmengen festzusetzen, die in oder auf Lebensmitteln beim Inverkehrbringen nicht überschritten sein dürfen,
   b) das Inverkehrbringen von Lebensmitteln, bei denen oder bei deren Ausgangsstoffen bestimmte Stoffe als Pflanzenschutz- oder sonstige Mittel angewendet worden sind, zu verbieten,
   c) Maßnahmen zur Entwesung, Entseuchung oder Entkeimung von Räumen oder Geräten, in denen oder mit denen Lebensmittel hergestellt, behandelt oder in den Verkehr gebracht werden, von einer Genehmigung oder Anzeige abhängig zu machen sowie die Anwendung bestimmter Mittel, Geräte oder Verfahren bei solchen Maßnahmen vorzuschreiben, zu verbieten oder zu beschränken,
2. soweit es mit den in § 1 Absatz 1 Nummer 1 oder Nummer 2, jeweils auch in Verbindung mit § 1 Absatz 3, genannten Zwecken vereinbar ist, Ausnahmen von dem Verbot
   a) des Absatzes 1 Satz 1 Nummer 2 oder
   b) des Absatzes 1 Satz 1 Nummer 3 oder des Artikels 18 Absatz 1 der Verordnung (EG) Nr. 396/2005

zuzulassen.

§ 10 Stoffe mit pharmakologischer Wirkung. (1) [1] Es ist verboten, vom Tier gewonnene Lebensmittel in den Verkehr zu bringen, wenn in oder auf ihnen Stoffe mit pharmakologischer Wirkung oder deren Umwandlungsprodukte vorhanden sind. [2] Satz 1 gilt nicht, wenn

1. die für die in Satz 1 bezeichneten Stoffe oder deren Umwandlungsprodukte in einem unmittelbar geltenden Rechtsakt der Europäischen Gemeinschaft oder der Europäischen Union, insbesondere
   a) im Anhang der Verordnung (EU) Nr. 37/2010 der Kommission vom 22. Dezember 2009 über pharmakologisch wirksame Stoffe und ihre Einstufung hinsichtlich der Rückstandshöchstmengen in Lebensmitteln tierischen Ursprungs (ABl. L 15 vom 20.1.2010, S. 1; L 293 vom 11.11. 2010, S. 72), die zuletzt durch die Durchführungsverordnung (EU) 2020/ 43 (ABl. L 15 vom 20.1.2020, S. 5) geändert worden ist, in der jeweils geltenden Fassung,
   b) in einem auf Artikel 14 der Verordnung (EG) Nr. 470/2009 des Europäischen Parlaments und des Rates vom 6. Mai 2009 über die Schaffung eines Gemeinschaftsverfahrens für die Festsetzung von Höchstmengen für

Rückstände pharmakologisch wirksamer Stoffe in Lebensmitteln tierischen Ursprungs, zur Aufhebung der Verordnung (EWG) Nr. 2377/90 des Rates und zur Änderung der Richtlinie 2001/82/EG des Europäischen Parlaments und des Rates und der Verordnung (EG) Nr. 726/2004 des Europäischen Parlaments und des Rates (ABl. L 152 vom 16.6.2009, S. 11, L 154 vom 19.6.2015, S. 28) gestützten unmittelbar geltenden Rechtsakt der Europäischen Union oder

c) in einem auf die Verordnung (EG) Nr. 1831/2003 des Europäischen Parlaments und des Rates vom 22. September 2003 über Zusatzstoffe zur Verwendung in der Tierernährung (ABl. L 268 vom 18.10.2003, S. 29; L 192 vom 29.5.2004, S. 34; L 98 vom 13.4.2007, S. 29), die zuletzt durch die Verordnung (EU) 2019/1381 (ABl. L 231 vom 6.9.2019, S. 1) geändert worden ist, gestützten unmittelbar geltenden Rechtsakt der Europäischen Gemeinschaft oder der Europäischen Union,

festgesetzten Höchstmengen nicht überschritten werden,

2. die in Satz 1 bezeichneten Stoffe oder deren Umwandlungsprodukte

a) im Anhang der Verordnung (EU) Nr. 37/2010 oder

b) in einem auf Artikel 14 der Verordnung (EG) Nr. 470/2009 gestützten unmittelbar geltenden Rechtsakt der Europäischen Union

als Stoffe aufgeführt sind, für die eine Festlegung von Höchstmengen nicht erforderlich ist,

3. für die in Satz 1 bezeichneten Stoffe oder deren Umwandlungsprodukte Referenzwerte in einem auf Artikel 18 der Verordnung (EG) Nr. 470/2009 gestützten unmittelbar geltenden Rechtsakt der Europäischen Union festgelegt worden sind und diese unterschritten werden,

4. die in Satz 1 bezeichneten Stoffe als Futtermittelzusatzstoffe für das Tier, von dem die Lebensmittel stammen, zugelassen sind und dabei für diese Stoffe oder deren Umwandlungsprodukte keine Rückstandshöchstmengen in Lebensmitteln festgesetzt worden sind, oder

5. nach Absatz 4 Nummer 1 Buchstabe a festgesetzte Höchstmengen nicht überschritten werden.

[3] Die Verordnung (EG) Nr. 396/2005 bleibt unberührt.

(2) Es ist ferner verboten, lebende Tiere im Sinne des § 4 Absatz 1 Nummer 1 in den Verkehr zu bringen, wenn in oder auf ihnen Stoffe mit pharmakologischer Wirkung oder deren Umwandlungsprodukte vorhanden sind, die

1. im Anhang Tabelle 2 der Verordnung (EU) Nr. 37/2010 als verbotene Stoffe aufgeführt sind,

2. nicht als Arzneimittel zur Anwendung bei diesen Tieren zugelassen oder registriert sind oder, ohne entsprechende Zulassung oder Registrierung, nicht aufgrund sonstiger arzneimittelrechtlicher Vorschriften bei diesen Tieren angewendet werden dürfen oder

3. nicht als Futtermittelzusatzstoffe für diese Tiere zugelassen sind.

(3) Sind Stoffe mit pharmakologischer Wirkung, die als Arzneimittel zugelassen oder registriert sind oder als Futtermittelzusatzstoffe zugelassen sind, einem lebenden Tier zugeführt worden, so dürfen

1. diese Tiere nur zur Schlachtung abgegeben werden,

2. von dem Tier Lebensmittel nur gewonnen werden,

3. von dem Tier gewonnene Lebensmittel nur in den Verkehr gebracht werden,

wenn die festgesetzten Wartezeiten eingehalten worden sind.

(4) Das Bundesministerium wird ermächtigt, durch Rechtsverordnung mit Zustimmung des Bundesrates,

1. soweit es zur Erfüllung der in § 1 Absatz 1 Nummer 1 oder 2, jeweils auch in Verbindung mit § 1 Absatz 3, genannten Zwecke erforderlich ist,

   a) für Stoffe mit pharmakologischer Wirkung oder deren Umwandlungsprodukte Höchstmengen festzusetzen, die in oder auf Lebensmitteln beim Inverkehrbringen nicht überschritten sein dürfen,

   b) bestimmte Stoffe mit pharmakologischer Wirkung, ausgenommen Stoffe, die als Futtermittel-Zusatzstoffe in den Verkehr gebracht oder verwendet werden dürfen, von der Anwendung bei Tieren ganz oder für bestimmte Verwendungszwecke oder innerhalb bestimmter Wartezeiten auszuschließen und zu verbieten, dass entgegen solchen Vorschriften gewonnene Lebensmittel oder für eine verbotene Anwendung bestimmte Stoffe in den Verkehr gebracht werden,

   c) bestimmte Stoffe oder Gruppen von Stoffen, ausgenommen Stoffe, die als Einzelfuttermittel oder Mischfuttermittel oder Futtermittel-Zusatzstoffe in den Verkehr gebracht oder verwendet werden dürfen, den Stoffen mit pharmakologischer Wirkung gleichzustellen, sofern Tatsachen die Annahme rechtfertigen, dass diese Stoffe in von Tieren gewonnene Lebensmittel übergehen,

   d) das Inverkehrbringen von Lebensmitteln, in oder auf denen Stoffe mit pharmakologischer Wirkung oder deren Umwandlungsprodukte vorhanden sind, zu verbieten oder zu beschränken,

   e) das Herstellen oder das Behandeln von in Buchstabe d bezeichneten Lebensmitteln zu verbieten oder zu beschränken,

2. soweit es zur Erfüllung der in § 1 Absatz 1 Nummer 1 oder 2, jeweils auch in Verbindung mit § 1 Absatz 3, genannten Zwecke erforderlich ist, die Regelungen des Absatzes 1 Satz 1 auf andere als die dort genannten Lebensmittel ganz oder teilweise zu erstrecken,

3. soweit es mit den in § 1 Absatz 1 Nummer 1 oder 2 genannten Zwecken vereinbar ist, Ausnahmen von dem Verbot des Absatzes 3 zuzulassen.

(5) Solange und soweit eine Anordnung nach Artikel 4 Absatz 4 Buchstabe b erster oder zweiter Spiegelstrich der Delegierten Verordnung (EU) 2019/2090 der Kommission vom 19. Juni 2019 zur Ergänzung der Verordnung (EU) 2017/625 des Europäischen Parlaments und des Rates in Bezug auf mutmaßliche oder festgestellte Verstöße gegen Unionsvorschriften über die Verwendung oder über Rückstände pharmakologisch wirksamer Stoffe, die in Tierarzneimitteln oder als Futtermittelzusatzstoffe zugelassen sind, bzw. gegen Unionsvorschriften über die Verwendung oder über Rückstände verbotener oder nicht zugelassener pharmakologisch wirksamer Stoffe (ABl. L 317 vom 9.12. 2019, S. 28) wirksam ist, sind die Absätze 1 bis 3 nicht anzuwenden.

§ 11 Vorschriften zum Schutz vor Täuschung. (1) Es ist verboten, als Verantwortlicher nach Artikel 8 Absatz 1 der Verordnung (EU) Nr. 1169/

2011[1]) Lebensmittel mit Informationen über Lebensmittel, die den Anforderungen

1. des Artikels 7 Absatz 1, auch in Verbindung mit Absatz 4, der Verordnung (EU) Nr. 1169/2011,
2. des Artikels 7 Absatz 3, auch in Verbindung mit Absatz 4, der Verordnung (EU) Nr. 1169/2011 oder
3. des Artikels 36 Absatz 2 Buchstabe a in Verbindung mit Artikel 7 Absatz 1 oder Absatz 3, jeweils auch in Verbindung mit Artikel 7 Absatz 4, der Verordnung (EU) Nr. 1169/2011

nicht entsprechen, in den Verkehr zu bringen oder allgemein oder im Einzelfall dafür zu werben.

(2) Es ist ferner verboten, als Verantwortlicher nach Artikel 8 Absatz 8 der Verordnung (EU) Nr. 1169/2011 Lebensmittel mit Informationen über Lebensmittel, die den Anforderungen

1. des Artikels 7 Absatz 1, auch in Verbindung mit Absatz 4, der Verordnung (EU) Nr. 1169/2011,
2. des Artikels 7 Absatz 3, auch in Verbindung mit Absatz 4, der Verordnung (EU) Nr. 1169/2011 oder
3. des Artikels 36 Absatz 2 Buchstabe a in Verbindung mit Artikel 7 Absatz 1 oder Absatz 3, jeweils auch in Verbindung mit Artikel 7 Absatz 4, der Verordnung (EU) Nr. 1169/2011

nicht entsprechen, an andere Lebensmittelunternehmer zu liefern.

(3) Absatz 1 Nummer 2 und Absatz 2 Nummer 2 gelten nicht für nach Artikel 14 Absatz 1 der Verordnung (EG) Nr. 1924/2006[2]) des Europäischen Parlaments und des Rates vom 20. Dezember 2006 über nährwert- und gesundheitsbezogene Angaben über Lebensmittel (ABl. L 404 vom 30.12.2006, S. 9, L 12 vom 18.1.2007, S. 3, L 86 vom 28.3.2008, S. 34, L 198 vom 30.7. 2009, S. 87, L 160 vom 12.6.2013, S. 15), die zuletzt durch die Verordnung (EU) Nr. 1047/2012 (ABl. L 310 vom 9.11.2012, S. 36) geändert worden ist, zugelassene Angaben.

§ 12 Weitere Verbote. Es ist verboten, andere als dem Verbot des Artikels 14 Absatz 1 in Verbindung mit Absatz 2 Buchstabe b der Verordnung (EG) Nr. 178/2002[3]) unterliegende Lebensmittel, die für den Verzehr durch den Menschen ungeeignet sind, in den Verkehr zu bringen.

§ 13 Ermächtigungen zum Schutz der Gesundheit und vor Täuschung. (1) Das Bundesministerium wird ermächtigt, in den Fällen der Nummern 1 und 2 im Einvernehmen mit dem Bundesministerium für Wirtschaft und Energie, durch Rechtsverordnung mit Zustimmung des Bundesrates, soweit es zur Erfüllung der in § 1 Absatz 1 Nummer 1, in den Fällen der Nummer 3, soweit diese zu Regelungen über das Herstellen oder Behandeln ermächtigt, und Nummer 4 auch zur Erfüllung der in § 1 Absatz 2, stets jeweils auch in Verbindung mit § 1 Absatz 3, genannten Zwecke erforderlich ist,

1. bei dem Herstellen oder Behandeln von Lebensmitteln

---

[1]) Nr. **3**.
[2]) Nr. **6**.
[3]) Nr. **1**.

a) die Verwendung bestimmter Stoffe oder Gemische aus Stoffen, Gegenstände oder Verfahren zu verbieten oder zu beschränken,

b) die Anwendung bestimmter Verfahren vorzuschreiben,

2. für bestimmte Lebensmittel Anforderungen an das Herstellen, das Behandeln oder das Inverkehrbringen zu stellen,

3. das Herstellen, das Behandeln oder das Inverkehrbringen von

a) bestimmten Lebensmitteln,

b) lebenden Tieren im Sinne des § 4 Absatz 1 Nummer 1

von einer amtlichen Untersuchung abhängig zu machen,

4. vorzuschreiben, dass bestimmte Lebensmittel nach dem Gewinnen amtlich zu untersuchen sind,

5. das Herstellen oder das Behandeln von bestimmten Stoffen oder Gemischen aus Stoffen, die im Sinne des Artikels 14 Absatz 2 Buchstabe a der Verordnung (EG) Nr. 178/2002[1] gesundheitsschädlich sind, in Lebensmittelunternehmen sowie das Verbringen in diese zu verbieten oder zu beschränken,

6. für bestimmte Lebensmittel Warnhinweise, sonstige warnende Aufmachungen oder Sicherheitsvorkehrungen vorzuschreiben,

7. vorbehaltlich des Absatzes 5 Satz 1 Nummer 2 Auslösewerte für einen gesundheitlich nicht erwünschten Stoff, der in oder auf einem Lebensmittel enthalten ist, festzusetzen.

(2) Lebensmittel, die entgegen einer nach Absatz 1 Nummer 1 erlassenen Rechtsverordnung hergestellt oder behandelt sind, dürfen nicht in den Verkehr gebracht werden.

(3) [1]Das Bundesministerium wird ferner ermächtigt, durch Rechtsverordnung mit Zustimmung des Bundesrates, soweit es zur Erfüllung der in § 1 Absatz 1 Nummer 1 oder 2, jeweils auch in Verbindung mit § 1 Absatz 3, genannten Zwecke erforderlich ist,

1. vorzuschreiben, dass

a) der Gehalt der Lebensmittel

aa) an den in einer Rechtsverordnung nach § 7 Absatz 1 genannten Lebensmittelzusatzstoffen oder Verarbeitungshilfsstoffen,

bb) an den in einer Rechtsverordnung nach § 7 Absatz 2 Nummer 1 genannten Stoffen,

cc) an den Stoffen, für die Höchstmengen oder Mindestmengen in einer Rechtsverordnung nach § 7 Absatz 2 Nummer 2 festgesetzt wurden und

b) die Anwendung der in Rechtsverordnungen nach § 8 Absatz 2 Nummer 1 zugelassenen Behandlung oder Bestrahlung

kenntlich zu machen sind und dabei die Art der Kenntlichmachung zu regeln,

2. Vorschriften über die Kenntlichmachung der in oder auf Lebensmitteln vorhandenen Stoffe im Sinne der §§ 9 und 10 zu erlassen.

[2]Rechtsverordnungen nach Satz 1 Nummer 2 bedürfen des Einvernehmens mit dem Bundesministerium für Wirtschaft und Energie.

---

[1] Nr. 1.

(4) Das Bundesministerium wird weiter ermächtigt, im Einvernehmen mit dem Bundesministerium für Wirtschaft und Energie durch Rechtsverordnung mit Zustimmung des Bundesrates, soweit es zur Erfüllung der in § 1 Absatz 1 Nummer 2, auch in Verbindung mit § 1 Absatz 3, genannten Zwecke erforderlich ist,

1. vorzuschreiben, dass

   a) Lebensmittel unter bestimmten Bezeichnungen nur in den Verkehr gebracht werden dürfen, wenn sie bestimmten Anforderungen an die Herstellung, Zusammensetzung oder Beschaffenheit entsprechen,

   b) Lebensmittel, die bestimmten Anforderungen an die Herstellung, Zusammensetzung oder Beschaffenheit nicht entsprechen oder sonstige Lebensmittel von bestimmter Art oder Beschaffenheit nicht, nur mit bestimmten Informationen über Lebensmittel, nur unter ausreichender Kenntlichmachung oder nur unter bestimmten Bezeichnungen, sonstigen Angaben oder Aufmachungen in den Verkehr gebracht werden dürfen, und die Einzelheiten hierfür zu bestimmen,

   c) Lebensmittel mit bestimmten zur Irreführung geeigneten Informationen über Lebensmittel, insbesondere mit zur Irreführung geeigneten Bezeichnungen, Angaben oder Aufmachungen, nicht in den Verkehr gebracht werden dürfen und dass für Lebensmittel nicht mit zur Irreführung geeigneten Informationen über Lebensmittel, insbesondere nicht mit zur Irreführung geeigneten Darstellungen oder sonstigen Aussagen geworben werden darf,

   d) Lebensmittel, bei denen bestimmte Verfahren angewendet worden sind, nur unter bestimmten Voraussetzungen in den Verkehr gebracht werden dürfen,

   e) Lebensmitteln zur vereinfachten Feststellung ihrer Beschaffenheit bestimmte Indikatoren zugesetzt werden müssen,

   f) Lebensmittel nur in bestimmten Einheiten in den Verkehr gebracht werden dürfen,

   g) bestimmten Lebensmitteln bestimmte Angaben oder Informationen über Lebensmittel, insbesondere über die Anwendung von Stoffen oder über die weitere Verarbeitung der Erzeugnisse, beizufügen sind,

2. zu verbieten, dass Gegenstände oder Stoffe, die bei dem Herstellen oder dem Behandeln von Lebensmitteln nicht verwendet werden dürfen, für diese Zwecke hergestellt oder in den Verkehr gebracht werden, auch wenn die Verwendung nur für den eigenen Bedarf des Abnehmers erfolgen soll.

(5) ¹Das Bundesministerium für Umwelt, Naturschutz und nukleare Sicherheit wird ermächtigt, durch Rechtsverordnung mit Zustimmung des Bundesrates, soweit es zur Erfüllung der in § 1 Absatz 1 Nummer 1, auch in Verbindung mit § 1 Absatz 3, genannten Zwecke erforderlich ist,

1. das Inverkehrbringen von Lebensmitteln, die einer Einwirkung durch Verunreinigungen der Luft, des Wassers oder des Bodens ausgesetzt waren, zu verbieten oder zu beschränken,

2. Auslösewerte für einen gesundheitlich nicht erwünschten Stoff, der in oder auf einem Lebensmittel, das einer Einwirkung durch Verunreinigungen der Luft, des Wassers oder des Bodens ausgesetzt war, enthalten ist, festzusetzen.

²Rechtsverordnungen nach Satz 1 bedürfen des Einvernehmens mit dem Bundesministerium und dem Bundesministerium für Wirtschaft und Energie.

§ 14 Weitere Ermächtigungen. (1) Das Bundesministerium wird ermächtigt, durch Rechtsverordnung mit Zustimmung des Bundesrates, soweit dies zur Erfüllung der in § 1 Absatz 1 Nummer 1 oder 2, in den Fällen der Nummern 3 und 6 auch zur Erfüllung der in Absatz 2, stets jeweils auch in Verbindung mit § 1 Absatz 3, genannten Zwecke erforderlich ist,

1. das Inverkehrbringen von vom Tier gewonnenen Lebensmitteln davon abhängig zu machen, dass sie von einer Genusstauglichkeitsbescheinigung, von einer vergleichbaren Urkunde oder von sonstigen Dokumenten begleitet werden sowie Inhalt, Form und Ausstellung dieser Urkunden oder Dokumente zu regeln,

2. das Herstellen, das Behandeln, das Inverkehrbringen oder das Erwerben von vom Tier gewonnenen Lebensmitteln von einer Kennzeichnung, amtlichen Kennzeichnung oder amtlichen Anerkennung oder das Inverkehrbringen von natürlichen Mineralwässern von einer amtlichen Anerkennung abhängig zu machen sowie Inhalt, Art und Weise und das Verfahren einer solchen Kennzeichnung, amtlichen Kennzeichnung oder amtlichen Anerkennung zu regeln,

3. die Voraussetzungen zu bestimmen, unter denen vom Tier gewonnene Lebensmittel als mit infektiösem Material verunreinigt anzusehen sind, sowie die erforderlichen Maßnahmen, insbesondere die Sicherstellung und unschädliche Beseitigung zu regeln,

4. zu bestimmen, unter welchen Voraussetzungen milchwirtschaftliche Unternehmen bestimmte Bezeichnungen führen dürfen,

5. vorzuschreiben, dass Sendungen bestimmter Lebensmittel aus anderen Mitgliedstaaten oder anderen Vertragsstaaten des Abkommens über den Europäischen Wirtschaftsraum, auch während der Beförderung, daraufhin überprüft oder untersucht werden können, ob sie von den vorgeschriebenen Urkunden begleitet werden und den Vorschriften dieses Gesetzes, der aufgrund dieses Gesetzes erlassenen Rechtsverordnungen oder der unmittelbar geltenden Rechtsakte der Europäischen Gemeinschaft oder der Europäischen Union im Anwendungsbereich dieses Gesetzes entsprechen,

6. das Verfahren für die amtliche Untersuchung nach § 13 Absatz 1 Nummer 3 und 4 zu regeln.

(2) Das Bundesministerium wird ferner ermächtigt, durch Rechtsverordnung mit Zustimmung des Bundesrates, soweit dies zur Erfüllung der in § 1 Absatz 1 Nummer 1, auch in Verbindung mit § 1 Absatz 3, genannten Zwecke erforderlich ist,

1. und sofern die Voraussetzungen für eine Regelung durch Rechtsverordnungen nach § 13 Absatz 1 oder § 34 Absatz 1 dieses Gesetzes oder nach § 38 des Infektionsschutzgesetzes nicht erfüllt sind, Vorschriften zu erlassen, die eine einwandfreie Beschaffenheit der Lebensmittel von ihrer Herstellung bis zur Abgabe an den Endverbraucher sicherstellen und dabei auch zu bestimmen, welche gesundheitlichen oder hygienischen Anforderungen lebende Tiere im Sinne des § 4 Absatz 1 Nummer 1, die Lebensmittelunternehmen oder die dort beschäftigten Personen hinsichtlich der Gewinnung bestimmter

Lebensmittel erfüllen müssen, um eine nachteilige Beeinflussung dieser Lebensmittel zu vermeiden,

2. und sofern die Voraussetzungen für eine Regelung durch Rechtsverordnung nach § 6 Absatz 1 Nummer 3 Buchstabe b oder § 38 Absatz 9 oder 10 des Tiergesundheitsgesetzes nicht erfüllt sind, vorzuschreiben, dass und in welcher Weise Räume, Anlagen oder Einrichtungen, in denen lebende Tiere im Sinne des § 4 Absatz 1 Nummer 1 gehalten werden, gereinigt, desinfiziert oder sonst im Hinblick auf die Einhaltung hygienischer Anforderungen behandelt werden müssen, sowie die Führung von Nachweisen zu regeln,

3. vorzuschreiben, dass über die Reinigung, die Desinfektion oder sonstige Behandlungsmaßnahmen im Hinblick auf die Einhaltung der hygienischen Anforderungen von Räumen, Anlagen, Einrichtungen oder Beförderungsmitteln, in denen Lebensmittel hergestellt, behandelt oder in den Verkehr gebracht werden, Nachweise zu führen sind,

4. das Nähere über Art, Form und Inhalt der Nachweise nach den Nummern 2 und 3 sowie über die Dauer ihrer Aufbewahrung zu regeln,

5. das Verfahren für die Überwachung der Einhaltung der hygienischen Anforderungen nach Nummer 1 zu regeln.

(3) Das Bundesministerium wird weiter ermächtigt, im Einvernehmen mit dem Bundesministerium für Wirtschaft und Energie durch Rechtsverordnung mit Zustimmung des Bundesrates, soweit dies zur Erfüllung der in § 1 Absatz 1 Nummer 1, 2 oder 3 Buchstabe a, jeweils auch in Verbindung mit § 1 Absatz 3, genannten Zwecke erforderlich ist, Vorschriften über die Werbung für Säuglingsanfangsnahrung und Folgenahrung zu erlassen.

§ 15 Deutsches Lebensmittelbuch. (1) Das Deutsche Lebensmittelbuch ist eine Sammlung von Leitsätzen, in denen Herstellung, Beschaffenheit oder sonstige Merkmale von Lebensmitteln, die für die Verkehrsfähigkeit der Lebensmittel von Bedeutung sind, beschrieben werden.

(2) Die Leitsätze werden von der Deutschen Lebensmittelbuch-Kommission unter Berücksichtigung des von der Bundesregierung anerkannten internationalen Lebensmittelstandards beschlossen.

(3) [1]Die Leitsätze werden vom Bundesministerium im Einvernehmen mit dem Bundesministerium für Wirtschaft und Energie veröffentlicht. [2]Die Veröffentlichung von Leitsätzen kann aus rechtlichen oder fachlichen Gründen abgelehnt oder rückgängig gemacht werden.

§ 16 Deutsche Lebensmittelbuch-Kommission. (1) Die Deutsche Lebensmittelbuch-Kommission wird beim Bundesministerium gebildet.

(2) [1]Das Bundesministerium beruft im Einvernehmen mit dem Bundesministerium für Wirtschaft und Energie die Mitglieder der Kommission aus den Kreisen der Wissenschaft, der Lebensmittelüberwachung, der Verbraucherschaft und der Lebensmittelwirtschaft in zahlenmäßig gleichem Verhältnis. [2]Das Bundesministerium bestellt den Vorsitzenden der Kommission und seine Stellvertreter und erlässt nach Anhörung der Kommission eine Geschäftsordnung.

(3) [1]Die Kommission soll über die Leitsätze grundsätzlich einstimmig beschließen. [2]Beschlüsse, denen nicht mehr als drei Viertel der Mitglieder der Kommission zugestimmt haben, sind unwirksam. [3]Das Nähere regelt die Geschäftsordnung.

Abschnitt 3. Verkehr mit Futtermitteln

§ 17 Verbote. (1) [1]Es ist verboten, Futtermittel derart herzustellen oder zu behandeln, dass bei ihrer bestimmungsgemäßen und sachgerechten Verfütterung die von der Lebensmittelgewinnung dienenden Tieren[1] für andere gewonnenen Lebensmittel

1. die menschliche Gesundheit beeinträchtigen können,
2. für den Verzehr durch den Menschen ungeeignet sind.

[2]Die Verbote des Artikels 15 Absatz 1 in Verbindung mit Absatz 2 der Verordnung (EG) Nr. 178/2002[2] über das

1. Inverkehrbringen,
2. Verfüttern an der Lebensmittelgewinnung dienende Tiere

von nicht sicheren Futtermitteln bleiben unberührt.

(2) Es ist ferner verboten,

1. Futtermittel
   a) für andere derart herzustellen oder zu behandeln, dass sie bei bestimmungsgemäßer und sachgerechter Verwendung geeignet sind, die tierische Gesundheit zu schädigen,
   b) derart herzustellen oder zu behandeln, dass sie bei bestimmungsgemäßer und sachgerechter Verwendung geeignet sind,
      aa) die Qualität der von Nutztieren gewonnenen Lebensmittel oder sonstigen Produkte zu beeinträchtigen,
      bb) durch in tierischen Ausscheidungen vorhandene unerwünschte Stoffe, die ihrerseits bereits in Futtermitteln enthalten gewesen sind, den Naturhaushalt zu gefährden,
2. Futtermittel in den Verkehr zu bringen, wenn sie bei bestimmungsgemäßer und sachgerechter Verwendung geeignet sind,
   a) die Qualität der von Nutztieren gewonnenen Lebensmittel oder sonstigen Produkte zu beeinträchtigen,
   b) durch in tierischen Ausscheidungen vorhandene unerwünschte Stoffe, die ihrerseits bereits in Futtermitteln enthalten gewesen sind, den Naturhaushalt zu gefährden,
3. Futtermittel zu verfüttern, die geeignet sind,
   a) die Qualität der von Nutztieren gewonnenen Lebensmittel oder sonstigen Produkte zu beeinträchtigen,
   b) durch in tierischen Ausscheidungen vorhandene unerwünschte Stoffe, die ihrerseits bereits in Futtermitteln enthalten gewesen sind, den Naturhaushalt zu gefährden.

§ 17a Versicherung. (1) [1]Ein Futtermittelunternehmer mit mindestens einem im Inland zugelassenen oder registrierten Betrieb, der dort in einem Kalenderjahr voraussichtlich mehr als 500 Tonnen Mischfuttermittel für der Lebensmittelgewinnung dienende Tiere herstellt und diese ganz oder teilweise

---

[1] Richtig wohl: „Tiere".
[2] Nr. 1.

an andere abgibt, hat für den Fall, dass das Futtermittel den futtermittelrechtlichen Anforderungen nicht entspricht und seine Verfütterung deswegen Schäden verursacht, nach Maßgabe der Sätze 2 und 3 dafür Sorge zu tragen, dass eine Versicherung zur Deckung dieser Schäden besteht. [2]Die Versicherung muss bei einem im Inland zum Geschäftsbetrieb zugelassenen Versicherungsunternehmen abgeschlossen worden sein. [3]Die Mindestversicherungssumme beträgt

1. zwei Millionen Euro, wenn der Futtermittelunternehmer in einem Kalenderjahr voraussichtlich mehr als 500 Tonnen und nicht mehr als 5000 Tonnen Mischfuttermittel herstellt,

2. fünf Millionen Euro, wenn der Futtermittelunternehmer in einem Kalenderjahr voraussichtlich mehr als 5000 Tonnen und nicht mehr als 50 000 Tonnen Mischfuttermittel herstellt, und

3. zehn Millionen Euro, wenn der Futtermittelunternehmer in einem Kalenderjahr voraussichtlich mehr als 50 000 Tonnen Mischfuttermittel herstellt,

jeweils für alle Versicherungsfälle eines Versicherungsjahres.

(2) Vom Versicherungsschutz können Ersatzansprüche ausgeschlossen werden, deren Ausschluss im Rahmen bestehender Betriebs- und Produkthaftpflichtversicherungen im Mischfuttermittelbereich marktüblich ist.

(3) [1]In den Fällen des Absatzes 1 Satz 3 Nummer 2 und 3 beträgt die Mindestversicherungssumme zwei Millionen Euro, wenn die abgeschlossene Versicherung durch eine andere Versicherung nach Maßgabe des Satzes 2 ergänzt wird. [2]Die in der ergänzenden Versicherung vereinbarte Versicherungssumme muss für die Futtermittelunternehmer, zu deren Gunsten diese Versicherung besteht, insgesamt mindestens dreißig Millionen Euro für alle Versicherungsfälle eines Versicherungsjahres betragen.

(4) [1]Absatz 1 Satz 1 gilt nicht für einen Betrieb, soweit er das Mischfuttermittel

1. ausschließlich aus selbst gewonnenen Erzeugnissen pflanzlichen Ursprungs ohne Verwendung von Futtermittelzusatzstoffen oder von Vormischungen herstellt und

2. an einen Betrieb abgibt, der

    a) Tiere mit dem Ziel hält, von ihnen Lebensmittel zu gewinnen, und

    b) dieses Mischfuttermittel im eigenen Betrieb verfüttert.

[2]Ein Fall des Satzes 1 Nummer 1 liegt auch dann noch vor, wenn das Mischfuttermittel unter Verwendung von Ergänzungsfuttermitteln hergestellt worden ist.

(5) [1]Der Versicherer hat der nach § 38 Absatz 1 Satz 1 zuständigen Behörde, in deren Bezirk der Versicherte seinen Sitz oder, soweit der Versicherte keinen Sitz im Inland hat, seinen Betrieb hat, den Beginn und die Beendigung oder Kündigung des Versicherungsvertrages sowie jede Änderung des Versicherungsvertrages, die den vorgeschriebenen Versicherungsschutz beeinträchtigt, unverzüglich mitzuteilen. [2]Die zuständige Behörde nach Satz 1 erteilt Dritten zur Geltendmachung von Schadensersatzansprüchen auf Antrag Auskunft über den Namen und die Adresse der Versicherung des Futtermittelunternehmers sowie die Versicherungsnummer, soweit der Futtermittelunternehmer kein überwiegendes schutzwürdiges Interesse an der Nichterteilung der Auskunft hat.

(6) Zuständige Stelle im Sinne des § 117 Absatz 2 des Versicherungsvertragsgesetzes ist die in Absatz 5 Satz 1 bezeichnete Behörde.

§ 18 (weggefallen)

§ 19 Verbote zum Schutz vor Täuschung. Es ist verboten, als Verantwortlicher nach Artikel 12 Absatz 2 der Verordnung (EG) Nr. 767/2009 des Europäischen Parlaments und des Rates vom 13. Juli 2009 über das Inverkehrbringen und die Verwendung von Futtermitteln, zur Änderung der Verordnung (EG) Nr. 1831/2003 des Europäischen Parlaments und des Rates und zur Aufhebung der Richtlinien 79/373/EWG des Rates, 80/511/EWG der Kommission, 82/471/EWG des Rates, 83/228/EWG des Rates, 93/74/EWG des Rates, 93/113/EG des Rates und 96/25/EG des Rates und der Entscheidung 2004/217/EG der Kommission (ABl. L 229 vom 1.9.2009, S. 1; L 192 vom 22.7.2011, S. 71; L 296 vom 15.11.2019, S. 64), die zuletzt durch die Verordnung (EU) 2018/1903 (ABl. L 310 vom 6.12.2018, S. 22) geändert worden ist, Futtermittel, deren Kennzeichnung oder Aufmachung den Anforderungen

1. des Artikels 11 Absatz 1 Buchstabe a der Verordnung (EG) Nr. 767/2009,

2. des Artikels 11 Absatz 1 Buchstabe b der Verordnung (EG) Nr. 767/2009 oder

3. des Artikels 11 Absatz 1 Buchstabe c der Verordnung (EG) Nr. 767/2009 in Verbindung mit Anhang Teil C der Verordnung (EU) Nr. 68/2013 der Kommission vom 16. Januar 2013 zum Katalog der Einzelfuttermittel (ABl. L 29 vom 30.1.2013, S. 1; L 320 vom 30.11.2013, S. 82; L 91 vom 27.3.2014, S. 50), die zuletzt durch die Verordnung (EU) 2020/764 (ABl. L 183 vom 11.6.2020, S. 1) geändert worden ist,

nicht entspricht, in den Verkehr zu bringen oder für solche Futtermittel allgemein oder im Einzelfall zu werben.

§ 20 Verbot der krankheitsbezogenen Werbung. (1) Es ist verboten, beim Verkehr mit Futtermittelzusatzstoffen oder Vormischungen oder in der Werbung für sie allgemein oder im Einzelfall Aussagen zu verwenden, die sich

1. auf die Beseitigung oder Linderung von Krankheiten oder

2. auf die Verhütung solcher Krankheiten, die nicht Folge mangelhafter Ernährung sind,

beziehen.

(2) Das Verbot nach Absatz 1 Nummer 2 bezieht sich nicht auf Aussagen über Futtermittelzusatzstoffe oder Vormischungen, soweit diese Aussagen der Zweckbestimmung dieser Stoffe entsprechen.

(3) Artikel 13 Absatz 3 der Verordnung (EG) Nr. 767/2009 bleibt unberührt.

§ 21 Weitere Verbote sowie Beschränkungen. (1) Vormischungen dürfen nicht in den Verkehr gebracht werden, wenn sie einer durch Rechtsverordnung aufgrund von Ermächtigungen nach diesem Abschnitt festgesetzten Anforderung nicht entsprechen.

(2) Einzelfuttermittel oder Mischfuttermittel dürfen nicht in den Verkehr gebracht werden, wenn sie einer durch Rechtsverordnung aufgrund von Er-

mächtigungen nach diesem Abschnitt festgesetzten Anforderung nicht entsprechen.

(3) [1] Soweit in Satz 2 nichts anderes bestimmt ist, dürfen Futtermittel,

1. bei deren Herstellen oder Behandeln

   a) ein Futtermittelzusatzstoff der in Artikel 6 Absatz 1 Buchstabe e der Verordnung (EG) Nr. 1831/2003 genannten Kategorie der Kokzidiostatika und Histomonostatika oder

   b) ein Futtermittelzusatzstoff einer anderen als der in Artikel 6 Absatz 1 Buchstabe e der Verordnung (EG) Nr. 1831/2003 genannten Kategorie verwendet worden ist,

2. die einer durch

   a) eine Rechtsverordnung nach § 23 Nummer 1,

   b) eine Rechtsverordnung nach § 23a Nummer 1,

   c) eine Rechtsverordnung nach § 23a Nummer 3,

   d) eine Rechtsverordnung nach § 23a Nummer 11

   festgesetzten Anforderung nicht entsprechen, oder

3. die den Anforderungen nach Artikel 18 Absatz 1, auch in Verbindung mit Artikel 20 Absatz 1, der Verordnung (EG) Nr. 396/2005 nicht entsprechen,

nicht in Verkehr gebracht und nicht verfüttert werden. [2] Satz 1 Nummer 1 gilt nicht, wenn der verwendete Futtermittelzusatzstoff durch einen unmittelbar geltenden Rechtsakt der Europäischen Gemeinschaft oder der Europäischen Union zugelassen ist und der verwendete Futtermittelzusatzstoff oder das Futtermittel einer im Rahmen dieses unmittelbar geltenden Rechtsaktes oder in der Verordnung (EG) Nr. 1831/2003 festgesetzten Anforderung entspricht, sofern eine solche Anforderung dort festgesetzt worden ist. [3] Abweichend von Satz 1 dürfen Futtermittel in den Fällen des Satzes 1

1. Nummer 2 Buchstabe b und

2. Nummer 2 Buchstabe c, soweit ein nach § 23a Nummer 3 festgesetzter Mindestgehalt unterschritten wird,

verfüttert werden. [4] Das Bundesministerium wird ermächtigt, durch Rechtsverordnung mit Zustimmung des Bundesrates, soweit es mit den in § 1 Absatz 1 Nummer 1, 2 oder Nummer 4, jeweils auch in Verbindung mit § 1 Absatz 3, genannten Zwecken vereinbar ist,

1. abweichend von Satz 1 Nummer 2 Buchstabe a und b die Abgabe von Futtermitteln in bestimmten Fällen oder zu bestimmten Zwecken zuzulassen und, soweit erforderlich, von einer Genehmigung abhängig zu machen,

2. Ausnahmen von dem Verbot des Satzes 1 Nummer 3 oder Artikels 18 Absatz 1 der Verordnung (EG) Nr. 396/2005 zuzulassen.

§ 22 Ermächtigungen zum Schutz der Gesundheit. Das Bundesministerium wird ermächtigt, durch Rechtsverordnung mit Zustimmung des Bundesrates, soweit es zur Erfüllung der in § 1 Absatz 1 Nummer 1, auch in Verbindung mit Absatz 3, genannten Zwecke erforderlich ist, bei dem Herstellen oder dem Behandeln von Futtermitteln die Verwendung bestimmter Stoffe oder Verfahren vorzuschreiben, zu verbieten oder zu beschränken.

§ 23 Weitere Ermächtigungen zum Schutz der Gesundheit. Das Bundesministerium wird ermächtigt, durch Rechtsverordnung mit Zustimmung des Bundesrates, soweit es zur Erfüllung der in § 1 Absatz 1 Nummer 1, 2, 3 Buchstabe b oder Nummer 4, jeweils auch in Verbindung mit § 1 Absatz 3, genannten Zwecke erforderlich ist,

1. den Höchstgehalt an unerwünschten Stoffen festzusetzen,

2. die hygienischen Anforderungen zu erlassen, die eine einwandfreie Beschaffenheit der Futtermittel von ihrer Herstellung bis zur Verfütterung sicherstellen,

3. Anforderungen an die Beschaffenheit und Ausstattung von Räumen, Anlagen und Behältnissen zu stellen, in denen Futtermittel hergestellt oder behandelt werden,

4. die Ausstattung, Reinigung oder Desinfektion der in Nummer 3 bezeichneten Räume, Anlagen oder Behältnisse, der zur Beförderung von Futtermitteln dienenden Transportmittel, der bei einer solchen Beförderung benutzten Behältnisse und Gerätschaften und der Ladeplätze sowie die Führung von Nachweisen über die Reinigung und Desinfektion zu regeln,

5. das Verwenden oder das Inverkehrbringen von Gegenständen zu verbieten oder zu beschränken, die dazu bestimmt sind, bei dem Herstellen, Behandeln, Inverkehrbringen oder Verfüttern von Futtermitteln verwendet zu werden und dabei mit Futtermitteln in Berührung kommen oder auf diese einwirken, wenn zu befürchten ist, dass gesundheitlich nicht unbedenkliche Anteile eines Stoffs in ein Futtermittel übergehen,

6. das Verwenden oder das Inverkehrbringen von Materialien oder Gegenständen zu verbieten oder zu beschränken, die dazu bestimmt sind, beim Halten von Tieren, die der Lebensmittelgewinnung dienen, verwendet zu werden und dabei mit diesen Tieren in Berührung zu kommen und bei denen nicht ausgeschlossen werden kann, dass sie von Tieren aufgenommen werden, wenn zu befürchten ist, dass gesundheitlich nicht unbedenkliche Anteile eines Stoffs

a) in das Tier übergehen und dies für die von diesen Tieren gewonnenen Lebensmittel ein Verkehrsverbot zur Folge haben kann, oder

b) auf das Tier einwirken und dies eine Schädigung der Gesundheit des Tieres zur Folge haben kann.

§ 23a Ermächtigungen zum Schutz der tierischen Gesundheit und zur Förderung der tierischen Erzeugung. Das Bundesministerium wird ermächtigt, durch Rechtsverordnung mit Zustimmung des Bundesrates, soweit es zur Erfüllung der in § 1 Absatz 1 Nummer 2, 3 Buchstabe b oder Nummer 4, jeweils auch in Verbindung mit § 1 Absatz 3, genannten Zwecke erforderlich ist,

1. den Höchstgehalt an Mittelrückständen festzusetzen,

2. Aktionsgrenzwerte für unerwünschte Stoffe festzusetzen,

3. den Gehalt oder den Höchstgehalt an Futtermittelzusatzstoffen in Einzelfuttermitteln oder Mischfuttermitteln festzusetzen,

4. Verwendungszwecke für Diätfuttermittel festzusetzen,

5. Futtermittelzusatzstoffe für bestimmte andere Futtermittel zuzulassen, soweit Futtermittelzusatzstoffe nach anderen Vorschriften einer Zulassung bedürfen,

6. Stoffe, die zur Verhütung bestimmter, verbreitet auftretender Krankheiten von Tieren bestimmt sind, als Futtermittelzusatzstoffe zuzulassen,

7. vorzuschreiben, dass bestimmte Stoffe als Einzelfuttermittel oder Mischfuttermittel nicht in den Verkehr gebracht und nicht verfüttert werden dürfen,

8. das Herstellen, das Verfüttern, das Inverkehrbringen oder die Verwendung von bestimmten Futtermitteln oder die Verwendung von Stoffen für die Herstellung von Futtermitteln

   a) zu verbieten,

   b) zu beschränken,

   c) von einer Zulassung abhängig zu machen sowie die Voraussetzungen und das Verfahren für die Zulassung einschließlich des Ruhens der Zulassung zu regeln,

   d) von Anforderungen an bestimmte Futtermittel hinsichtlich ihrer Auswirkungen auf andere Futtermittel und die tierische Erzeugung abhängig zu machen, insbesondere hinsichtlich ihrer Wirksamkeit, Reinheit, Haltbarkeit, Zusammensetzung und technologischen Beschaffenheit, ihres Gehaltes an bestimmten Inhaltsstoffen, ihres Energiewertes, ihrer Beschaffenheit oder ihrer Zusammensetzung,

9. für bestimmte Einzelfuttermittel oder Mischfuttermittel eine Wartezeit festzusetzen und vorzuschreiben, dass innerhalb dieser Wartezeit tierische Produkte als Lebensmittel nicht gewonnen werden dürfen,

10. Anforderungen an

    a) Futtermittelzusatzstoffe oder Vormischungen hinsichtlich ihrer Auswirkungen auf die Einzelfuttermittel oder Mischfuttermittel und die tierische Erzeugung, insbesondere hinsichtlich ihrer Wirksamkeit, Reinheit, Haltbarkeit, Zusammensetzung und technologischen Beschaffenheit,

    b) Einzelfuttermittel oder Mischfuttermittel hinsichtlich ihres Gehaltes an bestimmten Inhaltsstoffen, ihres Energiewertes, ihrer Beschaffenheit und ihrer Zusammensetzung

    festzusetzen,

11. bei dem Herstellen oder Behandeln von Futtermitteln die Verwendung bestimmter Stoffe oder Gegenstände oder die Anwendung bestimmter Verfahren vorzuschreiben, zu verbieten, zu beschränken oder von einer Zulassung abhängig zu machen.

§ 24 Gewähr für bestimmte Anforderungen. Der Verkäufer eines Futtermittels übernimmt die Gewähr dafür, dass das Futtermittel die in Artikel 4 Absatz 2 Unterabsatz 1 Buchstabe a der Verordnung (EG) Nr. 767/2009 bezeichneten Anforderungen erfüllt.

§ 25 Mitwirkung bestimmter Behörden. Das Bundesministerium wird ermächtigt, durch Rechtsverordnung, die nicht der Zustimmung des Bundesrates bedarf, soweit es zur Erfüllung der in § 1 Absatz 1 Nummer 1 oder 4, jeweils auch in Verbindung mit § 1 Absatz 3, genannten Zwecke erforderlich ist, die Mitwirkung des Bundesamtes für Verbraucherschutz und Lebensmittelsicherheit oder des Bundesinstitutes für Risikobewertung sowie Art und Umfang dieser Mitwirkung bei der in Rechtsakten der Europäischen Gemeinschaft oder der Europäischen Union vorgesehenen

1. Aufnahme eines Futtermittels in einen Anhang eines Rechtsaktes der Europäischen Gemeinschaft oder der Europäischen Union,
2. Festsetzung eines Verwendungszwecks für Futtermittel,
3. Durchführung gemeinschaftlicher oder unionsrechtlicher Untersuchungs- oder Erhebungsprogramme

zu regeln.

Abschnitt 4. Verkehr mit Mitteln zum Tätowieren und kosmetischen Mitteln

§ 26 Verbote zum Schutz der Gesundheit. [1] Es ist verboten,

1. Mittel zum Tätowieren für andere derart herzustellen oder zu behandeln, dass sie bei bestimmungsgemäßem oder vorauszusehendem Gebrauch geeignet sind, die Gesundheit zu schädigen,
2. Stoffe oder Gemische aus Stoffen, die bei bestimmungsgemäßem oder vorauszusehendem Gebrauch geeignet sind, die Gesundheit zu schädigen, als Mittel zum Tätowieren in den Verkehr zu bringen.

[2] Der bestimmungsgemäße oder vorauszusehende Gebrauch beurteilt sich insbesondere unter Heranziehung der in Satz 1 genannten Mittel, Stoffe und Gemische aus Stoffen, anhand ihrer Kennzeichnung, soweit erforderlich, anhand der Hinweise für ihre Verwendung sowie anhand aller sonstigen die Mittel, die Stoffe oder die Gemische aus Stoffen begleitenden Angaben oder Informationen seitens des Herstellers oder des für das Inverkehrbringen der Mittel zum Tätowieren Verantwortlichen.

§ 27 Vorschriften zum Schutz vor Täuschung. [1] Es ist verboten, Mittel zum Tätowieren unter irreführender Bezeichnung, Angabe oder Aufmachung in den Verkehr zu bringen oder für Mittel zum Tätowieren allgemein oder im Einzelfall mit irreführenden Darstellungen oder sonstigen Aussagen zu werben. [2] Eine Irreführung liegt insbesondere dann vor, wenn

1. zur Täuschung geeignete Bezeichnungen, Angaben, Aufmachungen, Darstellungen oder sonstige Aussagen über Art, Beschaffenheit, Zusammensetzung, Menge, Haltbarkeit, Herkunft oder Art der Herstellung verwendet werden, oder
2. ein Mittel zum Tätowieren für die vorgesehene Verwendung nicht geeignet ist.

§ 28 Ermächtigungen zum Schutz der Gesundheit. (1) Das Bundesministerium wird ermächtigt, im Einvernehmen mit dem Bundesministerium für Wirtschaft und Energie durch Rechtsverordnung mit Zustimmung des Bundesrates, soweit es zur Erfüllung der in § 1 Absatz 1 Nummer 1, auch in Verbindung mit § 1 Absatz 3, genannten Zwecke erforderlich ist,

1. Anforderungen an die mikrobiologische Beschaffenheit bestimmter Mittel zum Tätowieren oder bestimmter kosmetischer Mittel zu stellen,
2. für Mittel zum Tätowieren oder für kosmetische Mittel Vorschriften zu erlassen, die den in § 32 Absatz 1 Nummer 1 bis 5 und 8 für Bedarfsgegenstände vorgesehenen Regelungen entsprechen.

(2) Mittel zum Tätowieren oder kosmetische Mittel, die einer nach Absatz 1 Nummer 1 oder nach Absatz 1 Nummer 2 in Verbindung mit § 32 Absatz 1 Nummer 1 bis 4 Buchstabe a oder Nummer 5 erlassenen Rechtsverordnung nicht entsprechen, dürfen nicht in den Verkehr gebracht werden.

(3) [1] Das Bundesministerium wird ermächtigt, im Einvernehmen mit dem Bundesministerium für Wirtschaft und Energie durch Rechtsverordnung mit Zustimmung des Bundesrates, soweit es für eine medizinische Behandlung bei gesundheitlichen Beeinträchtigungen, die auf die Einwirkung von Mitteln zum Tätowieren oder von kosmetischen Mitteln zurückgehen können, erforderlich ist,

1. vorzuschreiben, dass von dem Hersteller oder demjenigen, der das Mittel zum Tätowieren oder das kosmetische Mittel in den Verkehr bringt, dem Bundesamt für Verbraucherschutz und Lebensmittelsicherheit bestimmte Angaben über das Mittel zum Tätowieren oder das kosmetische Mittel, insbesondere Angaben zu seiner Identifizierung, über seine Verwendungszwecke, über die darin enthaltenen Stoffe und deren Menge sowie jede Veränderung dieser Angaben mitzuteilen sind, und die Einzelheiten über Form, Inhalt, Ausgestaltung und Zeitpunkt der Mitteilung zu bestimmen,

2. zu bestimmen, dass das Bundesamt für Verbraucherschutz und Lebensmittelsicherheit die Angaben nach Nummer 1 an die von den Ländern zu bezeichnenden medizinischen Einrichtungen, die Erkenntnisse über die gesundheitlichen Auswirkungen von Mitteln zum Tätowieren oder von kosmetischen Mitteln sammeln und auswerten und bei Stoff bezogenen gesundheitlichen Beeinträchtigungen durch Beratung und Behandlung Hilfe leisten (Informations- und Behandlungszentren für Vergiftungen), weiterleiten kann,

3. zu bestimmen, dass die Informations- und Behandlungszentren für Vergiftungen dem Bundesamt für Verbraucherschutz und Lebensmittelsicherheit über Erkenntnisse aufgrund ihrer Tätigkeit berichten, die für die Beratung bei und die Behandlung von Stoff bezogenen gesundheitlichen Beeinträchtigungen von allgemeiner Bedeutung sind.

[2] Die Angaben nach Satz 1 Nummer 1 und 2 sind vertraulich zu behandeln und dürfen nur zu dem Zweck verwendet werden, Anfragen zur Behandlung von gesundheitlichen Beeinträchtigungen zu beantworten. [3] In Rechtsverordnungen nach Satz 1 Nummer 1 und 2 können nähere Bestimmungen über die vertrauliche Behandlung und die Zweckbindung nach Satz 2 erlassen werden.

§ 29 Weitere Ermächtigungen. (1) Das Bundesministerium wird ermächtigt, im Einvernehmen mit dem Bundesministerium für Wirtschaft und Energie durch Rechtsverordnung mit Zustimmung des Bundesrates, soweit es zur Erfüllung der in § 1 Absatz 1 Nummer 1 oder 2, jeweils auch in Verbindung mit § 1 Absatz 3, genannten Zwecke erforderlich ist,

1. vorzuschreiben, dass von dem Hersteller oder dem Einführer bestimmte Angaben, insbesondere über das Herstellen, das Inverkehrbringen oder die Zusammensetzung von Mitteln zum Tätowieren oder von kosmetischen Mitteln, über die hierbei verwendeten Stoffe, über die Wirkungen von Mitteln zum Tätowieren oder kosmetischen Mitteln sowie über die Bewertungen, aus denen sich die gesundheitliche Beurteilung von Mitteln zum Tätowieren oder von kosmetischen Mitteln ergibt, und über den für die Bewertung Verantwortlichen für die für die Überwachung des Verkehrs mit

Mitteln zum Tätowieren oder kosmetischen Mitteln zuständigen Behörden bereitgehalten werden müssen sowie den Ort und die Einzelheiten über die Art und Weise des Bereithaltens zu bestimmen,

2. vorzuschreiben, dass der Hersteller oder der Einführer den für die Überwachung des Verkehrs mit Mitteln zum Tätowieren oder mit kosmetischen Mitteln zuständigen Behörden bestimmte Angaben nach Nummer 1 mitzuteilen hat,

3. bestimmte Anforderungen und Untersuchungsverfahren, nach denen die gesundheitliche Unbedenklichkeit von Mitteln zum Tätowieren oder von kosmetischen Mitteln zu bestimmen und zu beurteilen ist, festzulegen und das Herstellen, das Behandeln und das Inverkehrbringen von Mitteln zum Tätowieren oder von kosmetischen Mitteln hiervon abhängig zu machen,

4. vorzuschreiben, dass der Hersteller oder der Einführer bestimmte Angaben über

a) die mengenmäßige oder inhaltliche Zusammensetzung von Mitteln zum Tätowieren oder von kosmetischen Mitteln oder

b) Nebenwirkungen von Mitteln zum Tätowieren oder von kosmetischen Mitteln auf die menschliche Gesundheit

auf geeignete Art und Weise der Öffentlichkeit leicht zugänglich zu machen hat, soweit die Angaben nicht Betriebs- oder Geschäftsgeheimnisse betreffen.

(2) Das Bundesministerium wird ferner ermächtigt, im Einvernehmen mit dem Bundesministerium für Wirtschaft und Energie durch Rechtsverordnung mit Zustimmung des Bundesrates, soweit es

1. zur Erfüllung der in § 1 Absatz 1 Nummer 2, auch in Verbindung mit § 1 Absatz 3, genannten Zwecke erforderlich ist, vorzuschreiben, dass Mittel zum Tätowieren oder kosmetische Mittel unter bestimmten zur Irreführung geeigneten Bezeichnungen, Angaben oder Aufmachungen nicht in den Verkehr gebracht werden dürfen und dass für sie mit bestimmten zur Irreführung geeigneten Darstellungen oder sonstigen Aussagen nicht geworben werden darf,

2. zur Erfüllung der in § 1 Absatz 1 Nummer 1, 2 oder 3 Buchstabe a, jeweils auch in Verbindung mit § 1 Absatz 3, genannten Zwecke erforderlich ist, das Inverkehrbringen von Mitteln zum Tätowieren oder von kosmetischen Mitteln zu verbieten oder zu beschränken.

Abschnitt 5. Verkehr mit sonstigen Bedarfsgegenständen

§ 30 **Verbote zum Schutz der Gesundheit.** Es ist verboten,

1. Bedarfsgegenstände für andere derart herzustellen oder zu behandeln, dass sie bei bestimmungsgemäßem oder vorauszusehendem Gebrauch geeignet sind, die Gesundheit durch ihre stoffliche Zusammensetzung, insbesondere durch toxikologisch wirksame Stoffe oder durch Verunreinigungen, zu schädigen,

2. Gegenstände oder Mittel, die bei bestimmungsgemäßem oder vorauszusehendem Gebrauch geeignet sind, die Gesundheit durch ihre stoffliche Zusammensetzung, insbesondere durch toxikologisch wirksame Stoffe oder durch Verunreinigungen, zu schädigen, als Bedarfsgegenstände in den Verkehr zu bringen,

3. Bedarfsgegenstände im Sinne des § 2 Absatz 6 Satz 1 Nummer 1 bei dem Herstellen oder Behandeln von Lebensmitteln so zu verwenden, dass die Bedarfsgegenstände geeignet sind, bei der Aufnahme der Lebensmittel die Gesundheit zu schädigen.

§ 31 Übergang von Stoffen auf Lebensmittel. (1) Es ist verboten, Materialien oder Gegenstände im Sinne des § 2 Absatz 6 Satz 1 Nummer 1, die den in Artikel 3 Absatz 1 der Verordnung (EG) Nr. 1935/2004 festgesetzten Anforderungen an ihre Herstellung nicht entsprechen, als Bedarfsgegenstände zu verwenden oder in den Verkehr zu bringen.

(2) [1]Das Bundesministerium wird ermächtigt, durch Rechtsverordnung mit Zustimmung des Bundesrates, soweit es zur Erfüllung der in § 1 Absatz 1 Nummer 1 oder 2, jeweils auch in Verbindung mit § 1 Absatz 3, genannten Zwecke erforderlich ist,

1. vorzuschreiben, dass Materialien oder Gegenstände als Bedarfsgegenstände im Sinne des § 2 Absatz 6 Satz 1 Nummer 1 nur so hergestellt werden dürfen, dass sie unter den üblichen oder vorhersehbaren Bedingungen ihrer Verwendung keine Stoffe auf Lebensmittel oder deren Oberfläche in Mengen abgeben, die geeignet sind,

   a) die menschliche Gesundheit zu gefährden,

   b) die Zusammensetzung oder Geruch, Geschmack oder Aussehen der Lebensmittel zu beeinträchtigen,

2. für bestimmte Stoffe in Bedarfsgegenständen festzulegen, ob und in welchen bestimmten Anteilen die Stoffe auf Lebensmittel übergehen dürfen,

[2]Materialien oder Gegenstände, die den Anforderungen des Satzes 1 Nummer 2 nicht entsprechen, dürfen nicht als Bedarfsgegenstände im Sinne des § 2 Absatz 6 Satz 1 Nummer 1 verwendet oder in den Verkehr gebracht werden.

(3) Es ist verboten, Lebensmittel, die unter Verwendung eines in Absatz 1 genannten Bedarfsgegenstandes hergestellt oder behandelt worden sind, als Lebensmittel in den Verkehr zu bringen.

§ 32 Ermächtigungen zum Schutz der Gesundheit. (1) Das Bundesministerium wird ermächtigt, im Einvernehmen mit dem Bundesministerium für Wirtschaft und Energie durch Rechtsverordnung mit Zustimmung des Bundesrates, soweit es zur Erfüllung der in § 1 Absatz 1 Nummer 1, auch in Verbindung mit § 1 Absatz 3, genannten Zwecke erforderlich ist,

1. die Verwendung bestimmter Stoffe, Stoffgruppen oder Stoffgemische bei dem Herstellen oder Behandeln von bestimmten Bedarfsgegenständen zu verbieten oder zu beschränken,

2. vorzuschreiben, dass für das Herstellen bestimmter Bedarfsgegenstände oder einzelner Teile von ihnen nur bestimmte Stoffe verwendet werden dürfen,

3. die Anwendung bestimmter Verfahren bei dem Herstellen von bestimmten Bedarfsgegenständen zu verbieten oder zu beschränken,

4. Höchstmengen für Stoffe festzusetzen, die

   a) aus bestimmten Bedarfsgegenständen auf Endverbraucher einwirken oder übergehen können oder

   b) die beim Herstellen, Behandeln oder Inverkehrbringen von bestimmten Bedarfsgegenständen in oder auf diesen vorhanden sein dürfen,

5. Reinheitsanforderungen für bestimmte Stoffe festzusetzen, die bei dem Herstellen bestimmter Bedarfsgegenstände verwendet werden,

6. Vorschriften über die Wirkungsweise von Bedarfsgegenständen im Sinne des § 2 Absatz 6 Satz 1 Nummer 1 zu erlassen,

7. vorzuschreiben, dass bestimmte Bedarfsgegenstände im Sinne des § 2 Absatz 6 Satz 1 Nummer 3 bis 6 nur in den Verkehr gebracht werden dürfen, wenn bestimmte Anforderungen an ihre mikrobiologische Beschaffenheit eingehalten werden,

8. beim Verkehr mit bestimmten Bedarfsgegenständen Warnhinweise, sonstige warnende Aufmachungen, Sicherheitsvorkehrungen oder Anweisungen für das Verhalten bei Unglücksfällen vorzuschreiben.

(2) Bedarfsgegenstände, die einer nach Absatz 1 Nummer 1 bis 4 Buchstabe a, Nummer 5 oder 6 erlassenen Rechtsverordnung nicht entsprechen, dürfen nicht in den Verkehr gebracht werden.

§ 33 Vorschriften zum Schutz vor Täuschung. (1) Es ist verboten, Materialien oder Gegenstände im Sinne des § 2 Absatz 6 Satz 1 Nummer 1 unter irreführender Bezeichnung, Angabe oder Aufmachung in den Verkehr zu bringen oder beim Verkehr mit solchen Bedarfsgegenständen hierfür allgemein oder im Einzelfall mit irreführenden Darstellungen oder sonstigen Aussagen zu werben.

(2) Das Bundesministerium wird ermächtigt, im Einvernehmen mit dem Bundesministerium für Wirtschaft und Energie durch Rechtsverordnung mit Zustimmung des Bundesrates, soweit es zur Erfüllung der in § 1 Absatz 1 Nummer 2, auch in Verbindung mit § 1 Absatz 3, genannten Zwecke erforderlich ist, vorzuschreiben, dass andere als in Absatz 1 genannte Bedarfsgegenstände nicht unter irreführender Bezeichnung, Angabe oder Aufmachung in den Verkehr gebracht werden dürfen oder für solche Bedarfsgegenstände allgemein oder im Einzelfall nicht mit irreführenden Darstellungen oder sonstigen Aussagen geworben werden darf und die Einzelheiten dafür zu bestimmen.

Abschnitt 6. Gemeinsame Vorschriften für alle Erzeugnisse

§ 34 Ermächtigungen zum Schutz der Gesundheit. [1] Das Bundesministerium wird ermächtigt, im Einvernehmen mit dem Bundesministerium für Wirtschaft und Energie durch Rechtsverordnung mit Zustimmung des Bundesrates, soweit es zur Erfüllung der in § 1 Absatz 1 Nummer 1, auch in Verbindung mit § 1 Absatz 3, genannten Zwecke erforderlich ist, das Herstellen, das Behandeln, das Verwenden oder, vorbehaltlich des § 13 Absatz 5 Satz 1, das Inverkehrbringen von bestimmten Erzeugnissen

1. zu verbieten sowie die hierfür erforderlichen Maßnahmen, insbesondere die Sicherstellung und unschädliche Beseitigung, zu regeln,

2. zu beschränken sowie die hierfür erforderlichen Maßnahmen vorzuschreiben; hierbei kann insbesondere vorgeschrieben werden, dass die Erzeugnisse nur von bestimmten Betrieben oder unter Einhaltung bestimmter gesundheitlicher Anforderungen hergestellt, behandelt oder in den Verkehr gebracht werden dürfen,

3. von einer Zulassung, einer Registrierung oder einer Genehmigung abhängig zu machen,

4. von einer Anzeige abhängig zu machen,

5. die Voraussetzungen und das Verfahren für die Zulassung, die Registrierung und die Genehmigung nach Nummer 3 einschließlich des Ruhens der Zulassung, der Registrierung oder der Genehmigung zu regeln,

6. das Verfahren für die Anzeige nach Nummer 4 und für die Überprüfung bestimmter Anforderungen des Erzeugnisses zu regeln sowie die Maßnahmen zu regeln, die zu ergreifen sind, wenn das Erzeugnis den Anforderungen dieses Gesetzes oder der aufgrund dieses Gesetzes erlassenen Rechtsverordnungen nicht entspricht,

7. von dem Nachweis bestimmter Fachkenntnisse abhängig zu machen; dies gilt auch für die Durchführung von Bewertungen, aus denen sich die gesundheitliche Beurteilung eines Erzeugnisses ergibt.

[2] In einer Rechtsverordnung nach Satz 1 Nummer 5 oder 6 kann bestimmt werden, dass die zuständige Behörde für die Durchführung eines Zulassungs-, Genehmigungs-, Registrierungs- oder Anzeigeverfahrens das Bundesamt für Verbraucherschutz und Lebensmittelsicherheit ist.

§ 35 Ermächtigungen zum Schutz vor Täuschung und zur Unterrichtung. Das Bundesministerium wird ermächtigt, im Einvernehmen mit dem Bundesministerium für Wirtschaft und Energie durch Rechtsverordnung mit Zustimmung des Bundesrates, soweit es zur Erfüllung der in § 1 Absatz 1 Nummer 2 oder 3, jeweils auch in Verbindung mit § 1 Absatz 3, genannten Zwecke erforderlich ist,

1. Inhalt, Art und Weise und Umfang der Kennzeichnung von Erzeugnissen bei deren Inverkehrbringen oder Behandeln zu regeln und dabei insbesondere

   a) die Angabe der Bezeichnung, der Masse oder des Volumens sowie

   b) Angaben über

      aa) den Inhalt, insbesondere über die Zusammensetzung, die Beschaffenheit, Inhaltsstoffe oder Energiewerte,

      bb) den Hersteller, den für das Inverkehrbringen Verantwortlichen, die Anwendung von Verfahren, den Zeitpunkt oder die Art und Weise der Herstellung, die Haltbarkeit, die Herkunft, die Zubereitung, den Verwendungszweck oder, für bestimmte Erzeugnisse, eine Wartezeit

   vorzuschreiben,

1a. Inhalt, Art und Weise sowie Umfang von anderen als über die Kennzeichnung vermittelten Informationen über Lebensmittel sowie von im Geschäftsverkehr zwischen Lebensmittelunternehmern relevante Informationen, bei denen es sich nicht um an den Endverbraucher gerichtete Informationen über Lebensmittel handelt, zu regeln,

2. für bestimmte Erzeugnisse vorzuschreiben, dass

   a) sie nur in Packungen, Behältnissen oder sonstigen Umhüllungen, auch verschlossen oder von bestimmter Art, in den Verkehr gebracht werden dürfen und dabei die Art oder Sicherung eines Verschlusses zu regeln,

b) an den Vorratsgefäßen oder ähnlichen Behältnissen, in denen Erzeugnisse feilgehalten oder sonst zum Verkauf vorrätig gehalten werden, der Inhalt anzugeben ist,

c) für sie bestimmte Lagerungsbedingungen anzugeben sind,

3. für bestimmte Erzeugnisse Vorschriften über das Herstellen oder das Behandeln zu erlassen,

4. für bestimmte Erzeugnisse duldbare Abweichungen bei bestimmten vorgeschriebenen Angaben festzulegen,

5. vorzuschreiben, dass derjenige, der bestimmte Erzeugnisse herstellt, behandelt, einführt oder in den Verkehr bringt, bestimmte Informationen, insbesondere über die Verwendung der Erzeugnisse, bereitzuhalten oder der zuständigen Behörde auf Aufforderung zu übermitteln hat, sowie Inhalt, Art und Weise und Beschränkungen des Bereithaltens zu regeln.

§ 36 Ermächtigungen für betriebseigene Kontrollen und Maßnahmen. [1]Das Bundesministerium wird ermächtigt, im Einvernehmen mit dem Bundesministerium für Wirtschaft und Energie durch Rechtsverordnung mit Zustimmung des Bundesrates, soweit es zur Erfüllung der in § 1 Absatz 1 Nummer 1 oder 4 Buchstabe a Doppelbuchstabe aa, auch in Verbindung mit § 1 Absatz 3, genannten Zwecke erforderlich ist,

1. vorzuschreiben, dass Betriebe, die bestimmte Erzeugnisse herstellen, behandeln oder in den Verkehr bringen, bestimmte betriebseigene Kontrollen und Maßnahmen sowie Unterrichtungen oder Schulungen von Personen in der erforderlichen Hygiene durchzuführen und darüber Nachweise zu führen haben, sowie dass Betriebe bestimmten Prüfungs- und Mitteilungspflichten unterliegen,

2. das Nähere über Art, Umfang und Häufigkeit der betriebseigenen Kontrollen und Maßnahmen nach Nummer 1 sowie die Auswertung und Mitteilung der Kontrollergebnisse zu regeln,

3. das Nähere über Art, Form und Inhalt der Nachweise nach Nummer 1 sowie über die Dauer ihrer Aufbewahrung zu regeln,

4. vorzuschreiben, dass Betriebe, die bestimmte Erzeugnisse herstellen, behandeln oder in den Verkehr bringen, oder von diesen Betrieben beauftragte Labors, bei der Durchführung mikrobiologischer Untersuchungen im Rahmen der betriebseigenen Kontrollen nach Nummer 1 bestimmtes Untersuchungsmaterial aufzubewahren und der zuständigen Behörde auf Verlangen auszuhändigen haben sowie die geeignete Art und Weise und die Dauer der Aufbewahrung und die Verwendung des ausgehändigten Untersuchungsmaterials zu regeln.

[2]Satz 1 gilt entsprechend für Lebensmittelunternehmen, in denen lebende Tiere im Sinne des § 4 Absatz 1 Nummer 1 gehalten werden. [3]Eine Mitteilung aufgrund einer Rechtsverordnung nach Satz 1 Nummer 2 oder eine Aushändigung von Untersuchungsmaterial aufgrund einer Rechtsverordnung nach Satz 1 Nummer 4 darf nicht zur strafrechtlichen Verfolgung des Mitteilenden oder Aushändigenden oder für ein Verfahren nach dem Gesetz über Ordnungswidrigkeiten gegen den Mitteilenden oder Aushändigenden verwendet werden.

§ 37 Weitere Ermächtigungen. (1) Das Bundesministerium wird ermächtigt, im Einvernehmen mit dem Bundesministerium für Wirtschaft und Energie durch Rechtsverordnung mit Zustimmung des Bundesrates, soweit es zur Erfüllung der in § 1 Absatz 1 Nummer 1, 2 oder 4, jeweils auch in Verbindung mit § 1 Absatz 3, genannten Zwecke erforderlich ist,

1. vorzuschreiben, dass Betriebe, die bestimmte Erzeugnisse herstellen, behandeln, in den Verkehr bringen oder verwenden, anerkannt, zugelassen oder registriert sein müssen sowie das Verfahren für die Anerkennung, Zulassung oder Registrierung einschließlich des Ruhens der Anerkennung oder Zulassung zu regeln,

2. die Voraussetzungen festzulegen, unter denen eine Anerkennung, Zulassung oder Registrierung zu erteilen ist.

(2) In der Rechtsverordnung nach Absatz 1 Nummer 2 können an das Herstellen, das Behandeln, das Inverkehrbringen oder das Verwenden des jeweiligen Erzeugnisses Anforderungen insbesondere über

1. die bauliche Gestaltung der Anlagen und Einrichtungen, insbesondere hinsichtlich der für die betroffene Tätigkeit einzuhaltenden hygienischen Anforderungen,

2. die Gewährleistung der von den betroffenen Betrieben nach der Anerkennung, Zulassung, Registrierung oder Zertifizierung einzuhaltenden Vorschriften dieses Gesetzes und der aufgrund dieses Gesetzes erlassenen Rechtsverordnungen,

3. die Einhaltung der Vorschriften über den Arbeitsschutz,

4. das Vorliegen der im Hinblick auf die betroffene Tätigkeit erforderlichen Zuverlässigkeit der Betriebsinhaberin oder des Betriebsinhabers oder der von der Betriebsinhaberin oder vom Betriebsinhaber bestellten verantwortlichen Person,

5. die im Hinblick auf die betroffene Tätigkeit erforderliche Sachkunde der Betriebsinhaberin oder des Betriebsinhabers oder der von der Betriebsinhaberin oder vom Betriebsinhaber bestellten verantwortlichen Person,

6. die Anfertigung von Aufzeichnungen und ihre Aufbewahrung

festgelegt werden.

Abschnitt 7. Überwachung

§ 38 Zuständigkeit, Aufgabe und gegenseitige Information. (1) [1]Die Zuständigkeit für die Überwachungsmaßnahmen nach diesem Gesetz, den aufgrund dieses Gesetzes erlassenen Rechtsverordnungen und den unmittelbar geltenden Rechtsakten der Europäischen Gemeinschaft oder der Europäischen Union im Anwendungsbereich dieses Gesetzes richtet sich nach Landesrecht, soweit in diesem Gesetz nichts anderes bestimmt ist. [2]§ 55 bleibt unberührt.

(2) [1]Im Geschäftsbereich des Bundesministeriums der Verteidigung obliegt die Durchführung dieses Gesetzes, der aufgrund dieses Gesetzes erlassenen Rechtsverordnungen und der unmittelbar geltenden Rechtsakte der Europäischen Gemeinschaft oder der Europäischen Union im Anwendungsbereich dieses Gesetzes den zuständigen Stellen und Sachverständigen der Bundeswehr. [2]Das Bundesministerium der Verteidigung kann für seinen Geschäftsbereich im Einvernehmen mit dem Bundesministerium Ausnahmen von diesem Gesetz und aufgrund dieses Gesetzes erlassenen Rechtsverordnungen zulassen, wenn

dies zur Durchführung der besonderen Aufgaben der Bundeswehr gerechtfertigt ist und der vorbeugende Gesundheitsschutz gewahrt bleibt.

(2a) [1] Die Überwachung der Einhaltung der Vorschriften dieses Gesetzes, der aufgrund dieses Gesetzes erlassenen Rechtsverordnungen und der unmittelbar geltenden Rechtsakte der Europäischen Gemeinschaft oder der Europäischen Union im Anwendungsbereich dieses Gesetzes über Erzeugnisse und lebende Tiere im Sinne des § 4 Absatz 1 Nummer 1 ist Aufgabe der zuständigen Behörden. [2] Dazu haben sie sich durch regelmäßige Überprüfungen und Probenahmen davon zu überzeugen, dass die Vorschriften eingehalten werden.

(3) Die für die Durchführung dieses Gesetzes zuständigen Behörden und Stellen des Bundes und der Länder haben sich gegenseitig

1. die für den Vollzug des Gesetzes zuständigen Stellen mitzuteilen und

2. bei der Ermittlungstätigkeit zu unterstützen.

(4) Die für die Überwachung von Lebensmitteln, Futtermitteln und Bedarfsgegenständen im Sinne des § 2 Absatz 6 Satz 1 Nummer 1 zuständigen Behörden arbeiten nach Maßgabe der Artikel 104 bis 107 der Verordnung (EU) 2017/625 des Europäischen Parlaments und des Rates vom 15. März 2017 über amtliche Kontrollen und andere amtliche Tätigkeiten zur Gewährleistung der Anwendung des Lebens- und Futtermittelrechts und der Vorschriften über Tiergesundheit und Tierschutz, Pflanzengesundheit und Pflanzenschutzmittel, zur Änderung der Verordnungen (EG) Nr. 999/2001, (EG) Nr. 396/2005, (EG) Nr. 1069/2009, (EG) Nr. 1107/2009, (EU) Nr. 1151/2012, (EU) Nr. 652/2014, (EU) 2016/429 und (EU) 2016/2031 des Europäischen Parlaments und des Rates, der Verordnungen (EG) Nr. 1/2005 und (EG) Nr. 1099/2009 des Rates sowie der Richtlinien 98/58/EG, 1999/74/EG, 2007/43/EG, 2008/119/EG und 2008/120/EG des Rates zur Aufhebung der Verordnung (EG) Nr. 854/2004 und (EG) Nr. 882/2004 des Europäischen Parlaments und des Rates, der Richtlinien 89/608/EWG, 89/662/EWG, 90/425/EWG, 91/496/EEG, 96/23/EG, 96/93/EG und 97/78/EG des Rates und des Beschlusses 92/438/EWG des Rates (Verordnung über amtliche Kontrollen) (ABl. L 95 vom 7.4.2017, S. 1; L 137 vom 24.5.2017, S. 40; L 48 vom 21.2.2018, S. 44; L 322 vom 18.12.2018, S. 85), die zuletzt durch die Delegierte Verordnung (EU) 2019/2127 (ABl. L 321 vom 12.12. 2019, S. 111) geändert worden ist, mit den zuständigen Behörden anderer Mitgliedstaaten zusammen.

(5) Hat die nach Absatz 2a Satz 1 für die Einhaltung der Vorschriften über den Verkehr mit Futtermitteln zuständige Behörde Grund zu der Annahme, dass Futtermittel, die geeignet sind, die von Nutztieren gewonnenen Erzeugnisse im Hinblick auf ihre Unbedenklichkeit für die menschliche Gesundheit zu beeinträchtigen, verfüttert worden sind, so unterrichtet sie die für die Durchführung der Delegierten Verordnung (EU) 2019/2090 zuständige Behörde über die ihr bekannten Tatsachen.

(6) Die für die Überwachung von Mitteln zum Tätowieren, kosmetischen Mitteln und Bedarfsgegenständen im Sinne von § 2 Absatz 6 Satz 1 Nummer 2 bis 9 zuständigen Behörden

1. erteilen der zuständigen Behörde eines anderen Mitgliedstaates auf begründetes Ersuchen Auskünfte und übermitteln die erforderlichen Urkunden und Schriftstücke, damit die zuständige Behörde des anderen Mitgliedstaates

überwachen kann, ob die Vorschriften, die für diese Erzeugnisse und für mit Lebensmitteln verwechselbare Produkte gelten, eingehalten werden,

2. überprüfen alle von der ersuchenden Behörde eines anderen Mitgliedstaates mitgeteilten Sachverhalte, teilen ihr das Ergebnis der Prüfung mit und unterrichten das Bundesministerium darüber,

3. teilen den zuständigen Behörden eines anderen Mitgliedstaates alle Tatsachen und Sachverhalte mit, die für die Überwachung der Einhaltung der für diese Erzeugnisse und für mit Lebensmitteln verwechselbare Produkte geltenden Vorschriften in diesem Mitgliedstaat erforderlich sind, insbesondere bei Zuwiderhandlungen und bei Verdacht auf Zuwiderhandlungen gegen für diese Erzeugnisse und für mit Lebensmitteln verwechselbare Produkte geltende Vorschriften.

(7) Die zuständigen Behörden können, soweit dies zur Einhaltung der Anforderungen dieses Gesetzes oder der aufgrund dieses Gesetzes erlassenen Rechtsverordnungen erforderlich oder durch Rechtsakte der Europäischen Gemeinschaft oder der Europäischen Union vorgeschrieben ist, Daten, die sie im Rahmen der Überwachung gewonnen haben, anderen zuständigen Behörden desselben Landes, den zuständigen Behörden anderer Länder, des Bundes oder anderer Mitgliedstaaten oder der Europäischen Kommission mitteilen.

(8) Auskünfte, Mitteilungen und Übermittlung von Urkunden und Schriftstücken über lebensmittel- und futtermittelrechtliche Kontrollen nach den Absätzen 4, 6 und 7 erfolgen, sofern sie andere Vertragsstaaten des Abkommens über den Europäischen Wirtschaftsraum als Mitgliedstaaten betreffen, an die Europäische Kommission.

§ 38a Übermittlung von Daten über den Internethandel. (1) [1]Das Bundeszentralamt für Steuern übermittelt nach Maßgabe des Satzes 2 oder 3 zur Unterstützung der den Ländern obliegenden Überwachung der Einhaltung der Vorschriften

1. dieses Gesetzes,

2. der aufgrund dieses Gesetzes erlassenen Rechtsverordnungen und

3. der unmittelbar geltenden Rechtsakte der Europäischen Gemeinschaft oder der Europäischen Union im Anwendungsbereich dieses Gesetzes

den zuständigen Behörden der Länder auf deren Anforderung die ihm aus der Beobachtung elektronisch angebotener Dienstleistungen nach § 5 Absatz 1 Nummer 17 des Finanzverwaltungsgesetzes vorliegenden Daten über Unternehmen, die diesem Gesetz unterliegende Erzeugnisse oder mit Lebensmitteln verwechselbare Produkte im Internet anbieten. [2]Die Anforderungen sind über das Bundesamt für Verbraucherschutz und Lebensmittelsicherheit an das Bundeszentralamt für Steuern zu richten; das Bundeszentralamt für Steuern übermittelt die Daten an das Bundesamt für Verbraucherschutz und Lebensmittelsicherheit, das die Daten den anfordernden Behörden weiterleitet. [3]Soweit die Länder für den Zweck des Satzes 1 eine gemeinsame Stelle einrichten, ergeht die Anforderung durch diese Stelle und sind die in Satz 1 bezeichneten Daten dieser Stelle zu übermitteln; diese Stelle leitet die übermittelten Daten den zuständigen Behörden weiter.

(2) Daten im Sinne des Absatzes 1 Satz 1 sind

1. der Name, die Anschrift und die Telekommunikationsinformationen des Unternehmens,

2. das eindeutige Ordnungsmerkmal, die Domaininformationen und die Landzuordnung,

3. die betroffenen Erzeugnisse oder mit Lebensmitteln verwechselbare Produkte.

(3) [1] Das Bundesamt für Verbraucherschutz und Lebensmittelsicherheit hat die ihm übermittelten Daten unverzüglich nach der Weiterleitung an die zuständigen Behörden zu löschen. [2] Die zuständigen Behörden und die Stelle im Sinne des Absatzes 1 Satz 3 haben die Daten zu löschen, soweit sie nicht mehr erforderlich sind, spätestens jedoch mit Ablauf des dritten Jahres nach der Übermittlung an sie. [3] Die Frist des Satzes 2 gilt nicht, wenn wegen eines anhängigen Bußgeldverfahrens, staatsanwaltlichen Ermittlungsverfahrens oder gerichtlichen Verfahrens eine längere Aufbewahrung erforderlich ist; in diesem Falle sind die Daten mit rechtskräftigem Abschluss des Verfahrens zu löschen.

(4) Das Bundesministerium wird ermächtigt, im Einvernehmen mit dem Bundesministerium der Finanzen durch Rechtsverordnung mit Zustimmung des Bundesrates die Einzelheiten des Verfahrens der Datenübermittlung zu regeln.

§ 38b Unterrichtung von Telemediendiensteanbietern. (1) Erfolgt zu einem Erzeugnis, das im Inland in den Verkehr gebracht worden ist, eine Meldung

1. nach Artikel 50 der Verordnung (EG) Nr. 178/2002[1]) oder

2. nach Artikel 11 oder 12 der Richtlinie 2001/95/EG des Europäischen Parlaments und des Rates vom 3. Dezember 2001 über die allgemeine Produktsicherheit (ABl. L 11 vom 15.1.2002, S. 4), die zuletzt durch die Verordnung (EG) Nr. 596/2009 (ABl. L 188 vom 18.7.2009, S. 14) geändert worden ist,

so kann die zuständige Behörde denjenigen Diensteanbietern nach § 2 Satz 1 Nummer 1 des Telemediengesetzes vom 26. Februar 2007 (BGBl. I S. 179), das zuletzt durch Artikel 2 des Gesetzes vom 3. Juni 2021 (BGBl. I S. 1436) geändert worden ist, deren Dienste für den Vertrieb des Erzeugnisses genutzt werden, die zur Identifizierung des Erzeugnisses sowie des Herstellers oder Inverkehrbringers erforderlichen Informationen sowie den Grund der Meldung übermitteln.

(2) [1] Zuständige Behörde nach Absatz 1 ist die Behörde, in deren Bezirk der Diensteanbieter nach § 2a des Telemediengesetzes seinen Sitz hat. [2] Hat der Diensteanbieter keinen Sitz im Inland, so ist das Bundesamt für Verbraucherschutz und Lebensmittelsicherheit zuständige Behörde.

(3) [1] Bevor die zuständige Behörde Angaben nach Absatz 1 übermittelt, hat sie den Hersteller oder Inverkehrbringer anzuhören. [2] Satz 1 gilt nicht, sofern hierdurch die Erreichung des mit der Maßnahme verfolgten Zwecks gefährdet wird.

(4) Die Länder können für die Zwecke des Absatzes 1 eine gemeinsame Stelle einrichten.

---

[1]) Nr. 1.

§ 39 Maßnahmen der für die Überwachung von Lebensmitteln, Futtermitteln und Bedarfsgegenständen im Sinne von § 2 Absatz 6 Satz 1 Nummer 1 zuständigen Behörden. (1) Die für die Überwachung von Lebensmitteln, Futtermitteln und Bedarfsgegenständen im Sinne von § 2 Absatz 6 Satz 1 Nummer 1 zuständigen Behörden treffen die Maßnahmen, die nach den Artikeln 137 und 138 der Verordnung (EU) 2017/625 erforderlich sind zur Überwachung der Einhaltung der Vorschriften dieses Gesetzes, der aufgrund dieses Gesetzes erlassenen Rechtsverordnungen und der unmittelbar geltenden Rechtsakte der Europäischen Gemeinschaft oder der Europäischen Union im Anwendungsbereich dieses Gesetzes.

(2) Unbeschadet des Artikels 137 Absatz 2 und 3 der Verordnung (EU) 2017/625 können die für die Überwachung von Lebensmitteln, Futtermitteln und Bedarfsgegenständen im Sinne von § 2 Absatz 6 Satz 1 Nummer 1 zuständigen Behörden zur Feststellung oder zur Ausräumung eines hinreichenden Verdachts eines Verstoßes

1. anordnen, dass derjenige, der ein in Absatz 1 genanntes Erzeugnis hergestellt, behandelt oder in den Verkehr gebracht hat oder dies beabsichtigt,

   a) eine Prüfung durchführt oder durchführen lässt und das Ergebnis der Prüfung der zuständigen Behörde mitteilt und

   b) der zuständigen Behörde den Eingang eines solchen Erzeugnisses anzeigt, wenn Grund zu der Annahme besteht, dass dieses Erzeugnis den Vorschriften nach Absatz 1 nicht entspricht, oder

2. vorübergehend verbieten, dass ein in Absatz 1 genanntes Erzeugnis in den Verkehr gebracht wird, bis das Ergebnis einer entnommenen Probe oder einer nach Nummer 1 angeordneten Prüfung vorliegt.

(3) Maßnahmen im Sinne von Artikel 138 Absatz 2 Buchstabe d und g der Verordnung (EU) 2017/625 können entsprechend auch in Bezug auf das Verfüttern eines Futtermittels ergehen.

(4) Maßnahmen im Sinne von Artikel 138 Absatz 2 können entsprechend auch zur Verhütung eines künftigen Verstoßes sowie zum Schutz vor Gefahren für die Gesundheit oder vor Täuschung ergehen.

(5) [1] Zum Zweck der Verringerung oder Beseitigung der Ursachen für einen gesundheitlich nicht erwünschten Stoff, der in oder auf einem Lebensmittel enthalten ist, führen die zuständigen Behörden, wenn eine Überschreitung von durch Rechtsverordnung nach § 13 Absatz 1 Nummer 7 oder § 13 Absatz 5 Satz 1 Nummer 2 festgesetzten Auslösewerten festgestellt wird, Untersuchungen mit dem Ziel durch, die Ursachen für das Vorhandensein des gesundheitlich nicht erwünschten Stoffs zu ermitteln. [2] Soweit es erforderlich ist, kann die zuständige Behörde die zur Verringerung oder Beseitigung der Ursachen für das Vorhandensein des gesundheitlich nicht erwünschten Stoffs erforderlichen Maßnahmen anordnen. [3] Dabei kann sie auch anordnen, dass der Wirtschaftsbeteiligte selbst eine Untersuchung durchführt oder durchführen lässt und das Ergebnis der Untersuchung mitteilt. [4] Die zuständigen Behörden informieren das Bundesministerium, im Fall einer Rechtsverordnung nach § 13 Absatz 5 Satz 1 Nummer 2 auch das Bundesministerium für Umwelt, Naturschutz und nukleare Sicherheit, oder im Fall einer Rechtsverordnung nach § 72 Satz 2 das Bundesamt für Verbraucherschutz und Lebensmittelsicherheit unverzüglich über ermittelte Ursachen für das Vorhandensein des gesundheitlich nicht erwünschten Stoffs und die zur Verringerung oder Beseitigung dieser Ursachen

angeordneten Maßnahmen zum Zweck der Information der Kommission und der anderen Mitgliedstaaten.

(6) [1] Zum Zweck der Verringerung oder Beseitigung der Ursachen für unerwünschte Stoffe in Futtermitteln führen die zuständigen Behörden, wenn eine Überschreitung von festgesetzten Höchstgehalten an unerwünschten Stoffen oder Aktionsgrenzwerten festgestellt wird, Untersuchungen mit dem Ziel durch, die Ursachen für das Vorhandensein unerwünschter Stoffe zu ermitteln. [2] Soweit es erforderlich ist, kann die zuständige Behörde die zur Verringerung oder Beseitigung der Ursachen für das Vorhandensein unerwünschter Stoffe erforderlichen Maßnahmen anordnen. [3] Dabei kann sie auch anordnen, dass der Wirtschaftsbeteiligte selbst eine Untersuchung durchführt oder durchführen lässt und das Ergebnis der Untersuchung mitteilt. [4] Die zuständigen Behörden informieren das Bundesministerium oder im Fall einer Rechtsverordnung nach § 72 Satz 2 das Bundesamt für Verbraucherschutz und Lebensmittelsicherheit unverzüglich über ermittelte Ursachen für das Vorhandensein unerwünschter Stoffe und die zur Verringerung oder Beseitigung dieser Ursachen angeordneten Maßnahmen zum Zweck der Information der Kommission und der anderen Mitgliedstaaten.

(7) Widerspruch und Anfechtungsklage gegen Anordnungen, die der Durchführung von Verboten nach

1. Artikel 14 Absatz 1 in Verbindung mit Absatz 2 Buchstabe a der Verordnung (EG) Nr. 178/2002[1]),

2. Artikel 15 Absatz 1 in Verbindung mit Absatz 2 erster Anstrich der Verordnung (EG) Nr. 178/2002,

3. Artikel 4 Absatz 4 Buchstabe b erster oder zweiter Spiegelstrich der Delegierten Verordnung (EU) 2019/2090 oder

4. § 5 Absatz 1 Satz 1 oder Absatz 2 oder § 17 Absatz 1 Satz 1 Nummer 1

dienen, haben keine aufschiebende Wirkung.

(7a) Soweit im Einzelfall eine notwendige Anordnung oder eine sonstige notwendige Maßnahme nicht aufgrund der Absätze 1 bis 4 getroffen werden kann, bleiben weitergehende Regelungen der Länder, einschließlich der Regelungen auf dem Gebiet des Polizeirechts, aufgrund derer eine solche Anordnung oder Maßnahme getroffen werden kann, anwendbar.

§ 39a Maßnahmen der für die Überwachung von Mitteln zum Tätowieren, kosmetischen Mitteln und Bedarfsgegenständen im Sinne von § 2 Absatz 6 Satz 1 Nummer 2 bis 9 zuständigen Behörden. (1) [1] Die für die Überwachung von Mitteln zum Tätowieren, kosmetischen Mitteln und Bedarfsgegenständen im Sinne von § 2 Absatz 6 Satz 1 Nummer 2 bis 9 zuständigen Behörden treffen die notwendigen Anordnungen und Maßnahmen, die erforderlich sind

1. zur Feststellung oder zur Ausräumung eines hinreichenden Verdachts eines Verstoßes gegen Vorschriften dieses Gesetzes, der aufgrund dieses Gesetzes erlassenen Rechtsverordnungen und der unmittelbar geltenden Rechtsakte der Europäischen Gemeinschaft oder der Europäischen Union im Anwendungsbereich dieses Gesetzes,

2. zur Beseitigung festgestellter Verstöße,

---

[1]) Nr. 1.

3. zur Verhütung künftiger Verstöße oder

4. zum Schutz vor Gefahren für die Gesundheit oder vor Täuschung.

[2] Die zuständigen Behörden können insbesondere

1. anordnen, dass derjenige, der ein in Satz 1 genanntes Erzeugnis hergestellt, behandelt oder in den Verkehr gebracht hat oder dies beabsichtigt,

    a) eine Prüfung durchführt oder durchführen lässt und das Ergebnis der Prüfung der zuständigen Behörde mitteilt,

    b) der zuständigen Behörde den Eingang eines solchen Erzeugnisses anzeigt, wenn Grund zu der Annahme besteht, dass ein solches Erzeugnis den Vorschriften dieses Gesetzes, der aufgrund dieses Gesetzes erlassenen Rechtsverordnungen oder der unmittelbar geltenden Rechtsakte der Europäischen Gemeinschaft oder der Europäischen Union im Anwendungsbereich dieses Gesetzes nicht entspricht,

2. vorübergehend verbieten, dass ein in Satz 1 genanntes Erzeugnis in den Verkehr gebracht wird, bis das Ergebnis einer entnommenen Probe oder einer nach Nummer 1 angeordneten Prüfung vorliegt,

3. das Herstellen, Behandeln oder Inverkehrbringen von in Satz 1 genannten Erzeugnissen verbieten oder beschränken,

4. eine Maßnahme überwachen oder, falls erforderlich, anordnen,

    a) mit der verhindert werden soll, dass ein in Satz 1 genanntes Erzeugnis, das den Endverbraucher noch nicht erreicht hat, auch durch andere Wirtschaftsbeteiligte weiter in den Verkehr gebracht wird (Rücknahme), oder

    b) die auf die Rückgabe eines in den Verkehr gebrachten Erzeugnisses abzielt, das den Endverbraucher oder den Verwender bereits erreicht hat oder erreicht haben könnte (Rückruf),

5. in Satz 1 genannte Erzeugnisse, auch vorläufig, sicherstellen und, soweit dies zum Erreichen der in § 1 Absatz 1 Nummer 1 oder 4 Buchstabe a Doppelbuchstabe aa oder Absatz 2, stets jeweils auch in Verbindung mit § 1 Absatz 3, genannten Zwecke erforderlich ist, die unschädliche Beseitigung dieser Erzeugnisse veranlassen,

6. das Verbringen von in Satz 1 genannten Erzeugnissen in das Inland im Einzelfall vorübergehend verbieten oder beschränken, wenn

    a) die Bundesrepublik Deutschland von der Kommission hierzu ermächtigt worden ist und das Bundesministerium dies im Bundesanzeiger bekannt gemacht hat oder

    b) Tatsachen vorliegen, die darauf schließen lassen, dass diese Erzeugnisse ein Risiko für die Gesundheit von Mensch oder Tier mit sich bringen,

7. anordnen, dass diejenigen, die einer Gefahr, die von einem in Verkehr gebrachten Erzeugnis nach Satz 1 ausgeht, ausgesetzt sein können, rechtzeitig in geeigneter Form auf diese Gefahr hingewiesen werden und

8. die Öffentlichkeit nach Maßgabe von § 40 informieren.
Die Artikel 25 bis 27 der Verordnung (EU) Nr. 1223/2009 des Europäischen Parlaments und des Rates vom 30. November 2009 über kosmetische Mittel (ABl. L 342 vom 22.12.2009, S. 59; L 318 vom 15.11.2012, S. 74; L 72 vom 15.3.2013, S. 16; L 142 vom 29.5.2013, S. 10; L 254 vom 28.8.2014, S. 39; L 17 vom 21.1.2017, S. 52; L 326 vom 9.12.2017, S. 55; L 183 vom 19.7. 2018, S. 27; L 324 vom 13.12.2019, S. 80; L 76 vom 12.3.2020, S. 36), die

zuletzt durch die Verordnung (EU) 2019/1966 (ABl. L 307 vom 28.11.2019, S. 15) geändert worden ist, bleiben unberührt.

(2) Absatz 1 und § 40 gelten für mit Lebensmitteln verwechselbare Produkte entsprechend.

(3) Widerspruch und Anfechtungsklage gegen Anordnungen, die der Durchführung von Verboten nach § 26 Satz 1 oder § 30 oder Geboten nach Artikel 5 Absatz 1 in Verbindung mit Artikel 3 Satz 1 Buchstabe a, b oder c der Verordnung (EU) Nr. 1223/2009 dienen, haben keine aufschiebende Wirkung.

(4) Soweit im Einzelfall eine notwendige Anordnung oder eine sonstige notwendige Maßnahme nicht aufgrund der Absätze 1 oder 2 getroffen werden kann, bleiben weitergehende Regelungen der Länder, einschließlich der Regelungen auf dem Gebiet des Polizeirechts, aufgrund derer eine solche Anordnung getroffen werden kann, anwendbar.

§ 40 Information der Öffentlichkeit. (1) [1]Die zuständige Behörde soll die Öffentlichkeit unter Nennung der Bezeichnung des Lebensmittels oder Futtermittels und des Lebensmittel- oder Futtermittelunternehmens, unter dessen Namen oder Firma das Lebensmittel oder Futtermittel hergestellt oder behandelt wurde oder in den Verkehr gelangt ist, und, wenn dies zur Gefahrenabwehr geeigneter ist, auch unter Nennung des Inverkehrbringers, nach Maßgabe des Artikels 10 der Verordnung (EG) Nr. 178/2002[1] informieren. [2]Eine Information der Öffentlichkeit in der in Satz 1 genannten Art und Weise soll vorbehaltlich des Absatzes 1a auch erfolgen, wenn

1. der hinreichende Verdacht besteht, dass ein Mittel zum Tätowieren, ein kosmetisches Mittel oder ein Bedarfsgegenstand ein Risiko für die menschliche Gesundheit mit sich bringen kann,

2. der hinreichende Verdacht besteht, dass gegen Vorschriften im Anwendungsbereich dieses Gesetzes, die dem Schutz der Endverbraucher vor Gesundheitsgefährdungen dienen, verstoßen wurde,

3. im Einzelfall hinreichende Anhaltspunkte dafür vorliegen, dass von einem Erzeugnis eine Gefährdung für die Sicherheit und Gesundheit ausgeht oder ausgegangen ist und aufgrund unzureichender wissenschaftlicher Erkenntnis oder aus sonstigen Gründen die Unsicherheit nicht innerhalb der gebotenen Zeit behoben werden kann,

4. ein nicht gesundheitsschädliches, aber zum Verzehr ungeeignetes, insbesondere ekelerregendes Lebensmittel in nicht unerheblicher Menge in den Verkehr gelangt oder gelangt ist oder wenn ein solches Lebensmittel wegen seiner Eigenart zwar nur in geringen Mengen, aber über einen längeren Zeitraum in den Verkehr gelangt ist,

4a. der durch Tatsachen hinreichend begründete Verdacht besteht, dass gegen Vorschriften im Anwendungsbereich dieses Gesetzes, die dem Schutz der Endverbraucher vor Täuschung dienen, in nicht nur unerheblichem Ausmaß verstoßen wurde,

5. Umstände des Einzelfalles die Annahme begründen, dass ohne namentliche Nennung des zu beanstandenden Erzeugnisses und erforderlichenfalls des Wirtschaftsbeteiligten oder des Inverkehrbringers, unter dessen Namen oder Firma das Erzeugnis hergestellt oder behandelt wurde oder in den Verkehr

---

[1] Nr. 1.

gelangt ist, erhebliche Nachteile für die Hersteller oder Vertreiber gleichartiger oder ähnlicher Erzeugnisse nicht vermieden werden können.
³In den Fällen des Satzes 2 Nummer 3 bis 5 ist eine Information der Öffentlichkeit zulässig nach Abwägung der Belange der Betroffenen mit den Interessen der Öffentlichkeit an der Veröffentlichung.

(1a) ¹Die zuständige Behörde informiert die Öffentlichkeit unverzüglich unter Nennung der Bezeichnung des Lebensmittels oder Futtermittels sowie unter Nennung des Lebensmittel- oder Futtermittelunternehmens, unter dessen Namen oder Firma das Lebensmittel oder Futtermittel hergestellt oder behandelt oder in den Verkehr gelangt ist, wenn der durch Tatsachen, im Falle von Proben nach § 38 Absatz 2a Satz 2 auf der Grundlage von mindestens zwei Untersuchungen durch eine Stelle nach Artikel 37 Absatz 4 Buchstabe e der Verordnung (EU) 2017/625, hinreichend begründete Verdacht besteht, dass

1. in Vorschriften im Anwendungsbereich dieses Gesetzes festgelegte zulässige Grenzwerte, Höchstgehalte oder Höchstmengen überschritten wurden oder

2. ein nach Vorschriften im Anwendungsbereich dieses Gesetzes nicht zugelassener oder verbotener Stoff in dem Lebensmittel oder Futtermittel vorhanden ist oder

3. gegen sonstige Vorschriften im Anwendungsbereich dieses Gesetzes, die dem Schutz der Endverbraucher vor Gesundheitsgefährdungen oder vor Täuschung oder der Einhaltung hygienischer Anforderungen dienen, in nicht nur unerheblichem Ausmaß oder wiederholt verstoßen worden ist und die Verhängung eines Bußgeldes von mindestens dreihundertfünfzig Euro zu erwarten ist oder eine Sanktionierung wegen einer Straftat zu erwarten ist und deswegen gemäß § 41 des Gesetzes über Ordnungswidrigkeiten eine Abgabe an die Staatsanwaltschaft erfolgt ist.

²Verstöße gegen bauliche Anforderungen, die keine Gefahr einer nachteiligen Beeinflussung von Lebensmitteln bewirken, sowie Aufzeichnungs- oder Mitteilungspflichten, die keine Gefahr einer nachteiligen Beeinflussung von Lebensmitteln bewirken, bleiben nach Satz 1 Nummer 3 außer Betracht. ³Bei Verstößen gegen hygienische Anforderungen kann abweichend von Satz 1 in der Information der Name des Lebensmittel- oder Futtermittelunternehmers sowie der Betrieb, in dem der Verstoß festgestellt wurde, genannt werden. ⁴Während eines laufenden strafrechtlichen Ermittlungsverfahrens dürfen Informationen nach Satz 1 nur im Benehmen mit der zuständigen Staatsanwaltschaft herausgegeben werden, wenn hierdurch nicht der mit dem Verfahren verfolgte Untersuchungszweck gefährdet wird.

(2) ¹Eine Information der Öffentlichkeit nach Absatz 1 durch die Behörde ist nur zulässig, wenn andere ebenso wirksame Maßnahmen, insbesondere eine Information der Öffentlichkeit durch den Lebensmittel- oder Futtermittelunternehmer oder den Wirtschaftsbeteiligten, nicht oder nicht rechtzeitig getroffen werden oder die Endverbraucher nicht erreichen. ²Unbeschadet des Satzes 1 kann die Behörde ihrerseits die Öffentlichkeit auf

1. eine Information der Öffentlichkeit oder

2. eine Rücknahme- oder Rückrufaktion

durch den Lebensmittel- oder Futtermittelunternehmer oder den sonstigen Wirtschaftsbeteiligten hinweisen. ³Die Behörde kann unter den Voraussetzungen des Satzes 1 auch auf eine Information der Öffentlichkeit einer anderen

Behörde hinweisen, soweit berechtigte Interessen der *Endverbraucherin*[1] ihrem eigenen Zuständigkeitsbereich berührt sind.

(3) [1]Bevor die Behörde die Öffentlichkeit nach den Absätzen 1 und 1a informiert, hat sie den Hersteller oder den Inverkehrbringer anzuhören, sofern hierdurch die Erreichung des mit der Maßnahme verfolgten Zwecks nicht gefährdet wird. [2]Satz 1 gilt nicht in einem Fall des Absatzes 2 Satz 2 oder 3.

(4) [1]Stellen sich die von der Behörde an die Öffentlichkeit gegebenen Informationen im Nachhinein als falsch oder die zu Grunde liegenden Umstände als unrichtig wiedergegeben heraus, so ist dies unverzüglich öffentlich bekannt zu machen, sofern der betroffene Wirtschaftsbeteiligte dies beantragt oder dies zur Wahrung erheblicher Belange des Gemeinwohls erforderlich ist. [2]Sobald der der Veröffentlichung zu Grunde liegende Mangel beseitigt worden ist, ist in der Information der Öffentlichkeit unverzüglich hierauf hinzuweisen. [3]Die Bekanntmachungen nach Satz 1 und Satz 2 sollen in derselben Weise erfolgen, in der die Information der Öffentlichkeit ergangen ist.

(4a) Die Information nach Absatz 1a ist einschließlich zusätzlicher Informationen nach Absatz 4 sechs Monate nach der Veröffentlichung zu entfernen.

(5) [1]Abweichend von Absatz 1 ist das Bundesamt für Verbraucherschutz und Lebensmittelsicherheit zuständige Behörde, soweit ein nicht im Inland hergestelltes Erzeugnis erkennbar nicht im Inland in den Verkehr gebracht worden ist und

1. ein Fall des Absatzes 1 Satz 1 vorliegt aufgrund
   a) einer Meldung nach Artikel 50 der Verordnung (EG) Nr. 178/2002 eines anderen Mitgliedstaates oder der Europäischen Kommission oder
   b) einer sonstigen Mitteilung eines anderen Mitgliedstaates, eines Drittlandes oder einer internationalen Organisation oder
2. ein Fall des Absatzes 1 Satz 2 Nummer 1 vorliegt aufgrund einer sonstigen Mitteilung eines anderen Mitgliedstaates, der Europäischen Kommission, eines Drittlandes oder einer internationalen Organisation.

[2]Satz 1 gilt entsprechend, wenn

1. ein Erzeugnis, das durch Einsatz von Fernkommunikationsmitteln im Sinne von § 312c Absatz 2 des Bürgerlichen Gesetzbuchs angeboten wird, nicht erkennbar im Inland hergestellt wurde und
2. ein Inverkehrbringer mit Sitz im Inland nicht erkennbar ist.

§ 41 (weggefallen)

§ 42 Durchführung der Überwachung. (1) [1]Die Überwachung der Einhaltung dieses Gesetzes, der aufgrund dieses Gesetzes erlassenen Rechtsverordnungen und der unmittelbar geltenden Rechtsakte der Europäischen Gemeinschaft oder der Europäischen Union im Anwendungsbereich dieses Gesetzes ist durch fachlich ausgebildete Personen durchzuführen. [2]Das Bundesministerium wird ermächtigt, durch Rechtsverordnung mit Zustimmung des Bundesrates

1. vorzuschreiben, dass bestimmte Überwachungsmaßnahmen einer wissenschaftlich ausgebildeten Person obliegen und dabei andere fachlich ausgebildete Personen nach Weisung der zuständigen Behörde und unter der fachli-

---

[1] Richtig wohl: „Endverbraucher in".

chen Aufsicht einer wissenschaftlich ausgebildeten Person eingesetzt werden können,

2. vorzuschreiben, dass abweichend von Satz 1 bestimmte Überwachungsmaßnahmen von sachkundigen Personen durchgeführt werden können,

3. Vorschriften zu erlassen über

   a) die Anforderungen an die Sachkunde, die an die in Nummer 1 genannte wissenschaftlich ausgebildete Person und die in Nummer 2 genannten sachkundigen Personen zu stellen sind und

   b) die fachlichen Anforderungen, die an die in Satz 1 genannten Personen zu stellen sind,

   sowie das Verfahren des Nachweises der Sachkunde und der Erfüllung der fachlichen Anforderungen zu regeln.

[3] Die Landesregierungen werden ermächtigt, Rechtsverordnungen nach Satz 2 Nummer 3 zu erlassen, soweit das Bundesministerium von seiner Befugnis keinen Gebrauch macht. [4] Die Landesregierungen sind befugt, die Ermächtigung durch Rechtsverordnung auf andere Behörden zu übertragen.

(2) [1] Soweit es zur Überwachung der Einhaltung der Rechtsakte der Europäischen Gemeinschaft oder der Europäischen Union, dieses Gesetzes und der aufgrund dieses Gesetzes erlassenen Rechtsverordnungen erforderlich ist, sind die mit der Überwachung beauftragten Personen, bei Gefahr im Verzug auch alle Beamten der Polizei, befugt,

1. Grundstücke, Betriebsräume und Transportmittel, in oder auf denen

   a) Erzeugnisse hergestellt, behandelt oder in den Verkehr gebracht werden,

   b) sich lebende Tiere im Sinne des § 4 Absatz 1 Nummer 1 befinden oder

   c) Futtermittel verfüttert werden,

   sowie die dazugehörigen Geschäftsräume während der üblichen Betriebs- oder Geschäftszeit zu betreten;

2. zur Verhütung dringender Gefahren für die öffentliche Sicherheit und Ordnung

   a) die in Nummer 1 bezeichneten Grundstücke, Betriebsräume und Räume auch außerhalb der dort genannten Zeiten zu betreten,

   b) Wohnräume der nach Nummer 5 zur Auskunft Verpflichteten zu betreten; das Grundrecht der Unverletzlichkeit der Wohnung (Artikel 13 des Grundgesetzes) wird insoweit eingeschränkt;

3. alle geschäftlichen Schrift- und Datenträger, insbesondere Aufzeichnungen, Frachtbriefe, Herstellungsbeschreibungen und Unterlagen über die bei der Herstellung verwendeten Stoffe, einzusehen und hieraus Abschriften, Auszüge, Ausdrucke oder sonstige Vervielfältigungen, auch von Datenträgern, anzufertigen oder Ausdrucke von elektronisch gespeicherten Daten zu verlangen sowie Mittel, Einrichtungen und Geräte zur Beförderung von Erzeugnissen oder lebenden Tieren im Sinne des § 4 Absatz 1 Nummer 1 zu besichtigen;

4. von Mitteln, Einrichtungen oder Geräten zur Beförderung von Erzeugnissen oder lebenden Tieren im Sinne des § 4 Absatz 1 Nummer 1 sowie von den in Nummer 1 bezeichneten Grundstücken, Betriebsräumen oder Räumen Bildaufnahmen oder -aufzeichnungen anzufertigen;

5. von natürlichen und juristischen Personen und nicht rechtsfähigen Personenvereinigungen alle erforderlichen Auskünfte, insbesondere solche über die Herstellung, das Behandeln, die zur Verarbeitung gelangenden Stoffe und deren Herkunft, das Inverkehrbringen und das Verfüttern zu verlangen;

6. entsprechend § 43 oder § 43a Proben zu fordern oder zu entnehmen.

[2] Im Falle des Satzes 1 Nummer 4 dürfen folgende personenbezogene Daten aufgenommen oder aufgezeichnet werden, soweit dies zur Sicherung von Beweisen erforderlich ist:

1. Name, Anschrift und Markenzeichen des Unternehmers,

2. Namen von Beschäftigten.

[3] Die Aufnahmen oder Aufzeichnungen sind zu vernichten, soweit sie nicht mehr erforderlich sind, spätestens jedoch mit Ablauf des dritten Jahres nach ihrer Aufnahme oder Aufzeichnung. [4] Die Frist des Satzes 3 gilt nicht, wenn wegen eines anhängigen Bußgeldverfahrens, staatsanwaltlichen Ermittlungsverfahrens oder gerichtlichen Verfahrens eine längere Aufbewahrung erforderlich ist, in diesem Falle sind die Aufnahmen oder Aufzeichnungen mit rechtskräftigem Abschluss des Verfahrens zu vernichten.

(3) [1] Erhält eine für die Überwachung nach § 38 Absatz 1 Satz 1 zuständige Behörde von Tatsachen Kenntnis, die Grund zu der Annahme geben, dass durch das Verzehren eines Lebensmittels, das in den Verkehr gebracht worden ist, eine übertragbare Krankheit im Sinne des § 2 Nummer 3 des Infektionsschutzgesetzes verursacht werden kann oder verursacht worden ist, so unterrichtet die nach § 38 Absatz 1 Satz 1 zuständige Behörde unverzüglich die für Ermittlungen nach § 25 Absatz 1 des Infektionsschutzgesetzes zuständige Behörde. [2] Dabei stellt die nach § 38 Absatz 1 Satz 1 zuständige Behörde der nach § 25 Absatz 1 des Infektionsschutzgesetzes zuständigen Behörde die Angaben

1. zu dem Lebensmittel,

2. zu der an Endverbraucher abgegebenen Menge des Lebensmittels,

3. zu dem Namen oder der Firma und der Anschrift sowie zu den Kontaktdaten

   a) des Lebensmittelunternehmers, unter dessen Namen oder Firma das Lebensmittel hergestellt oder behandelt worden oder in den Verkehr gelangt ist, und

   b) der in § 4 Absatz 2 Nummer 1 bezeichneten Unternehmen oder Personen, an die das Lebensmittel geliefert wurde,

   c) der Endverbraucher, die das Lebensmittel verzehrt haben und der zuständigen Behörde von einer möglichen Erkrankung Mitteilung gemacht haben,

4. zu dem Ort unter Angabe der Anschrift und zu dem Zeitraum der Abgabe sowie

5. zu dem festgestellten Krankheitserreger

zur Verfügung. [3] Die Angaben nach Satz 2 sind um die Proben, Isolate und Nachweise über die Feststellung des Krankheitserregers zu ergänzen und nur mitzuteilen, sofern sie

1. der nach § 38 Absatz 1 Satz 1 zuständigen Behörde vorliegen und

2. für die Behörde, die für die Ermittlungen nach § 25 Absatz 1 des Infektionsschutzgesetzes zuständig ist, erforderlich sind.

(4) [1] Soweit es zur Durchführung von Vorschriften, die durch Rechtsakte der Europäischen Gemeinschaft oder der Europäischen Union, dieses Gesetz oder durch aufgrund dieses Gesetzes erlassene Rechtsverordnungen geregelt sind, erforderlich ist, sind auch die Sachverständigen der Mitgliedstaaten, der Kommission und der EFTA-Überwachungsbehörde in Begleitung der mit der Überwachung beauftragten Personen berechtigt, Befugnisse nach Absatz 2 Nummer 1, 3, 4 und 5 wahrzunehmen und Proben nach Maßgabe des § 43 Absatz 1 Satz 1 und Absatz 4 zu entnehmen. [2] Die Befugnisse nach Absatz 2 Nummer 1, 3 und 4 gelten auch für diejenigen, die sich in der Ausbildung zu einer die Überwachung durchführenden Person befinden.

(5) Die Zollbehörden können den Verdacht von Verstößen gegen Verbote und Beschränkungen dieses Gesetzes oder der nach diesem Gesetz erlassenen Rechtsverordnungen, der sich bei der Durchführung des Alkoholsteuergesetzes ergibt, den zuständigen Verwaltungsbehörden mitteilen.

(6) [1] Die Staatsanwaltschaft hat die nach § 38 Absatz 1 Satz 1 zuständige Behörde unverzüglich über die Einleitung des Strafverfahrens, soweit es sich auf Verstöße gegen Verbote und Beschränkungen dieses Gesetzes, der nach diesem Gesetz erlassenen Rechtsverordnungen oder der unmittelbar geltenden Rechtsakte der Europäischen Gemeinschaft oder der Europäischen Union im Anwendungsbereich dieses Gesetzes bezieht, unter Angabe der Rechtsvorschriften zu unterrichten. [2] Satz 1 gilt nicht, wenn das Verfahren aufgrund einer Abgabe der Verwaltungsbehörde nach § 41 Absatz 1 des Gesetzes über Ordnungswidrigkeiten eingeleitet worden ist. [3] Eine Übermittlung personenbezogener Daten nach Satz 1 unterbleibt, wenn ihr besondere bundesgesetzliche oder entsprechende landesgesetzliche Verwendungsregelungen entgegenstehen; eine Übermittlung nach Satz 1 unterbleibt ferner in der Regel, solange und soweit ihr Zwecke des Strafverfahrens entgegenstehen.

(7) Absatz 2 Nummer 1 gilt nicht für Wohnräume.

§ 43 Probenahme. (1) [1] Die mit der Überwachung beauftragten Personen und, bei Gefahr im Verzug, die Beamten der Polizei sind befugt, gegen Empfangsbescheinigung Proben nach ihrer Auswahl zum Zweck der Untersuchung zu fordern oder zu entnehmen. [2] Soweit in unmittelbar geltenden Rechtsakten der Europäischen Gemeinschaft oder der Europäischen Union oder in Rechtsverordnungen nach diesem Gesetz nichts anderes bestimmt ist, ist ein Teil der Probe oder, sofern die Probe nicht oder ohne Gefährdung des Untersuchungszwecks nicht in Teile von gleicher Beschaffenheit teilbar ist, ein zweites Stück der gleichen Art und, soweit vorhanden aus demselben Los, und von demselben Hersteller wie das als Probe entnommene, zurückzulassen, um das Recht des Unternehmers auf ein zweites Sachverständigengutachten zu gewährleisten; der Hersteller kann auf die Zurücklassung einer Probe verzichten.

(2) [1] Zurückzulassende Proben sind amtlich zu verschließen oder zu versiegeln. [2] Sie sind mit dem Datum der Probenahme und dem Datum des Tages zu versehen, nach dessen Ablauf der Verschluss oder die Versiegelung als aufgehoben gilt.

(3) Derjenige, bei dem die Probe zurückgelassen worden ist und der nicht der Hersteller ist, hat die Probe sachgerecht zu lagern und aufzubewahren und sie auf Verlangen des Herstellers auf dessen Kosten und Gefahr dem Hersteller oder einer vom Hersteller beauftragten Person zur anschließenden Unter-

suchung durch einen nach lebensmittelrechtlichen Vorschriften zugelassenen privaten Sachverständigen auszuhändigen.

(4) [1] Für Proben, die im Rahmen der amtlichen Überwachung nach diesem Gesetz entnommen werden, wird grundsätzlich keine Entschädigung geleistet. [2] Im Einzelfall ist eine Entschädigung bis zur Höhe des Verkaufspreises zu leisten, wenn andernfalls eine unbillige Härte eintreten würde.

(5) Absatz 1 Satz 2 und die Absätze 2 und 3 gelten nicht für Proben von Futtermitteln.

§ 43a Probenahme bei Erzeugnissen, die unter Verwendung von Fernkommunikationsmitteln angeboten werden. (1) Im Fall von Erzeugnissen, die unter Verwendung von Fernkommunikationsmitteln im Sinne von § 312c Absatz 2 des Bürgerlichen Gesetzbuchs angeboten werden, sind die mit der Überwachung beauftragten Personen befugt, solche Erzeugnisse für eine Probenahme zu bestellen, ohne sich zu erkennen zu geben und ohne ihre behördliche Identität offenzulegen.

(2) [1] Sofern in unmittelbar geltenden Rechtsakten der Europäischen Gemeinschaft oder der Europäischen Union oder in Rechtsverordnungen nach diesem Gesetz nichts anderes bestimmt ist, ist ein Teil der Probe nach Eingang amtlich zu verschließen oder zu versiegeln, um das Recht des Unternehmers auf ein zweites Sachverständigengutachten zu gewährleisten. [2] Sofern die Probe nicht oder nicht ohne Gefährdung des Untersuchungszwecks in Teile von gleicher Beschaffenheit teilbar ist, ist ein zweites Stück der gleichen Art und nach Möglichkeit aus demselben Los und von demselben Hersteller wie das als Probe bestellte nach Eingang amtlich zu verschließen oder zu versiegeln. [3] § 43 Absatz 2 Satz 2 gilt entsprechend.

(3) [1] Die zuständige Behörde oder die von ihr beauftragte Stelle hat den Unternehmer, bei dem das Erzeugnis bestellt wurde, nach Erhalt der Ware über die Durchführung der Probenahme zu unterrichten. [2] Soweit bekannt, unterrichtet sie auch den Hersteller des Erzeugnisses.

(4) Auf Verlangen des Herstellers und auf dessen Kosten und Gefahr hat die zuständige Behörde oder die von ihr beauftragte Stelle die nach Absatz 2 verschlossene oder versiegelte Probe dem Hersteller oder einer vom Hersteller beauftragten Person zur anschließenden Untersuchung durch einen nach lebensmittelrechtlichen Vorschriften zugelassenen privaten Sachverständigen auszuhändigen.

(5) Der Unternehmer, bei dem das Erzeugnis nach Absatz 1 bestellt wurde, hat der zuständigen Behörde auf deren Verlangen den Kaufpreis sowie angefallene Versandkosten zu erstatten.

(6) Die Absätze 2, 3 Satz 2 und Absatz 4 gelten nicht für Proben von Futtermitteln.

§ 44 Duldungs-, Mitwirkungs- und Übermittlungspflichten. (1) Die Inhaberinnen oder Inhaber der in § 42 Absatz 2 bezeichneten Grundstücke, Räume, Einrichtungen und Geräte und die von ihnen bestellten Vertreter sind verpflichtet, die Maßnahmen nach den §§ 42 bis 43a sowie der Delegierten Verordnung (EU) 2019/2090 zu dulden und die in der Überwachung tätigen Personen bei der Erfüllung ihrer Aufgabe zu unterstützen, insbesondere ihnen auf Verlangen

1. die Räume und Geräte zu bezeichnen,

2. Räume und Behältnisse zu öffnen und

3. die Entnahme der Proben zu ermöglichen.

(2) ¹Die in § 42 Absatz 2 Nummer 5 genannten Personen und Personenvereinigungen sind verpflichtet, den in der Überwachung tätigen Personen auf Verlangen unverzüglich die dort genannten Auskünfte zu erteilen. ²Vorbehaltlich des Absatzes 3 kann der zur Auskunft Verpflichtete die Auskunft auf solche Fragen verweigern, deren Beantwortung ihn selbst oder einen der in § 383 Absatz 1 Nummer 1 bis 3 der Zivilprozessordnung bezeichneten Angehörigen der Gefahr strafgerichtlicher Verfolgung oder eines Verfahrens nach dem Gesetz über Ordnungswidrigkeiten aussetzen würde.

(3)¹⁾ ²⁾ ¹Ein Lebensmittelunternehmer oder ein Futtermittelunternehmer ist verpflichtet, den in der Überwachung tätigen Personen auf Verlangen Informationen, die

1. er aufgrund eines nach Artikel 18 Absatz 2 Unterabsatz 2 der Verordnung (EG) Nr. 178/2002³⁾, auch in Verbindung mit Artikel 5 Absatz 1 der Verordnung (EG) Nr. 767/2009, eingerichteten Systems oder Verfahrens besitzt und

2. zur Rückverfolgbarkeit bestimmter Lebensmittel oder Futtermittel erforderlich sind,

zu übermitteln. ²Sind die in

1. Satz 1 oder

2. Artikel 18 Absatz 3 Satz 2 der Verordnung (EG) Nr. 178/2002, auch in Verbindung mit Artikel 5 Absatz 1 der Verordnung (EG) Nr. 767/2009,

genannten Informationen in elektronischer Form verfügbar, sind sie elektronisch zu übermitteln.

---

¹⁾ **Amtl. Anm.:** § 44 Absatz 3 gilt gemäß Artikel 1 Nummer 33 Buchstabe b in Verbindung mit Artikel 12 Absatz 2 des Gesetzes vom 27. Juli 2021 (BGBl. I S. 3274) ab 1. September 2022 in folgender Fassung:

„(3) Ein Lebensmittelunternehmer oder ein Futtermittelunternehmer ist verpflichtet, den in der Überwachung tätigen Personen auf Verlangen Informationen, die
1. er aufgrund eines nach Artikel 18 Absatz 2 Unterabsatz 2 der Verordnung (EG) Nr. 178/2002 *[Nr. 1]*, auch in Verbindung mit Artikel 5 Absatz 1 der Verordnung (EG) Nr. 767/2009, eingerichteten Systems oder Verfahrens besitzt und
2. zur Rückverfolgbarkeit bestimmter Lebensmittel oder Futtermittel erforderlich sind,
zu übermitteln. Die in
1. Satz 1 oder
2. Artikel 18 Absatz 3 Satz 2 der Verordnung (EG) Nr. 178/2002 *[Nr. 1]*, auch in Verbindung mit Artikel 5 Absatz 1 der Verordnung (EG) Nr. 767/2009,
genannten Informationen sind so vorzuhalten, dass sie der zuständigen Behörde spätestens 24 Stunden nach Aufforderung elektronisch übermittelt werden können. Die zuständige Behörde kann im Einzelfall Ausnahmen von den Anforderungen des Satzes 2 zulassen, soweit dies zur Vermeidung unbilliger Härten für den Lebensmittel- oder Futtermittelunternehmer geboten erscheint und es mit den in § 1 Absatz 1 Nummer 1 genannten Zwecken vereinbar ist."
²⁾ **Amtl. Anm.:** Gemäß Artikel 2 in Verbindung mit Artikel 12 Absatz 3 des Gesetzes vom 27. Juli 2021 (BGBl. I S. 3274) werden am 31. Dezember 2022 in § 44 Absatz 3 Satz 2 nach dem Wort „Aufforderung" die Wörter „in einem strukturierten, gängigen und maschinenlesbaren Format" eingefügt.
³⁾ Nr. 1.

(4) [1] Ergänzend zu Artikel 19 Absatz 1 Satz 1 der Verordnung (EG) Nr. 178/2002 hat ein Lebensmittelunternehmer, der Grund zu der Annahme hat, dass

1. ein ihm angeliefertes Lebensmittel oder

2. ein von ihm erworbenes Lebensmittel, über das er die tatsächliche unmittelbare Sachherrschaft erlangt hat,

einem Verkehrsverbot nach Artikel 14 Absatz 1 der Verordnung (EG) Nr. 178/2002 unterliegt, unverzüglich die zuständige Behörde schriftlich oder elektronisch unter Angabe seines Namens und seiner Anschrift darüber unter Angabe des Namens und der Anschrift desjenigen, von dem ihm das Lebensmittel angeliefert worden ist oder von dem er das Lebensmittel erworben hat, und des Datums der Anlieferung oder des Erwerbs zu unterrichten. [2] Er unterrichtet dabei auch über von ihm hinsichtlich des Lebensmittels getroffene oder beabsichtigte Maßnahmen. [3] Eine Unterrichtung nach Satz 1 ist nicht erforderlich bei einem Lebensmittel pflanzlicher Herkunft, das der Lebensmittelunternehmer

1. unschädlich beseitigt hat oder

2. so hergestellt oder behandelt hat oder nachvollziehbar so herzustellen oder zu behandeln beabsichtigt, dass es einem Verkehrsverbot nach Artikel 14 Absatz 1 der Verordnung (EG) Nr. 178/2002 nicht mehr unterliegt.

(4a) [1] Hat der Verantwortliche eines Labors, das Analysen bei Lebensmitteln durchführt, aufgrund einer von dem Labor erstellten Analyse einer im Inland von einem Lebensmittel gezogenen Probe Grund zu der Annahme, dass das Lebensmittel einem Verkehrsverbot nach Artikel 14 Absatz 1 der Verordnung (EG) Nr. 178/2002 unterliegen würde, so hat er die zuständige Behörde von dem Zeitpunkt und dem Ergebnis der Analyse, der angewandten Analysenmethode und dem Auftraggeber der Analyse unverzüglich schriftlich oder elektronisch zu unterrichten. [2] Die Befugnisse nach § 42 Absatz 2 gelten auch im Fall des Satzes 1.

(5) [1] Ergänzend zu Artikel 20 Absatz 1 Satz 1 der Verordnung (EG) Nr. 178/2002, auch in Verbindung mit Artikel 5 Absatz 1 der Verordnung (EG) Nr. 767/2009, hat ein Futtermittelunternehmer, der Grund zu der Annahme hat, dass

1. ein ihm angeliefertes Futtermittel oder

2. ein von ihm erworbenes Futtermittel, über das er die tatsächliche unmittelbare Sachherrschaft erlangt hat,

einem Verkehrsverbot nach Artikel 15 Absatz 1 der Verordnung (EG) Nr. 178/2002, auch in Verbindung mit Artikel 4 Absatz 1 Unterabsatz 2 der Verordnung (EG) Nr. 767/2009, unterliegt, unverzüglich die zuständige Behörde schriftlich oder elektronisch unter Angabe seines Namens und seiner Anschrift darüber unter Angabe des Namens und der Anschrift desjenigen, von dem ihm das Futtermittel angeliefert worden ist oder von dem er das Futtermittel erworben hat, und des Datums der Anlieferung oder des Erwerbs zu unterrichten. [2] Er unterrichtet dabei auch über von ihm hinsichtlich des Futtermittels getroffene oder beabsichtigte Maßnahmen. [3] Eine Unterrichtung nach Satz 1 ist nicht erforderlich bei

1. einem Futtermittel, das der Futtermittelunternehmer unschädlich beseitigt hat,

2. einem Futtermittel pflanzlicher Herkunft, das der Futtermittelunternehmer so hergestellt oder behandelt hat oder nachvollziehbar so herzustellen oder zu behandeln beabsichtigt, dass es einem Verkehrsverbot nach Artikel 15 Absatz 1 der Verordnung (EG) Nr. 178/2002, auch in Verbindung mit Artikel 4 Absatz 1 Unterabsatz 2 der Verordnung (EG) Nr. 767/2009, nicht mehr unterliegt.

(5a) [1]Hat der Verantwortliche eines Labors, das Analysen bei Futtermitteln durchführt, aufgrund einer von dem Labor erstellten Analyse einer im Inland von einem Futtermittel gezogenen Probe Grund zu der Annahme, dass das Futtermittel einem Verbot nach Artikel 15 Absatz 1 der Verordnung (EG) Nr. 178/2002 unterliegen würde, so hat er die zuständige Behörde von dem Zeitpunkt und dem Ergebnis der Analyse, der angewandten Analysenmethode und dem Auftraggeber der Analyse unverzüglich schriftlich oder elektronisch zu unterrichten. [2]Die Befugnisse nach § 42 Absatz 2 gelten auch im Fall des Satzes 1.

(6) [1]Eine

1. Unterrichtung nach Artikel 19 Absatz 1 oder 3 Satz 1 der Verordnung (EG) Nr. 178/2002 oder Artikel 20 Absatz 1 oder 3 Satz 1 der Verordnung (EG) Nr. 178/2002, auch in Verbindung mit Artikel 5 Absatz 1 der Verordnung (EG) Nr. 767/2009, oder nach Absatz 4a oder Absatz 5a,

2. Übermittlung nach Absatz 3 Satz 1 oder nach Artikel 18 Absatz 3 Satz 2 der Verordnung (EG) Nr. 178/2002, auch in Verbindung mit Artikel 5 Absatz 1 der Verordnung (EG) Nr. 767/2009,

3. Übermittlung nach Artikel 17 Absatz 2 Satz 2 der Verordnung (EG) Nr. 1935/2004

darf nicht zur strafrechtlichen Verfolgung des Unterrichtenden oder Übermittelnden oder für ein Verfahren nach dem Gesetz über Ordnungswidrigkeiten gegen den Unterrichtenden oder Übermittelnden verwendet werden. [2]Satz 1 Nummer 1 gilt auch, wenn der Unterrichtung eine Unterrichtung nach Absatz 4 Satz 1 oder Absatz 5 Satz 1 vorausgegangen ist. [3]Die durch eine Unterrichtung nach Artikel 19 Absatz 1 oder 3 Satz 1 oder Artikel 20 Absatz 1 oder 3 Satz 1 der Verordnung (EG) Nr. 178/2002, auch in Verbindung mit Artikel 5 Absatz 1 der Verordnung (EG) Nr. 767/2009, erlangten Informationen dürfen von der für die Überwachung zuständigen Behörde nur für Maßnahmen zur Erfüllung der in

1. § 1 Absatz 1 Nummer 1,

2. § 1 Absatz 1 Nummer 2, soweit ein Fall des § 1 Absatz 1a Nummer 1 vorliegt,

3. § 1 Absatz 1 Nummer 4 Buchstabe a Doppelbuchstabe aa oder

4. § 1 Absatz 2

genannten Zwecke verwendet werden.

§ 44a Mitteilungs- und Übermittlungspflichten über Untersuchungsergebnisse zu gesundheitlich nicht erwünschten Stoffen. (1) [1]Ein Lebensmittelunternehmer oder ein Futtermittelunternehmer ist verpflichtet, unter Angabe seines Namens und seiner Anschrift ihm vorliegende Untersuchungsergebnisse über Gehalte an gesundheitlich nicht erwünschten Stoffen wie Pflanzenschutzmitteln, Stoffen mit pharmakologischer Wirkung, Schwermetallen, Mykotoxinen und Mikroorganismen in und auf Lebensmitteln oder Futtermitteln nach näherer Bestimmung einer Rechtsverordnung nach Absatz 3 den zuständigen Behörden mitzuteilen, sofern sich eine solche Verpflichtung nicht bereits aus anderen Rechtsvorschriften ergibt. [2] Nicht nach Satz 1 mitzuteilen sind Untersuchungsergebnisse,

1. die aus einer Untersuchung stammen, die der Lebensmittelunternehmer oder Futtermittelunternehmer weder selbst durchgeführt noch veranlasst hat, oder

2. die, soweit im Rahmen der Untersuchung der Gehalt eines in Satz 1 genannten Stoffs quantitativ bestimmt werden kann, keinen quantitativ bestimmten Gehalt eines in Satz 1 genannten Stoffs aufweisen, wobei, soweit ein solcher Gehalt einem Summenwert entspricht, kein einziger Beitrag zu diesem Summenwert quantitativ bestimmt worden sein darf.

[3] Nicht als Untersuchung, in deren Rahmen der Gehalt eines in Satz 1 genannten Stoffs quantitativ bestimmt werden kann, ist dabei insbesondere eine Untersuchung anzusehen, die durchgeführt wird mit einem Screening-Verfahren im Sinne des Anhangs V Teil B Kapitel I Nummer 1 Unterabsatz 3 der Verordnung (EG) Nr. 152/2009 der Kommission vom 27. Januar 2009 zur Festlegung der Probenahmeverfahren und Analysemethoden für die amtliche Untersuchung von Futtermitteln (ABl. L 54 vom 26.2.2009, S. 1), die zuletzt durch die Verordnung (EU) 2017/771 (ABl. L 115 vom 4.5.2017, S. 22) geändert worden ist, oder des Anhangs I Kapitel I Nummer 1.2 der Verordnung (EU) 2017/644 der Kommission vom 5. April 2017 zur Festlegung der Probenahmeverfahren und Analysemethoden für die Kontrolle der Gehalte an Dioxinen, dioxinähnlichen PCB und nicht dioxinähnlichen PCB in bestimmten Lebensmitteln sowie zur Aufhebung der Verordnung (EU) Nr. 589/2014 (ABl. L 92 vom 6.4. 2017, S. 9). [4] Eine Mitteilung nach Satz 1 darf nicht zur strafrechtlichen Verfolgung des Mitteilenden oder für ein Verfahren nach dem Gesetz über Ordnungswidrigkeiten gegen den Mitteilenden verwendet werden.

(2) [1] Die zuständigen Behörden der Länder übermitteln nach näherer Bestimmung einer Rechtsverordnung nach Absatz 3 in anonymisierter Form die ihnen vorliegenden Untersuchungsergebnisse über Gehalte an gesundheitlich nicht erwünschten Stoffen in oder auf Lebensmitteln oder Futtermitteln an das Bundesamt für Verbraucherschutz und Lebensmittelsicherheit, sofern sich eine solche Verpflichtung nicht bereits aufgrund anderer Rechtsvorschriften ergibt. [2] Nicht nach Satz 1 zu übermitteln sind Untersuchungsergebnisse, die, soweit im Rahmen der Untersuchung der Gehalt eines in Satz 1 genannten Stoffs quantitativ bestimmt werden kann, keinen quantitativ bestimmten Gehalt eines in Satz 1 genannten Stoffs aufweisen, wobei, soweit ein solcher Gehalt einem Summenwert entspricht, kein einziger Beitrag zu diesem Summenwert quantitativ bestimmt worden sein darf. [3] Nicht als Untersuchung, in deren Rahmen der Gehalt eines in Satz 1 genannten Stoffs quantitativ bestimmt werden kann, ist dabei insbesondere eine Untersuchung anzusehen, die durchgeführt wird mit einem Screening-Verfahren im Sinne des Anhangs V Teil B Kapitel I Nummer 1 Unterabsatz 3 der Verordnung (EG) Nr. 152/2009 oder des Anhangs I Kapitel I Nummer 1.2 der Verordnung (EU) 2017/644. [4] Das Bundesamt für Verbraucherschutz und Lebensmittelsicherheit erstellt vierteljährlich einen Bericht über Gehalte an gesundheitlich nicht erwünschten Stoffen in oder auf Lebensmitteln oder Futtermitteln.

(3) Das Bundesministerium wird ermächtigt, im Einvernehmen mit dem Bundesministerium für Umwelt, Naturschutz und nukleare Sicherheit durch Rechtsverordnung mit Zustimmung des Bundesrates, soweit es zur Erfüllung der in § 1 Absatz 1 Nummer 1 oder 4 Buchstabe a Doppelbuchstabe aa, auch in Verbindung mit § 1 Absatz 3, genannten Zwecke erforderlich ist,

1. die Stoffe zu bestimmen, für die die Mitteilungspflicht nach Absatz 1 besteht,

2. das Nähere über Zeitpunkt, Art, Form und Inhalt der Mitteilung nach Absatz 1 und der Übermittlung nach Absatz 2 zu regeln.

§ 45 Schiedsverfahren. (1) [1]Ist eine von der zuständigen Behörde getroffene Maßnahme, die sich auf Sendungen von Lebensmitteln tierischer Herkunft aus anderen Mitgliedstaaten bezieht, zwischen ihr und dem Verfügungsberechtigten streitig, so können beide Parteien einvernehmlich den Streit durch den Schiedsspruch eines Sachverständigen schlichten lassen. [2]Die Streitigkeit ist binnen eines Monats nach Bekanntgabe der Maßnahme einem Sachverständigen zu unterbreiten, der in einem von der Kommission aufgestellten Verzeichnis aufgeführt ist. [3]Der Sachverständige hat das Gutachten binnen 72 Stunden zu erstatten.

(2) [1]Auf den Schiedsvertrag und das schiedsrichterliche Verfahren finden die Vorschriften der §§ 1025 bis 1065 der Zivilprozessordnung entsprechende Anwendung. [2]Gericht im Sinne des § 1062 der Zivilprozessordnung ist das zuständige Verwaltungsgericht, Gericht im Sinne des § 1065 der Zivilprozessordnung das zuständige Oberverwaltungsgericht. [3]Abweichend von § 1059 Absatz 3 Satz 1 der Zivilprozessordnung muss der Aufhebungsantrag innerhalb eines Monats bei Gericht eingereicht werden.

§ 46 Ermächtigungen. (1) [1]Das Bundesministerium wird ermächtigt, zur Erfüllung der in § 1 genannten Zwecke, insbesondere um eine einheitliche Durchführung der Überwachung zu fördern, durch Rechtsverordnung mit Zustimmung des Bundesrates

1. Vorschriften über

    a) die personelle, apparative und sonstige technische Mindestausstattung von Einrichtungen, die amtliche Untersuchungen durchführen,

    b) die Voraussetzungen und das Verfahren für die Zulassung privater Sachverständiger, die zur Untersuchung von amtlichen oder amtlich zurückgelassenen Proben befugt sind,

    zu erlassen; in der Rechtsverordnung nach Buchstabe b kann vorgesehen werden, dass private Sachverständige sich nur solcher Dritter zur Untersuchung von amtlichen oder amtlich zurückgelassenen Proben bedienen dürfen, die zugelassen oder registriert sind,

2. Vorschriften

    a) über die Art und Weise der Untersuchung oder Verfahren zur Untersuchung von Erzeugnissen, einschließlich lebender Tiere im Sinne des § 4 Absatz 1 Nummer 1, auch in den Fällen der Nummer 1 Buchstabe b, einschließlich der Probenahmeverfahren und der Analysemethoden, zu erlassen,

    b) über die Art und Weise der Probenahme, auch im Falle des Fernabsatzes von Erzeugnissen, zu treffen und die Einzelheiten des Verfahrens hierfür zu regeln,

3. die Verkehrsfähigkeit einer gleichartigen Partie von bestimmten Erzeugnissen vom Ergebnis der Stichprobenuntersuchung dieser Partie abhängig zu machen,

4. Vorrichtungen für die amtliche Entnahme von Proben in Herstellungsbetrieben und an Behältnissen vorzuschreiben,

5. vorzuschreiben, dass, zu welchem Zeitpunkt, in welcher Art und Weise und von wem der Hersteller eines Erzeugnisses oder eines mit einem Lebensmittel verwechselbaren Produkts oder ein anderer für ein Erzeugnis oder für ein mit einem Lebensmittel verwechselbaren Produkt nach diesem Gesetz, den aufgrund dieses Gesetzes erlassenen Rechtsverordnungen oder den unmittelbar geltenden Rechtsakten der Europäischen Gemeinschaft oder der Europäischen Union im Anwendungsbereich dieses Gesetzes Verantwortlicher über eine zurückgelassene Probe, die zum Zweck der Untersuchung entnommen wurde, oder eine Probenahme zu unterrichten ist.

[2] Soweit in den Fällen des Satzes 1 Nummer 1 bis 4 Rechtsverordnungen nach § 13 Absatz 5 Satz 1 betroffen sind, tritt an die Stelle des Bundesministeriums das Bundesministerium für Umwelt, Naturschutz und nukleare Sicherheit im Einvernehmen mit dem Bundesministerium.

(2) [1] Das Bundesministerium wird ferner ermächtigt, durch Rechtsverordnung mit Zustimmung des Bundesrates, zur Sicherung einer ausreichenden oder gleichmäßigen Überwachung,

1. vorzuschreiben,

a) dass über das Herstellen, das Behandeln, das Inverkehrbringen, das Verbringen in das Inland oder das Verbringen aus dem Inland von Erzeugnissen oder zu ihrer Herstellung oder Behandlung bestimmten Stoffe und das Verfüttern von Futtermitteln Buch zu führen ist und die zugehörigen Unterlagen aufzubewahren sind,

b) dass Erzeugnisse oder zu ihrer Herstellung oder Behandlung bestimmte Stoffe nur mit einem Begleitpapier in den Verkehr gebracht, in das Inland oder aus dem Inland verbracht werden dürfen,

c) dass und in welcher Weise

aa) Vorhaben, Futtermittel zu behandeln, herzustellen, in den Verkehr zu bringen oder zu verfüttern,

bb) das Überlassen von ortsfesten oder beweglichen Anlagen zum Behandeln, Herstellen, Inverkehrbringen oder Verfüttern von Futtermitteln und der Einsatz solcher Anlagen

anzuzeigen sind,

2. Vorschriften zu erlassen über die Führung von Nachweisen über die Feststellung von oder über die Übermittlung von Informationen über

a) Art, Menge, Herkunft und Beschaffenheit der Erzeugnisse oder der lebenden Tiere im Sinne des § 4 Absatz 1 Nummer 1, die Betriebe von anderen Betrieben beziehen oder an andere Betriebe abgeben,

b) Name und Anschrift der Lieferanten und der Abnehmer der in Buchstabe a genannten Erzeugnisse und lebenden Tiere,

3. Vorschriften zu erlassen über Art, Umfang und Häufigkeit von amtlichen Untersuchungen oder Probenahmen bei Erzeugnissen, einschließlich lebender Tiere im Sinne des § 4 Absatz 1 Nummer 1,

4. Vorschriften zu erlassen über die Durchführung der Überwachung, die Handhabung der Kontrollen in Betrieben und die Zusammenarbeit der Überwachungsbehörden,

5. vorzuschreiben, dass und in welcher Art und Weise Betriebe Rückstellproben zu bilden haben und die Dauer ihrer Aufbewahrung zu regeln,

6. das Herstellen, das Behandeln oder das Inverkehrbringen von bestimmten Erzeugnissen von einer Anzeige abhängig zu machen sowie das Nähere über Art, Inhalt und Verfahren der Anzeige sowie des für die Anzeige Verantwortlichen zu regeln.

[2] In Rechtsverordnungen nach Satz 1 Nummer 6 kann bestimmt werden, dass

1. Unternehmen und Betriebe, die bestimmte Erzeugnisse herstellen, behandeln oder in den Verkehr bringen, anzuzeigen sind,

2. die zuständige Behörde für die Durchführung des Anzeigeverfahrens, einschließlich einer Weiterleitung von Anzeigen an die zuständigen Behörden der Länder und das Bundesministerium, das Bundesamt für Verbraucherschutz und Lebensmittelsicherheit ist.

[3] In Rechtsverordnungen nach Satz 1 Nummer 4 kann bestimmt werden, dass die zuständige Behörde für die Durchführung des Anzeigeverfahrens, einschließlich einer Weiterleitung von Anzeigen an die zuständigen Behörden der Länder und das Bundesministerium, das Bundesamt für Verbraucherschutz und Lebensmittelsicherheit ist.

§ 47 Weitere Ermächtigungen. (1) [1] Das Bundesministerium wird ferner ermächtigt, um eine einheitliche Durchführung im Hinblick auf die Zulassung von neuartigen Lebensmitteln und neuartigen Lebensmittelzutaten zu fördern, durch Rechtsverordnung mit Zustimmung des Bundesrates

1. das Bundesamt für Verbraucherschutz und Lebensmittelsicherheit oder eine andere Bundesoberbehörde als zuständige Behörde bei Anzeige-, Genehmigungs- oder Zulassungsverfahren von neuartigen Lebensmitteln und Lebensmittelzutaten zu bestimmen sowie

2. das Verfahren, insbesondere die Beteiligung der nach § 38 Absatz 1 zuständigen Behörden sowie die Beteiligung des Bundesinstitutes für Risikobewertung, zu regeln.

[2] Rechtsverordnungen nach Satz 1 Nummer 2 bedürfen des Einvernehmens mit dem Bundesministerium für Wirtschaft und Energie. [3] § 38 Absatz 7 gilt für bei der Durchführung der in Satz 1 genannten Verfahren gewonnene Daten entsprechend.

(2) [1] Das Bundesministerium wird ermächtigt, abweichend von § 38 Absatz 2a Satz 1 durch Rechtsverordnung mit Zustimmung des Bundesrates, soweit es mit den in § 1 Absatz 1 Nummer 1 und Absatz 2, jeweils auch in Verbindung mit § 1 Absatz 3, genannten Zwecken vereinbar ist, zu bestimmen, dass die zuständige Behörde im Fall erlegter Wildschweine oder anderer Tierarten die zwar Träger von Trichinen sein können, bei denen jedoch keine Merkmale festgestellt werden, die das Fleisch als bedenklich für den Verzehr erscheinen lassen, die Entnahme von Proben zur Untersuchung auf Trichinen und die Kennzeichnung übertragen kann auf

1. einen Jagdausübungsberechtigten für seinen Jagdbezirk oder

2. einen Jäger, dem die Jagd vom Jagdausübungsberechtigten gestattet worden ist,

sofern die Person nach Nummer 1 oder Nummer 2 die Voraussetzungen des Artikels 1 Absatz 3 Buchstabe a oder Buchstabe e der Verordnung (EG) Nr. 853/2004 des Europäischen Parlaments und des Rates vom 29. April 2004 mit spezifischen Hygienevorschriften für Lebensmittel tierischen Ursprungs (ABl. L 139 vom 30.4.2004, S. 55; L 226 vom 25.6.2004, S. 22; L 46 vom 21.2.2008, S. 50; L 119 vom 13.5.2010, S. 26; L 160 vom 12.6.2013, S. 15; L 13 vom 16.1.2019, S. 12), die zuletzt durch die Verordnung (EU) 2019/1243 (ABl. L 198 vom 25.7.2019, S. 241) geändert worden ist, erfüllt. [2] In der Rechtsverordnung nach Satz 1 sind die Voraussetzungen und das Verfahren für die Übertragung und die Überwachung der Einhaltung der Vorschriften zu regeln.

§ 48 Landesrechtliche Bestimmungen. Die Länder können zur Durchführung der Überwachung weitere Vorschriften erlassen.

§ 49 Erstellung eines Lagebildes, Verwendung bestimmter Daten.

(1) [1] Das Bundesministerium kann

1. in den in § 40 Absatz 1 Satz 1 oder Satz 2 Nummer 1 genannten Fällen oder
2. in Fällen, in denen ein nicht gesundheitsschädliches, aber zum Verzehr ungeeignetes, insbesondere ekelerregendes Lebensmittel in den Verkehr gelangt oder gelangt ist,

ein länderübergreifendes Lagebild erstellen, soweit hinreichender Grund zu der Annahme besteht, dass der jeweils zu Grunde liegende Sachverhalt eine die Grenze eines Landes überschreitende Wirkung hat. [2] Das Lagebild dient der Einschätzung eines sich insbesondere zur Erfüllung der in § 1 Absatz 1 Nummer 1 genannten Zwecke ergebenden Handlungsbedarfs durch das Bundesministerium sowie, soweit erforderlich, zur Unterrichtung insbesondere des Deutschen Bundestages. [3] Das Bundesamt für Verbraucherschutz und Lebensmittelsicherheit wirkt bei der Erstellung des Lagebildes mit. [4] Eine die Grenze eines Landes überschreitende Wirkung nach Satz 1 liegt insbesondere vor, wenn Grund zu der Annahme besteht, dass ein Erzeugnis aus dem Land, in dem der maßgebliche Sachverhalt festgestellt worden ist, in zumindest ein anderes Land verbracht worden ist.

(2) [1] Die zuständigen obersten Landesbehörden übermitteln dem Bundesministerium auf Anforderung die zur Erstellung eines in Absatz 1 Satz 1 genannten Lagebildes erforderlichen Daten, die sie im Rahmen der Überwachung gewonnen haben. [2] Die Aufbereitung dieser Daten erfolgt durch das Bundesministerium.

(3) [1] Einer Übermittlung von Daten nach Absatz 2 Satz 1 bedarf es nicht, soweit

1. dem Bundesamt für Verbraucherschutz und Lebensmittelsicherheit die zur Erstellung eines Lagebildes notwendigen Daten bereits aufgrund einer Vorschrift in Rechtsakten der Europäischen Gemeinschaft oder der Europäischen Union gemeldet oder übermittelt worden sind oder
2. dem Bundesamt für Verbraucherschutz und Lebensmittelsicherheit elektronisch Zugriff auf die zur Erstellung eines Lagebildes notwendigen Daten gewährt wird.

[2]Daten, die dem Bundesamt für Verbraucherschutz und Lebensmittelsicherheit aufgrund einer in Satz 1 genannten Vorschrift übermittelt worden sind oder auf die ihm elektronisch Zugriff gewährt worden ist, dürfen auch für die Erstellung eines Lagebildes oder die Mitwirkung daran verwendet werden. [3]Das Bundesamt für Verbraucherschutz und Lebensmittelsicherheit hat die Daten unverzüglich dem Bundesministerium zur Verfügung zu stellen.

(4) [1]Die nach § 26 der Viehverkehrsverordnung zuständigen Behörden übermitteln auf Ersuchen der nach § 38 Absatz 2a Satz 1 für die Einhaltung der Vorschriften über Lebensmittel und Futtermittel jeweils zuständigen Behörde die zu deren Aufgabenerfüllung erforderlichen Daten. [2]Die Daten nach Satz 1 können auch durch ein automatisiertes Abrufverfahren übermittelt werden, sofern die beteiligten Stellen gewährleisten, dass das Abrufverfahren kontrolliert werden kann und die technischen und organisatorischen Maßnahmen, die nach der Verordnung (EU) 2016/679 des Europäischen Parlaments und des Rates vom 27. April 2016 zum Schutz natürlicher Personen bei der Verarbeitung personenbezogener Daten, zum freien Datenverkehr und zur Aufhebung der Richtlinie 95/46/EG (Datenschutz-Grundverordnung) (ABl. L 119 vom 4.5. 2016, S. 1; L 314 vom 22.11.2016, S. 72; L 127 vom 23.5.2018, S. 2) in der jeweils geltenden Fassung erforderlich sind, schriftlich festgelegt sind. [3]Die Verantwortung für die Zulässigkeit des einzelnen Abrufs trägt die abrufende Stelle. [4]Die speichernde Stelle prüft die Zulässigkeit der Abrufe nur, wenn dazu Anlass besteht. [5]Die speichernde Stelle hat zu gewährleisten, dass die Übermittlung personenbezogener Daten zumindest durch geeignete Stichprobenverfahren festgestellt und überprüft werden kann. [6]Wird ein Gesamtbestand personenbezogener Daten abgerufen oder übermittelt, so bezieht sich die Gewährleistung der Feststellung und Überprüfung nur auf die Zulässigkeit des Abrufs oder der Übermittlung des Gesamtbestandes.

(5) [1]Für die Zwecke des Artikels 44 Absatz 1 der Verordnung (EU) 2017/ 625 übermitteln die nach § 55 Absatz 1 Satz 1 zuständigen Zollbehörden auf Ersuchen der nach § 38 Absatz 2a Satz 1 zuständigen Behörden diesen die zur Überwachung erforderlichen Daten über das Eintreffen oder den voraussichtlichen Zeitpunkt des Eintreffens eines bestimmten, durch Risikoanalyse der ersuchenden Behörden ermittelten

1. Lebensmittels nicht tierischen Ursprungs oder

2. Futtermittels nicht tierischen Ursprungs.

[2]Insbesondere die Daten über die Menge, das Herkunftsland, den Einführer, den Hersteller oder einen anderen aufgrund dieses Gesetzes, der aufgrund dieses Gesetzes erlassenen Rechtsverordnungen oder der unmittelbar geltenden Rechtsakte der Europäischen Gemeinschaft oder der Europäischen Union Verantwortlichen (sonstiger Verantwortlicher) und über das Transportunternehmen sind zu übermitteln. [3]Die Daten der Einführer, Hersteller und sonstigen Verantwortlichen und des Transportunternehmens umfassen deren Name, Anschrift und Telekommunikationsinformationen, soweit der ersuchten Behörde die Daten im Rahmen ihrer Mitwirkung bei der Überwachung vorliegen. [4]Die Einzelheiten des Verfahrens zur Durchführung der Sätze 1 und 2 werden durch das Bundesministerium im Einvernehmen mit dem Bundesministerium der Finanzen durch Rechtsverordnung mit Zustimmung des Bundesrates geregelt.

(6) [1]Die Daten dürfen nur zu dem Zweck verwendet und genutzt werden, zu dem sie übermittelt worden sind. [2]Sie dürfen höchstens für die Dauer von

drei Jahren aufbewahrt werden. [3]Die Frist beginnt mit Ablauf desjenigen Jahres, in dem die Daten übermittelt worden sind. [4]Nach Ablauf der Aufbewahrungsfrist sind die Daten zu löschen, sofern nicht aufgrund anderer Vorschriften die Befugnis zur längeren Speicherung besteht.

§ 49a Zusammenarbeit von Bund und Ländern. [1]Bund und Länder wirken im Rahmen ihrer Zuständigkeiten und Befugnisse zur Gewährleistung der Sicherheit der Erzeugnisse zusammen. [2]Nähere Einzelheiten können in Vereinbarungen geregelt werden; hierbei können insbesondere besondere Gremien für das Zusammenwirken vorgesehen werden.

Abschnitt 8. Monitoring

§ 50 Monitoring. Monitoring ist ein System wiederholter Beobachtungen, Messungen und Bewertungen von Gehalten an gesundheitlich nicht erwünschten Stoffen wie Pflanzenschutzmitteln, Stoffen mit pharmakologischer Wirkung, Schwermetallen, Mykotoxinen und Mikroorganismen in und auf Erzeugnissen, einschließlich lebender Tiere im Sinne des § 4 Absatz 1 Nummer 1, die zum frühzeitigen Erkennen von Gefahren für die menschliche Gesundheit unter Verwendung repräsentativer Proben einzelner Erzeugnisse oder Tiere, der Gesamtnahrung oder einer anderen Gesamtheit desselben Erzeugnisses durchgeführt werden.

§ 51 Durchführung des Monitorings. (1) Die zuständigen Behörden der Länder ermitteln den Gehalt an Stoffen im Sinne des § 50 in und auf Erzeugnissen, soweit dies durch allgemeine Verwaltungsvorschriften vorgesehen ist, auf deren Grundlage.

(2) [1]Das Monitoring ist durch fachlich geeignete Personen durchzuführen. [2]Soweit es zur Durchführung des Monitorings erforderlich ist, sind die Behörden nach Absatz 1 befugt, Proben zum Zweck der Untersuchung zu fordern oder zu entnehmen. [3]§ 43 Absatz 4 findet Anwendung.

(3) [1]Soweit es zur Durchführung des Monitorings erforderlich ist, sind die mit der Durchführung beauftragten Personen befugt, Grundstücke und Betriebsräume, in oder auf denen Erzeugnisse hergestellt, behandelt oder in den Verkehr gebracht werden, sowie die dazugehörigen Geschäftsräume während der üblichen Betriebs- oder Geschäftszeiten zu betreten. [2]Die Inhaberinnen oder Inhaber der in Satz 1 bezeichneten Grundstücke und Räume und die von ihnen bestellten Vertreter sind verpflichtet, die Maßnahmen nach Satz 1 sowie die Entnahme der Proben zu dulden und die in der Durchführung des Monitorings tätigen Personen bei der Erfüllung ihrer Aufgaben zu unterstützen, insbesondere ihnen auf Verlangen die Räume und Einrichtungen zu bezeichnen, Räume und Behältnisse zu öffnen und die Entnahme der Proben zu ermöglichen. [3]Die in Satz 2 genannten Personen sind über den Zweck der Entnahme zu unterrichten; abgesehen von Absatz 4 sind sie auch darüber zu unterrichten, dass die Überprüfung der Probe eine anschließende Durchführung der Überwachung nach den Artikeln 137 und 138 der Verordnung (EU) 2017/625 sowie nach § 38 Absatz 2a Satz 1, § 39 Absatz 2 und § 39a Absatz 1 Satz 1 zur Folge haben kann.

(4) [1]Proben, die zur Durchführung der Überwachung nach den Artikeln 137 und 138 der Verordnung (EU) 2017/625 sowie nach § 38 Absatz 2a Satz 1,

§ 39 Absatz 2 und § 39a Absatz 1 Satz 1, und Proben, die zur Durchführung des Monitorings entnommen werden, können jeweils auch für den anderen Zweck verwendet werden. [2]In diesem Fall sind die für beide Maßnahmen geltenden Anforderungen einzuhalten.

(5) [1]Die zuständigen Behörden übermitteln die bei der Durchführung des Monitorings erhobenen Daten an das Bundesamt für Verbraucherschutz und Lebensmittelsicherheit zur Aufbereitung, Zusammenfassung, Dokumentation und Erstellung von Berichten; das Bundesamt für Verbraucherschutz und Lebensmittelsicherheit übermittelt dem Bundesinstitut für Risikobewertung die bei der Durchführung des Monitorings erhobenen Daten zur Bewertung. [2]Personenbezogene Daten dürfen nicht übermittelt werden; sie sind zu löschen, soweit sie nicht zur Durchführung der Überwachung nach den Artikeln 137 und 138 der Verordnung (EU) 2017/625 sowie nach § 38 Absatz 2a Satz 1, § 39 Absatz 2 und § 39a Absatz 1 Satz 1 oder zur Durchführung des Monitorings erforderlich sind. [3]Sofern die übermittelten Angaben die Gemeinde bezeichnen, in der die Probe entnommen worden ist, darf das Bundesamt für Verbraucherschutz und Lebensmittelsicherheit diese Angabe nur in Berichte aufnehmen, die für das Bundesministerium, für das Bundesministerium für Umwelt, Naturschutz und nukleare Sicherheit sowie für die zuständigen Behörden des Landes bestimmt sind, das die Angaben übermittelt hat. [4]In den Berichten an die Länder sind außerdem die Besonderheiten des jeweiligen Landes angemessen zu berücksichtigen. [5]Das Bundesamt für Verbraucherschutz und Lebensmittelsicherheit veröffentlicht jährlich einen Bericht über die Ergebnisse des Monitorings.

§ 52 Erlass von Verwaltungsvorschriften. [1]Die zur Durchführung des Monitorings erforderlichen Vorschriften, insbesondere die Monitoringpläne, werden in Verwaltungsvorschriften geregelt, die im Benehmen mit einem Ausschuss aus Vertretern der Länder vorbereitet werden. [2]Das Bundesamt für Verbraucherschutz und Lebensmittelsicherheit beruft die Mitglieder des Ausschusses auf Vorschlag der Länder.

Abschnitt 9. Verbringen in das und aus dem Inland

§ 53 Verbringungsverbote. (1) [1]Erzeugnisse und mit Lebensmitteln verwechselbare Produkte, die nicht den im Inland geltenden Bestimmungen dieses Gesetzes, der aufgrund dieses Gesetzes erlassenen Rechtsverordnungen und der unmittelbar geltenden Rechtsakte der Europäischen Gemeinschaft oder der Europäischen Union im Anwendungsbereich dieses Gesetzes entsprechen, dürfen nicht in das Inland verbracht werden. [2]Dies gilt nicht für die Durchfuhr unter zollamtlicher Überwachung. [3]Das Verbot nach Satz 1 steht der zollamtlichen Abfertigung nicht entgegen, soweit sich aus dem auf § 56 gestützten Rechtsverordnungen über das Verbringen der in Satz 1 genannten Erzeugnisse oder der mit Lebensmitteln verwechselbaren Produkte nichts anderes ergibt.

(2) Das Bundesministerium wird ermächtigt, im Einvernehmen mit dem Bundesministerium der Finanzen durch Rechtsverordnung mit Zustimmung des Bundesrates, soweit es zur Erfüllung der in § 1 genannten Zwecke erforderlich oder mit diesen Zwecken vereinbar ist, abweichend von Absatz 1 Satz 1 das Verbringen von bestimmten Erzeugnissen oder von mit Lebensmitteln verwechselbaren Produkten in das Inland zuzulassen sowie die Voraussetzungen

und das Verfahren hierfür einschließlich der Festlegung mengenmäßiger Beschränkungen zu regeln und dabei Vorschriften nach § 56 Absatz 1 Satz 1 Nummer 2 und Satz 2 zu erlassen; § 56 Absatz 1 Satz 3 gilt entsprechend.

§ 54 Bestimmte Erzeugnisse aus anderen Mitgliedstaaten oder anderen Vertragsstaaten des Abkommens über den Europäischen Wirtschaftsraum. (1) [1]Abweichend von § 53 Absatz 1 Satz 1 dürfen Lebensmittel, Mittel zum Tätowieren, kosmetische Mittel oder Bedarfsgegenstände, die

1. in einem anderen Mitgliedstaat der Europäischen Union oder einem anderen Vertragsstaat des Abkommens über den Europäischen Wirtschaftsraum rechtmäßig hergestellt oder rechtmäßig in den Verkehr gebracht werden oder

2. aus einem Drittland stammen und sich in einem Mitgliedstaat der Europäischen Union oder einem anderen Vertragsstaat des Abkommens über den Europäischen Wirtschaftsraum rechtmäßig im Verkehr befinden,

in das Inland verbracht und hier in den Verkehr gebracht werden, auch wenn sie den in der Bundesrepublik Deutschland geltenden Vorschriften für Lebensmittel, Mittel zum Tätowieren, kosmetische Mittel oder Bedarfsgegenstände nicht entsprechen. [2]Satz 1 gilt nicht für die dort genannten Erzeugnisse, die

1. den Verboten des § 5 Absatz 1 Satz 1, des § 26 oder des § 30, des Artikels 14 Absatz 2 Buchstabe a der Verordnung (EG) Nr. 178/2002[1]) oder des Artikels 3 Absatz 1 Buchstabe a der Verordnung (EG) Nr. 1935/2004 oder den Geboten des Artikels 5 Absatz 1 in Verbindung mit Artikel 3 Satz 1 Buchstabe a, b oder c der Verordnung (EG) Nr. 1223/2009 nicht entsprechen oder

2. anderen zum Zweck des § 1 Absatz 1 Nummer 1, auch in Verbindung mit § 1 Absatz 3, erlassenen Rechtsvorschriften nicht entsprechen, soweit nicht die Verkehrsfähigkeit der Erzeugnisse in der Bundesrepublik Deutschland nach Absatz 2 durch eine Allgemeinverfügung des Bundesamtes für Verbraucherschutz und Lebensmittelsicherheit im Bundesanzeiger bekannt gemacht worden ist.

(2) [1]Allgemeinverfügungen nach Absatz 1 Satz 2 Nummer 2 werden vom Bundesamt für Verbraucherschutz und Lebensmittelsicherheit im Einvernehmen mit dem Bundesamt für Wirtschaft und Ausfuhrkontrolle erlassen, soweit nicht zwingende Gründe des Gesundheitsschutzes entgegenstehen. [2]Sie sind von demjenigen zu beantragen, der als Erster die Erzeugnisse in das Inland zu verbringen beabsichtigt. [3]Bei der Beurteilung der gesundheitlichen Gefahren eines Erzeugnisses sind die Erkenntnisse der internationalen Forschung sowie bei Lebensmitteln die Ernährungsgewohnheiten in der Bundesrepublik Deutschland zu berücksichtigen. [4]Allgemeinverfügungen nach Satz 1 wirken zugunsten aller Einführer der betreffenden Erzeugnisse aus Mitgliedstaaten der Europäischen Union oder anderen Vertragsstaaten des Abkommens über den Europäischen Wirtschaftsraum.

(3) [1]Dem Antrag sind eine genaue Beschreibung des Erzeugnisses sowie die für die Entscheidung erforderlichen verfügbaren Unterlagen beizufügen. [2]Über den Antrag ist in angemessener Frist zu entscheiden. [3]Sofern innerhalb von 90 Tagen eine endgültige Entscheidung über den Antrag noch nicht möglich ist, ist der Antragsteller über die Gründe zu unterrichten.

---

[1]) Nr. 1.

(4) Weichen Lebensmittel von den Vorschriften dieses Gesetzes oder der aufgrund dieses Gesetzes erlassenen Rechtsverordnungen ab, sind die Abweichungen angemessen kenntlich zu machen, soweit dies zum Schutz der Endverbraucher erforderlich ist.

§ 55 Mitwirkung der Zollbehörden. (1) [1] Die Zollbehörden wirken, vorbehaltlich der Absätze 2 und 3, bei der Überwachung des Verbringens von Erzeugnissen aus einem Drittland in die Europäische Union, des Verbringens aus dem Inland in ein Drittland oder bei der Durchfuhr mit. [2] Die Zollbehörden können

1. Sendungen von Erzeugnissen sowie deren Beförderungsmittel, Behälter, Lade- und Verpackungsmittel bei dem Verbringen aus einem Drittland in die Europäische Union oder dem Verbringen aus dem Inland in ein Drittland oder bei der Durchfuhr zur Überwachung anhalten,

2. den Verdacht von Verstößen gegen Verbote und Beschränkungen dieses Gesetzes, der nach diesem Gesetz erlassenen Rechtsverordnungen oder der unmittelbar geltenden Rechtsakte der Europäischen Gemeinschaft oder der Europäischen Union im Anwendungsbereich dieses Gesetzes, der sich bei der Abfertigung ergibt, den nach § 38 Absatz 1 Satz 1 zuständigen Behörden mitteilen,

3. in den Fällen der Nummer 2 anordnen, dass die Sendungen von Erzeugnissen auf Kosten und Gefahr des Verfügungsberechtigten einer für die Überwachung jeweils zuständigen Behörde vorgeführt werden.

(2) Bei Sendungen von Lebensmitteln, Futtermitteln oder Bedarfsgegenständen im Sinne des § 2 Absatz 6 Satz 1 Nummer 1, die keinen besonderen Grenzkontrollen unterliegen, wirken die Zollbehörden gemäß Artikel 76 der Verordnung (EU) 2017/625 mit.

(3) [1] Bei Mitteln zum Tätowieren, kosmetischen Mitteln, Bedarfsgegenständen im Sinne von § 2 Absatz 6 Satz 1 Nummer 2 bis 9 dieses Gesetzes oder mit Lebensmitteln verwechselbaren Produkten wirken die Zollbehörden gemäß Artikel 2 Absatz 2 in Verbindung mit den Artikeln 25 bis 28 der Verordnung (EU) 2019/1020 des Europäischen Parlaments und des Rates vom 20. Juni 2019 über Marktüberwachung und die Konformität von Produkten sowie zur Änderung der Richtlinie 2004/42/EG und der Verordnungen (EG) Nr. 765/2008 und (EU) Nr. 305/2011 (ABl. L 169 vom 25.6.2019, S. 1) mit. [2] Die Zollbehörden melden die Aussetzung der Überlassung nach Artikel 26 der Verordnung (EU) 2019/1020 unverzüglich der zuständigen Behörde, in deren Zuständigkeitsbereich die Zollbehörde gelegen ist.

(4) [1] Das Bundesministerium der Finanzen regelt im Einvernehmen mit dem Bundesministerium durch Rechtsverordnung ohne Zustimmung des Bundesrates die Einzelheiten des Verfahrens nach Absatz 1. [2] Es kann dabei insbesondere Pflichten zu Anzeigen, Anmeldungen, Auskünften und zur Leistung von Hilfsdiensten bei der Durchführung von Überwachungsmaßnahmen sowie zur Duldung der Einsichtnahme in Geschäftspapiere und sonstige Unterlagen und zur Duldung von Besichtigungen und von Entnahmen unentgeltlicher Muster und Proben vorsehen. [3] Soweit Rechtsverordnungen nach § 13 Absatz 5 Satz 1 betroffen sind, bedürfen die Rechtsverordnungen nach Satz 1 auch des Einvernehmens mit dem Bundesministerium für Umwelt, Naturschutz und nukleare Sicherheit.

§ 56 Ermächtigungen. (1) [1]Das Bundesministerium wird ermächtigt, im Einvernehmen mit dem Bundesministerium der Finanzen durch Rechtsverordnung mit Zustimmung des Bundesrates, soweit es zur Erfüllung der in § 1 Absatz 1 Nummer 1 oder Nummer 4 oder Absatz 2, stets jeweils auch in Verbindung mit § 1 Absatz 3, genannten Zwecke erforderlich ist, das Verbringen von Erzeugnissen, einschließlich lebender Tiere im Sinne des § 4 Absatz 1 Nummer 1, in das Inland oder die Europäische Union, auch in ein Lagerhaus

1. auf Dauer oder vorübergehend zu verbieten oder zu beschränken,

2. abhängig zu machen von

a) der Tauglichkeit bestimmter Lebensmittel zum Genuss für den Menschen,

b) der Registrierung, Erlaubnis, Anerkennung, Zulassung oder Bekanntgabe von Betrieben oder Ländern, in denen die Erzeugnisse hergestellt oder behandelt werden, und die Einzelheiten dafür festzulegen,

c) einer Zulassung, einer Registrierung, einer Genehmigung oder einer Anzeige sowie die Voraussetzungen und das Verfahren für die Zulassung, die Registrierung, die Genehmigung und die Anzeige einschließlich des Ruhens der Zulassung, der Registrierung oder der Genehmigung zu regeln,

d) der Anmeldung oder Vorführung bei der zuständigen Behörde und die Einzelheiten dafür festzulegen,

e) einer Dokumentenprüfung, einer Nämlichkeitskontrolle oder einer Warenuntersuchung und deren Einzelheiten, insbesondere deren Häufigkeit und Verfahren, festzulegen sowie Vorschriften über die Beurteilung im Rahmen solcher Untersuchungen zu erlassen,

f) der Begleitung durch

aa) eine Genusstauglichkeitsbescheinigung oder durch eine vergleichbare Urkunde oder durch Vorlage zusätzlicher Bescheinigungen sowie Inhalt, Form, Ausstellung und Bekanntgabe dieser Bescheinigungen oder Urkunde zu regeln,

bb) Nachweise über die Art des Herstellens, der Zusammensetzung oder der Beschaffenheit sowie das Nähere über Art, Form und Inhalt der Nachweise, über das Verfahren ihrer Erteilung oder die Dauer ihrer Geltung und Aufbewahrung zu regeln,

g) einer Kennzeichnung, amtlichen Kennzeichnung oder amtlichen Anerkennung sowie Inhalt, Art und Weise und das Verfahren einer solchen Kennzeichnung, amtlichen Kennzeichnung oder amtlichen Anerkennung zu regeln,

h) der Beibringung eines amtlichen Untersuchungszeugnisses oder einer amtlichen Gesundheitsbescheinigung oder der Vorlage einer vergleichbaren Urkunde.

i) der Vorlage einer, auch amtlichen, oder der Begleitung durch eine, auch amtliche, Bescheinigung und deren Verwendung über Art, Umfang oder Ergebnis durchgeführter Überprüfungen und dabei das Nähere über Art, Form und Inhalt der Bescheinigung, über das Verfahren ihrer Erteilung oder die Dauer ihrer Geltung und Aufbewahrung zu regeln,

j) der Dauer einer Lagerung oder dem Verbot oder der Erlaubnis der zuständigen Behörde zur Beförderung zwischen zwei Lagerstätten sowie der

Festlegung bestimmter Lagerungszeiten und von Mitteilungspflichten über deren Einhaltung sowie über den Verbleib der Erzeugnisse und dabei das Nähere über Art, Form und Inhalt der Mitteilungspflichten zu regeln.

[2] In Rechtsverordnungen nach Satz 1 kann vorgeschrieben werden, dass

1. die Dokumentenprüfung, die Nämlichkeitskontrolle sowie die Warenuntersuchung in oder bei einer Grenzkontrollstelle oder anderen Kontrollstelle oder von einer oder unter Mitwirkung einer Zolldienststelle,

2. die Anmeldung oder Vorführung in oder bei einer Grenzkontrollstelle oder anderen Kontrollstelle

vorzunehmen sind. [3] Soweit die Einhaltung von Rechtsverordnungen nach § 13 Absatz 5 Satz 1 betroffen ist, tritt an die Stelle des Bundesministeriums das Bundesministerium für Umwelt, Naturschutz und nukleare Sicherheit im Einvernehmen mit den in § 13 Absatz 5 Satz 2 genannten Bundesministerien.

(2) Das Bundesministerium wird ferner ermächtigt, im Einvernehmen mit dem Bundesministerium der Finanzen durch Rechtsverordnung mit Zustimmung des Bundesrates, soweit es zur Erfüllung der in § 1 genannten Zwecke erforderlich ist,

1. Vorschriften zu erlassen über die zollamtliche Überwachung von Erzeugnissen oder deren Überwachung durch die zuständige Behörde bei dem Verbringen in das Inland,

2. Vorschriften zu erlassen über die Maßnahmen, die zu ergreifen sind, wenn zum Verbringen in das Inland bestimmte Erzeugnisse unmittelbar geltenden Rechtsakten der Europäischen Gemeinschaft oder der Europäischen Union, diesem Gesetz oder einer aufgrund dieses Gesetzes erlassenen Rechtsverordnung nicht entsprechen,

3. die Anforderungen an die Beförderung von Erzeugnissen bei dem Verbringen in das Inland zu regeln,

4. vorzuschreiben, dass Betriebe, die bestimmte Erzeugnisse in das Inland verbringen, bestimmte betriebseigene Kontrollen und Maßnahmen sowie Unterrichtungen oder Schulungen von Personen in der Lebensmittelhygiene durchzuführen und darüber Nachweise zu führen haben, sowie bestimmten Prüfungs- und Mitteilungspflichten unterliegen,

5. vorzuschreiben, dass über das Verbringen bestimmter Erzeugnisse in das Inland oder über

a) die Reinigung,

b) die Desinfektion oder

c) sonstige Behandlungsmaßnahmen im Hinblick auf die Einhaltung der hygienischen Anforderungen

von Räumen, Anlagen, Einrichtungen oder Beförderungsmitteln, in denen Erzeugnisse in das Inland verbracht werden, Nachweise zu führen sind,

6. Vorschriften zu erlassen über Umfang und Häufigkeit der Kontrollen nach Nummer 4 sowie das Nähere über Art, Form und Inhalt der Nachweise nach Nummer 5 und über die Dauer ihrer Aufbewahrung zu regeln,

7. die hygienischen Anforderungen festzusetzen, unter denen bestimmte Lebensmittel in das Inland verbracht werden dürfen,

8. das Verfahren für die Überwachung der Einhaltung von gesundheitlichen, insbesondere hygienischen Anforderungen beim Verbringen von Lebensmitteln in das Inland zu regeln.

(3) [1] In der Rechtsverordnung nach Absatz 1 Satz 1 kann angeordnet werden, dass bestimmte Erzeugnisse, einschließlich lebender Tiere im Sinne des § 4 Absatz 1 Nummer 1, nur über bestimmte Zollbehörden oder Grenzkontrollstellen in das Inland verbracht werden dürfen und solche Stellen von einer wissenschaftlich ausgebildeten Person geleitet werden. [2] Das Bundesamt für Verbraucherschutz und Lebensmittelsicherheit gibt die in Satz 1 genannten Stellen im Einvernehmen mit dem Bundesministerium der Finanzen im Bundesanzeiger bekannt, soweit diese Stellen nicht im Amtsblatt der Europäischen Union bekannt gegeben sind oder nicht in Rechtsakten der Europäischen Union eine Bekanntgabe durch die Europäische Kommission vorgesehen ist. [3] Das Bundesministerium der Finanzen kann die Erteilung des Einvernehmens nach Satz 2 auf die Generalzolldirektion übertragen.

(4) Das Bundesministerium wird ferner ermächtigt, im Einvernehmen mit dem Bundesministerium der Finanzen durch Rechtsverordnung mit Zustimmung des Bundesrates, soweit es zur Erfüllung der in § 1 Absatz 1 Nummer 1 oder 4, jeweils auch in Verbindung mit § 1 Absatz 3, genannten Zwecke erforderlich ist,

1. die Durchfuhr von Erzeugnissen, einschließlich lebender Tiere im Sinne des § 4 Absatz 1 Nummer 1, oder von mit Lebensmitteln verwechselbaren Produkten sowie deren Lagerung in Lagerhäusern abhängig zu machen von

   a) einer Erlaubnis der zuständigen Behörde und dabei das Nähere über Art, Form und Inhalt der Erlaubnis, über das Verfahren ihrer Erteilung oder die Dauer ihrer Geltung und Aufbewahrung zu regeln,

   b) Anforderungen an die Beförderung und Lagerung im Inland,

   c) dem Verbringen aus dem Inland, auch innerhalb bestimmter Fristen, über bestimmte Grenzkontrollstellen und die Einzelheiten hierfür festzulegen,

   d) einer Kontrolle bei dem Verbringen aus dem Inland unter Mitwirkung einer Zollbehörde,

   e) einer zollamtlichen Überwachung oder einer Überwachung durch die zuständige Behörde,

   f) einer Anerkennung der Lagerhäuser durch die zuständige Behörde dabei das Nähere über Art, Form und Inhalt der Anerkennung, über das Verfahren ihrer Erteilung oder die Dauer ihrer Geltung zu regeln,

2. für die Durchfuhr Vorschriften nach Absatz 1 oder 2 zu erlassen.

§ 57 Ausfuhr; sonstiges Verbringen aus dem Inland. (1) Für die Ausfuhr und Wiederausfuhr von Mitteln zum Tätowieren, kosmetischen Mitteln, Bedarfsgegenständen und mit Lebensmitteln verwechselbaren Produkten gilt Artikel 12 der Verordnung (EG) Nr. 178/2002[1] mit der Maßgabe, dass an die Stelle der dort genannten Anforderungen des Lebensmittelrechts die für diese Erzeugnisse und die für mit Lebensmitteln verwechselbaren Produkte geltenden Vorschriften dieses Gesetzes, der aufgrund dieses Gesetzes erlassenen Rechtsverordnungen und der unmittelbar geltenden Rechtsakte der Europäischen

---

[1] Nr. **1.**

Gemeinschaft oder der Europäischen Union im Anwendungsbereich dieses Gesetzes treten.

(2) [1] Es ist verboten, Futtermittel auszuführen, die

1. wegen ihres Gehalts an unerwünschten Stoffen nach § 17 nicht hergestellt, behandelt, in den Verkehr gebracht oder verfüttert werden dürfen,

2. einer durch Rechtsverordnung nach § 23 Nummer 1 festgesetzten Anforderung nicht entsprechen oder

3. den in Anhang I der Richtlinie 2002/32/EG des Europäischen Parlaments und des Rates vom 7. Mai 2002 über unerwünschte Stoffe in der Tierernährung (ABl. L 140 vom 30.5.2002, S. 10), die zuletzt durch die Verordnung (EU) 2019/1869 (ABl. L 289 vom 8.11.2019, S. 32) geändert worden ist, festgesetzten Höchstgehalt an einem unerwünschten Stoff überschreiten.

[2] Nach Maßgabe des Artikels 12 der Verordnung (EG) Nr. 178/2002 dürfen

1. abweichend von Satz 1 dort genannte Futtermittel, die eingeführt worden sind, ausgeführt werden,

2. in Satz 1 genannte Futtermittel wieder ausgeführt werden.

(3) Lebensmittel, Einzelfuttermittel oder Mischfuttermittel, die vor der Ausfuhr behandelt worden sind und im Fall von Lebensmitteln höhere Gehalte an Rückständen von Pflanzenschutz- oder sonstigen Mitteln als durch Rechtsverordnung nach § 9 Absatz 2 Nummer 1 Buchstabe a oder im Fall von Einzelfuttermitteln oder Mischfuttermitteln höhere Gehalte an Mittelrückständen als durch Rechtsverordnung nach § 23a Nummer 1 festgesetzt aufweisen, dürfen in einen Staat, der der Europäischen Union nicht angehört, nur verbracht werden, sofern nachgewiesen wird, dass

1. das Bestimmungsland eine besondere Behandlung mit den Mitteln verlangt, um die Einschleppung von Schadorganismen in seinem Hoheitsgebiet vorzubeugen, oder

2. die Behandlung notwendig ist, um die Erzeugnisse während des Transports nach dem Bestimmungsland und der Lagerung in diesem Land vor Schadorganismen zu schützen.

(4) Erzeugnisse und mit Lebensmitteln verwechselbare Produkte, die nach Maßgabe des Absatzes 1 oder 2 den Vorschriften dieses Gesetzes, der aufgrund dieses Gesetzes erlassenen Rechtsverordnungen oder der unmittelbar geltenden Rechtsakte der Europäischen Gemeinschaft oder der Europäischen Union im Anwendungsbereich dieses Gesetzes nicht entsprechen, müssen von Erzeugnissen, die für das Inverkehrbringen im Inland oder in anderen Mitgliedstaaten bestimmt sind, getrennt gehalten und kenntlich gemacht werden.

(5) Für Erzeugnisse und für mit Lebensmitteln verwechselbare Produkte, die zur Lieferung in einen anderen Mitgliedstaat bestimmt sind, gilt Artikel 12 der Verordnung (EG) Nr. 178/2002 mit der Maßgabe, dass an die Stelle der dort genannten Anforderungen des Lebensmittelrechts die für diese Erzeugnisse und die für mit Lebensmitteln verwechselbaren Produkte geltenden Vorschriften dieses Gesetzes, der aufgrund dieses Gesetzes erlassenen Rechtsverordnungen und der unmittelbar geltenden Rechtsakte der Europäischen Gemeinschaft oder der Europäischen Union im Anwendungsbereich dieses Gesetzes treten.

(6) Die Vorschriften dieses Gesetzes und der aufgrund dieses Gesetzes erlassenen Rechtsverordnungen finden mit Ausnahme der §§ 5 und 17 Absatz 1 Satz 1 Nummer 1 und der §§ 26 und 30 auf Erzeugnisse, die für die Ausrüstung von Schiffen bestimmt sind, die das Gebiet der Europäischen Union verlassen, keine Anwendung.

(7) ¹Das Bundesministerium wird ermächtigt, durch Rechtsverordnung mit Zustimmung des Bundesrates

1. weitere Vorschriften dieses Gesetzes sowie aufgrund dieses Gesetzes erlassene Rechtsverordnungen auf Erzeugnisse, die für die Ausrüstung von Schiffen bestimmt sind, die das Gebiet der Europäischen Union verlassen, für anwendbar zu erklären, soweit es zur Erfüllung der in § 1 genannten Zwecke erforderlich ist,

2. abweichende oder zusätzliche Vorschriften für Erzeugnisse zu erlassen, die für die Ausrüstung von Schiffen bestimmt sind, die das Gebiet der Europäischen Union verlassen, soweit es mit den in § 1 genannten Zwecken vereinbar ist,

3. soweit es zur Erfüllung der in § 1 genannten Zwecke erforderlich ist,

  a) die Lagerung von Erzeugnissen, die für die Ausrüstung von Schiffen bestimmt sind, die das Gebiet der Europäischen Union verlassen, in Lagerhäusern abhängig zu machen von

    aa) einer Erlaubnis der zuständigen Behörde und dabei das Nähere über Art, Form und Inhalt der Erlaubnis, über das Verfahren ihrer Erteilung oder die Dauer ihrer Geltung und Aufbewahrung zu regeln,

    bb) Anforderungen an die Beförderung und Lagerung im Inland,

    cc) dem Verbringen aus dem Inland, auch innerhalb bestimmter Fristen, über bestimmte Grenzkontrollstellen und die Einzelheiten hierfür festzulegen,

    dd) einer Kontrolle bei dem Verbringen aus dem Inland unter Mitwirkung einer Zollbehörde,

    ee) einer zollamtlichen Überwachung oder einer Überwachung durch die zuständige Behörde,

    ff) einer Anerkennung der Lagerhäuser durch die zuständige Behörde und dabei das Nähere über Art, Form und Inhalt der Anerkennung, über das Verfahren ihrer Erteilung oder die Dauer ihrer Geltung zu regeln,

  b) für Erzeugnisse, die für die Ausrüstung von Schiffen bestimmt sind, die das Gebiet der Europäischen Union verlassen, Vorschriften nach § 56 Absatz 1 oder 2 zu erlassen.

²Soweit Rechtsverordnungen nach § 13 Absatz 5 Satz 1 betroffen sind, tritt an die Stelle des Bundesministeriums das Bundesministerium für Umwelt, Naturschutz und nukleare Sicherheit im Einvernehmen mit dem Bundesministerium.

(8) Das Bundesministerium wird ferner ermächtigt, durch Rechtsverordnung mit Zustimmung des Bundesrates,

1. soweit es zur Erfüllung der in § 1 genannten Zwecke erforderlich ist, das Verbringen von

  a) lebenden Tieren im Sinne des § 4 Absatz 1 Nummer 1,

  b) Erzeugnissen oder

c) mit Lebensmitteln verwechselbaren Produkten
aus dem Inland zu verbieten oder zu beschränken,

2. soweit es zur Erleichterung des Handelsverkehrs beiträgt und die in § 1 genannten Zwecke nicht entgegenstehen, bei der Ausfuhr von Erzeugnissen bestimmten Betrieben auf Antrag eine besondere Kontrollnummer zu erteilen, wenn die Einfuhr vom Bestimmungsland von der Erteilung einer solchen Kontrollnummer abhängig gemacht wird und die zuständige Behörde den Betrieb für die Ausfuhr in dieses Land zugelassen hat, sowie die Voraussetzungen und das Verfahren für die Erteilung der besonderen Kontrollnummer zu regeln.

Abschnitt 9a. Besondere Regelungen zum Schutz vor ionisierender Strahlung

§ 57a Ermächtigungen zum Schutz der Gesundheit vor ionisierender Strahlung. (1) Das Bundesministerium wird ermächtigt, soweit es zur Erfüllung der in § 1 Absatz 4 Nummer 1, auch in Verbindung mit § 1 Absatz 4 Nummer 2, genannten Zwecke erforderlich ist, zur Einhaltung von nach § 94 Absatz 2 Nummer 3 des Strahlenschutzgesetzes bestimmten Kontaminationswerten durch Rechtsverordnung mit Zustimmung des Bundesrates Folgendes zu verbieten oder zu beschränken:

1. das Inverkehrbringen von Lebensmitteln, Bedarfsgegenständen, Mitteln zum Tätowieren und kosmetischen Mitteln,

2. das Verfüttern oder Inverkehrbringen von Futtermitteln,

3. das Verbringen von Erzeugnissen in den, durch den oder aus dem Geltungsbereich dieses Gesetzes.

(2) Rechtsverordnungen nach Absatz 1 bedürfen des Einvernehmens mit den Bundesministerien für Umwelt, Naturschutz und nukleare Sicherheit und für Wirtschaft und Energie.

(3) [1] Bei Eilbedürftigkeit nach Eintritt eines Notfalls nach § 5 Absatz 26 des Strahlenschutzgesetzes können Rechtsverordnungen nach Absatz 1 ohne Zustimmung des Bundesrates und ohne das Einvernehmen mit den zu beteiligenden Bundesministerien erlassen werden; sie treten spätestens sechs Monate nach ihrem Inkrafttreten außer Kraft. [2] Ihre Geltungsdauer kann durch Rechtsverordnung mit Zustimmung des Bundesrates und im Einvernehmen mit den zu beteiligenden Bundesministerien verlängert werden.

§ 57b Weitere Ermächtigungen in radiologischen Notfällen. (1) [1] Nach Eintritt eines Notfalls nach § 5 Absatz 26 des Strahlenschutzgesetzes können Rechtsverordnungen, die nach den Vorschriften der Abschnitte 2 bis 9 dieses Gesetzes zur Erfüllung der in § 1 Absatz 1 Nummer 1 oder Nummer 4 Buchstabe a Doppelbuchstabe aa genannten Zwecke erlassen werden können, auch zur Erfüllung der in § 1 Absatz 4 genannten Zwecke erlassen werden. [2] Satz 1 gilt nicht für § 13 Absatz 5.

(2) § 57a Absatz 2 und 3 gilt entsprechend.

§ 57c Überwachung. [1] Die §§ 38 bis 49a gelten für die Überwachungsmaßnahmen nach den aufgrund des § 57a oder nach § 57b erlassenen Rechtsverordnungen und den unmittelbar geltenden Rechtsakten der Europäischen

Gemeinschaft, der Europäischen Union oder der Europäischen Atomgemeinschaft im Anwendungsbereich dieses Abschnitts entsprechend. [2] § 55 gilt für die Überwachung der aufgrund des § 57a oder nach § 57b erlassenen Rechtsverordnungen sowie der unmittelbar geltenden Rechtsakte der Europäischen Gemeinschaft, der Europäischen Union oder der Europäischen Atomgemeinschaft im Anwendungsbereich dieses Abschnitts entsprechend.

§ 57d Ausführung durch die Länder im Auftrag des Bundes. [1] Die aufgrund des § 57a oder nach § 57b erlassenen Rechtsverordnungen sowie die unmittelbar geltenden Rechtsakte der Europäischen Gemeinschaft, der Europäischen Union oder der Europäischen Atomgemeinschaft im Anwendungsbereich dieses Abschnitts werden von den Ländern im Auftrag des Bundes ausgeführt, soweit nicht bundeseigene Verwaltung vorgesehen ist. [2] Im Geschäftsbereich des Bundesministeriums der Verteidigung obliegt die Durchführung der aufgrund des § 57a oder nach § 57b erlassenen Rechtsverordnungen sowie der unmittelbar geltenden Rechtsakte der Europäischen Gemeinschaft, der Europäischen Union oder der Europäischen Atomgemeinschaft im Anwendungsbereich dieses Abschnitts den zuständigen Stellen und Sachverständigen der Bundeswehr.

Abschnitt 10. Straf- und Bußgeldvorschriften

§ 58 Strafvorschriften. (1) Mit Freiheitsstrafe bis zu drei Jahren oder mit Geldstrafe wird bestraft, wer

1. entgegen § 5 Absatz 1 Satz 1 ein Lebensmittel herstellt oder behandelt,

2. entgegen § 5 Absatz 2 Nummer 1 einen Stoff als Lebensmittel in den Verkehr bringt,

3. entgegen § 5 Absatz 2 Nummer 2 ein mit Lebensmitteln verwechselbares Produkt herstellt, behandelt oder in den Verkehr bringt,

4. entgegen § 10 Absatz 1 Satz 1, auch in Verbindung mit einer Rechtsverordnung nach § 10 Absatz 4 Nummer 2, oder entgegen § 10 Absatz 3 Nummer 3 ein Lebensmittel in den Verkehr bringt,

5. entgegen § 10 Absatz 2 ein Tier in den Verkehr bringt,

5a. entgegen § 10 Absatz 3 Nummer 1 ein Tier zur Schlachtung abgibt,

6. entgegen § 10 Absatz 3 Nummer 2 Lebensmittel von einem Tier gewinnt,

7. entgegen § 13 Absatz 2 in Verbindung mit einer Rechtsverordnung nach Absatz 1 Nummer 1 ein Lebensmittel in den Verkehr bringt,

8. entgegen § 17 Absatz 1 Satz 1 Nummer 1 ein Futtermittel herstellt oder behandelt,

9. (weggefallen)

10. (weggefallen)

11. entgegen

   a) § 26 Satz 1 Nummer 1 ein Mittel zum Tätowieren herstellt oder behandelt oder

   b) § 26 Satz 1 Nummer 2 einen Stoff oder ein Gemisch aus Stoffen als Mittel zum Tätowieren in den Verkehr bringt,

12. entgegen § 28 Absatz 2 in Verbindung mit einer Rechtsverordnung nach § 28 Absatz 1 Nummer 2 oder § 32 Absatz 1 Nummer 1, 2 oder 3 ein dort genanntes Mittel in den Verkehr bringt,

13. entgegen § 30 Nummer 1 einen Bedarfsgegenstand herstellt oder behandelt,

14. entgegen § 30 Nummer 2 einen Gegenstand oder ein Mittel als Bedarfsgegenstand in den Verkehr bringt,

15. entgegen § 30 Nummer 3 einen Bedarfsgegenstand verwendet,

16. entgegen § 32 Absatz 2 in Verbindung mit einer Rechtsverordnung nach Absatz 1 Nummer 1, 2 oder 3 einen Bedarfsgegenstand in den Verkehr bringt,

17. einer vollziehbaren Anordnung nach § 39a Absatz 1 Satz 1, auch in Verbindung mit Absatz 2, die der Durchführung eines in § 39a Absatz 3 bezeichneten Verbots oder Gebots dient, zuwiderhandelt oder

18. einer Rechtsverordnung nach § 10 Absatz 4 Nummer 1 Buchstabe b, d oder Buchstabe e, § 13 Absatz 1 Nummer 1 oder 2, § 22, § 32 Absatz 1 Nummer 1, 2 oder 3, jeweils auch in Verbindung mit § 28 Absatz 1 Nummer 2, oder § 34 Satz 1 Nummer 1 oder 2 oder einer vollziehbaren Anordnung aufgrund einer solchen Rechtsverordnung zuwiderhandelt, soweit die Rechtsverordnung für einen bestimmten Tatbestand auf diese Strafvorschrift verweist.

(2) Ebenso wird bestraft, wer gegen die Verordnung (EG) Nr. 178/2002[1]) des Europäischen Parlaments und des Rates vom 28. Januar 2002 zur Festlegung der allgemeinen Grundsätze und Anforderungen des Lebensmittelrechts, zur Errichtung der Europäischen Behörde für Lebensmittelsicherheit und zur Festlegung von Verfahren zur Lebensmittelsicherheit (ABl. L 31 vom 1.2.2002, S. 1), die zuletzt durch die Verordnung (EU) 2019/1381 (ABl. L 231 vom 6.9.2019, S. 1) geändert worden ist, verstößt, indem er

1. entgegen Artikel 14 Absatz 1 in Verbindung mit Absatz 2 Buchstabe a ein Lebensmittel in den Verkehr bringt oder

2. entgegen Artikel 15 Absatz 1 in Verbindung mit Absatz 2 Spiegelstrich 1, soweit sich dieser auf die Gesundheit des Menschen bezieht, jeweils auch in Verbindung mit Artikel 4 Absatz 1 Unterabsatz 2 der Verordnung (EG) Nr. 767/2009 des Europäischen Parlaments und des Rates vom 13. Juli 2009 über das Inverkehrbringen und die Verwendung von Futtermitteln, zur Änderung der Verordnung (EG) Nr. 1831/2003 des Europäischen Parlaments und des Rates und zur Aufhebung der Richtlinien 79/373/EWG des Rates, 80/511/EWG der Kommission, 82/471/EWG des Rates, 83/228/EWG des Rates, 93/74/EWG des Rates, 93/113/EG des Rates und 96/25/EG des Rates und der Entscheidung 2004/217/EG der Kommission (ABl. L 229 vom 1.9.2009, S. 1, L 192 vom 22.7.2011, S. 71; L 296 vom 15.11.2019, S. 64), die zuletzt durch die Verordnung (EU) 2018/1903 (ABl. L 310 vom 6.12.2018, S. 22) geändert worden ist, ein Futtermittel in den Verkehr bringt oder verfüttert.

(2a) Ebenso wird bestraft, wer

---

[1]) Nr. **1**.

1. gegen die Verordnung (EG) Nr. 1334/2008 des Europäischen Parlaments und des Rates vom 16. Dezember 2008 über Aromen und bestimmte Lebensmittelzutaten mit Aromaeigenschaften zur Verwendung in und auf Lebensmitteln sowie zur Änderung der Verordnung (EWG) Nr. 1601/91 des Rates, der Verordnungen (EG) Nr. 2232/96 und (EG) Nr. 110/2008 und der Richtlinie 2000/13/EG (ABl. L 354 vom 31.12.2008, S. 34, L 105 vom 27.4.2010, S. 115), die zuletzt durch die Verordnung (EU) 2019/799 (ABl. L 132 vom 20.5.2019, S. 12) geändert worden ist, verstößt, indem er

a) entgegen Artikel 5 in Verbindung mit Anhang III oder Anhang IV ein Aroma oder ein Lebensmittel in den Verkehr bringt,

b) entgegen Artikel 6 Absatz 1 einen dort bezeichneten Stoff zusetzt,

c) entgegen Artikel 7 einen Ausgangsstoff, ein Aroma oder eine Lebensmittelzutat verwendet,

2. entgegen Artikel 5 Absatz 1 in Verbindung mit Artikel 3 Satz 1 Buchstabe a, b oder c der Verordnung (EG) Nr. 1223/2009 des Europäischen Parlaments und des Rates vom 30. November 2009 über kosmetische Mittel (ABl. L 342 vom 22.12.2009, S. 59; L 318 vom 15.11.2012, S. 74; L 72 vom 15.3. 2013, S. 16; L 142 vom 29.5.2013, S. 10; L 254 vom 28.8.2014, S. 39; L 17 vom 21.1.2017, S. 52; L 326 vom 9.12.2017, S. 55; L 183 vom 19.7.2018, S. 27; L 324 vom 13.12.2019, S. 80; L 76 vom 12.3.2020, S. 36), die zuletzt durch die Verordnung (EU) 2019/1966 (ABl. L 307 vom 28.11.2019, S. 15) geändert worden ist, nicht dafür sorgt, dass ein auf dem Markt bereitgestelltes kosmetisches Mittel für die menschliche Gesundheit sicher ist,

3. gegen die Verordnung (EU) Nr. 10/2011 der Kommission vom 14. Januar 2011 über Materialien und Gegenstände aus Kunststoff, die dazu bestimmt sind, mit Lebensmitteln in Berührung zu kommen (ABl. L 12 vom 15.1. 2011, S. 1, L 278 vom 25.10.2011, S. 13), die zuletzt durch die Verordnung (EU) 2019/1338 (ABl. L 209 vom 9.8.2019, S. 5) geändert worden ist, verstößt, indem er

a) entgegen Artikel 4 Buchstabe e in Verbindung mit Artikel 5 Absatz 1 oder Artikel 9 Absatz 1 Buchstabe c, jeweils auch in Verbindung mit Artikel 13 Absatz 1 oder Artikel 14 Absatz 1, ein Material oder einen Gegenstand aus Kunststoff in Verkehr bringt oder

b) entgegen Artikel 5 Absatz 1 in Verbindung mit Artikel 13 Absatz 1 oder Artikel 14 Absatz 1 bei der Herstellung einer Kunststoffschicht in einem Material oder einem Gegenstand aus Kunststoff einen nicht zugelassenen Stoff verwendet oder

4. einer vollziehbaren Anordnung nach Artikel 138 Absatz 2 der Verordnung (EU) 2017/625 des Europäischen Parlaments und des Rates vom 15. März 2017 über amtliche Kontrollen und andere amtliche Tätigkeiten zur Gewährleistung der Anwendung des Lebens- und Futtermittelrechts und der Vorschriften über Tiergesundheit und Tierschutz, Pflanzengesundheit und Pflanzenschutzmittel, zur Änderung der Verordnungen (EG) Nr. 999/2001, (EG) Nr. 396/2005, (EG) Nr. 1069/2009, (EG) Nr. 1107/2009, (EU) Nr. 1151/2012, (EU) Nr. 652/2014, (EU) 2016/429 und (EU) 2016/2031 des Europäischen Parlaments und des Rates, der Verordnungen (EG) Nr. 1/ 2005 und (EG) Nr. 1099/2009 des Rates sowie der Richtlinien 98/58/EG, 1999/74/EG, 2007/43/EG, 2008/119/EG und 2008/120/EG des Rates und zur Aufhebung der Verordnungen (EG) Nr. 854/2004 und (EG)

Nr. 882/2004 des Europäischen Parlaments und des Rates, der Richtlinien 89/608/EWG, 89/662/EWG, 90/425/EWG, 91/496/EEG, 96/23/EG, 96/93/EG und 97/78/EG des Rates und des Beschlusses 92/438/EWG des Rates (Verordnung über amtliche Kontrollen) (ABl. L 95 vom 7.4.2017, S. 1; L 137 vom 24.5.2017, S. 40; L 48 vom 21.2.2018, S. 44; L 322 vom 18.12. 2018, S. 85; L 126 vom 15.5.2019, S. 73), die durch die Delegierte Verordnung (EU) 2019/2127 (ABl. L 321 vom 12.12.2019, S. 111) geändert worden ist, die der Durchführung eines in § 39 Absatz 7 bezeichneten Verbots dient, zuwiderhandelt.

(3) Ebenso wird bestraft, wer

1. einer unmittelbar geltenden Vorschrift in Rechtsakten der Europäischen Gemeinschaft oder der Europäischen Union zuwiderhandelt, die inhaltlich einem in Absatz 1 Nummer 1 bis 17 genannten Gebot oder Verbot entspricht, soweit eine Rechtsverordnung nach § 62 Absatz 1 Nummer 1 für einen bestimmten Tatbestand auf diese Strafvorschrift verweist oder

2. einer anderen als in Absatz 2 oder 2a genannten unmittelbar geltenden Vorschrift in Rechtsakten der Europäischen Gemeinschaft oder der Europäischen Union zuwiderhandelt, die inhaltlich einer Regelung entspricht, zu der die in Absatz 1 Nummer 18 genannten Vorschriften ermächtigen, soweit eine Rechtsverordnung nach § 62 Absatz 1 Nummer 1 für einen bestimmten Straftatbestand auf diese Strafvorschrift verweist.

(4) Der Versuch ist strafbar.

(5) [1] In besonders schweren Fällen ist die Strafe Freiheitsstrafe von sechs Monaten bis zu fünf Jahren. [2] Ein besonders schwerer Fall liegt in der Regel vor, wenn der Täter durch eine der in Absatz 1, 2, 2a oder 3 bezeichneten Handlungen

1. die Gesundheit einer großen Zahl von Menschen gefährdet,

2. einen anderen in die Gefahr des Todes oder einer schweren Schädigung an Körper oder Gesundheit bringt oder

3. aus grobem Eigennutz für sich oder einen anderen Vermögensvorteile großen Ausmaßes erlangt.

(6) Wer eine der in Absatz 1, 2, 2a oder 3 bezeichneten Handlungen fahrlässig begeht, wird mit Freiheitsstrafe bis zu einem Jahr oder mit Geldstrafe bestraft.

§ 59 Strafvorschriften. (1) Mit Freiheitsstrafe bis zu einem Jahr oder mit Geldstrafe wird bestraft, wer

1. (weggefallen)

2. (weggefallen)

3. entgegen § 7 Absatz 3 in Verbindung mit einer Rechtsverordnung nach § 7 Absatz 1 oder 2 ein Lebensmittel in den Verkehr bringt,

4. entgegen § 8 Absatz 1 Nummer 1 Buchstabe a in Verbindung mit einer Rechtsverordnung nach § 8 Absatz 2 Nummer 1 oder entgegen § 8 Absatz 1 Nummer 1 Buchstabe b eine nicht zugelassene Bestrahlung anwendet,

5. entgegen § 8 Absatz 1 Nummer 2 ein Lebensmittel in den Verkehr bringt,

6. entgegen § 9 Absatz 1 Satz 1 Nummer 1 in Verbindung mit einer Rechtsverordnung nach Absatz 2 Nummer 1 Buchstabe a oder entgegen § 9 Absatz 1 Satz 1 Nummer 2 oder Nummer 3 ein Lebensmittel in den Verkehr bringt,

7. entgegen § 11 Absatz 1 ein Lebensmittel in den Verkehr bringt oder für ein Lebensmittel wirbt,

8. entgegen § 11 Absatz 2 ein Lebensmittel liefert,

9. entgegen § 12 ein Lebensmittel in den Verkehr bringt,

10. entgegen § 17 Absatz 1 Satz 1 Nummer 2 ein Futtermittel herstellt oder behandelt,

10a. entgegen § 17a Absatz 1 Satz 1 nicht dafür Sorge trägt, dass eine dort genannte Versicherung besteht,

11. entgegen § 19 ein Futtermittel in den Verkehr bringt oder für ein Futtermittel wirbt,

12. entgegen § 21 Absatz 3 Satz 1 Nummer 1 Buchstabe a ein Futtermittel in den Verkehr bringt oder verfüttert,

13. entgegen § 27 Absatz 1 Satz 1 ein Mittel zum Tätowieren unter einer irreführenden Bezeichnung, Angabe oder Aufmachung in den Verkehr bringt oder mit einer irreführenden Darstellung oder Aussage wirbt,

14. entgegen § 28 Absatz 2 ein dort genanntes Mittel in den Verkehr bringt, das einer Rechtsverordnung nach § 28 Absatz 1 Nummer 1 oder 2 in Verbindung mit § 32 Absatz 1 Nummer 4 Buchstabe a oder Nummer 5 nicht entspricht,

15. entgegen § 31 Absatz 1 oder 2 Satz 2 ein Material oder einen Gegenstand als Bedarfsgegenstand verwendet oder in den Verkehr bringt,

16. entgegen § 31 Absatz 3 ein Lebensmittel in den Verkehr bringt,

17. entgegen § 32 Absatz 2 in Verbindung mit einer Rechtsverordnung nach Absatz 1 Nummer 4 Buchstabe a oder Nummer 5 einen Bedarfsgegenstand in den Verkehr bringt,

18. entgegen § 33 Absatz 1 ein Material oder einen Gegenstand unter einer irreführenden Bezeichnung, Angabe oder Aufmachung in den Verkehr bringt oder mit einer irreführenden Darstellung oder Aussage wirbt,

19. entgegen § 53 Absatz 1 Satz 1 in Verbindung mit

    a) § 17 Absatz 1 Satz 1 Nummer 1 Futtermittel,

    b) § 26 Satz 1 ein Mittel zum Tätowieren, einen Stoff oder ein Gemisch,

    c) § 30 einen Bedarfsgegenstand, einen Gegenstand oder ein Mittel,

    d) Artikel 14 Absatz 2 Buchstabe a der Verordnung (EG) Nr. 178/2002[1] ein gesundheitsschädliches Lebensmittel oder

    e) Artikel 5 Absatz 1 in Verbindung mit Artikel 3 Satz 1 Buchstabe a, b oder c der Verordnung (EG) Nr. 1223/2009 ein kosmetisches Mittel

    in das Inland verbringt,

20. (weggefallen)

21. einer Rechtsverordnung nach

    a) § 8 Absatz 2 Nummer 2, § 9 Absatz 2 Nummer 1 Buchstabe b, § 13 Absatz 1 Nummer 4, 5 oder Nummer 6, Absatz 3 Satz 1 oder Absatz 4

---

[1] Nr. **1**.

Nummer 1 Buchstabe a, b oder c oder Nummer 2, § 29 Absatz 1 Nummer 3, § 31 Absatz 2 Satz 1, § 32 Absatz 1 Nummer 4 Buchstabe b, auch in Verbindung mit § 28 Absatz 1 Nummer 2, § 32 Absatz 1 Nummer 7, § 33 Absatz 2, § 34 Satz 1 Nummer 3 oder 4, § 56 Absatz 1 Satz 1 Nummer 1 oder Absatz 4 Nummer 2 in Verbindung mit Absatz 1 Satz 1 Nummer 1 oder § 57 Absatz 7 Satz 1 Nummer 3 Buchstabe c in Verbindung mit § 56 Absatz 1 Satz 1 Nummer 1, § 57a Absatz 1 oder

b) § 13 Absatz 5 Satz 1 Nummer 1

oder einer vollziehbaren Anordnung aufgrund einer solchen Rechtsverordnung zuwiderhandelt, soweit die Rechtsverordnung für einen bestimmten Tatbestand auf diese Strafvorschrift verweist.

(2) Ebenso wird bestraft, wer

1. entgegen Artikel 2 der Verordnung (EWG) Nr. 2219/89 des Rates vom 18. Juli 1989 über besondere Bedingungen für die Ausfuhr von Nahrungsmitteln und Futtermitteln im Falle eines nuklearen Unfalls oder einer anderen radiologischen Notstandssituation (ABl. L 211 vom 22.7.1989, S. 4) ein Nahrungsmittel oder Futtermittel ausführt, dessen radioaktive Kontamination über einem Höchstwert liegt, der durch eine Verordnung nach Artikel 3 Absatz 1 der Verordnung (Euratom) 2016/52 des Rates vom 15. Januar 2016 zur Festlegung von Höchstwerten an Radioaktivität in Lebens- und Futtermitteln im Falle eines nuklearen Unfalls oder eines anderen radiologischen Notfalls und zur Aufhebung der Verordnung (Euratom) Nr. 3954/87 des Rates und der Verordnungen (Euratom) Nr. 944/89 und (Euratom) Nr. 770/90 der Kommission (ABl. L 13 vom 20.1.2016, S. 2) festgelegt wird,

1a. gegen die Verordnung (EG) Nr. 178/2002 verstößt, indem er

a) entgegen Artikel 14 Absatz 1 in Verbindung mit Absatz 2 Buchstabe b ein Lebensmittel in den Verkehr bringt,

b) entgegen Artikel 15 Absatz 1 in Verbindung mit Absatz 2 Spiegelstrich 2 ein Futtermittel in den Verkehr bringt oder verfüttert,

c) entgegen Artikel 19 Absatz 1 Satz 1 ein Verfahren nicht, nicht vollständig oder nicht rechtzeitig einleitet, um ein Lebensmittel vom Markt zu nehmen, oder

d) entgegen Artikel 20 Absatz 1 Satz 1 ein Verfahren nicht, nicht vollständig oder nicht rechtzeitig einleitet, um ein Futtermittel für Tiere, die der Lebensmittelgewinnung dienen, vom Markt zu nehmen,

2. entgegen Artikel 19 der Verordnung (EG) Nr. 396/2005 des Europäischen Parlaments und des Rates vom 23. Februar 2005 über Höchstgehalte an Pestizidrückständen in oder auf Lebens- und Futtermitteln pflanzlichen und tierischen Ursprungs und zur Änderung der Richtlinie 91/414/EWG des Rates (ABl. L 70 vom 16.3.2005, S. 1), die zuletzt durch die Verordnung (EU) 2020/192 (ABl. L 40 vom 13.2.2020, S. 4) geändert worden ist, ein Erzeugnis, soweit es sich dabei um ein Lebensmittel handelt, verarbeitet oder mit einem anderen Erzeugnis, soweit es sich dabei um ein Lebensmittel handelt, mischt,

3. gegen die Verordnung (EG) Nr. 1924/2006[1]) des Europäischen Parlaments und des Rates vom 20. Dezember 2006 über nährwert- und gesundheitsbezogene Angaben über Lebensmittel (ABl. L 404 vom 30.12.2006, S. 9, L 12 vom 18.1.2007, S. 3, L 86 vom 28.3.2008, S. 34, L 198 vom 30.7.2009, S. 87, L 160 vom 12.6.2013, S. 15), die zuletzt durch die Verordnung (EU) Nr. 1047/2012 (ABl. L 310 vom 9.11.2012, S. 36) geändert worden ist, verstößt, indem er entgegen Artikel 3 Unterabsatz 1 in Verbindung mit

a) Artikel 3 Unterabsatz 2 Buchstabe a bis c, d Satz 1 oder Buchstabe e,

b) Artikel 4 Absatz 3,

c) Artikel 5 Absatz 1 Buchstabe a bis d oder Absatz 2,

d) Artikel 8 Absatz 1,

e) Artikel 9 Absatz 2,

f) Artikel 10 Absatz 1, 2 oder Absatz 3 oder

g) Artikel 12

eine nährwert- oder gesundheitsbezogene Angabe bei der Kennzeichnung oder Aufmachung eines Lebensmittels oder bei der Werbung verwendet,

3a. (weggefallen)

4. entgegen Artikel 4 der Verordnung (EG) Nr. 1332/2008 des Europäischen Parlaments und des Rates vom 16. Dezember 2008 über Lebensmittelenzyme und zur Änderung der Richtlinie 83/417/EWG des Rates, der Verordnung (EG) Nr. 1493/1999 des Rates, der Richtlinie 2000/13/EG des Rates sowie der Verordnung (EG) Nr. 258/97 (ABl. L 354 vom 31.12. 2008, S. 7), die durch die Verordnung (EU) Nr. 1056/2012 (ABl. L 313 vom 13.11.2012, S. 9) geändert worden ist, ein Lebensmittelenzym als solches in den Verkehr bringt oder in Lebensmitteln verwendet,

5. gegen die Verordnung (EG) Nr. 1333/2008 des Europäischen Parlaments und des Rates vom 16. Dezember 2008 über Lebensmittelzusatzstoffe (ABl. L 354 vom 31.12.2008, S. 16, L 105 vom 27.4.2010, S. 114, L 322 vom 21.11.2012, S. 8, L 123 vom 19.5.2015, S. 122), die zuletzt durch die Verordnung (EU) 2020/771 (ABl. L 184 vom 12.6.2020, S. 25) geändert worden ist, verstößt, indem er

a) entgegen Artikel 4 Absatz 1 einen Lebensmittelzusatzstoff als solchen in den Verkehr bringt oder in Lebensmitteln verwendet,

b) entgegen Artikel 4 Absatz 2 einen Lebensmittelzusatzstoff in Lebensmittelzusatzstoffen, -enzymen oder -aromen verwendet oder

c) entgegen Artikel 5 in Verbindung mit

aa) Artikel 15,

bb) Artikel 16,

cc) Artikel 17 oder

dd) Artikel 18

einen Lebensmittelzusatzstoff oder ein Lebensmittel in den Verkehr bringt,

6. gegen die Verordnung (EG) Nr. 1334/2008 verstößt, indem er

---

[1]) Nr. **6**.

a) entgegen Artikel 5 in Verbindung mit Artikel 4 ein Aroma oder ein Lebensmittel in Verkehr bringt, wenn die Tat nicht in § 58 Absatz 2a Nummer 1 Buchstabe a mit Strafe bedroht ist, oder

b) entgegen Artikel 10 ein Aroma oder einen Ausgangsstoff verwendet,

7. entgegen Artikel 12 Absatz 4 der Verordnung (EG) Nr. 767/2009 ein Futtermittel liefert, dessen Kennzeichnung einer Anforderung des

a) Artikels 11 Absatz 1 Buchstabe a oder b der Verordnung (EG) Nr. 767/2009 oder

b) Artikels 11 Absatz 1 Buchstabe c der Verordnung (EG) Nr. 767/2009 in Verbindung mit Anhang Teil C der Verordnung (EU) Nr. 68/2013 der Kommission vom 16. Januar 2013 zum Katalog der Einzelfuttermittel (ABl. L 29 vom 30.1.2013, S. 1; L 320 vom 30.11.2013, S. 82; L 91 vom 27.3.2014, S. 50), die zuletzt durch die Verordnung (EU) 2020/764 (ABl. L 183 vom 11.6.2020, S. 1) geändert worden ist,

nicht entspricht,

8. entgegen Artikel 20 Absatz 1 der Verordnung (EG) Nr. 1223/2009 einen Text, eine Bezeichnung, ein Warenzeichen, eine Abbildung oder ein dort genanntes Zeichen verwendet,

9. gegen die Verordnung (EU) Nr. 10/2011 verstößt, indem er

a) entgegen Artikel 4 Buchstabe e in Verbindung mit Artikel 10, auch in Verbindung mit Artikel 13 Absatz 1, ein Material oder einen Gegenstand aus Kunststoff in Verkehr bringt, oder

b) entgegen Artikel 4 Buchstabe e in Verbindung mit Artikel 11 Absatz 1 Satz 1 oder Absatz 2 oder Artikel 12, jeweils auch in Verbindung mit Artikel 13 Absatz 1 oder Absatz 5, ein Material oder einen Gegenstand aus Kunststoff in Verkehr bringt,

10. gegen die Verordnung (EU) Nr. 1169/2011[1]) des Europäischen Parlaments und des Rates vom 25. Oktober 2011 betreffend die Information der Verbraucher über Lebensmittel und zur Änderung der Verordnungen (EG) Nr. 1924/2006 und (EG) Nr. 1925/2006 des Europäischen Parlaments und des Rates und zur Aufhebung der Richtlinie 87/250/EWG der Kommission, der Richtlinie 90/496/EWG des Rates, der Richtlinie 1999/10/EG der Kommission, der Richtlinie 2000/13/EG des Europäischen Parlaments und des Rates, der Richtlinien 2002/67/EG und 2008/5/EG der Kommission und der Verordnung (EG) Nr. 608/2004 der Kommission (ABl. L 304 vom 22.11.2011, S. 18; L 331 vom 18.11.2014, S. 41; L 50 vom 21.2.2015, S. 48; L 266 vom 30.9.2016, S. 7), die zuletzt durch die Verordnung (EU) 2015/2283 (ABl. L 327 vom 11.12.2015, S. 1) geändert worden ist, verstößt, indem er

a) entgegen Artikel 8 Absatz 3 ein Lebensmittel abgibt, das einer Anforderung des

aa) Artikels 7 Absatz 1 oder 3, jeweils auch in Verbindung mit Absatz 4,

bb) Artikels 36 Absatz 2 Buchstabe a in Verbindung mit Absatz 1

nicht entspricht, oder

b) entgegen Artikel 8 Absatz 4 Satz 1 eine Änderung einer dort genannten Information vornimmt, oder

---

[1]) Nr. **3**.

11. entgegen Artikel 4 Absatz 1 der Verordnung (Euratom) 2016/52 ein Lebensmittel oder Futtermittel in Verkehr bringt, bei dem ein Höchstwert überschritten wird, der durch eine Verordnung nach Artikel 3 Absatz 1 der Verordnung (Euratom) 2016/52 festgelegt wird oder

12. einer vollziehbaren Anordnung nach Artikel 4 Absatz 4 Buchstabe b erster oder zweiter Gedankenstrich oder Artikel 6 Absatz 2 dritter oder vierter Gedankenstrich, jeweils auch in Verbindung mit Absatz 3, der Delegierten Verordnung (EU) 2019/2090 der Kommission vom 19. Juni 2019 zur Ergänzung der Verordnung (EU) 2017/625 des Europäischen Parlaments und des Rates in Bezug auf mutmaßliche oder festgestellte Verstöße gegen Unionsvorschriften über die Verwendung oder über Rückstände pharmakologisch wirksamer Stoffe, die in Tierarzneimitteln oder als Futtermittelzusatzstoffe zugelassen sind, bzw. gegen Unionsvorschriften über die Verwendung oder über Rückstände verbotener oder nicht zugelassener pharmakologisch wirksamer Stoffe (ABl. L 317 vom 9.12.2019, S. 28) zuwiderhandelt,

13. entgegen Artikel 3 Absatz 1 in Verbindung mit Absatz 2 der Durchführungsverordnung (EU) 2020/1158 der Kommission vom 5. August 2020 über die Einfuhrbedingungen für Lebens- und Futtermittel mit Ursprung in Drittländern nach dem Unfall im Kernkraftwerk Tschernobyl (ABl. L 257 vom 6.8.2020, S. 1) ein dort genanntes Erzeugnis einführt.

(3) Ebenso wird bestraft, wer

1. einer unmittelbar geltenden Vorschrift in Rechtsakten der Europäischen Gemeinschaft, der Europäischen Union oder der Europäischen Atomgemeinschaft zuwiderhandelt, die inhaltlich einem in Absatz 1 Nummer 1 bis 19 bezeichneten Gebot oder Verbot entspricht, soweit eine Rechtsverordnung nach § 62 Absatz 1 Nummer 1 für einen bestimmten Tatbestand auf diese Strafvorschrift verweist oder

2. einer anderen als in Absatz 2 genannten unmittelbar geltenden Vorschrift in Rechtsakten der Europäischen Gemeinschaft, der Europäischen Union oder der Europäischen Atomgemeinschaft zuwiderhandelt, die inhaltlich einer Regelung entspricht, zu der die in

   a) Absatz 1 Nummer 21 Buchstabe a genannten Vorschriften ermächtigen, soweit eine Rechtsverordnung nach § 62 Absatz 1 Nummer 1 für einen bestimmten Straftatbestand auf diese Strafvorschrift verweist,

   b) Absatz 1 Nummer 21 Buchstabe b genannten Vorschriften ermächtigen, soweit eine Rechtsverordnung nach § 62 Absatz 2 für einen bestimmten Straftatbestand auf diese Strafvorschrift verweist.

(4) Mit Freiheitsstrafe bis zu zwei Jahren oder mit Geldstrafe wird bestraft, wer

1. durch eine in Absatz 1 Nummer 8 oder Nummer 10 oder in Absatz 2 Nummer 1a Buchstabe a oder Buchstabe b bezeichnete Handlung aus grobem Eigennutz für sich oder einen anderen Vermögensvorteile großen Ausmaßes erlangt oder

2. eine in Absatz 1 Nummer 8 oder Nummer 10 oder in Absatz 2 Nummer 1a Buchstabe a oder Buchstabe b bezeichnete Handlung beharrlich wiederholt.

§ **60** Bußgeldvorschriften. (1) Ordnungswidrig handelt, wer eine der in

1. § 59 Absatz 1 Nummer 9 oder Nummer 10 oder Absatz 2 Nummer 1a Buchstabe a oder Buchstabe b oder

2. § 59 Absatz 1 Nummer 3 bis 8, 10a, 11 bis 21, Absatz 2 Nummer 1, 1a Buchstabe c oder d, Nummer 2 bis 13 oder Absatz 3

bezeichneten Handlung fahrlässig begeht.

(2) Ordnungswidrig handelt, wer vorsätzlich oder fahrlässig

1. (weggefallen)

2. entgegen § 17 Absatz 2 Nummer 1 Futtermittel herstellt oder behandelt,

3. entgegen § 17 Absatz 2 Nummer 2 Futtermittel in den Verkehr bringt,

4. entgegen § 17 Absatz 2 Nummer 3 Futtermittel verfüttert,

5. entgegen § 20 Absatz 1 eine dort genannte Angabe verwendet,

6. entgegen § 21 Absatz 1 in Verbindung mit einer Rechtsverordnung nach § 23a Nummer 10 Buchstabe a eine Vormischung in den Verkehr bringt,

7. entgegen § 21 Absatz 2 in Verbindung mit einer Rechtsverordnung nach § 23a Nummer 10 Buchstabe b Einzelfuttermittel oder Mischfuttermittel in den Verkehr bringt,

8. entgegen § 21 Absatz 3 Satz 1 Nummer 1 Buchstabe b Futtermittel in den Verkehr bringt oder verfüttert,

9. entgegen § 21 Absatz 3 Satz 1 Nummer 2 Buchstabe a in Verbindung mit einer Rechtsverordnung nach § 23 Nummer 1 Futtermittel in den Verkehr bringt oder verfüttert,

10. entgegen § 21 Absatz 3 Satz 1 Nummer 2 Buchstabe b in Verbindung mit einer Rechtsverordnung nach § 23a Nummer 1 Futtermittel in den Verkehr bringt,

11. entgegen § 21 Absatz 3 Satz 1 Nummer 2 Buchstabe c in Verbindung mit einer Rechtsverordnung nach § 23a Nummer 3 Futtermittel in den Verkehr bringt oder verfüttert,

12. entgegen § 21 Absatz 3 Satz 1 Nummer 2 Buchstabe d in Verbindung mit einer Rechtsverordnung nach § 23a Nummer 11 Futtermittel in den Verkehr bringt oder verfüttert,

13. entgegen § 21 Absatz 3 Satz 1 Nummer 3 Futtermittel in den Verkehr bringt oder verfüttert,

14. (weggefallen)

15. (weggefallen)

16. (weggefallen)

17. (weggefallen)

18. entgegen § 32 Absatz 2 in Verbindung mit einer Rechtsverordnung nach Absatz 1 Nummer 6 einen Bedarfsgegenstand in den Verkehr bringt,

19. entgegen § 44 Absatz 1 eine Maßnahme nach § 42 Absatz 2 Nummer 1 oder 2 oder eine Probenahme nach § 43 Absatz 1 Satz 1 nicht duldet oder eine in der Überwachung tätige Person nicht unterstützt,

20. entgegen § 44 Absatz 2 Satz 1 eine Auskunft nicht, nicht richtig, nicht vollständig oder nicht rechtzeitig erteilt,

21. entgegen § 44 Absatz 3 Satz 1, auch in Verbindung mit Satz 2, eine Information nicht, nicht richtig, nicht vollständig oder nicht rechtzeitig übermittelt,

22. entgegen § 44 Absatz 4 Satz 1 oder Satz 2, Absatz 4a oder Absatz 5 Satz 1 oder Satz 2 oder Absatz 5a die zuständige Behörde nicht, nicht richtig, nicht vollständig oder nicht rechtzeitig unterrichtet,

22a. entgegen § 44a Absatz 1 Satz 1 in Verbindung mit einer Rechtsverordnung nach § 44a Absatz 3 eine Mitteilung nicht, nicht richtig, nicht vollständig oder nicht rechtzeitig macht,

23. entgegen § 51 Absatz 3 Satz 2 eine dort genannte Maßnahme oder die Entnahme einer Probe nicht duldet oder eine in der Durchführung des Monitorings tätige Person nicht unterstützt,

24. in anderen als den in § 59 Absatz 1 Nummer 19 bezeichneten Fällen entgegen § 53 Absatz 1 Satz 1 ein Erzeugnis in das Inland verbringt,

25. entgegen § 57 Absatz 2 Satz 1 Nummer 2 in Verbindung mit einer Rechtsverordnung nach § 23 Nummer 1 oder entgegen § 57 Absatz 2 Satz 1 Nummer 3 ein Futtermittel ausführt,

26. einer Rechtsverordnung nach

    a) § 13 Absatz 1 Nummer 3 oder Absatz 4 Nummer 1 Buchstabe d, e, f oder Buchstabe g, § 14 Absatz 1 Nummer 1, 3 oder 5, Absatz 2 oder 3, § 23 Nummer 2 bis 6, § 23a Nummer 5 bis 9, § 28 Absatz 3 Satz 1 Nummer 1 oder 3, § 29 Absatz 1 Nummer 1, 2 oder 4 oder Absatz 2, § 32 Absatz 1 Nummer 8, auch in Verbindung mit § 28 Absatz 1 Nummer 2, § 34 Satz 1 Nummer 7, § 35 Nummer 1, 1a oder Nummer 5, § 36 Satz 1, auch in Verbindung mit Satz 2, § 37 Absatz 1 oder § 46 Absatz 2 oder

    b) § 9 Absatz 2 Nummer 1 Buchstabe c, § 14 Absatz 1 Nummer 2 oder 4, § 35 Nummer 2 oder 3, § 46 Absatz 1 Satz 1 Nummer 5, § 55 Absatz 3 Satz 1 oder 2, § 56 Absatz 1 Satz 1 Nummer 2, Absatz 2, 3 Satz 1 oder Absatz 4 Nummer 1 oder 2 in Verbindung mit Absatz 1 Satz 1 Nummer 2 oder Absatz 2, oder § 57 Absatz 7 Satz 1 Nummer 1, 2 oder 3 Buchstabe a, b oder c in Verbindung mit § 56 Absatz 1 Satz 1 Nummer 2 oder Absatz 2, oder § 57 Absatz 8 Nummer 1

    oder einer vollziehbaren Anordnung aufgrund einer solchen Rechtsverordnung zuwiderhandelt, soweit die Rechtsverordnung für einen bestimmten Tatbestand auf diese Bußgeldvorschrift verweist.

(3) Ordnungswidrig handelt, wer

1. gegen die Verordnung (EG) Nr. 178/2002[1] verstößt, indem er vorsätzlich oder fahrlässig

    a) entgegen Artikel 15 Absatz 1 in Verbindung mit Absatz 2 Spiegelstrich 1, soweit sich dieser auf die Gesundheit des Tieres bezieht, jeweils auch in Verbindung mit Artikel 4 Absatz 1 Unterabsatz 2 der Verordnung (EG) Nr. 767/2009, ein Futtermittel in den Verkehr bringt oder verfüttert,

    b) entgegen Artikel 18 Absatz 2 Unterabsatz 2 oder Absatz 3 Satz 1, jeweils auch in Verbindung mit Artikel 5 Absatz 1 der Verordnung (EG) Nr. 767/2009, ein System oder Verfahren nicht, nicht richtig oder nicht vollständig einrichtet,

---

[1] Nr. **1.**

c) entgegen Artikel 18 Absatz 3 Satz 2, auch in Verbindung mit Artikel 5 Absatz 1 der Verordnung (EG) Nr. 767/2009, eine Information nicht, nicht richtig, nicht vollständig oder nicht rechtzeitig zur Verfügung stellt,

d) entgegen Artikel 19 Absatz 1 Satz 1 ein Verfahren nicht, nicht vollständig oder nicht rechtzeitig einleitet, um die zuständigen Behörden zu unterrichten,

e) entgegen Artikel 19 Absatz 1 Satz 2 einen Verbraucher nicht, nicht richtig, nicht vollständig oder nicht rechtzeitig unterrichtet,

f) entgegen Artikel 19 Absatz 3 Satz 1 oder Artikel 20 Absatz 3 Satz 1, auch in Verbindung mit Artikel 5 Absatz 1 der Verordnung (EG) Nr. 767/2009, eine Mitteilung nicht, nicht richtig, nicht vollständig oder nicht rechtzeitig macht,

g) entgegen Artikel 19 Absatz 3 Satz 2 oder Artikel 20 Absatz 3 Satz 2, auch in Verbindung mit Artikel 5 Absatz 1 der Verordnung (EG) Nr. 767/2009, die Behörde nicht, nicht richtig oder nicht vollständig unterrichtet,

h) entgegen Artikel 20 Absatz 1 Satz 1 in Verbindung mit Artikel 5 Absatz 1 der Verordnung (EG) Nr. 767/2009 ein Verfahren nicht, nicht richtig oder nicht rechtzeitig einleitet, um ein Futtermittel für Tiere, die nicht der Lebensmittelgewinnung dienen, vom Markt zu nehmen oder

i) entgegen Artikel 20 Absatz 1 Satz 1, auch in Verbindung mit Artikel 5 Absatz 1 der Verordnung (EG) Nr. 767/2009, die Behörde nicht, nicht richtig, nicht vollständig oder nicht rechtzeitig unterrichtet,

2. vorsätzlich oder fahrlässig entgegen Artikel 19 der Verordnung (EG) Nr. 396/2005 ein Erzeugnis, soweit es sich dabei um ein Futtermittel handelt, verarbeitet oder mit einem anderen Erzeugnis mischt oder

3. gegen die Verordnung (EU) Nr. 10/2011 verstößt, indem er

a) vorsätzlich oder fahrlässig entgegen Artikel 4 Buchstabe e in Verbindung mit Artikel 15 Absatz 1 oder Absatz 2 ein Material oder einen Gegenstand aus Kunststoff, ein Produkt aus einer Zwischenstufe ihrer Herstellung oder einen zur Herstellung dieser Materialien und Gegenstände bestimmten Stoff in Verkehr bringt, ohne eine schriftliche Erklärung zur Verfügung zu stellen, oder

b) entgegen Artikel 16 Absatz 1 eine Unterlage nicht, nicht richtig, nicht vollständig oder nicht rechtzeitig zur Verfügung stellt.

(4) Ordnungswidrig handelt, wer vorsätzlich oder fahrlässig

1. einer unmittelbar geltenden Vorschrift in Rechtsakten der Europäischen Gemeinschaft, der Europäischen Union oder der Europäischen Atomgemeinschaft zuwiderhandelt, die inhaltlich einem in Absatz 2

a) Nummer 1 bis 13, 18, 24 oder Nummer 25 bezeichneten Gebot oder Verbot entspricht, soweit eine Rechtsverordnung nach § 62 Absatz 1 Nummer 2 Buchstabe a für einen bestimmten Tatbestand auf diese Bußgeldvorschrift verweist,

b) Nummer 19 bis 22a oder Nummer 23 bezeichneten Gebot oder Verbot entspricht, soweit eine Rechtsverordnung nach § 62 Absatz 1 Nummer 2 Buchstabe b für einen bestimmten Tatbestand auf diese Bußgeldvorschrift verweist, oder

2. einer anderen als in Absatz 3 genannten unmittelbar geltenden Vorschrift in Rechtsakten der Europäischen Gemeinschaft, der Europäischen Union oder

der Europäischen Atomgemeinschaft zuwiderhandelt, die inhaltlich einer Regelung entspricht, zu der die in Absatz 2

a) Nummer 26 Buchstabe a genannten Vorschriften ermächtigen, soweit eine Rechtsverordnung nach § 62 Absatz 1 Nummer 2 Buchstabe a für einen bestimmten Tatbestand auf diese Bußgeldvorschrift verweist,

b) Nummer 26 Buchstabe b genannten Vorschriften ermächtigen, soweit eine Rechtsverordnung nach § 62 Absatz 1 Nummer 2 Buchstabe b für einen bestimmten Tatbestand auf diese Bußgeldvorschrift verweist.

(5) Die Ordnungswidrigkeit kann

1. in den Fällen des Absatzes 1 Nummer 1 mit einer Geldbuße bis zu hunderttausend Euro,

2. in den Fällen des Absatzes 1 Nummer 2, des Absatzes 2 Nummer 1 bis 13, 18, 24, 25 und 26 Buchstabe a, des Absatzes 3 Nummer 1 und 3 sowie des Absatzes 4 Nummer 1 Buchstabe a und Nummer 2 Buchstabe a mit einer Geldbuße bis zu fünfzigtausend Euro,

3. in den übrigen Fällen mit einer Geldbuße bis zu zwanzigtausend Euro

geahndet werden.

§ 61 Einziehung. ¹Gegenstände, auf die sich eine Straftat nach § 58 oder § 59 oder eine Ordnungswidrigkeit nach § 60 bezieht, können eingezogen werden. ²§ 74a des Strafgesetzbuches und § 23 des Gesetzes über Ordnungswidrigkeiten sind anzuwenden.

§ 62 Ermächtigungen. (1) Das Bundesministerium wird ermächtigt, soweit dies zur Durchsetzung der Rechtsakte der Europäischen Gemeinschaft, der Europäischen Union oder der Europäischen Atomgemeinschaft erforderlich ist, durch Rechtsverordnung ohne Zustimmung des Bundesrates die Tatbestände zu bezeichnen, die

1. als Straftat nach § 58 Absatz 3 oder § 59 Absatz 3 Nummer 1 oder 2 Buchstabe a zu ahnden sind oder

2. als Ordnungswidrigkeit nach

a) § 60 Absatz 4 Nummer 1 Buchstabe a oder Nummer 2 Buchstabe a oder

b) § 60 Absatz 4 Nummer 1 Buchstabe b oder Nummer 2 Buchstabe b

geahndet werden können.

(2) Das Bundesministerium für Umwelt, Naturschutz und nukleare Sicherheit wird ermächtigt, soweit dies zur Durchsetzung der Rechtsakte der Europäischen Gemeinschaft, der Europäischen Union oder der Europäischen Atomgemeinschaft erforderlich ist, durch Rechtsverordnung ohne Zustimmung des Bundesrates die Tatbestände zu bezeichnen, die als Straftat nach § 59 Absatz 3 Nummer 2 Buchstabe b zu ahnden sind.

Abschnitt 11. Schlussbestimmungen

§ 63 *(aufgehoben)*

§ 64 Amtliche Sammlung von Untersuchungsverfahren; Bekanntmachungen. (1) ¹Das Bundesamt für Verbraucherschutz und Lebensmittelsicherheit veröffentlicht eine amtliche Sammlung von Verfahren zur Probenahme und Untersuchung von den in § 2 Absatz 1 genannten Erzeugnissen mit Ausnahme von Futtermitteln sowie von mit Lebensmitteln verwechselbaren Produkten. [2]Die Verfahren werden unter Mitwirkung von Sachkennern aus den Bereichen der Überwachung, der Wissenschaft und der beteiligten Wirtschaft festgelegt. [3]Die Sammlung ist laufend auf dem neuesten Stand zu halten.

(2) [1]Das Bundesamt für Verbraucherschutz und Lebensmittelsicherheit veröffentlicht eine amtliche Sammlung von Verfahren zur Probenahme und von Analysemethoden für die Untersuchung von Futtermitteln. [2]Vor deren Veröffentlichung soll ein jeweils auszuwählender Kreis von Vertretern der Wissenschaft, der Fütterungsberatung, der Futtermitteluntersuchung, der Futtermittelüberwachung, der Landwirtschaft und der sonst beteiligten Wirtschaft angehört werden.

(3) Zulassungen, Registrierungen, Genehmigungen und Anzeigen werden vom Bundesamt für Verbraucherschutz und Lebensmittelsicherheit im Bundesanzeiger bekannt gemacht, soweit dies durch dieses Gesetz oder eine aufgrund dieses Gesetzes erlassene Rechtsverordnung bestimmt ist.

§ 65 Aufgabendurchführung. [1]Das Bundesministerium wird ermächtigt,

1. durch Rechtsverordnung ohne Zustimmung des Bundesrates, soweit es zur Erfüllung der in § 1 genannten Zwecke erforderlich ist, dem Bundesamt für Verbraucherschutz und Lebensmittelsicherheit, dem Bundesinstitut für Risikobewertung oder dem Max Rubner-Institut, Bundesforschungsinstitut für Ernährung und Lebensmittel, die Funktion eines gemeinschaftlichen oder nationalen Referenzlabors mit den dazugehörigen Aufgaben zuzuweisen,

2. um eine einheitliche Durchführung im Hinblick auf Berichtspflichten, die sich aus Rechtsakten der Europäischen Gemeinschaft oder der Europäischen Union ergeben und gegenüber den Organen der Europäischen Union bestehen, zu fördern, durch Rechtsverordnung mit Zustimmung des Bundesrates zu bestimmen, dass die zuständigen Behörden der Länder die zur Erfüllung dieser Berichtspflichten erforderlichen Daten dem Bundesamt für Verbraucherschutz und Lebensmittelsicherheit oder dem Bundesinstitut für Risikobewertung zu übermitteln haben,

3. durch Rechtsverordnung mit Zustimmung des Bundesrates

   a) das Bundesamt für Verbraucherschutz und Lebensmittelsicherheit im Rahmen der ihm durch § 2 Absatz 1 des BVL-Gesetzes zugewiesenen Tätigkeiten,

   b) das Bundesinstitut für Risikobewertung im Rahmen der ihm durch § 2 Absatz 1 des BfR-Gesetzes zugewiesenen Tätigkeiten oder

   c) die Bundesanstalt für Landwirtschaft und Ernährung im Rahmen der ihr durch § 2 Absatz 1 Nummer 1 bis 7 des Gesetzes über die Errichtung einer Bundesanstalt für Landwirtschaft und Ernährung zugewiesenen Aufgaben

   als zuständige Stelle für die Durchführung von Rechtsakten der Europäischen Gemeinschaft oder der Europäischen Union im Anwendungsbereich dieses Gesetzes zu bestimmen, soweit dies zur einheitlichen Durchführung von Rechtsakten der Europäischen Gemeinschaft oder der Europäischen Union erforderlich ist.

[2]Soweit im Fall des Satzes 1 Nummer 2 der Anwendungsbereich des § 13 Absatz 5 Satz 1 betroffen ist, tritt an die Stelle des Bundesministeriums das

Bundesministerium für Umwelt, Naturschutz und nukleare Sicherheit im Einvernehmen mit dem Bundesministerium.

§ 66 Statistik. (1) Über die Schlachttier- und Fleischuntersuchung und deren Ergebnis ist eine Statistik zu führen, die vom Statistischen Bundesamt zu erheben und aufzubereiten ist.

(2) Das Bundesministerium wird ermächtigt, durch Rechtsverordnung mit Zustimmung des Bundesrates zur Erlangung einer umfassenden Übersicht

1. das Nähere über Art und Inhalt der Statistik nach Absatz 1 zu regeln,

2. Meldungen über die Ergebnisse bestimmter Untersuchungen vorzuschreiben; auskunftspflichtig sind die zuständigen Behörden.

§ 67 Ausnahmeermächtigungen für Krisenzeiten. (1) [1]Das Bundesministerium wird ermächtigt, im Einvernehmen mit dem Bundesministerium für Wirtschaft und Energie durch Rechtsverordnung ohne Zustimmung des Bundesrates Ausnahmen von den Vorschriften dieses Gesetzes und der aufgrund dieses Gesetzes erlassenen Rechtsverordnungen zuzulassen, wenn die lebensnotwendige Versorgung der Bevölkerung mit Lebensmitteln, kosmetischen Mitteln oder Bedarfsgegenständen sonst ernstlich gefährdet wäre. [2]Satz 1 gilt nicht für die Verbote der §§ 5 und 30 sowie für nach § 13 Absatz 1 Nummer 1 bis 4 und Absatz 5 Satz 1 und nach § 34 für Lebensmittel erlassenen Rechtsverordnungen. [3]Ausnahmen von dem Verbot des § 8 bedürfen zusätzlich des Einvernehmens mit den in § 8 Absatz 2 genannten Bundesministerien.

(2) [1]Das Bundesministerium wird ferner ermächtigt, durch Rechtsverordnung ohne Zustimmung des Bundesrates Ausnahmen von den Vorschriften dieses Gesetzes und der aufgrund dieses Gesetzes erlassenen Rechtsverordnungen zuzulassen, wenn die lebensnotwendige Versorgung der Tiere mit Futtermitteln oder die Produktion tierischer Erzeugnisse oder sonstiger Produkte sonst ernstlich gefährdet wäre. [2]Satz 1 gilt nicht für die Verbote der §§ 17 bis 20.

(3) Die Geltungsdauer von Rechtsverordnungen nach Absatz 1 oder 2 ist zu befristen; Rechtsverordnungen nach Absatz 1 oder 2 sind aufzuheben, wenn die Gefahr, die Anlass für die angeordneten Ausnahmen war, beendet ist.

§ 68 Zulassung von Ausnahmen. (1) [1]Von den Vorschriften dieses Gesetzes und der aufgrund dieses Gesetzes erlassenen Rechtsverordnungen können im Einzelfall auf Antrag Ausnahmen nach Maßgabe der Absätze 2 und 3 zugelassen werden. [2]Satz 1 gilt nicht für

1. die Verbote der §§ 5 und 17 Absatz 1 Satz 1 Nummer 1 und der §§ 20, 26 und 30 und

2. nach § 13 Absatz 1 Nummer 1 bis 4 und Absatz 5 Satz 1, § 14 Absatz 2 Nummer 1 und § 34 erlassene Rechtsverordnungen.

(2) Ausnahmen dürfen nur zugelassen werden

1. für das Herstellen, Behandeln und Inverkehrbringen bestimmter Lebensmittel, Mittel zum Tätowieren, kosmetischer Mittel oder Bedarfsgegenstände, sofern Ergebnisse zu erwarten sind, die für eine Änderung oder Ergänzung der für Lebensmittel, Mittel zum Tätowieren, kosmetische Mittel oder Bedarfsgegenstände geltenden Vorschriften von Bedeutung sein können, unter amtlicher Beobachtung oder sofern eine Angleichung der Rechtsvorschriften

an Rechtsakte der Europäischen Gemeinschaft oder der Europäischen Union noch nicht erfolgt ist; dabei sollen die schutzwürdigen Interessen des Einzelnen sowie alle Faktoren, die die allgemeine Wettbewerbslage des betreffenden Industriezweiges beeinflussen können, angemessen berücksichtigt werden,

2. für das Herstellen, Behandeln und Inverkehrbringen bestimmter Lebensmittel als Sonderverpflegung für Angehörige

a) der Bundeswehr und verbündeter Streitkräfte,

b) der Bundespolizei und der Polizei,

c) des Katastrophenschutzes, des Warn- und Alarmdienstes und der sonstigen Hilfs- und Notdienste

einschließlich der hierfür erforderlichen Versuche sowie der Abgabe solcher Lebensmittel an andere, wenn dies zur ordnungsgemäßen Vorratshaltung erforderlich ist,

3. für das Herstellen, den Vertrieb und die Ausgabe bestimmter Lebensmittel als Notrationen für die Bevölkerung,

4. in sonstigen Fällen, in denen besondere Umstände, insbesondere der drohende Verderb von Lebensmitteln oder Einzelfuttermitteln oder Mischfuttermitteln, dies zur Vermeidung unbilliger Härten geboten erscheinen lassen; das Bundesministerium ist von den getroffenen Maßnahmen zu unterrichten.

(3) Ausnahmen dürfen nur zugelassen werden, wenn Tatsachen die Annahme rechtfertigen, dass eine Gefahr für die menschliche oder tierische Gesundheit nicht zu erwarten ist; Ausnahmen dürfen nicht zugelassen werden

1. in den Fällen des Absatzes 2 Nummer 1 und 4 von den Rechtsvorschriften über ausreichende Kenntlichmachung,

2. in den Fällen des Absatzes 2 Nummer 4 von den Verboten der §§ 8 und 10.

(4) [1] Zuständig für die Zulassung von Ausnahmen nach Absatz 2 Nummer 1 und 3 ist das Bundesamt für Verbraucherschutz und Lebensmittelsicherheit im Einvernehmen mit dem Bundesamt für Wirtschaft und Ausfuhrkontrolle, im Fall des Absatzes 2 Nummer 3 auch im Einvernehmen mit der Bundesanstalt Technisches Hilfswerk. [2] In den Fällen des Absatzes 2 Nummer 2 ist hinsichtlich der Organisationen des Bundes und der verbündeten Streitkräfte das Bundesministerium im Einvernehmen mit dem für diese fachlich zuständigen Bundesministerium zuständig. [3] In den übrigen Fällen des Absatzes 2 Nummer 2 sowie in den Fällen des Absatzes 2 Nummer 4 sind die von den Landesregierungen bestimmten Behörden zuständig. [4] Die Zulassung kann mit Auflagen versehen werden.

(5) [1] Die Zulassung einer Ausnahme nach Absatz 2 ist auf längstens drei Jahre zu befristen. [2] In den Fällen des Absatzes 2 Nummer 1 kann sie auf Antrag dreimal, in den Fällen des Absatzes 2 Nummer 2 und 3 wiederholt um jeweils längstens 3 Jahre verlängert werden, sofern die Voraussetzungen für die Zulassung fortdauern.

(6) [1] Die Zulassung einer Ausnahme kann jederzeit aus wichtigem Grund widerrufen werden. [2] Hierauf ist bei der Zulassung hinzuweisen.

(7) Das Bundesministerium wird ermächtigt, durch Rechtsverordnung mit Zustimmung des Bundesrates in den Fällen des Absatzes 2 Nummer 1, 2, soweit es sich um Organisationen des Bundes oder um verbündete Streitkräfte handelt, und Nummer 3 Vorschriften über das Verfahren bei der Zulassung von

Ausnahmen, insbesondere über Art und Umfang der vom Antragsteller beizubringenden Nachweise und sonstigen Unterlagen sowie über die Veröffentlichung von Anträgen oder erteilten Ausnahmen zu erlassen.

§ 69 Zulassung weiterer Ausnahmen. [1] Die nach Landesrecht zuständige Behörde kann im Einzelfall

1. zeitlich befristete Ausnahmen von § 21 Absatz 1 und 2 und den durch Rechtsverordnung nach § 23a Nummer 8 und 9 erlassenen Vorschriften für entsprechend gekennzeichnete Futtermittel zu Forschungs- und Untersuchungszwecken zulassen, wenn das Vorhaben unter wissenschaftlicher Leitung oder Aufsicht steht; sie unterrichtet das Bundesministerium von den getroffenen Maßnahmen,

2. zeitlich befristete Ausnahmen von § 21 Absatz 2 und den für Futtermittel nach § 35 Nummer 1 und 2 Buchstabe a erlassenen Rechtsverordnungen zulassen, soweit besondere Umstände, insbesondere Naturereignisse oder Unfälle, dies zur Vermeidung unbilliger Härten geboten erscheinen lassen und es mit den in § 1 genannten Zwecken vereinbar ist; sie sorgt für eine entsprechende Kennzeichnung und unterrichtet das Bundesministerium von den getroffenen Maßnahmen,

3. Ausnahmen von § 53 Absatz 1 Satz 1 hinsichtlich Futtermitteln zur Fütterung von Tieren, die zur Teilnahme an Tierschauen oder ähnlichen Veranstaltungen aus einem Drittland in die Europäische Union verbracht worden sind, sowie für Forschungs- und Untersuchungszwecke zulassen,

4. Ausnahmen von den Vorschriften der Verordnung (EG) Nr. 767/2009 nach Maßgabe des Artikels 21 Absatz 8 der Verordnung (EG) Nr. 767/2009 zulassen; sie unterrichtet unverzüglich das Bundesministerium von den getroffenen Maßnahmen.

[2] Die nach Landesrecht zuständige Behörde kann darüber hinaus

1. Stoffe als Futtermittelzusatzstoffe nach Maßgabe des Artikels 3 der Verordnung (EG) Nr. 1831/2003 in der jeweils geltenden Fassung,

2. in den Fällen der Nummer 1 Ausnahmen von § 21 Absatz 3 Satz 1

zulassen.

§ 70 Rechtsverordnungen in bestimmten Fällen. (1) Rechtsverordnungen nach diesem Gesetz, die der Zustimmung des Bundesrates bedürfen, können bei Gefahr im Verzuge oder wenn ihr unverzügliches Inkrafttreten zur Durchführung von Rechtsakten der Europäischen Gemeinschaft oder der Europäischen Union erforderlich ist, ohne Zustimmung des Bundesrates erlassen werden.

(2) Das Bundesministerium kann ferner ohne Zustimmung des Bundesrates Rechtsverordnungen nach § 7, § 8 Absatz 2, § 9 Absatz 2 oder § 10 Absatz 4 ändern, soweit unvorhergesehene gesundheitliche Bedenken eine sofortige Änderung einer Rechtsverordnung erfordern.

(3) Bei Gefahr im Verzuge und soweit dies nach gemeinschaftsrechtlichen oder unionsrechtlichen Vorschriften zulässig ist, kann das Bundesministerium durch Rechtsverordnung ohne Zustimmung des Bundesrates zum Zweck des § 1 Absatz 1 Nummer 1 oder 4 Buchstabe a die Anwendung eines unmittelbar geltenden Rechtsaktes der Europäischen Gemeinschaft oder der Europäischen Union aussetzen oder beschränken.

(4) [1] Rechtsverordnungen nach den Absätzen 1 bis 3 bedürfen nicht des Einvernehmens mit den jeweils zu beteiligenden Bundesministerien. [2] Die Rechtsverordnungen treten spätestens sechs Monate nach ihrem Inkrafttreten außer Kraft. [3] Ihre Geltungsdauer kann nur mit Zustimmung des Bundesrates verlängert werden.

(5) Rechtsverordnungen nach diesem Gesetz, die ausschließlich der Umsetzung verbindlicher technischer Vorschriften aus Richtlinien oder Entscheidungen der Europäischen Gemeinschaft oder aus Richtlinien, Beschlüssen oder Entscheidungen der Europäischen Union dienen, können ohne Zustimmung des Bundesrates erlassen werden.

(6) Das Bundesministerium wird ermächtigt, durch Rechtsverordnung ohne Zustimmung des Bundesrates Verweisungen auf Vorschriften in Rechtsakten der Europäischen Gemeinschaft oder der Europäischen Union in diesem Gesetz oder in aufgrund dieses Gesetzes erlassenen Rechtsverordnungen zu ändern, soweit es zur Anpassung an Änderungen dieser Vorschriften erforderlich ist.

(7) Das Bundesministerium wird ermächtigt, durch Rechtsverordnung ohne Zustimmung des Bundesrates Vorschriften dieses Gesetzes oder der aufgrund dieses Gesetzes erlassenen Rechtsverordnungen zu streichen oder in ihrem Wortlaut einem verbleibenden Anwendungsbereich anzupassen, soweit sie durch den Erlass entsprechender Vorschriften in unmittelbar geltenden Rechtsakten der Europäischen Gemeinschaft oder der Europäischen Union im Anwendungsbereich dieses Gesetzes unanwendbar geworden sind.

(8) Soweit es zur besseren Lesbarkeit erforderlich ist, wird das Bundesministerium ermächtigt, durch Rechtsverordnung ohne Zustimmung des Bundesrates in aufgrund dieses Gesetzes erlassenen Rechtsverordnungen die Einzelvorschriften, deren Untergliederungen und die Anlagen mit neuen Ordnungszeichen zu versehen und die übrigen Gliederungseinheiten entsprechend anzupassen; inhaltliche Änderungen dürfen dabei nicht vorgenommen werden.

(9) Die Rechtsverordnungen nach Absatz 6, 7 und 8 werden vom Bundesministerium für Umwelt, Naturschutz und nukleare Sicherheit im Einvernehmen mit dem Bundesministerium erlassen, soweit Rechtsverordnungen aufgrund des § 13 Absatz 5 oder des § 62 Absatz 2 betroffen sind.

(10) Soweit Rechtsverordnungen nach diesem Gesetz für Lebensmittel erlassen werden können, können solche Rechtsverordnungen auch für lebende Tiere im Sinne des § 4 Absatz 1 Nummer 1 erlassen werden.

(11) Soweit für das Verbringen von Erzeugnissen, einschließlich lebender Tiere nach § 4 Absatz 1 Nummer 1, Rechtsverordnungen nach diesem Gesetz erlassen werden können, können solche Rechtsverordnungen auch für

1. das Verbringen von Erzeugnissen, einschließlich lebender Tiere im Sinne des § 4 Absatz 1 Nummer 1, unter Abfertigung zum freien Verkehr oder

2. das Verbringen von Erzeugnissen, einschließlich lebender Tiere im Sinne des § 4 Absatz 1 Nummer 1, mit dem Ziel der Abfertigung zum freien Verkehr

erlassen werden, soweit dies zur Erfüllung der in § 1 genannten Zwecke erforderlich ist.

(12) [1] Abweichend von § 9 Absatz 2 oder § 21 Absatz 3 Satz 4 bedürfen Rechtsverordnungen nach § 9 Absatz 2 Nummer 2 Buchstabe b oder nach § 21 Absatz 3 Satz 4 Nummer 2 nicht der Zustimmung des Bundesrates und, in den Fällen des § 9 Absatz 2 Nummer 2 Buchstabe b, nicht des Einvernehmens

des Bundesministeriums für Wirtschaft und Energie. [2]Das Bundesministerium wird ermächtigt, durch Rechtsverordnung ohne Zustimmung des Bundesrates die Befugnis zum Erlass von Rechtsverordnungen nach § 9 Absatz 2 Nummer 2 Buchstabe b oder nach § 21 Absatz 3 Satz 4 Nummer 2 ganz oder teilweise auf das Bundesamt für Verbraucherschutz und Lebensmittelsicherheit zu übertragen. [3]Rechtsverordnungen des Bundesamtes für Verbraucherschutz und Lebensmittelsicherheit aufgrund einer Rechtsverordnung nach Satz 2 bedürfen nicht der Zustimmung des Bundesrates und, in den Fällen des § 9 Absatz 2 Nummer 2 Buchstabe b, nicht des Einvernehmens des Bundesministeriums für Wirtschaft und Energie.

(13) [1]In den Rechtsverordnungen aufgrund dieses Gesetzes kann die jeweilige Ermächtigung ganz oder teilweise auf die Landesregierungen übertragen werden. [2]Soweit eine nach Satz 1 erlassene Rechtsverordnung die Landesregierungen zum Erlass von Rechtsverordnungen ermächtigt, sind diese befugt, die Ermächtigung durch Rechtsverordnung ganz oder teilweise auf andere Behörden zu übertragen.

(14) [1]Die Landesregierungen werden ermächtigt, Rechtsverordnungen nach § 14 Absatz 1 Nummer 4 hinsichtlich der Voraussetzungen, unter denen milchwirtschaftliche Unternehmen bestimmte Bezeichnungen wie Molkerei, Meierei, Sennerei oder Käserei führen dürfen, zu erlassen, solange der Bund von seiner Ermächtigung nach § 14 Absatz 1 Nummer 4 insoweit keinen Gebrauch gemacht hat oder sich in einer Rechtsverordnung die Regelung bestimmter Gegenstände nicht ausdrücklich vorbehält. [2]Die Landesregierungen sind befugt, die Ermächtigung durch Rechtsverordnung ganz oder teilweise auf andere Behörden zu übertragen.

§ 71 Beteiligung der Öffentlichkeit. [1]Vor Erlass von Rechtsverordnungen nach diesem Gesetz ist die in Artikel 9 der Verordnung (EG) Nr. 178/2002[1)] vorgesehene Beteiligung der Öffentlichkeit durchzuführen. [2]Dies gilt nicht für Rechtsverordnungen nach den §§ 46, 55 und 70 Absatz 1 bis 3 und 5 bis 9.

§ 72 Außenverkehr. [1]Der Verkehr mit den zuständigen Behörden anderer Mitgliedstaaten und anderen Vertragsstaaten des Abkommens über den Europäischen Wirtschaftsraum sowie mit der Europäischen Kommission, Einrichtungen der Europäischen Union und der EFTA-Überwachungsbehörde obliegt dem Bundesministerium. [2]Es kann diese Befugnis durch Rechtsverordnung ohne Zustimmung des Bundesrates auf Bundesoberbehörden oder bundesunmittelbare rechtsfähige Anstalten des öffentlichen Rechts, durch Rechtsverordnung mit Zustimmung des Bundesrates auf die zuständigen obersten Landesbehörden übertragen. [3]Ferner kann es im Einzelfall im Benehmen mit der zuständigen obersten Landesbehörde dieser die Befugnis übertragen. [4]Die obersten Landesbehörden können die Befugnisse nach den Sätzen 2 und 3 auf andere Behörden übertragen.

§ 73 Verkündung von Rechtsverordnungen. [1]Rechtsverordnungen nach diesem Gesetz können abweichend von § 2 Absatz 1 des Verkündungs- und Bekanntmachungsgesetzes im Bundesanzeiger verkündet werden.

[1)] Nr. **1**.

§ 74 Geltungsbereich bestimmter Vorschriften. § 9 Absatz 1 Satz 1 Nummer 3, § 21 Absatz 3 Satz 1 Nummer 3, § 59 Absatz 1 Nummer 6, soweit er auf § 9 Absatz 1 Satz 1 Nummer 3 verweist, und Absatz 2 Nummer 2 und § 60 Absatz 2 Nummer 8, soweit er auf § 21 Absatz 3 Satz 1 Nummer 3 verweist, und Absatz 3 Nummer 2 gelten nicht für Erzeugnisse, für die nach Maßgabe des Artikels 49 Absatz 1 der Verordnung (EG) Nr. 396/2005 die Anforderungen des Kapitels III der vorgenannten Verordnung nicht gelten.

§ 75 Übergangsregelungen. (1) Hinsichtlich der Verfolgung von Straftaten sind auf Sachverhalte, die vor dem 4. August 2011 entstanden sind, § 10 Absatz 1 Satz 1, Absatz 3 Nummer 2 und § 58 Absatz 1 Nummer 4 in der bis zum 3. August 2011 geltenden Fassung weiter anzuwenden.

(2) ¹Für Sachverhalte, die bis zu dem Tag, der dem Datum des Tages 18 Monate nach dem Tag der Anwendung der Gemeinschaftsliste nach Artikel 30 Unterabsatz 3 der Verordnung (EG) Nr. 1334/2008 entspricht, entstanden sind, gilt Satz 2. ²Als Lebensmittelzusatzstoffe gelten nicht zur Verwendung in Lebensmitteln bestimmte Aromen, ausgenommen künstliche Aromastoffe im Sinne des Artikels 1 Absatz 2 Buchstabe b Unterbuchstabe iii der Richtlinie 88/388/EWG des Rates vom 22. Juni 1988 zur Angleichung der Rechtsvorschriften der Mitgliedstaaten über Aromen zur Verwendung in Lebensmitteln und über Ausgangsstoffe für ihre Herstellung (ABl. L 184 vom 15.7.1988, S. 61, L 345 vom 14.12.1988, S. 29), die zuletzt durch die Verordnung (EG) Nr. 1882/2003 (ABl. L 284 vom 31.10.2003, S. 1) geändert worden ist. ³Das Bundesministerium macht den Tag nach Satz 1 im Bundesgesetzblatt bekannt.

(3) Es sind anzuwenden:

1. § 59 Absatz 2 Nummer 5 Buchstabe a und c Doppelbuchstabe aa, bb und cc im Hinblick auf Artikel 4 Absatz 1 und Artikel 5 der Verordnung (EG) Nr. 1333/2008 ab dem Tag der Anwendung der Gemeinschaftsliste nach Artikel 4 Absatz 1 der Verordnung (EG) Nr. 1333/2008,

2. § 59 Absatz 2 Nummer 5 Buchstabe b im Hinblick auf Artikel 4 Absatz 2 der Verordnung (EG) Nr. 1333/2008 ab dem Tag der Anwendung der Gemeinschaftsliste nach Artikel 4 Absatz 2 der Verordnung (EG) Nr. 1333/2008,

3. § 59 Absatz 2 Nummer 6 Buchstabe b ab dem Tag, der dem Datum des Tages 18 Monate nach dem Tag der Anwendung der Gemeinschaftsliste nach Artikel 30 Unterabsatz 3 der Verordnung (EG) Nr. 1334/2008 entspricht,

4. § 59 Absatz 2 Nummer 4 ab dem Tag der Anwendung der Gemeinschaftsliste nach Artikel 24 Absatz 2 der Verordnung (EG) Nr. 1332/2008.

(4) ¹Hinsichtlich der Verfolgung von Straftaten sind auf Sachverhalte, die vor dem 10. August 2021 entstanden sind, § 2 Absatz 3 Satz 2 Nummer 1 und 3 jeweils in Verbindung mit § 4 Absatz 1 Nummer 2 und § 6 Absatz 1, § 11 Absatz 2 Nummer 2, § 19, §§ 26 bis 29, § 39 Absatz 1, 2 und 7 sowie § 58 Absatz 1 Nummer 11, 12 und 17 Buchstabe a und b, Absatz 2a Nummer 2, § 59 Absatz 1 Nummer 1 bis 5, 8, 9, 13, 14, 19 Buchstabe b, Nummer 20 und 21 Buchstabe a und § 60 Absatz 1 Nummer 2, Absatz 2 Nummer 22a und 26a in der bis zum 9. August 2021 geltenden Fassung weiter anzuwenden. ²Hinsichtlich der Verfolgung von Straftaten ist auf Sachverhalte, die vor dem 1. April 2020 entstanden sind, § 59 Absatz 2 Nummer 3a in der bis zum 9. August 2021 geltenden Fassung weiter anzuwenden.

(5) Soweit durch Änderungen dieses Gesetzes Ermächtigungen zum Erlass von Rechtsverordnungen des Bundes weggefallen sind, können Vorschriften, die auf solche Ermächtigungen gestützt sind, durch Rechtsverordnung des Bundesministeriums mit Zustimmung des Bundesrates aufgehoben werden.

(5a) Soweit durch Änderungen dieses Gesetzes oder durch Änderung von aufgrund dieses Gesetzes erlassenen Rechtsverordnungen Ermächtigungen zum Erlass von Rechtsverordnungen der Länder weggefallen sind, können Vorschriften, die auf solche Ermächtigungen gestützt sind, durch Rechtsverordnung der Landesregierungen aufgehoben werden.

(6) Das Bundesministerium für Ernährung und Landwirtschaft macht jeweils die Tage, ab denen die in Absatz 3 bezeichneten Vorschriften anzuwenden sind, im Bundesgesetzblatt bekannt.

3. Verordnung (EU) Nr. 1169/2011 des Europäischen Parlaments und des Rates vom 25. Oktober 2011 betreffend die Information der Verbraucher über Lebensmittel[1]

(Text von Bedeutung für den EWR)

(ABl. L 304 S. 18, ber. ABl. 2014 L 331 S. 41, ber. ABl. 2015 L 50 S. 48, ber. ABl. 2016 L 266 S. 7)

Celex-Nr. 3 2011 R 1169

zuletzt geänd. durch Art. 33 ÄndVO (EU) 2015/2283 v. 25.11.2015 (ABl. L 327 S. 1)

Nichtamtliche Inhaltsübersicht

---

[1] Vollständiger Titel: „Verordnung (EU) Nr. 1169/2011 des Europäischen Parlaments und des Rates vom 25. Oktober 2011 betreffend die Information der Verbraucher über Lebensmittel und zur Änderung der Verordnungen (EG) Nr. 1924/2006 und (EG) Nr. 1925/2006 des Europäischen Parlaments und des Rates und zur Aufhebung der Richtlinie 87/250/EWG der Kommission, der Richtlinie 90/496/EWG des Rates, der Richtlinie 1999/10/EG der Kommission, der Richtlinie 2000/13/EG des Europäischen Parlaments und des Rates, der Richtlinien 2002/67/EG und 2008/5/EG der Kommission und der Verordnung (EG) Nr. 608/2004 der Kommission"

DAS EUROPÄISCHE PARLAMENT UND DER RAT DER EUROPÄISCHEN UNION –

gestützt auf den Vertrag über die Arbeitsweise der Europäischen Union, insbesondere auf Artikel 114, auf Vorschlag der Europäischen Kommission,

nach Stellungnahme des Europäischen Wirtschafts- und Sozialausschusses[1],

gemäß dem ordentlichen Gesetzgebungsverfahren[2],

in Erwägung nachstehender Gründe:

(1) Nach Artikel 169 des Vertrags über die Arbeitsweise der Europäischen Union (AEUV) leistet die Union durch die Maßnahmen, die sie nach Artikel 114 des Vertrags erlässt, einen Beitrag zur Erreichung eines hohen Verbraucherschutzniveaus.

(2) Der freie Verkehr mit sicheren und gesunden Lebensmitteln ist ein wichtiger Aspekt des Binnenmarkts und trägt wesentlich zum Schutz der Gesundheit und des Wohlergehens der Bürger und zur Wahrung ihrer sozialen und wirtschaftlichen Interessen bei.

(3) Um auf dem Gebiet des Gesundheitsschutzes der Verbraucher ein hohes Niveau zu erreichen und das Recht der Verbraucher auf Information zu gewährleisten, sollte sichergestellt werden, dass die Verbraucher in Bezug auf die Lebensmittel, die sie verzehren, in geeigneter Weise informiert werden. Die Wahl der Verbraucher kann unter anderem durch gesundheitsbezogene, wirtschaftliche, umweltbezogene, soziale und ethische Erwägungen beeinflusst werden.

(4) Nach der Verordnung (EG) Nr. 178/2002[3] des Europäischen Parlaments und des Rates vom 28. Januar 2002 zur Festlegung der allgemeinen Grundsätze und Anforderungen des Lebensmittelrechts, zur Errichtung der Europäischen Behörde für Lebensmittelsicherheit und zur Festlegung von Verfahren zur Lebensmittelsicherheit[4] ist es ein allgemeiner Grundsatz des Lebensmittelrechts, den Verbrauchern die Möglichkeit zu bieten, in Bezug auf die Lebensmittel, die sie verzehren, eine fundierte Wahl zu treffen, und alle Praktiken, die die Verbraucher irreführen können, zu verhindern.

(5) Die Richtlinie 2005/29/EG des Europäischen Parlaments und des Rates vom 11. Mai 2005 über unlautere Geschäftspraktiken von Unternehmen gegenüber Verbrauchern im Binnenmarkt[5] umfasst bestimmte Aspekte der Information der Verbraucher, insbesondere um irreführende Verhaltensweisen oder Unterlassungen im Zusammenhang mit Informationen zu verhindern. Die allgemeinen Grundsätze in Bezug auf unlautere Geschäftspraktiken sollten durch spezielle Regelungen für die Information der Verbraucher über Lebensmittel ergänzt werden.

(6) Für alle Lebensmittel geltende Unionsvorschriften für die Kennzeichnung von Lebensmitteln finden sich in der Richtlinie 2000/13/EG des Europäischen Parlaments und des Rates vom 20. März 2000 zur Angleichung der Rechtsvorschriften der Mitgliedstaaten über die Etikettierung und Auf-

---

[1] **Amtl. Anm.:** ABl. C 77 vom 31.3.2009, S. 81.
[2] **Amtl. Anm.:** Standpunkt des Europäischen Parlaments vom 16. Juni 2010 (ABl. C 236 E vom 12.8.2011, S. 187) und Standpunkt des Rates in erster Lesung vom 21. Februar 2011 (ABl. C 102 E vom 2.4.2011, S. 1). Standpunkt des Europäischen Parlaments vom 6. Juli 2011 (noch nicht im Amtsblatt veröffentlicht) und Beschluss des Rates vom 29. September 2011.
[3] Nr. 1.
[4] **Amtl. Anm.:** ABl. L 31 vom 1.2.2002, S. 1.
[5] **Amtl. Anm.:** ABl. L 149 vom 11.6.2005, S. 22.

machung von Lebensmitteln sowie die Werbung hierfür[1]. Die meisten Bestimmungen dieser Richtlinie gehen auf das Jahr 1978 zurück und sollten deshalb aktualisiert werden.

(7) Die Richtlinie 90/496/EWG des Rates vom 24. September 1990 über die Nährwertkennzeichnung von Lebensmitteln[2] regelt den Inhalt und die Darstellung von Informationen zum Nährwert auf vorverpackten Lebensmitteln. Nach diesen Regeln ist die Aufnahme von Informationen zum Nährwert freiwillig, es sei denn, es wird eine nährwertbezogene Angabe zum Lebensmittel gemacht. Die meisten Bestimmungen dieser Richtlinie gehen auf das Jahr 1990 zurück und sollten deshalb aktualisiert werden.

(8) Die allgemeinen Kennzeichnungsanforderungen werden ergänzt durch eine Reihe von Vorschriften, die unter bestimmten Umständen für alle Lebensmittel oder für bestimmte Klassen von Lebensmitteln gelten. Darüber hinaus gibt es mehrere spezielle Regelungen, die für bestimmte Lebensmittel gelten.

(9) Die geltenden Kennzeichnungsvorschriften sind in ihren ursprünglichen Zielsetzungen und Kernbestimmungen weiterhin gültig, müssen jedoch gestrafft werden, um den Akteuren die Einhaltung zu erleichtern und ihnen mehr Klarheit zu verschaffen; außerdem müssen sie modernisiert werden, um neuen Entwicklungen im Bereich der Lebensmittelinformation Rechnung zu tragen. Diese Verordnung dient sowohl den Binnenmarktinteressen, indem sie die Rechtsvorschriften vereinfacht, für Rechtssicherheit sorgt und den Verwaltungsaufwand verringert, als auch den Bürgern, indem sie eine klare, verständliche und lesbare Kennzeichnung von Lebensmitteln vorschreibt.

(10) In der allgemeinen Öffentlichkeit besteht Interesse an dem Zusammenhang zwischen Ernährung und Gesundheit und an der Wahl einer geeigneten, individuellen Bedürfnissen entsprechenden Ernährung. Die Kommission hat in ihrem Weißbuch vom 30. Mai 2007 „Ernährung, Übergewicht, Adipositas: Eine Strategie für Europa" („Weißbuch der Kommission") ausgeführt, dass die Nährwertkennzeichnung eine wichtige Methode darstellt, um Verbraucher über die Zusammensetzung von Lebensmitteln zu informieren und ihnen zu helfen, eine fundierte Wahl zu treffen. In der Mitteilung der Kommission vom 13. Mai 2007 mit dem Titel „Verbraucherpolitische Strategie der EU (2007-2013) Stärkung der Verbraucher – Verbesserung des Verbraucherwohls – wirksamer Verbraucherschutz" wird betont, dass es für einen wirksamen Wettbewerb und das Wohlergehen der Verbraucher wichtig ist, dass diese eine fundierte Wahl treffen können. Die Kenntnis der wichtigsten Ernährungsgrundsätze und eine angemessene Information über den Nährwert von Lebensmitteln würden wesentlich dazu beitragen, den Verbrauchern eine solche fundierte Wahl zu ermöglichen. Aufklärungs- und Informationskampagnen sind ein wichtiges Instrument, um das Verständnis der Verbraucher von Informationen über Lebensmittel zu verbessern.

(11) Im Interesse einer größeren Rechtssicherheit sowie einer rationalen und kohärenten Durchsetzung sollten die Richtlinien 90/496/EWG und 2000/13/EG aufgehoben und durch eine einzige Verordnung ersetzt wer-

---

[1] **Amtl. Anm.:** ABl. L 109 vom 6.5.2000, S. 29.
[2] **Amtl. Anm.:** ABl. L 276 vom 6.10.1990, S. 40.

den, die Verbrauchern und anderen betroffenen Akteuren Gewissheit bringt und den Verwaltungsaufwand verringert.

(12) Aus Gründen der Klarheit sollten andere horizontale Rechtsakte aufgehoben und in diese Verordnung aufgenommen werden, namentlich die Richtlinie 87/250/EWG der Kommission vom 15. April 1987 betreffend die Angabe des Alkoholgehalts als Volumenkonzentration in der Etikettierung von alkoholhaltigen, für den Endverbraucher bestimmten Lebensmitteln[1], die Richtlinie 1999/10/EG der Kommission vom 8. März 1999 über Ausnahmen von Artikel 7 der Richtlinie 79/112/EWG des Rates hinsichtlich der Etikettierung von Lebensmitteln[2], die Richtlinie 2002/67/EG der Kommission vom 18. Juli 2002 über die Etikettierung von chininhaltigen und von koffeinhaltigen Lebensmitteln[3], die Verordnung (EG) Nr. 608/2004 der Kommission vom 31. März 2004 über die Etikettierung von Lebensmitteln und Lebensmittelzutaten mit Phytosterin-, Phytosterinester-, Phytostanol- und/oder Phytostanolesterzusatz[4] und die Richtlinie 2008/5/EG der Kommission vom 30. Januar 2008 über Angaben, die zusätzlich zu den in der Richtlinie 2000/13/EG des Europäischen Parlaments und des Rates aufgeführten Angaben auf dem Etikett bestimmter Lebensmittel verpflichtend sind[5].

(13) Es ist notwendig, gemeinsame Begriffsbestimmungen, Grundsätze, Anforderungen und Verfahren festzulegen, um einen klaren Rahmen und eine gemeinsame Grundlage für die Maßnahmen der Union und einzelstaatliche Maßnahmen zur Regulierung der Information über Lebensmittel zu schaffen.

(14) Um bei der Information der Verbraucher über die Lebensmittel, die sie verzehren, ein umfassendes und entwicklungsorientiertes Konzept zu verfolgen sollte der Begriff des Lebensmittelinformationsrechts weit gefasst werden und allgemeine wie auch spezielle Regelungen einbeziehen; ebenso sollte der Begriff der Information über Lebensmittel weit gefasst werden und Informationen einbeziehen, die auch auf andere Weise als durch das Etikett bereitgestellt werden.

(15) Das Unionsrecht sollte nur für Unternehmen gelten, wobei der Unternehmensbegriff eine gewisse Kontinuität der Aktivitäten und einen gewissen Organisationsgrad voraussetzt. Tätigkeiten wie der gelegentliche Umgang mit Lebensmitteln und deren Lieferung, das Servieren von Mahlzeiten und der Verkauf von Lebensmitteln durch Privatpersonen z.B. bei Wohltätigkeitsveranstaltungen oder auf Märkten und Zusammenkünften auf lokaler Ebene sollten nicht in den Anwendungsbereich dieser Verordnung fallen.

(16) Das Lebensmittelinformationsrecht sollte hinreichend flexibel sein, um neuem Informationsbedarf der Verbraucher Rechnung zu tragen und um das Gleichgewicht zwischen dem Schutz des Binnenmarkts und den unterschiedlichen Erwartungen der Verbraucher in den Mitgliedstaaten zu wahren.

---

[1] **Amtl. Anm.:** ABl. L 113 vom 30.4.1987, S. 57.
[2] **Amtl. Anm.:** ABl. L 69 vom 16.3.1999, S. 22.
[3] **Amtl. Anm.:** ABl. L 191 vom 19.7.2002, S. 20.
[4] **Amtl. Anm.:** ABl. L 97 vom 1.4.2004, S. 44.
[5] **Amtl. Anm.:** ABl. L 27 vom 31.1.2008, S. 12.

(17) Die Einführung verpflichtender Informationen über Lebensmittel sollte hauptsächlich dem Zweck dienen, die Verbraucher in die Lage zu versetzen, das gewünschte Lebensmittel zu finden und in geeigneter Weise zu verwenden und eine Wahl zu treffen, die ihren individuellen Ernährungsbedürfnissen entspricht. Zu diesem Zweck sollten die Lebensmittelunternehmer diese Informationen auch für Sehbehinderte leichter zugänglich machen.

(18) Damit das Lebensmittelinformationsrecht den sich wandelnden Informationsbedürfnissen der Verbraucher Rechnung tragen kann, sollte bei der Prüfung, ob eine Information über ein Lebensmittel verpflichtend sein muss, auch dem nachweislich großen Interesse der Mehrheit der Verbraucher an der Offenlegung bestimmter Informationen Rechnung getragen werden.

(19) Neue Anforderungen hinsichtlich der verpflichtenden Informationen über Lebensmittel sollten jedoch nur dann aufgestellt werden, wenn und soweit sie im Einklang mit den Grundsätzen der Subsidiarität, der Verhältnismäßigkeit und der Nachhaltigkeit notwendig sind.

(20) Das Lebensmittelinformationsrecht sollte die Verwendung von Informationen verbieten, die die Verbraucher irreführen würden, insbesondere in Bezug auf die Merkmale des Lebensmittels, seine Wirkungen oder Eigenschaften, oder die den Lebensmitteln medizinische Eigenschaften zuschreiben. Um wirksam zu sein, sollte dieses Verbot auch auf die Lebensmittelwerbung und auf die Aufmachung der Lebensmittel ausgedehnt werden.

(21) Damit es nicht zu einer Zersplitterung der Rechtsvorschriften über die Haftung von Lebensmittelunternehmern für Informationen über Lebensmittel kommt, sollten die Pflichten der Lebensmittelunternehmer auf diesem Gebiet geklärt werden. Diese Klarstellung sollte im Einklang mit den Zuständigkeiten im Hinblick auf die Verbraucher gemäß Artikel 17 der Verordnung (EG) Nr. 178/2002[1]) erfolgen.

(22) Es sollte eine Liste aller verpflichtenden Informationen erstellt werden, die grundsätzlich zu allen für Endverbraucher oder Anbieter von Gemeinschaftsverpflegung bestimmten Lebensmitteln bereitzustellen sind. Diese Liste sollte weiterhin diejenigen Informationen enthalten, die schon jetzt nach geltendem Unionsrecht verpflichtend sind, da das geltende Recht allgemein als wertvolle Errungenschaft im Hinblick auf Verbraucherinformationen betrachtet wird.

(23) Damit Änderungen und Entwicklungen im Bereich der Information über Lebensmittel berücksichtigt werden können, sollte die Kommission ermächtigt werden, die Bereitstellung bestimmter Angaben durch andere Mittel zuzulassen. Die Anhörung der betroffenen Akteure sollte zügige und gezielte Änderungen an den Vorschriften für die Information über Lebensmittel erleichtern.

(24) Bestimmte Zutaten oder andere Stoffe oder Erzeugnisse (wie Verarbeitungshilfsstoffe), die bei der Herstellung von Lebensmitteln verwendet werden und darin verbleiben, können bei manchen Menschen Allergien und Unverträglichkeiten verursachen, die teilweise die Gesundheit der Betroffenen gefährden. Es ist wichtig, dass die Verbraucher Informationen

---

zum Vorhandensein von Lebensmittelzusatzstoffen, Verarbeitungshilfen und sonstigen Stoffen oder Erzeugnissen, bei denen wissenschaftlich belegt ist, dass sie Allergien oder Unverträglichkeiten verursachen können, erhalten, damit insbesondere diejenigen Verbraucher, die unter einer Lebensmittelallergie oder -unverträglichkeit leiden, eine fundierte Wahl treffen und Lebensmittel auswählen können, die für sie unbedenklich sind.

(25) Um Verbraucher über das Vorhandensein von technisch hergestellten Nanomaterialien in Lebensmitteln zu informieren, sollte eine Begriffsbestimmung für technisch hergestellte Nanomaterialien vorgesehen werden. Da Lebensmittel, die technisch hergestellte Nanomaterialien enthalten oder aus solchen bestehen, als neuartige Lebensmittel gelten können, sollte der angemessene Rechtsrahmen für diese Begriffsbestimmung im Zusammenhang mit der anstehenden Überarbeitung der Verordnung (EG) Nr. 258/97 des Europäischen Parlaments und des Rates vom 27. Januar 1997 über neuartige Lebensmittel und neuartige Lebensmittelzutaten[1] überprüft werden.

(26) Die Etiketten von Lebensmitteln sollten klar und verständlich sein, um Verbraucher zu unterstützen, die sich auf der Grundlage besserer Informationen für bestimmte Lebensmittel und die gewünschte Ernährungsweise entscheiden möchten. Studien haben gezeigt, dass gute Lesbarkeit eine erhebliche Rolle dabei spielt, wie stark sich die Kunden durch die Informationen auf den Etiketten beeinflussen lassen, und dass eine unleserliche Produktinformation eine der Hauptursachen der Unzufriedenheit der Verbraucher mit Lebensmitteletiketten ist. Daher sollte ein umfassendes Konzept entwickelt werden, das allen Aspekten in Bezug auf die Lesbarkeit, einschließlich Schriftart, Farbe und Kontrast, Rechnung trägt.

(27) Um die Bereitstellung der Informationen über Lebensmittel sicherzustellen, müssen alle Arten der Bereitstellung von Lebensmitteln an Verbraucher berücksichtigt werden, darunter der Verkauf mittels Fernkommunikation. Zwar sollten Lebensmittel, die im Fernabsatz geliefert werden, hinsichtlich der Information selbstverständlich denselben Anforderungen unterliegen wie Lebensmittel, die in Geschäften verkauft werden, doch ist eine Klarstellung dahingehend geboten, dass in solchen Fällen die einschlägigen verpflichtenden Informationen schon vor dem Abschluss des Kaufvertrags verfügbar sein sollten.

(28) Die beim Einfrieren von Lebensmitteln eingesetzte Technologie hat sich in den letzten Jahrzehnten erheblich weiterentwickelt und findet inzwischen breite Anwendung, was den Warenverkehr auf dem Binnenmarkt der Union verbessert und die Risiken im Bereich der Lebensmittelsicherheit verringert. Allerdings wird durch das Einfrieren und das spätere Auftauen von bestimmten Lebensmitteln, insbesondere Fleisch- und Fischereierzeugnissen, ihre mögliche Weiterverwendung eingeschränkt und möglicherweise ihre Sicherheit, ihr Geschmack und ihre äußere Beschaffenheit beeinträchtigt. Hingegen hat das Einfrieren bei anderen Erzeugnissen, insbesondere Butter, keine derartigen Auswirkungen. Daher sollte der Endverbraucher über den Zustand von Lebensmitteln, die aufgetaut wurden, angemessen informiert werden.

---

[1] **Amtl. Anm.:** ABl. L 43 vom 14.2.1997, S. 1.

(29) Das Ursprungsland oder der Herkunftsort eines Lebensmittels sollten immer dann angegeben werden, wenn ohne diese Angabe die Verbraucher über das eigentliche Ursprungsland oder den eigentlichen Herkunftsort dieses Erzeugnisses irregeführt werden könnten. In allen Fällen sollte die Angabe des Ursprungslands oder des Herkunftsorts so gestaltet sein, dass die Verbraucher nicht getäuscht werden; ferner sollte sie auf eindeutig definierten Kriterien beruhen, die gleiche Ausgangsbedingungen für Unternehmen gewährleisten und das Verständnis der Informationen zum Ursprungsland oder Herkunftsort eines Lebensmittels seitens der Verbraucher fördern. Für Angaben zum Namen oder zur Anschrift des Lebensmittelunternehmers sollten keine derartigen Kriterien gelten.

(30) Mitunter wollen Lebensmittelunternehmer möglicherweise freiwillige Ursprungsangaben zu einem Lebensmittel liefern, um auf diese Weise die Verbraucher auf die Qualität ihres Erzeugnisses aufmerksam zu machen. Derartige Angaben sollten ebenfalls harmonisierten Kriterien entsprechen.

(31) Ursprungsangaben sind derzeit in der Union aufgrund der Krise um die Spongiforme Rinderenzephalopathie (BSE) für Rindfleisch und Rindfleischerzeugnisse verpflichtend[1], was zu einer gewissen Erwartungshaltung der Verbraucher geführt hat. Die Folgenabschätzung der Kommission bestätigt, dass die Herkunft des Fleisches das wichtigste Anliegen der Verbraucher zu sein scheint. In der Union ist auch der Verbrauch anderer Fleischsorten, wie Schweine-, Schaf-, Ziegen- und Geflügelfleisch, weit verbreitet. Es ist daher angezeigt, für diese Erzeugnisse die Angabe des Ursprungs verbindlich vorzuschreiben. Je nach Fleischsorte könnten entsprechend den Merkmalen der Tierart unterschiedliche spezielle Ursprungsangaben verpflichtend werden. Es ist angezeigt, durch Durchführungsvorschriften zwingende Anforderungen vorzuschreiben, die sich je nach Fleischsorte unterscheiden können, wobei der Grundsatz der Verhältnismäßigkeit und der Verwaltungsaufwand für Lebensmittelunternehmer und Aufsichtsbehörden zu berücksichtigen sind.

(32) Auf der Grundlage vertikaler Ansätze sind bereits zwingende Ursprungsangaben ausgearbeitet worden, so etwa für Honig[2], Obst und Gemüse[3], Fisch[4], Rindfleisch und Rindfleischerzeugnisse[5] sowie Olivenöl[6]. Es muss geprüft werden, ob es möglich ist, auch für andere Lebensmittel Ursprungsangaben verbindlich vorzuschreiben. Daher sollte die Kommission ersucht werden, Berichte zu folgenden Lebensmitteln zu erstellen:

---

[1] **Amtl. Anm.:** Verordnung (EG) Nr. 1760/2000 des Europäischen Parlaments und des Rates vom 17. Juli 2000 zur Einführung eines Systems zur Kennzeichnung und Registrierung von Rindern und über die Etikettierung von Rindfleisch und Rindfleischerzeugnissen (ABl. L 204 vom 11.8.2000, S. 1).

[2] **Amtl. Anm.:** Richtlinie 2001/110/EG des Rates vom 20. Dezember 2001 über Honig (ABl. L 10 vom 12.1.2002, S. 47).

[3] **Amtl. Anm.:** Verordnung (EG) Nr. 1580/2007 der Kommission vom 21. Dezember 2007 mit Durchführungsbestimmungen zu den Verordnungen (EG) Nr. 2200/96, (EG) Nr. 2201/96 und (EG) Nr. 1182/2007 des Rates im Sektor Obst und Gemüse (ABl. L 350 vom 31.12.2007, S. 1).

[4] **Amtl. Anm.:** Verordnung (EG) Nr. 104/2000 des Rates vom 17. Dezember 1999 über die gemeinsame Marktorganisation für Erzeugnisse der Fischerei und der Aquakultur (ABl. L 17 vom 21.1.2000, S. 22).

[5] **Amtl. Anm.:** Verordnung (EG) Nr. 1760/2000.

[6] **Amtl. Anm.:** Verordnung (EG) Nr. 1019/2002 der Kommission vom 13. Juni 2002 mit Vermarktungsvorschriften für Olivenöl (ABl. L 155 vom 14.6.2002, S. 27).

andere Fleischsorten als Rind-, Schweine-, Schaf-, Ziegen- und Geflügelfleisch; Milch; Milch, die als Zutat in Milchprodukten verwendet wird; als Zutat verwendetem Fleisch; unverarbeiteten Lebensmitteln; Erzeugnisse aus einer Zutat; sowie Zutaten, die über 50 % eines Lebensmittels ausmachen. Da Milch als eines der Erzeugnisse gilt, für die eine Ursprungsangabe von besonderem Interesse ist, sollte der Bericht der Kommission zu diesem Erzeugnis baldmöglichst vorgelegt werden. Die Kommission kann auf der Grundlage der Schlussfolgerungen solcher Berichte Vorschläge zur Änderung der einschlägigen Unionsvorschriften vorlegen oder gegebenenfalls neue Initiativen für die verschiedenen Sektoren ergreifen.

(33) Die nicht präferenziellen Ursprungsregeln der Union sind in der Verordnung (EWG) Nr. 2913/92 des Rates vom 12. Oktober 1992 zur Festlegung des Zollkodex der Gemeinschaften[1] und ihren Durchführungsvorschriften gemäß der Verordnung (EWG) Nr. 2454/93 der Kommission vom 2. Juli 1993 mit Durchführungsvorschriften zu der Verordnung (EWG) Nr. 2913/92 des Rates zur Festlegung des Zollkodex der Gemeinschaften[2] festgelegt. Die Bestimmung des Ursprungslands von Lebensmitteln wird auf den genannten Vorschriften beruhen, die den Lebensmittelunternehmern und Behörden bereits bekannt sind, und sollte deren Umsetzung erleichtern.

(34) Die Nährwertdeklaration für Lebensmittel bezieht sich auf Informationen zum Energiegehalt und zu bestimmten Nährstoffen in Lebensmitteln. Die Pflicht zur Information über den Nährwert auf der Verpackung sollte Ernährungsmaßnahmen als Bestandteil der Gesundheitspolitik ergänzen, die wissenschaftliche Empfehlungen im Bereich der Aufklärung der Öffentlichkeit über Ernährungsfragen umfassen und eine fundierte Auswahl von Lebensmitteln fördern können.

(35) Aus Gründen der Vergleichbarkeit von Produkten in unterschiedlichen Packungsgrößen ist es sinnvoll, weiterhin vorzuschreiben, dass sich die verpflichtende Nährwertdeklaration auf Mengen von 100 g oder 100 ml beziehen sollte, und gegebenenfalls zusätzliche Angaben auf Portionsbasis zuzulassen. Ist das Lebensmittel in Form von Einzelportionen oder Verzehreinheiten vorverpackt, sollte zusätzlich zur Angabe je 100 g oder je 100 ml eine Nährwertdeklaration je Portion oder je Verzehreinheit zulässig sein. Damit vergleichbare Angaben zu den Portionen oder den Verzehreinheiten bereitgestellt werden, sollte der Kommission die Befugnis übertragen werden, Vorschriften über die Nährwertdeklaration je Portion oder je Verzehreinheit bei bestimmten Klassen von Lebensmitteln zu erlassen.

(36) Im Weißbuch der Kommission wurden bestimmte Nährwertelemente, die für die öffentliche Gesundheit von Bedeutung sind, wie gesättigtes Fett, Zucker oder Natrium, besonders hervorgehoben. Deshalb sollten die Anforderungen an die verpflichtenden Informationen zum Nährwert diese Elemente berücksichtigen.

(37) Da das Ziel dieser Verordnung darin besteht, dem Endverbraucher eine Grundlage für eine fundierte Wahl zu schaffen, ist es wichtig, in diesem Zusammenhang dafür zu sorgen, dass die auf der Kennzeichnung angegebenen Informationen für den Endverbraucher leicht verständlich sind.

---

[1] **Amtl. Anm.:** ABl. L 302 vom 19.10.1992, S. 1.
[2] **Amtl. Anm.:** ABl. L 253 vom 11.10.1993, S. 1.

Daher ist es angezeigt, auf der Kennzeichnung die Bezeichnung „Salz" anstelle der entsprechenden Nährstoffbezeichnung „Natrium" zu verwenden.

(38) Im Interesse der Stimmigkeit und Kohärenz des Unionsrechts sollten freiwillige nährwert- oder gesundheitsbezogene Angaben auf den Etiketten von Lebensmitteln der Verordnung (EG) Nr. 1924/2006[1] des Europäischen Parlaments und des Rates vom 20. Dezember 2006 über nährwert- und gesundheitsbezogene Angaben über Lebensmittel entsprechen[2].

(39) Um eine unnötige Belastung der Lebensmittelunternehmen zu vermeiden, sollten bestimmte Klassen von Lebensmitteln, die unverarbeitet sind oder bei denen Informationen zum Nährwert für die Kaufentscheidung der Verbraucher nicht ausschlaggebend sind oder deren Verpackung zu klein ist, um die Pflichtkennzeichnung aufzubringen, von der Pflicht zur Bereitstellung einer Nährwertdeklaration ausgenommen werden, es sei denn, andere Rechtsvorschriften der Union sehen bereits eine Pflicht zur Bereitstellung solcher Information vor.

(40) Angesichts der Besonderheiten alkoholischer Getränke sollte die Kommission aufgefordert werden, die Anforderungen an Informationen für diese Produkte weiter zu analysieren. Daher sollte die Kommission innerhalb von drei Jahren nach Inkrafttreten dieser Verordnung einen Bericht über die Anwendung der Anforderungen in Bezug auf die Bereitstellung von Informationen über die Zutaten in alkoholischen Getränken und deren Nährwert ausarbeiten, wobei sie die erforderliche Kohärenz mit anderen einschlägigen Politikbereichen der Union berücksichtigen sollte. Unter Berücksichtigung der Entschließung des Europäischen Parlaments vom 5. September 2007 zur EU-Strategie zur Unterstützung der Mitgliedstaaten bei der Verringerung alkoholbedingter Schäden[3], der Stellungnahme des Europäischen Wirtschafts- und Sozialausschusses[4], der Tätigkeiten der Kommission und der allgemeinen Besorgnis wegen der durch Alkohol bedingten Schäden insbesondere bei jungen und empfindlichen Verbrauchern sollte die Kommission nach Konsultation der betroffenen Akteure und der Mitgliedstaaten prüfen, ob eine Begriffsbestimmung für Getränke wie „Alkopops", die gezielt auf junge Menschen ausgerichtet sind, erforderlich ist. Die Kommission sollte gegebenenfalls auch spezielle Anforderungen in Bezug auf alkoholische Getränke im Rahmen dieser Verordnung vorschlagen.

(41) Damit die Informationen zum Nährwert den Durchschnittsverbraucher ansprechen und den Informationszweck erfüllen, für den sie eingeführt werden, sollten sie – in Anbetracht des derzeitigen Kenntnisstands über das Thema Ernährung – einfach und leicht verständlich sein. Es kann den Verbraucher verwirren, wenn ein Teil der Informationen zum Nährwert im allgemein als Packungsvorderseite bekannten Hauptsichtfeld und ein Teil auf einer anderen Packungsseite, wie z.B. der Packungsrückseite, steht. Deshalb sollten alle Bestandteile der Nährwertdeklaration im selben Sichtfeld stehen. Ferner können auf freiwilliger Basis die wichtigsten Bestand-

---

[1] Nr. **6**.
[2] **Amtl. Anm.:** ABl. L 404 vom 30.12.2006, S. 9.
[3] **Amtl. Anm.:** ABl. C 187 E vom 24.7.2008, S. 160.
[4] **Amtl. Anm.:** ABl. C 77 vom 31.3.2009, S. 81.

teile der Nährwertdeklaration ein weiteres Mal im Hauptsichtfeld erscheinen, damit die Verbraucher die wesentlichen Informationen zum Nährwert beim Kauf von Lebensmitteln leicht sehen können. Es könnte den Verbraucher verwirren, wenn frei gewählt werden kann, welche Informationen ein weiteres Mal erscheinen. Deshalb ist es notwendig zu präzisieren, welche Informationen ein weiteres Mal erscheinen dürfen.

(42) Um die Lebensmittelunternehmer dazu anzuhalten, die in der Nährwertdeklaration vorgesehenen Informationen über Lebensmittel, wie alkoholische Getränke und unverpackte Lebensmittel, für die unter Umständen keine Nährwertdeklaration vorgeschrieben ist, auf freiwilliger Basis zu erteilen, sollte es möglich sein, die Nährwertdeklaration auf bestimmte Bestandteile zu beschränken. Dennoch ist es angezeigt, eindeutig festzulegen, welche Informationen freiwillig erteilt werden können, damit die Verbraucher durch die freie Wahl der Lebensmittelunternehmen nicht irregeführt werden.

(43) In jüngster Zeit hat es bei der Nährwertdeklaration, die von der Angabe je 100 g, je 100 ml oder je Portion abweicht, bzw. bei ihrer Darstellungsform insofern Entwicklungen gegeben, als von einigen Mitgliedstaaten und Organisationen der Lebensmittelbranche grafische Formen oder Symbole verwendet werden. Diese zusätzlichen Angabe- und Darstellungsformen können dem Verbraucher helfen, die Nährwertdeklaration besser zu verstehen. Es gibt jedoch unionsweit keinen gültigen hinreichenden Nachweis dafür, wie der Durchschnittsverbraucher diese zusätzlichen Angabe- und Darstellungsformen versteht und verwendet. Daher ist es angezeigt zuzulassen, auf Grundlage der in dieser Verordnung festgelegten Kriterien weitere Angabe- und Darstellungsformen zu entwickeln, und die Kommission zu ersuchen, einen Bericht darüber zu erstellen, inwieweit diese Angabe- und Darstellungsformen verwendet werden, wie sie sich auf den Binnenmarkt auswirken und ob eine weitere Harmonisierung angezeigt ist.

(44) Um der Kommission bei der Erstellung dieses Berichts zu helfen, sollten die Mitgliedstaaten ihr einschlägige Informationen über die auf dem Markt in ihrem Hoheitsgebiet verwendeten zusätzlichen Angabe- und Darstellungsformen bei der Nährwertdeklaration übermitteln. Deshalb sollten die Mitgliedstaaten ermächtigt werden, Lebensmittelunternehmer, die in ihrem Hoheitsgebiet Lebensmittel mit zusätzlichen Angabe- und Darstellungsformen in Verkehr bringen, zu verpflichten, den nationalen Behörden die Verwendung dieser zusätzlichen Formen mitzuteilen und einschlägige Belege dafür vorzulegen, dass die Anforderungen dieser Verordnung erfüllt sind.

(45) Die Entwicklung zusätzlicher Angabe- und Darstellungsformen bei der Nährwertdeklaration sollte in gewissem Grade kohärent verlaufen. Daher sollte es unterstützt werden, dass die Mitgliedstaaten sich untereinander und mit der Kommission fortlaufend über bewährte Verfahren und Erfahrungen austauschen und dass sich auch andere Akteure an diesem Austausch beteiligen.

(46) Die Angabe der Mengen der einzelnen Nährwertelemente und von vergleichenden Indikatoren, die in leicht erkennbarer Form im selben Blickfeld erscheinen soll, damit die ernährungsphysiologischen Eigenschaften eines Lebensmittels beurteilt werden können, sollte in ihrer Gesamtheit als

Bestandteil der Nährwertdeklaration betrachtet und nicht als Gruppe von Einzelangaben behandelt werden.

(47) Erfahrungsgemäß wird die Klarheit der verpflichtenden Informationen über Lebensmittel in vielen Fällen durch freiwillig hinzugefügte Informationen beeinträchtigt. Aus diesem Grund sollten Kriterien festgelegt werden, mit deren Hilfe die Lebensmittelunternehmer und Aufsichtsbehörden für ein ausgewogenes Verhältnis zwischen verpflichtenden und freiwilligen Informationen sorgen können.

(48) Die Mitgliedstaaten sollten weiterhin die Möglichkeit haben, entsprechend den örtlichen Gegebenheiten und praktischen Umständen Regelungen über die Bereitstellung von Informationen über nicht vorverpackte Lebensmittel festzulegen. Obgleich die Verbraucher in solchen Fällen kaum andere Informationen verlangen, betrachten sie Informationen über potenzielle Allergene als sehr wichtig. Es hat sich gezeigt, dass die meisten Fälle von Lebensmittelallergien durch nicht vorverpackte Lebensmittel ausgelöst werden. Deshalb sollten die Verbraucher Informationen über potenzielle Allergene immer erhalten.

(49) Es sollte den Mitgliedstaaten nicht gestattet sein, in Bezug auf die durch diese Verordnung speziell harmonisierten Aspekte einzelstaatliche Vorschriften zu erlassen, es sei denn, das Unionsrecht gestattet dies. Diese Verordnung sollte die Mitgliedstaaten nicht daran hindern, einzelstaatliche Maßnahmen zu nicht speziell durch diese Verordnung harmonisierten Aspekten zu erlassen. Allerdings sollten diese einzelstaatlichen Maßnahmen nicht den freien Verkehr der Waren, die dieser Verordnung entsprechen, unterbinden, behindern oder einschränken.

(50) Die Verbraucher in der Union sind zunehmend daran interessiert, dass beim Schlachten die Tierschutzvorschriften der Union angewandt werden, und möchten unter anderem wissen, ob die Tiere vor dem Schlachten betäubt wurden. In diesem Zusammenhang sollte im Rahmen einer künftigen Strategie der Union für den Tierschutz und das Wohlergehen der Tiere die Durchführung einer Studie in Betracht gezogen werden, in der untersucht wird, ob den Verbrauchern einschlägige Informationen über die Betäubung von Tieren zur Verfügung gestellt werden sollten.

(51) Die Vorschriften über Lebensmittelinformationen sollten an sich rasch wandelnde soziale, wirtschaftliche und technologische Rahmenbedingungen angepasst werden können.

(52) Die Mitgliedstaaten sollten amtliche Kontrollen durchführen, um die Einhaltung der vorliegenden Verordnung gemäß der Verordnung (EG) Nr. 882/2004 des Europäischen Parlaments und des Rates vom 29. April 2004 über amtliche Kontrollen zur Überprüfung der Einhaltung des Lebensmittel- und Futtermittelrechts sowie der Bestimmungen über Tiergesundheit und Tierschutz durchzusetzen[1].

(53) Die Bezugnahmen auf die Richtlinie 90/496/EWG in der Verordnung (EG) Nr. 1924/2006[2] und in der Verordnung (EG) Nr. 1925/2006 des Europäischen Parlaments und des Rates vom 20. Dezember 2006 über den Zusatz von Vitaminen und Mineralstoffen sowie bestimmten anderen

---

[1] **Amtl. Anm.:** ABl. L 165 vom 30. 4. 2004, S. 1.
[2] Nr. **6.**

Stoffen zu Lebensmitteln[1] sollten unter Berücksichtigung der vorliegenden Verordnung aktualisiert werden. Die Verordnungen (EG) Nr. 1924/2006[2] und (EG) Nr. 1925/2006 sollten daher entsprechend geändert werden.

(54) Unregelmäßige und häufige Aktualisierungen der Anforderungen an Informationen für Lebensmittel können zu einem erheblichen Verwaltungsaufwand für Lebensmittelunternehmen, insbesondere für kleine und mittlere Unternehmen, führen. Daher sollte sichergestellt werden, dass Maßnahmen, die die Kommission in Ausübung der ihr durch diese Verordnung übertragenen Befugnisse erlassen kann, nach einer angemessenen Übergangsfrist in jedem Kalenderjahr am selben Tag zur Anwendung gelangen. Ausnahmen von diesem Grundsatz sollten in Notfällen gestattet sein, sofern die betreffenden Maßnahmen dem Schutz der menschlichen Gesundheit dienen.

(55) Damit die Lebensmittelunternehmer die Kennzeichnung ihrer Erzeugnisse an die mit dieser Verordnung eingeführten neuen Anforderungen anpassen können, ist es wichtig, angemessene Übergangsfristen für die Anwendung dieser Verordnung festzulegen.

(56) In Anbetracht der Tatsache, dass die Anforderungen an die Nährwertkennzeichnung – insbesondere in Bezug auf den Inhalt der Nährwertdeklaration – mit dieser Verordnung erheblich geändert werden, sollte den Lebensmittelunternehmern gestattet werden, diese Verordnung schon früher als vorgeschrieben anzuwenden.

(57) Da die Ziele dieser Verordnung auf Ebene der Mitgliedstaaten nicht ausreichend verwirklicht werden können und daher besser auf Unionsebene zu erreichen sind, kann die Union im Einklang mit dem in Artikel 5 des Vertrags über die Europäische Union niedergelegten Subsidiaritätsprinzip tätig werden. Entsprechend dem in demselben Artikel genannten Grundsatz der Verhältnismäßigkeit geht diese Verordnung nicht über das zur Erreichung dieser Ziele erforderliche Maß hinaus.

(58) Der Kommission sollte die Befugnis übertragen werden, gemäß Artikel 290 AEUV delegierte Rechtsakte zu erlassen, in denen unter anderem Folgendes geregelt wird: die Bereitstellung bestimmter verpflichtender Angaben auf andere Weise als auf der Verpackung oder auf dem Etikett, das Verzeichnis der Lebensmittel, für die kein Zutatenverzeichnis erforderlich ist, die Überprüfung des Verzeichnisses der Stoffe oder Erzeugnisse, die Allergien oder Unverträglichkeiten auslösen, oder das Verzeichnis der Nährwerte, die freiwillig deklariert werden dürfen. Es ist von besonderer Wichtigkeit, dass die Kommission im Zuge ihrer Vorbereitungsarbeit angemessene Konsultationen, auch auf der Ebene von Sachverständigen, durchführt. Bei der Vorbereitung und Ausarbeitung delegierter Rechtsakte sollte die Kommission gewährleisten, dass die einschlägigen Dokumente dem Europäischen Parlament und dem Rat gleichzeitig, rechtzeitig und auf angemessene Weise übermittelt werden.

(59) Zur Gewährleistung einheitlicher Bedingungen für die Durchführung dieser Verordnung sollten der Kommission Durchführungsbefugnisse übertragen werden, damit sie Durchführungsrechtsakte erlassen kann, in denen

---

[1] **Amtl. Anm.:** ABl. L 404 vom 30.12.2006, S. 26.
[2] Nr. 6.

unter anderem Folgendes geregelt wird: die Modalitäten für die Angabe einer oder mehrerer Informationen mit Hilfe von Piktogrammen oder Symbolen statt mit Worten oder Zahlen, die Art und Weise, in der das Mindesthaltbarkeitsdatum anzugeben ist, die Art und Weise, in der bei Fleisch das Ursprungsland oder der Herkunftsort anzugeben ist, die Genauigkeit der in der Nährwertdeklaration anzugebenden Werte oder die Angabe je Portion oder je Verzehreinheit in der Nährwertdeklaration. Diese Befugnisse sollten im Einklang mit der Verordnung (EU) Nr. 182/2011 des Europäischen Parlaments und des Rates vom 16. Februar 2011 zur Festlegung der allgemeinen Regeln und Grundsätze, nach denen die Mitgliedstaaten die Wahrnehmung der Durchführungsbefugnisse durch die Kommission kontrollieren[1]), wahrgenommen werden –

HABEN FOLGENDE VERORDNUNG ERLASSEN:

Kapitel I. Allgemeine Vorschriften

Art. 1 Gegenstand und Anwendungsbereich. (1) Diese Verordnung bildet die Grundlage für die Gewährleistung eines hohen Verbraucherschutzniveaus in Bezug auf Informationen über Lebensmittel unter Berücksichtigung der unterschiedlichen Erwartungen der Verbraucher und ihrer unterschiedlichen Informationsbedürfnisse bei gleichzeitiger Gewährleistung des reibungslosen Funktionierens des Binnenmarkts.

(2) [1] Diese Verordnung legt allgemeine Grundsätze, Anforderungen und Zuständigkeiten für die Information über Lebensmittel und insbesondere für die Kennzeichnung von Lebensmitteln fest. [2] Unter Berücksichtigung der Notwendigkeit einer hinreichenden Flexibilität, damit künftigen Entwicklungen und neuen Informationserfordernissen Rechnung getragen werden kann, legt sie die Mittel zur Wahrung des Rechts der Verbraucher auf Information und die Verfahren für die Bereitstellung von Informationen über Lebensmittel fest.

(3) [1] [1] Diese Verordnung gilt für Lebensmittelunternehmer auf allen Stufen der Lebensmittelkette, sofern deren Tätigkeiten die Bereitstellung von Information über Lebensmittel an die Verbraucher betreffen. [2] Sie gilt für alle Lebensmittel, die für den Endverbraucher bestimmt sind, einschließlich Lebensmitteln, die von Anbietern von Gemeinschaftsverpflegung abgegeben werden, sowie für Lebensmittel, die für die Lieferung an Anbieter von Gemeinschaftsverpflegung bestimmt sind.

[2] Diese Verordnung gilt für durch Verkehrsunternehmen erbrachte Verpflegungsdienstleistungen, wenn der Abfahrtsort innerhalb der Hoheitsgebiete der Mitgliedstaaten liegt, für die die Verträge gelten.

(4) Diese Verordnung gilt unbeschadet der in speziellen Rechtsvorschriften der Union für bestimmte Lebensmittel enthaltenen Kennzeichnungsvorschriften.

Art. 2 Begriffsbestimmungen. (1) Für die Zwecke dieser Verordnung gelten folgende Begriffsbestimmungen:

a) die Begriffsbestimmungen für „Lebensmittel", „Lebensmittelrecht", „Lebensmittelunternehmen", „Lebensmittelunternehmer", „Einzelhandel",

---

[1]) **Amtl. Anm.:** ABl. L 55 vom 28.2.2011, S. 13.

„Inverkehrbringen" und „Endverbraucher" in Artikel 2 und Artikel 3 Absätze 1, 2, 3, 7, 8 und 18 der Verordnung (EG) Nr. 178/2002[1];

b) die Begriffsbestimmungen für „Verarbeitung", „unverarbeitete Erzeugnisse" und „Verarbeitungserzeugnisse" in Artikel 2 Absatz 1 Buchstaben m, n und o der Verordnung (EG) Nr. 852/2004 des Europäischen Parlaments und des Rates vom 29. April 2004 über Lebensmittelhygiene[2];

c) die Begriffsbestimmung für „Lebensmittelenzym" in Artikel 3 Absatz 2 Buchstabe a der Verordnung (EG) Nr. 1332/2008 des Europäischen Parlaments und des Rates vom 16. Dezember 2008 über Lebensmittelenzyme[3];

d) die Begriffsbestimmungen für „Lebensmittelzusatzstoff" und „Verarbeitungshilfsstoff" und „Trägerstoff" in Artikel 3 Absatz 2 Buchstaben a und b und Anhang I Ziffer 5 der Verordnung (EG) Nr. 1333/2008 des Europäischen Parlaments und des Rates vom 16. Dezember 2008 über Lebensmittelzusatzstoffe[4];

e) die Begriffsbestimmung für „Aroma" in Artikel 3 Absatz 2 Buchstabe a der Verordnung (EG) Nr. 1334/2008 des Europäischen Parlaments und des Rates vom 16. Dezember 2008 über Aromen und bestimmte Lebensmittelzutaten mit Aromaeigenschaften zur Verwendung in und auf Lebensmitteln[5];

f) die Begriffsbestimmungen für „Fleisch", „Separatorenfleisch", „Fleischzubereitungen", „Fischereierzeugnisse" und „Fleischerzeugnisse" in Anhang I Nummern 1.1, 1.14, 1.15, 3.1 und 7.1 der Verordnung (EG) Nr. 853/2004 des Europäischen Parlaments und des Rates vom 29. April 2004 mit spezifischen Hygienevorschriften für Lebensmittel tierischen Ursprungs[6];

g) die Begriffsbestimmung für „Werbung" in Artikel 2 Buchstabe a der Richtlinie 2006/114/EG des Europäischen Parlaments und des Rates vom 12. Dezember 2006 über irreführende und vergleichende Werbung[7];

h) die Begriffsbestimmung für „technisch hergestellte Nanomaterialien" in Artikel 3 Absatz 2 Buchstabe f der Verordnung (EU) 2015/2283 des Europäischen Parlaments und des Rates[8].

(2) Ferner bezeichnet der Ausdruck

a) „Information über Lebensmittel" jede Information, die ein Lebensmittel betrifft und dem Endverbraucher durch ein Etikett, sonstiges Begleitmaterial oder in anderer Form, einschließlich über moderne technologische Mittel oder mündlich, zur Verfügung gestellt wird;

b) „Lebensmittelinformationsrecht" die Unionsvorschriften auf dem Gebiet der Information über Lebensmittel, insbesondere Kennzeichnungsvorschrif-

---

[1] Nr. **1.**
[2] **Amtl. Anm.:** ABl. L 139 vom 30.4.2004, S. 1.
[3] **Amtl. Anm.:** ABl. L 354 vom 31.12.2008, S. 7.
[4] **Amtl. Anm.:** ABl. L 354 vom 31.12.2008, S. 16.
[5] **Amtl. Anm.:** ABl. L 354 vom 31.12.2008, S. 34.
[6] **Amtl. Anm.:** ABl. L 139 vom 30.4.2004, S. 55.
[7] **Amtl. Anm.:** ABl. L 376 vom 27.12.2006, S. 21.
[8] **Amtl. Anm.:** Verordnung (EU) 2015/2283 des Europäischen Parlaments und des Rates vom 25. November 2015 über neuartige Lebensmittel, zur Änderung der Verordnung (EU) Nr. 1169/2011 des Europäischen Parlaments und des Rates und zur Aufhebung der Verordnung (EG) Nr. 258/97 des Europäischen Parlaments und des Rates und der Verordnung (EG) Nr. 1852/2001 der Kommission (ABl. L 327 vom 11.12.2015, S. 1).

ten, einschließlich Vorschriften allgemeiner Art, die unter bestimmten Umständen für alle Lebensmittel oder für bestimmte Klassen von Lebensmitteln gelten, sowie Vorschriften, die nur für bestimmte Lebensmittel gelten;

c) „verpflichtende Informationen über Lebensmittel" diejenigen Angaben, die dem Endverbraucher aufgrund von Unionsvorschriften bereitgestellt werden müssen;

d) „Anbieter von Gemeinschaftsverpflegung" Einrichtungen jeder Art (darunter auch Fahrzeuge oder fest installierte oder mobile Stände) wie Restaurants, Kantinen, Schulen, Krankenhäuser oder Catering-Unternehmen, in denen im Rahmen einer gewerblichen Tätigkeit Lebensmittel für den unmittelbaren Verzehr durch den Endverbraucher zubereitet werden;

e) „vorverpacktes Lebensmittel" jede Verkaufseinheit, die als solche an den Endverbraucher und an Anbieter von Gemeinschaftsverpflegung abgegeben werden soll und die aus einem Lebensmittel und der Verpackung besteht, in die das Lebensmittel vor dem Feilbieten verpackt worden ist, gleichviel, ob die Verpackung es ganz oder teilweise umschließt, jedoch auf solche Weise, dass der Inhalt nicht verändert werden kann, ohne dass die Verpackung geöffnet werden muss oder eine Veränderung erfährt; Lebensmittel, die auf Wunsch des Verbrauchers am Verkaufsort verpackt oder im Hinblick auf ihren unmittelbaren Verkauf vorverpackt werden, werden von dem Begriff „vorverpacktes Lebensmittel" nicht erfasst;

f) „Zutat" jeden Stoff und jedes Erzeugnis, einschließlich Aromen, Lebensmittelzusatzstoffen und Lebensmittelenzymen, sowie jeden Bestandteil einer zusammengesetzten Zutat, der bei der Herstellung oder Zubereitung eines Lebensmittels verwendet wird und der – gegebenenfalls in veränderter Form – im Enderzeugnis vorhanden bleibt; Rückstände gelten nicht als „Zutaten";

g) „Herkunftsort" den Ort, aus dem ein Lebensmittel laut Angabe kommt und der nicht sein „Ursprungsland" im Sinne der Artikel 23 bis 26 der Verordnung (EWG) Nr. 2913/92 ist; der Name, die Firma oder die Anschrift des Lebensmittelunternehmens auf dem Etikett gilt nicht als Angabe des Ursprungslands oder Herkunftsorts von Lebensmitteln im Sinne dieser Verordnung;

h) „zusammengesetzte Zutat" eine Zutat, die selbst aus mehr als einer Zutat besteht;

i) „Etikett" alle Aufschriften, Marken- oder Kennzeichen, bildlichen oder anderen Beschreibungen, die auf die Verpackung oder das Behältnis des Lebensmittels geschrieben, gedruckt, geprägt, markiert, graviert oder gestempelt werden bzw. daran angebracht sind;

j) „Kennzeichnung" alle Wörter, Angaben, Hersteller- oder Handelsmarken, Abbildungen oder Zeichen, die sich auf ein Lebensmittel beziehen und auf Verpackungen, Schriftstücken, Tafeln, Etiketten, Ringen oder Verschlüssen jeglicher Art angebracht sind und dieses Lebensmittel begleiten oder sich auf dieses Lebensmittel beziehen;

k) „Sichtfeld" alle Oberflächen einer Verpackung, die von einem einzigen Blickpunkt aus gelesen werden können;

l) „Hauptsichtfeld" das Sichtfeld einer Verpackung, das vom Verbraucher beim Kauf höchstwahrscheinlich auf den ersten Blick wahrgenommen wird und ihm ermöglicht, die Beschaffenheit oder die Art und gegebenenfalls die

Handelsmarke eines Produkts sofort zu erkennen. Hat eine Verpackung mehrere identische Hauptsichtfelder, gilt das vom Lebensmittelunternehmen ausgewählte Sichtfeld als Hauptsichtfeld;

m) „Lesbarkeit" das äußere Erscheinungsbild von Informationen, durch das die Informationen für die Allgemeinheit visuell zugänglich sind und das von verschiedenen Faktoren bestimmt wird, so u.a. der Schriftgröße, dem Buchstabenabstand, dem Zeilenabstand, der Strichstärke der Schrift, der Schriftfarbe, der Schriftart, dem Verhältnis zwischen Buchstabenbreite und -höhe, der Materialoberfläche und dem Kontrast zwischen Schrift und Hintergrund;

n) „rechtlich vorgeschriebene Bezeichnung" die Bezeichnung eines Lebensmittels, die durch die für dieses Lebensmittel geltenden Rechtsvorschriften der Union vorgeschrieben ist, oder, wenn es keine derartigen Unionsvorschriften gibt, die Bezeichnung, welche in den Rechts- und Verwaltungsvorschriften des Mitgliedstaats vorgesehen ist, in dem das Lebensmittel an die Endverbraucher oder Anbieter von Gemeinschaftsverpflegung verkauft wird;

o) „verkehrsübliche Bezeichnung" eine Bezeichnung, die von den Verbrauchern in dem Mitgliedstaat, in dem das Lebensmittel verkauft wird, als Bezeichnung dieses Lebensmittels akzeptiert wird, ohne dass eine weitere Erläuterung notwendig wäre;

p) „beschreibende Bezeichnung" eine Bezeichnung, die das Lebensmittel und erforderlichenfalls seine Verwendung beschreibt und die hinreichend genau ist, um es den Verbrauchern zu ermöglichen, die tatsächliche Art des Lebensmittels zu erkennen und es von Erzeugnissen zu unterscheiden, mit denen es verwechselt werden könnte;

q) „primäre Zutat" diejenige Zutat oder diejenigen Zutaten eines Lebensmittels, die über 50 % dieses Lebensmittels ausmachen oder die die Verbraucher üblicherweise mit der Bezeichnung des Lebensmittels assoziieren und für die in den meisten Fällen eine mengenmäßige Angabe vorgeschrieben ist;

r) „Mindesthaltbarkeitsdatum eines Lebensmittels" das Datum, bis zu dem dieses Lebensmittel bei richtiger Aufbewahrung seine spezifischen Eigenschaften behält;

s) „Nährstoff" Eiweiße, Kohlenhydrate, Fett, Ballaststoffe, Natrium, Vitamine und Mineralstoffe, die in Anhang XIII Teil A Nummer 1 dieser Verordnung aufgeführt sind, sowie Stoffe, die zu einer dieser Klassen gehören oder Bestandteil einer dieser Klassen sind;

t) *(aufgehoben)*

u) „Fernkommunikationstechnik" jedes Kommunikationsmittel, das zum Abschluss eines Vertrags zwischen einem Verbraucher und einem Lieferer ohne gleichzeitige körperliche Anwesenheit der Vertragsparteien eingesetzt werden kann.

(3) Für die Zwecke dieser Verordnung bezieht sich der Begriff „Ursprungsland eines Lebensmittels" auf den Ursprung eines Lebensmittels im Sinne der Artikel 23 bis 26 der Verordnung (EWG) Nr. 2913/92.

(4) Die speziellen Begriffsbestimmungen in Anhang I gelten ebenfalls.

Kapitel II. Allgemeine Grundsätze der Information über Lebensmittel

Art. 3 Allgemeine Ziele. (1) Die Bereitstellung von Informationen über Lebensmittel dient einem umfassenden Schutz der Gesundheit und Interessen der Verbraucher, indem Endverbrauchern eine Grundlage für eine fundierte Wahl und die sichere Verwendung von Lebensmitteln unter besonderer Berücksichtigung von gesundheitlichen, wirtschaftlichen, umweltbezogenen, sozialen und ethischen Gesichtspunkten geboten wird. → Entscheidungshilfe

(2) Ziel des Lebensmittelinformationsrechts ist es, in der Union den freien Verkehr von rechtmäßig erzeugten und in Verkehr gebrachten Lebensmitteln zu gewährleisten, wobei gegebenenfalls die Notwendigkeit des Schutzes der berechtigten Interessen der Erzeuger und der Förderung der Erzeugung qualitativ guter Erzeugnisse zu berücksichtigen ist.

(3) [1] Werden im Lebensmittelinformationsrecht neue Anforderungen eingeführt, so wird für die Zeit nach dem Inkrafttreten der neuen Anforderungen – außer in hinreichend begründeten Fällen – eine Übergangsfrist gewährt. [2] Während dieser Übergangsfrist dürfen Lebensmittel, deren Etikett nicht den neuen Anforderungen entspricht, in Verkehr gebracht werden, und dürfen die Bestände solcher Lebensmittel, die vor dem Ablauf der Übergangsfrist in Verkehr gebracht wurden, bis zur Erschöpfung der Bestände verkauft werden.

(4) Bei der Erarbeitung, Bewertung und Überprüfung des Lebensmittelinformationsrechts ist unmittelbar oder über Vertretungsgremien in offener und transparenter Weise eine Konsultation der Öffentlichkeit, einschließlich der betroffenen Akteure, durchzuführen, es sei denn, dies ist aus Dringlichkeitsgründen nicht möglich.

Art. 4 Grundsätze für verpflichtende Informationen über Lebensmittel. (1) Schreibt das Lebensmittelinformationsrecht verpflichtende Informationen über Lebensmittel vor, so gilt dies insbesondere für Informationen, die unter eine der folgenden Kategorien fallen:

a) Informationen zu Identität und Zusammensetzung, Eigenschaften oder sonstigen Merkmalen des Lebensmittels;

b) Informationen zum Schutz der Gesundheit der Verbraucher und zur sicheren Verwendung eines Lebensmittels. Hierunter fallen insbesondere Informationen zu

i) einer Zusammensetzung, die für die Gesundheit bestimmter Gruppen von Verbrauchern schädlich sein könnte;

ii) Haltbarkeit, Lagerung und sicherer Verwendung;

iii) den Auswirkungen auf die Gesundheit, insbesondere zu den Risiken und Folgen eines schädlichen und gefährlichen Konsums von Lebensmitteln;

c) Informationen zu ernährungsphysiologischen Eigenschaften, damit die Verbraucher – auch diejenigen mit besonderen Ernährungsbedürfnissen – eine fundierte Wahl treffen können.

(2) Bei der Prüfung, ob verpflichtende Informationen über Lebensmittel erforderlich sind, und um Verbraucher zu einer fundierten Wahl zu befähigen, ist zu berücksichtigen, ob ein weit verbreiteter, eine Mehrheit der Verbraucher betreffender Bedarf an bestimmten Informationen besteht, denen sie erhebliche

* Pflichtangaben LM Art 9 LMIV

Bedeutung beimessen, oder ob Verbrauchern durch verpflichtende Informationen nach allgemeiner Auffassung ein Nutzen entsteht.

Art. 5 Anhörung der Europäischen Behörde für Lebensmittelsicherheit. Alle Maßnahmen der Union auf dem Gebiet des Lebensmittelinformationsrechts, die sich auf die öffentliche Gesundheit auswirken können, werden nach Anhörung der Europäischen Behörde für Lebensmittelsicherheit („European Food Safety Agency – EFSA") erlassen.

Kapitel III. Allgemeine Anforderungen an die Information über Lebensmittel und Pflichten der Lebensmittelunternehmer

Art. 6 Grundlegende Anforderung. Jedem Lebensmittel, das für die Lieferung an Endverbraucher oder Anbieter von Gemeinschaftsverpflegung bestimmt ist, sind Informationen nach Maßgabe dieser Verordnung beizufügen.

Art. 7 Lauterkeit der Informationspraxis. (1) Informationen über Lebensmittel dürfen nicht irreführend sein, insbesondere

a) in Bezug auf die Eigenschaften des Lebensmittels, insbesondere in Bezug auf Art, Identität, Eigenschaften, Zusammensetzung, Menge, Haltbarkeit, Ursprungsland oder Herkunftsort und Methode der Herstellung oder Erzeugung;

b) indem dem Lebensmittel Wirkungen oder Eigenschaften zugeschrieben werden, die es nicht besitzt;

c) indem zu verstehen gegeben wird, dass sich das Lebensmittel durch besondere Merkmale auszeichnet, obwohl alle vergleichbaren Lebensmittel dieselben Merkmale aufweisen, insbesondere durch besondere Hervorhebung des Vorhandenseins oder Nicht-Vorhandenseins bestimmter Zutaten und/ oder Nährstoffe;

d) indem durch das Aussehen, die Bezeichnung oder bildliche Darstellung das Vorhandensein eines bestimmten Lebensmittels oder einer Zutat suggeriert wird, obwohl tatsächlich in dem Lebensmittel ein von Natur aus vorhandener Bestandteil oder eine normalerweise in diesem Lebensmittel verwendete Zutat durch einen anderen Bestandteil oder eine andere Zutat ersetzt wurde.

(2) Informationen über Lebensmittel müssen zutreffend, klar und für die Verbraucher leicht verständlich sein.

(3) Vorbehaltlich der in den Unionsvorschriften über natürliche Mineralwässer und über Lebensmittel, die für eine besondere Ernährung bestimmt sind, vorgesehenen Ausnahmen dürfen Informationen über ein Lebensmittel diesem keine Eigenschaften der Vorbeugung, Behandlung oder Heilung einer menschlichen Krankheit zuschreiben oder den Eindruck dieser Eigenschaften entstehen lassen.

(4) Die Absätze 1, 2 und 3 gelten auch für

a) die Werbung;

b) die Aufmachung von Lebensmitteln, insbesondere für ihre Form, ihr Aussehen oder ihre Verpackung, die verwendeten Verpackungsmaterialien, die Art ihrer Anordnung und den Rahmen ihrer Darbietung.

Art. 8 Verantwortlichkeiten. (1) Verantwortlich für die Information über ein Lebensmittel ist der Lebensmittelunternehmer, unter dessen Namen oder Firma das Lebensmittel vermarktet wird, oder, wenn dieser Unternehmer nicht in der Union niedergelassen ist, der Importeur, der das Lebensmittel in die Union einführt.

(2) Der für die Information über das Lebensmittel verantwortliche Lebensmittelunternehmer gewährleistet gemäß dem anwendbaren Lebensmittelinformationsrecht und den Anforderungen der einschlägigen einzelstaatlichen Rechtsvorschriften das Vorhandensein und die Richtigkeit der Informationen über das Lebensmittel.

(3) Lebensmittelunternehmer, deren Tätigkeiten die Informationen über Lebensmittel nicht beeinflussen, dürfen keine Lebensmittel abgeben, von denen sie aufgrund der ihnen im Rahmen ihrer Berufstätigkeit vorliegenden Informationen wissen oder annehmen müssen, dass sie dem anwendbaren Lebensmittelinformationsrecht und den Anforderungen der einschlägigen einzelstaatlichen Rechtsvorschriften nicht entsprechen.

(4) [1] Lebensmittelunternehmer dürfen in den ihrer Kontrolle unterstehenden Unternehmen keine Änderung der Informationen zu einem Lebensmittel vornehmen, wenn diese Änderung den Endverbraucher irreführen oder in anderer Weise den Verbraucherschutz und die Möglichkeit des Endverbrauchers, eine fundierte Wahl zu treffen, verringern würde. [2] Die Lebensmittelunternehmer sind für jede Änderung, die sie an den Informationen zu einem Lebensmittel vornehmen, verantwortlich.

(5) Unbeschadet der Absätze 2 bis 4 stellen die Lebensmittelunternehmer in den ihrer Kontrolle unterstehenden Unternehmen die Einhaltung der für ihre Tätigkeiten relevanten Anforderungen des Lebensmittelinformationsrechts und der einschlägigen einzelstaatlichen Rechtsvorschriften sicher und prüfen die Einhaltung dieser Vorschriften nach.

(6) Die Lebensmittelunternehmer stellen in den ihrer Kontrolle unterstehenden Unternehmen sicher, dass Informationen über nicht vorverpackte Lebensmittel, die für die Abgabe an Endverbraucher oder Anbieter von Gemeinschaftsverpflegung bestimmt sind, an den Lebensmittelunternehmer übermittelt werden, der die Lebensmittel erhält, damit erforderlichenfalls verpflichtende Informationen über das Lebensmittel an den Endverbraucher weitergegeben werden können.

(7) [1] In folgenden Fällen stellen die Lebensmittelunternehmer in den ihrer Kontrolle unterstehenden Unternehmen sicher, dass die nach den Artikeln 9 und 10 verlangten verpflichtenden Angaben auf der Vorverpackung oder auf einem mit ihr verbundenen Etikett oder aber auf den Handelspapieren, die sich auf das Lebensmittel beziehen, erscheinen, sofern gewährleistet werden kann, dass diese Papiere entweder dem Lebensmittel, auf das sie sich beziehen, beiliegen oder aber vor oder gleichzeitig mit der Lieferung versendet wurden:

a) wenn vorverpackte Lebensmittel für den Endverbraucher bestimmt sind, aber auf einer dem Verkauf an den Endverbraucher vorangehenden Stufe vermarktet werden, sofern auf dieser Stufe nicht der Verkauf an einen Anbieter von Gemeinschaftsverpflegung erfolgt;

b) wenn vorverpackte Lebensmittel für die Abgabe an Anbieter von Gemeinschaftsverpflegung bestimmt sind, um dort zubereitet, verarbeitet, aufgeteilt oder geschnitten zu werden.

[2] Ungeachtet des Unterabsatzes 1 stellen Lebensmittelunternehmer sicher, dass die in Artikel 9 Absatz 1 Buchstaben a, f, g und h genannten Angaben auch auf der Außenverpackung erscheinen, in der die vorverpackten Lebensmittel vermarktet werden.

(8) Lebensmittelunternehmer, die anderen Lebensmittelunternehmern Lebensmittel liefern, die nicht für die Abgabe an Endverbraucher oder Anbieter von Gemeinschaftsverpflegung bestimmt sind, stellen sicher, dass diese anderen Lebensmittelunternehmer ausreichende Informationen erhalten, um ihre Verpflichtungen nach Absatz 2 erfüllen zu können.

Kapitel IV. Verpflichtende Informationen über Lebensmittel

Abschnitt 1. Inhalt und Darstellungsform

Art. 9[1] Verzeichnis der verpflichtenden Angaben. (1) Nach Maßgabe der Artikel 10 bis 35 und vorbehaltlich der in diesem Kapitel vorgesehenen Ausnahmen sind folgende Angaben verpflichtend:

a) die Bezeichnung des Lebensmittels;

b) das Verzeichnis der Zutaten;

c) alle in Anhang II aufgeführten Zutaten und Verarbeitungshilfsstoffe sowie Zutaten und Verarbeitungshilfsstoffe, die Derivate eines in Anhang II aufgeführten Stoffes oder Erzeugnisses sind, die bei der Herstellung oder Zubereitung eines Lebensmittels verwendet werden und – gegebenenfalls in veränderter Form – im Enderzeugnis vorhanden sind und die Allergien und Unverträglichkeiten auslösen;

d) die Menge bestimmter Zutaten oder Klassen von Zutaten;

e) die Nettofüllmenge des Lebensmittels;

f) das Mindesthaltbarkeitsdatum oder das Verbrauchsdatum;

g) gegebenenfalls besondere Anweisungen für Aufbewahrung und/oder Anweisungen für die Verwendung;

h) der Name oder die Firma und die Anschrift des Lebensmittelunternehmers nach Artikel 8 Absatz 1;

i) das Ursprungsland oder der Herkunftsort, wo dies nach Artikel 26 vorgesehen ist;

j) eine Gebrauchsanleitung, falls es schwierig wäre, das Lebensmittel ohne eine solche angemessen zu verwenden;

k) für Getränke mit einem Alkoholgehalt von mehr als 1,2 Volumenprozent die Angabe des vorhandenen Alkoholgehalts in Volumenprozent;

l)[1] *eine Nährwertdeklaration.* → Art 30 Abs. 1 LMIV

(2) ¹Die in Absatz 1 genannten Angaben sind in Worten und Zahlen zu machen. ²Unbeschadet des Artikels 35 können sie zusätzlich durch Piktogramme oder Symbole ausgedrückt werden.

(3) *[1]* Erlässt die Kommission die in diesem Artikel genannten delegierten Rechtsakte und Durchführungsrechtsakte, können die in Absatz 1 genannten Angaben alternativ durch Piktogramme oder Symbole anstatt durch Worte oder Zahlen ausgedrückt werden.

---

[1] Art. 9 Abs. 1 Buchstabe l gilt gem. Art. 55 Abs. 2 ab **13.12.2016.**

[2] Um sicherzustellen, dass die Verbraucher verpflichtende Informationen über Lebensmittel auch auf andere Weise als durch Worte oder Zahlen erhalten, und sofern derselbe Umfang an Informationen wie mit Worten oder Zahlen gewährleistet ist, kann die Kommission gemäß Artikel 51 durch delegierte Rechtsakte die Kriterien festlegen, anhand deren eine oder mehrere der in Absatz 1 genannten Angaben durch Piktogramme oder Symbole anstatt durch Worte oder Zahlen ausgedrückt werden können, wobei sie Nachweisen eines einheitlichen Verständnisses der Verbraucher Rechnung trägt.

(4) [1]Um die einheitliche Durchführung von Absatz 3 dieses Artikels zu gewährleisten, kann die Kommission Durchführungsrechtsakte zu den Modalitäten der Anwendung der gemäß Absatz 3 festgelegten Kriterien erlassen, nach denen eine oder mehrere Angaben durch Piktogramme oder Symbole anstatt durch Worte oder Zahlen ausgedrückt werden können. [2]Diese Durchführungsrechtsakte werden gemäß dem in Artikel 48 Absatz 2 genannten Prüfverfahren erlassen.

Art. 10 Weitere verpflichtende Angaben für bestimmte Arten oder Klassen von Lebensmitteln. (1) Zusätzlich zu den in Artikel 9 Absatz 1 aufgeführten Angaben sind in Anhang III für bestimmte Arten oder Klassen von Lebensmitteln weitere Angaben verpflichtend.

(2) *[1]* Um die Information des Verbrauchers über bestimmte Arten oder Klassen von Lebensmitteln sicherzustellen und dem technischen Fortschritt, dem Stand der Wissenschaft, dem Schutz der Gesundheit der Verbraucher oder der sicheren Verwendung eines Lebensmittels Rechnung zu tragen, kann die Kommission Anhang III gemäß Artikel 51 durch delegierte Rechtsakte ändern.

[2] Ist dies im Falle einer Gefährdung der Gesundheit der Verbraucher aus Gründen äußerster Dringlichkeit erforderlich, so findet das Verfahren gemäß Artikel 52 auf delegierte Rechtsakte, die gemäß dem vorliegenden Artikel erlassen werden, Anwendung.

Art. 11 Maße und Gewichte. Artikel 9 lässt speziellere Bestimmungen der Union über Maße und Gewichte unberührt.

Art. 12 Bereitstellung und Platzierung verpflichtender Informationen über Lebensmittel. (1) Die verpflichtenden Informationen über Lebensmittel müssen gemäß dieser Verordnung bei allen Lebensmitteln verfügbar und leicht zugänglich sein.

(2) Bei vorverpackten Lebensmitteln sind die verpflichtenden Informationen über Lebensmittel direkt auf der Verpackung oder auf einem an dieser befestigten Etikett anzubringen.

(3) Um sicherzustellen, dass die Verbraucher verpflichtende Informationen über Lebensmittel auch auf eine andere, für bestimmte verpflichtende Angaben besser geeignete Weise erhalten, und sofern derselbe Umfang an Informationen wie auf der Verpackung oder auf dem Etikett gewährleistet ist, kann die Kommission gemäß Artikel 51 durch delegierte Rechtsakte Kriterien festlegen, anhand deren bestimmte verpflichtende Angaben auf andere Weise als auf der Verpackung oder auf dem Etikett ausgedrückt werden können, wobei sie Nachweisen eines einheitlichen Verständnisses der Verbraucher und der verbreiteten Nutzung der entsprechenden Ausdrucksmittel durch die Verbraucher Rechnung trägt.

(4) [1] Um die einheitliche Durchführung von Absatz 3 dieses Artikels zu gewährleisten, kann die Kommission Durchführungsrechtsakte zu den Modalitäten der Anwendung der gemäß Absatz 3 festgelegten Kriterien erlassen, nach denen bestimmte verpflichtende Angaben auf andere Weise als auf der Verpackung oder auf dem Etikett ausgedrückt werden können. [2] Diese Durchführungsrechtsakte werden gemäß dem in Artikel 48 Absatz 2 genannten Prüfverfahren erlassen.

(5) Im Fall von nicht vorverpackten Lebensmitteln gelten die Bestimmungen des Artikels 44.

Art. 13 Darstellungsform der verpflichtenden Angaben. (1) [1] Unbeschadet der gemäß Artikel 44 Absatz 2 erlassenen einzelstaatlichen Vorschriften sind verpflichtende Informationen über Lebensmittel an einer gut sichtbaren Stelle deutlich, gut lesbar und gegebenenfalls dauerhaft anzubringen. [2] Sie dürfen in keiner Weise durch andere Angaben oder Bildzeichen oder sonstiges eingefügtes Material verdeckt, undeutlich gemacht oder getrennt werden, und der Blick darf nicht davon abgelenkt werden.

(2) Unbeschadet spezieller Unionsvorschriften, die auf bestimmte Lebensmittel anwendbar sind, sind die verpflichtenden Angaben gemäß Artikel 9 Absatz 1, wenn sie auf der Packung oder dem daran befestigten Etikett gemacht werden, auf die Verpackung oder das Etikett in einer Schriftgröße mit einer x-Höhe gemäß Anhang IV von mindestens 1,2 mm so aufzudrucken, dass eine gute Lesbarkeit sichergestellt ist.

(3) Bei Verpackungen oder Behältnissen, deren größte Oberfläche weniger als 80 cm² beträgt, beträgt die x-Höhe der Schriftgröße gemäß Absatz 2 mindestens 0,9 mm.

(4) [1] Damit die Ziele dieser Verordnung erreicht werden, legt die Kommission durch delegierte Rechtsakte gemäß Artikel 51 Vorschriften zur Lesbarkeit fest.

[2] Zu dem in Unterabsatz 1 genannten Zweck kann die Kommission außerdem durch delegierte Rechtsakte gemäß Artikel 51 die Anforderungen des Absatzes 5 dieses Artikels auf weitere verpflichtende Angaben für bestimmte Arten oder Klassen von Lebensmitteln ausdehnen.

(5) Die in Artikel 9 Absatz 1 Buchstaben a, e und k aufgeführten Angaben müssen im selben Sichtfeld erscheinen.

(6) Absatz 5 dieses Artikels gilt nicht in den in Artikel 16 Absätze 1 und 2 aufgeführten Fällen.

Art. 14 Fernabsatz. (1) Unbeschadet der Informationspflichten, die sich aus Artikel 9 ergeben, gilt im Falle von vorverpackten Lebensmitteln, die durch Einsatz von Fernkommunikationstechniken zum Verkauf angeboten werden, Folgendes:

a) Verpflichtende Informationen über Lebensmittel mit Ausnahme der Angaben gemäß Artikel 9 Absatz 1 Buchstabe f müssen vor dem Abschluss des Kaufvertrags verfügbar sein und auf dem Trägermaterial des Fernabsatzgeschäfts erscheinen oder durch andere geeignete Mittel, die vom Lebensmittelunternehmer eindeutig anzugeben sind, bereitgestellt werden. Wird auf andere geeignete Mittel zurückgegriffen, so sind die verpflichtenden

Informationen über Lebensmittel bereitzustellen, ohne dass der Lebensmittelunternehmer den Verbrauchern zusätzliche Kosten in Rechnung stellt;
b) alle verpflichtenden Angaben müssen zum Zeitpunkt der Lieferung verfügbar sein.

(2) Im Falle von nicht vorverpackten Lebensmitteln, die durch Einsatz von Fernkommunikationstechniken zum Verkauf angeboten werden, sind die nach Artikel 44 vorgeschriebenen Angaben gemäß Absatz 1 des vorliegenden Artikels verfügbar zu machen.

(3) Absatz 1 Buchstabe a gilt nicht für Lebensmittel, die in Automaten oder automatisierten Anlagen zum Verkauf angeboten werden.

Art. 15 Sprachliche Anforderungen. (1) Unbeschadet des Artikels 9 Absatz 3 sind verpflichtende Informationen über Lebensmittel in einer für die Verbraucher der Mitgliedstaaten, in denen ein Lebensmittel vermarktet wird, leicht verständlichen Sprache abzufassen.

(2) Innerhalb ihres Hoheitsgebiets können die Mitgliedstaaten, in denen ein Lebensmittel vermarktet wird, bestimmen, dass diese Angaben in einer Amtssprache oder mehreren Amtssprachen der Union zu machen sind.

(3) Die Absätze 1 und 2 stehen der Abfassung der Angaben in mehreren Sprachen nicht entgegen.

Art. 16 Ausnahmen von dem Erfordernis bestimmter verpflichtender Angaben. (1) Bei zur Wiederverwendung bestimmten Glasflaschen, die eine nicht entfernbare Aufschrift tragen und dementsprechend weder ein Etikett noch eine Halsschleife noch ein Brustschild haben, sind nur die in Artikel 9 Absatz 1 Buchstaben a, c, e, f und l aufgeführten Angaben verpflichtend.

(2) [1] Bei Verpackungen oder Behältnissen, deren größte Oberfläche weniger als 10 cm² beträgt, sind nur die in Artikel 9 Absatz 1 Buchstaben a, c, e und f aufgeführten Angaben auf der Packung oder dem Etikett verpflichtend. [2] Die in Artikel 9 Absatz 1 Buchstabe b genannten Angaben sind auf andere Weise zu machen oder dem Verbraucher auf Wunsch zur Verfügung zu stellen.

(3) Unbeschadet anderer Unionsvorschriften, die eine Nährwertdeklaration vorschreiben, ist die in Artikel 9 Absatz 1 Buchstabe l genannte Deklaration bei in Anhang V aufgeführten Lebensmitteln nicht verpflichtend.

(4) [1] Unbeschadet anderer Unionsvorschriften, die ein Zutatenverzeichnis oder eine Nährwertdeklaration vorschreiben, sind die in Artikel 9 Absatz 1 Buchstaben b und l aufgeführten Angaben nicht verpflichtend für Getränke mit einem Alkoholgehalt von mehr als 1,2 Volumenprozent.

[2] [1] Die Kommission legt bis zum 13. Dezember 2014 einen Bericht über die Anwendung von Artikel 18 und Artikel 30 Absatz 1 auf die in diesem Absatz genannten Erzeugnisse vor, der auch darauf eingeht, ob alkoholische Getränke in Zukunft insbesondere der Pflicht zur Angabe des Brennwertes unterliegen sollten, und die Gründe für mögliche Ausnahmen angibt, wobei der Notwendigkeit der Kohärenz mit den übrigen einschlägigen Politiken der Union Rechnung zu tragen ist. [2] In diesem Zusammenhang prüft die Kommission, ob es erforderlich ist, eine Begriffsbestimmung für „Alkopops" vorzuschlagen.

[3] Die Kommission fügt diesem Bericht gegebenenfalls einen Gesetzgebungsvorschlag bei, in dem die Regeln für ein Zutatenverzeichnis oder eine verpflichtende Nährwertdeklaration für diese Erzeugnisse festgelegt werden.

Abschnitt 2. Detaillierte Bestimmungen für verpflichtende Angaben

Art. 17 Bezeichnung des Lebensmittels. (1) [1] Ein Lebensmittel wird mit seiner rechtlich vorgeschriebenen Bezeichnung bezeichnet. [2] Fehlt eine solche, so wird das Lebensmittel mit seiner verkehrsüblichen Bezeichnung oder, falls es keine verkehrsübliche Bezeichnung gibt oder diese nicht verwendet wird, mit einer beschreibenden Bezeichnung bezeichnet.

(2) [1] Die Verwendung der Bezeichnung des Lebensmittels, unter der das Erzeugnis im Herstellungsmitgliedstaat rechtmäßig hergestellt und vermarktet wird, ist im Vermarktungsmitgliedstaat zulässig. [2] Wenn jedoch die Anwendung der anderen Bestimmungen dieser Verordnung, insbesondere derjenigen des Artikels 9, es den Verbrauchern im Vermarktungsmitgliedstaat nicht ermöglicht, die tatsächliche Art des Lebensmittels zu erkennen und es von Lebensmitteln zu unterscheiden, mit denen es verwechselt werden könnte, ist die Bezeichnung des Lebensmittels durch weitere beschreibende Informationen zu ergänzen, die in der Nähe der Bezeichnung des Lebensmittels anzubringen sind.

(3) In Ausnahmefällen darf die Bezeichnung des Lebensmittels im Herstellungsmitgliedstaat im Vermarktungsmitgliedstaat nicht verwendet werden, wenn das mit ihr im Herstellungsmitgliedstaat bezeichnete Lebensmittel im Hinblick auf seine Zusammensetzung oder Herstellung von dem unter dieser Bezeichnung im Vermarktungsmitgliedstaat bekannten Lebensmittel derart abweicht, dass Absatz 2 nicht ausreicht, um im Vermarktungsmitgliedstaat eine korrekte Unterrichtung des Käufers zu gewährleisten.

(4) Die Bezeichnung des Lebensmittels darf durch keine als geistiges Eigentum geschützte Bezeichnung, Handelsmarke oder Fantasiebezeichnung ersetzt werden.

(5) Anhang VI enthält spezielle Vorschriften für die Bezeichnung eines Lebensmittels und die Angaben, die dazu zu machen sind.

Art. 18 Zutatenverzeichnis. (1) [1] Dem Zutatenverzeichnis ist eine Überschrift oder eine geeignete Bezeichnung voranzustellen, in der das Wort „Zutaten" erscheint. [2] Das Zutatenverzeichnis besteht aus einer Aufzählung sämtlicher Zutaten des Lebensmittels in absteigender Reihenfolge ihres Gewichtsanteils zum Zeitpunkt ihrer Verwendung bei der Herstellung des Lebensmittels.

(2) Die Zutaten werden mit ihrer speziellen Bezeichnung, gegebenenfalls nach Maßgabe der Bestimmungen in Artikel 17 und Anhang VI, bezeichnet.

(3) [1] Alle Zutaten, die in Form technisch hergestellter Nanomaterialien vorhanden sind, müssen im Zutatenverzeichnis eindeutig aufgeführt werden. [2] Auf die Bezeichnung solcher Zutaten muss das in Klammern gesetzte Wort „Nano" folgen.

(4) Anhang VII enthält technische Vorschriften für die Anwendung der Absätze 1 und 2 dieses Artikels.

Art. 19 Ausnahme vom Erfordernis eines Zutatenverzeichnisses.
(1) Ein Zutatenverzeichnis ist bei folgenden Lebensmitteln nicht erforderlich:

a) frischem Obst und Gemüse – einschließlich Kartoffeln –, das nicht geschält, geschnitten oder auf ähnliche Weise behandelt worden ist;

b) Tafelwasser, das mit Kohlensäure versetzt ist und in dessen Beschreibung dieses Merkmal aufgeführt ist;

c) Gärungsessig, der nur aus einem Grundstoff hergestellt ist und dem keine weitere Zutat zugesetzt worden ist;

d) Käse, Butter, fermentierter Milch und Sahne, denen keine Zutat zugesetzt wurde außer für die Herstellung notwendige Milchinhaltsstoffe, Lebensmittelenzyme und Mikroorganismen-Kulturen oder für die Herstellung von Käse – ausgenommen Frisch- oder Schmelzkäse – notwendiges Salz;

e) Lebensmitteln, die aus einer einzigen Zutat bestehen, sofern
  i) die Bezeichnung des Lebensmittels mit der Zutatenbezeichnung identisch ist oder
  ii) die Bezeichnung des Lebensmittels eindeutig auf die Art der Zutat schließen lässt.

(2) Um der Bedeutung eines Zutatenverzeichnisses für die Verbraucher bei bestimmten Arten oder Klassen von Lebensmitteln Rechnung zu tragen, kann die Kommission in Ausnahmefällen die in Absatz 1 dieses Artikels enthaltene Liste durch delegierte Rechtsakte gemäß Artikel 51 ergänzen, sofern das Fehlen des Zutatenverzeichnisses nicht dazu führt, dass Endverbraucher oder Anbieter von Gemeinschaftsverpflegung unzureichend informiert werden.

Art. 20 Ausnahme vom Erfordernis der Angabe von Bestandteilen von Lebensmitteln im Zutatenverzeichnis. Unbeschadet des Artikels 21 brauchen die folgenden Bestandteile eines Lebensmittels nicht im Zutatenverzeichnis aufgeführt zu werden:

a) Bestandteile einer Zutat, die während der Herstellung vorübergehend entfernt und dann dem Lebensmittel wieder hinzugefügt werden, ohne dass sie mengenmäßig ihren ursprünglichen Anteil überschreiten;

b) Lebensmittelzusatzstoffe und Lebensmittelenzyme,
  i) deren Vorhandensein in einem Lebensmittel lediglich darauf beruht, dass sie – in Übereinstimmung mit dem Übertragungsgrundsatz gemäß Artikel 18 Absatz 1 Buchstaben a und b der Verordnung (EG) Nr. 1333/2008 – in einer Zutat oder in mehreren Zutaten dieses Lebensmittels enthalten waren, sofern sie im Enderzeugnis keine technologische Wirkung mehr ausüben, oder
  ii) die als Verarbeitungshilfsstoffe verwendet werden;

c) Trägerstoffe und andere Stoffe, die keine Lebensmittelzusatzstoffe sind, aber in derselben Weise und zu demselben Zweck verwendet werden wie Trägerstoffe, und die nur in den unbedingt erforderlichen Mengen verwendet werden;

d) Stoffe, die keine Lebensmittelzusatzstoffe sind, aber auf dieselbe Weise und zu demselben Zweck wie Verarbeitungshilfsstoffe verwendet werden und – selbst wenn in veränderter Form – im Enderzeugnis vorhanden sind;

e) Wasser:

i) wenn das Wasser bei der Herstellung lediglich dazu dient, eine Zutat in konzentrierter oder getrockneter Form in ihren ursprünglichen Zustand zurückzuführen; oder

ii) bei Aufgussflüssigkeit, die üblicherweise nicht mitverzehrt wird.

Art. 21 Kennzeichnung bestimmter Stoffe oder Erzeugnisse, die Allergien oder Unverträglichkeiten auslösen. (1) *[1]* Unbeschadet der gemäß Artikel 44 Absatz 2 erlassenen Vorschriften müssen die in Artikel 9 Absatz 1 Buchstabe c genannten Angaben den folgenden Anforderungen entsprechen:

a) sie sind in dem Zutatenverzeichnis nach den Vorschriften, die in Artikel 18 Absatz 1 niedergelegt sind, aufzuführen, und zwar unter genauer Bezugnahme auf die in Anhang II aufgeführte Bezeichnung des Stoffs oder Erzeugnisses; und

b) die in Anhang II aufgeführte Bezeichnung des Stoffs oder Erzeugnisses wird durch einen Schriftsatz hervorgehoben, durch den sie sich von dem Rest des Zutatenverzeichnisses eindeutig abhebt, z.B. durch die Schriftart, den Schriftstil oder die Hintergrundfarbe.

[2] Ist kein Zutatenverzeichnis vorgesehen, so umfasst die Angabe gemäß Artikel 9 Absatz 1 Buchstabe c das Wort „Enthält", gefolgt von der in Anhang II aufgeführten Bezeichnung des Stoffs oder Erzeugnisses.

[3] Wurden mehrere Zutaten oder Verarbeitungshilfsstoffe eines Lebensmittels aus einem einzigen in Anhang II aufgeführten Stoff oder Erzeugnis gewonnen, so muss die Kennzeichnung dies für jede dieser Zutaten oder Verarbeitungshilfsstoffe deutlich machen.

[4] Die Angaben gemäß Artikel 9 Absatz 1 Buchstabe c sind nicht erforderlich, wenn sich die Bezeichnung des Lebensmittels eindeutig auf den betreffenden Stoff oder das betreffende Erzeugnis bezieht.

(2) *[1]* Um eine bessere Information der Verbraucher sicherzustellen und den neuesten wissenschaftlichen und technischen Erkenntnissen Rechnung zu tragen, überprüft die Kommission das Verzeichnis in Anhang II systematisch und aktualisiert es erforderlichenfalls durch delegierte Rechtsakte gemäß Artikel 51.

[2] Ist dies im Falle einer Gefährdung der Gesundheit der Verbraucher aus Gründen äußerster Dringlichkeit erforderlich, so findet das Verfahren gemäß Artikel 52 auf delegierte Rechtsakte, die gemäß dem vorliegenden Artikel erlassen werden, Anwendung.

Art. 22 Quantitative Angabe der Zutaten. (1) Die Angabe der Menge einer bei der Herstellung oder Zubereitung eines Lebensmittels verwendeten Zutat oder Zutatenklasse ist erforderlich, wenn die betreffende Zutat oder Zutatenklasse:

a) in der Bezeichnung des Lebensmittels genannt ist oder normalerweise von Verbrauchern mit dieser Bezeichnung in Verbindung gebracht wird;

b) auf der Kennzeichnung durch Worte, Bilder oder eine graphische Darstellung hervorgehoben ist; oder

c) von wesentlicher Bedeutung für die Charakterisierung eines Lebensmittels und seine Unterscheidung von anderen Erzeugnissen ist, mit denen es aufgrund seiner Bezeichnung oder seines Aussehens verwechselt werden könnte.

(2) Anhang VIII enthält technische Vorschriften für die Anwendung von Absatz 1, die sich auch auf spezielle Fälle beziehen können, in denen eine Mengenangabe für bestimmte Zutaten nicht erforderlich ist.

Art. 23 Nettofüllmenge. (1) Die Nettofüllmenge eines Lebensmittels ist in Litern, Zentilitern, Millilitern, Kilogramm oder Gramm auszudrücken, und zwar, je nachdem, was angemessen ist:

a) bei flüssigen Erzeugnissen in Volumeneinheiten,

b) bei sonstigen Erzeugnissen in Masseeinheiten.

(2) Um ein besseres Verständnis der Verbraucher für die Information über Lebensmittel auf der Kennzeichnung sicherzustellen, kann die Kommission für bestimmte Lebensmittel durch delegierte Rechtsakte gemäß Artikel 51 eine andere Art der Angabe der Nettofüllmenge als die in Absatz 1 dieses Artikels beschriebene Art festlegen.

(3) Anhang IX enthält technische Vorschriften für die Anwendung von Absatz 1, auch für spezielle Fälle, in denen die Angabe der Nettofüllmenge nicht erforderlich ist.

Art. 24 Mindesthaltbarkeits- und Verbrauchsdatum und Datum des Einfrierens. (1) [1] Bei in mikrobiologischer Hinsicht sehr leicht verderblichen Lebensmitteln, die folglich nach kurzer Zeit eine unmittelbare Gefahr für die menschliche Gesundheit darstellen können, wird das Mindesthaltbarkeitsdatum durch das Verbrauchsdatum ersetzt. [2] Nach Ablauf des Verbrauchsdatums gilt ein Lebensmittel als nicht sicher im Sinne von Artikel 14 Absätze 2 bis 5 der Verordnung (EG) Nr. 178/2002[1].

(2) Das jeweilige Datum ist gemäß Anhang X auszudrücken.

(3) [1] Um eine einheitliche Anwendung der Art der Angabe des in Anhang X Nummer 1 Buchstabe c genannten Mindesthaltbarkeitsdatums sicherzustellen, kann die Kommission Durchführungsrechtsakte erlassen, in denen Vorschriften hierzu festgelegt werden. [2] Diese Durchführungsrechtsakte werden gemäß dem in Artikel 48 Absatz 2 genannten Prüfverfahren erlassen.

Art. 25 Aufbewahrungs- oder Verwendungsbedingungen. (1) Erfordern Lebensmittel besondere Aufbewahrungs- und/oder Verwendungsbedingungen, müssen diese angegeben werden.

(2) Um eine angemessene Aufbewahrung oder Verwendung der Lebensmittel nach dem Öffnen der Verpackung zu ermöglichen, müssen gegebenenfalls die Aufbewahrungsbedingungen und/oder der Verzehrzeitraum angegeben werden.

Art. 26 Ursprungsland oder Herkunftsort. (1) Die Anwendung dieses Artikels lässt die Kennzeichnungsvorschriften bestimmter Rechtsvorschriften der Union, insbesondere der Verordnung (EG) Nr. 509/2006 des Rates vom 20. März 2006 über die garantiert traditionellen Spezialitäten bei Agrarerzeugnissen und Lebensmitteln[2] und der Verordnung (EG) Nr. 510/2006 des Rates

---

[1] Nr. **1**.
[2] **Amtl. Anm.:** ABl. L 93 vom 31.3.2006, S. 1.

vom 20. März 2006 zum Schutz von geografischen Angaben und Ursprungsbezeichnungen für Agrarerzeugnisse und Lebensmittel[1] unberührt.

(2) Die Angabe des Ursprungslands oder des Herkunftsorts ist in folgenden
Fällen verpflichtend:

a) falls ohne diese Angabe eine Irreführung der Verbraucher über das tatsächliche Ursprungsland oder den tatsächlichen Herkunftsort des Lebensmittels
möglich wäre, insbesondere wenn die dem Lebensmittel beigefügten Informationen oder das Etikett insgesamt sonst den Eindruck erwecken würden,
das Lebensmittel komme aus einem anderen Ursprungsland oder Herkunftsort;

b) bei Fleisch, das in die Codes der Kombinierten Nomenklatur (KN) fällt, die
in Anhang XI aufgeführt sind. Für die Anwendung dieses Buchstabens
müssen zuvor die Durchführungsbestimmungen gemäß Absatz 8 erlassen
worden sein.

(3) [1] Ist das Ursprungsland oder der Herkunftsort eines Lebensmittels angegeben und dieses/dieser nicht mit dem Ursprungsland oder dem Herkunftsort
seiner primären Zutat identisch, so

a) ist auch das Ursprungsland oder der Herkunftsort der primären Zutat anzugeben; oder

b) ist anzugeben, dass die primäre Zutat aus einem anderen Ursprungsland oder
Herkunftsort kommt als das Lebensmittel.

[2] Für die Anwendung dieses Absatzes müssen zuvor die Durchführungsrechtsakte gemäß Absatz 8 erlassen worden sein.

(4) Die Kommission übermittelt binnen fünf Jahren ab Anwendung des
Absatzes 2 Buchstabe b einen Bericht an das Europäische Parlament und den
Rat, in dem die verpflichtende Angabe des Ursprungslands oder Herkunftsorts
bei der Kennzeichnung der in dem genannten Buchstaben genannten Erzeugnisse bewertet wird.

(5) Die Kommission übermittelt bis zum 13. Dezember 2014 einen Bericht
an das Europäische Parlament und den Rat über die verpflichtende Angabe des
Ursprungslands oder Herkunftsorts bei folgenden Lebensmitteln:

a) anderen Arten von Fleisch als Rindfleisch und den in Absatz 2 Buchstabe b
genannten;

b) Milch;

c) Milch, die als Zutat in Milchprodukten verwendet wird;

d) unverarbeiteten Lebensmitteln;

e) Erzeugnissen aus einer Zutat;

f) Zutaten, die über 50 % eines Lebensmittels ausmachen.

(6) Die Kommission übermittelt bis zum 13. Dezember 2013 einen Bericht
an das Europäische Parlament und den Rat über die verpflichtende Angabe des
Ursprungslands oder Herkunftsorts bei Fleisch, das als Zutat verwendet wird.

(7) [1] Die in den Absätzen 5 und 6 genannten Berichte berücksichtigen die
Notwendigkeit der Information der Verbraucher, die Frage, ob die Beibringung der verpflichtenden Angabe des Ursprungslands oder des Herkunftsorts

---

[1] **Amtl. Anm.:** ABl. L 93 vom 31.3.2006, S. 12.

praktikabel ist, und eine Analyse der Kosten und des Nutzens der Einführung solcher Maßnahmen einschließlich der rechtlichen Auswirkungen auf den Binnenmarkt und der Auswirkungen auf den internationalen Handel.

[2] Die Kommission kann diesen Berichten Vorschläge zur Änderung der entsprechenden Unionsvorschriften beifügen.

(8) [1] Die Kommission erlässt nach der Durchführung von Folgenabschätzungen bis zum 13. Dezember 2013 Durchführungsrechtsakte zur Anwendung von Absatz 2 Buchstabe b und Absatz 3 dieses Artikels. [2] Diese Durchführungsrechtsakte werden gemäß dem in Artikel 48 Absatz 2 genannten Prüfverfahren erlassen.

(9) Bei den in Absatz 2 Buchstabe b, Absatz 5 Buchstabe a und Absatz 6 genannten Lebensmitteln ist in den Berichten und Folgenabschätzungen nach diesem Artikel unter anderem zu prüfen, welche Optionen es für die Modalitäten der Angabe des Ursprungslands oder Herkunftsorts dieser Lebensmittel gibt, insbesondere in Bezug auf sämtliche folgenden im Leben eines Tieres entscheidenden Punkte:

a) Geburtsort;

b) Aufzuchtsort;

c) Schlachtort.

Art. 27 Gebrauchsanweisung. (1) Die Gebrauchsanweisung für ein Lebensmittel muss so abgefasst sein, dass die Verwendung des Lebensmittels in geeigneter Weise ermöglicht wird.

(2) [1] Die Kommission kann Durchführungsrechtsakte erlassen, in denen Durchführungsbestimmungen zu Absatz 1 für bestimmte Lebensmittel festgelegt werden. [2] Diese Durchführungsrechtsakte werden gemäß dem in Artikel 48 Absatz 2 genannten Prüfverfahren erlassen.

Art. 28 Alkoholgehalt. (1) In Bezug auf die Angabe des Alkoholgehalts in Volumenprozent gelten für Erzeugnisse, die in KN-Code 2204 eingereiht sind, die in den auf solche Erzeugnisse anwendbaren speziellen Unionsvorschriften festgelegten Bestimmungen.

(2) Der vorhandene Alkoholgehalt in Volumenprozent anderer als der in Absatz 1 genannten Getränke, die mehr als 1,2 Volumenprozent Alkohol enthalten, ist gemäß Anhang XII anzugeben.

Abschnitt 3. Nährwertdeklaration

Art. 29 Verhältnis zu anderen Rechtsvorschriften. (1) Dieser Abschnitt gilt nicht für Lebensmittel, die in den Geltungsbereich der folgenden Rechtsvorschriften fallen:

a) Richtlinie 2002/46/EG des Europäischen Parlaments und des Rates vom 10. Juni 2002 zur Angleichung der Rechtsvorschriften der Mitgliedstaaten über Nahrungsergänzungsmittel[1];

---

[1] **Amtl. Anm.:** ABl. L 183 vom 12.7.2002, S. 51.

b) Richtlinie 2009/54/EG des Europäischen Parlaments und des Rates vom 18. Juni 2009 über die Gewinnung von und den Handel mit natürlichen Mineralwässern[1].

(2) Dieser Abschnitt gilt unbeschadet der Richtlinie 2009/39/EG des Europäischen Parlaments und des Rates vom 6. Mai 2009 über Lebensmittel, die für eine besondere Ernährung bestimmt sind[2], und der in Artikel 4 Absatz 1 dieser Richtlinie genannten speziellen Richtlinien

Art. 30 Inhalt. (1) [1] Die verpflichtende Nährwertdeklaration enthält folgende Angaben:

a) Brennwert und   = BIG SEVEN

b) die Mengen an Fett, gesättigten Fettsäuren, Kohlenhydraten, Zucker, Eiweiß und Salz.

[2] Gegebenenfalls kann in unmittelbarer Nähe zur Nährwertdeklaration eine Angabe erscheinen, wonach der Salzgehalt ausschließlich auf die Anwesenheit natürlich vorkommenden Natriums zurückzuführen ist.

(2) Der Inhalt der verpflichtenden Nährwertdeklaration gemäß Absatz 1 kann durch die Angabe der Mengen eines oder mehrerer der nachfolgenden Stoffe ergänzt werden:

a) einfach ungesättigte Fettsäuren,   ! Health Claims

b) mehrfach ungesättigte Fettsäuren,   Art. 2 Abs. 2 Nr 4

c) mehrwertige Alkohole,

d) Stärke,

e) Ballaststoffe,

f) jegliche in Anhang XIII Teil A Nummer 1 aufgeführten und gemäß den in Anhang XIII Teil A Nummer 2 angegebenen Werten in signifikanten Mengen vorhandenen Vitamine oder Mineralstoffe.

(3) Enthält die Kennzeichnung eines vorverpackten Lebensmittels die verpflichtende Nährwertdeklaration gemäß Absatz 1, so können die folgenden Angaben darauf wiederholt werden:

a) der Brennwert oder

b) der Brennwert zusammen mit den Mengen an Fett, gesättigten Fettsäuren, Zucker und Salz.

(4) Abweichend von Artikel 36 Absatz 1 darf sich für den Fall, dass die Kennzeichnung der Erzeugnisse gemäß Artikel 16 Absatz 4 eine Nährwertdeklaration enthält, der Inhalt der Deklaration lediglich auf den Brennwert beschränken.

(5) Unbeschadet des Artikels 44 und abweichend von Artikel 36 Absatz 1 darf sich für den Fall, dass die Kennzeichnung der in Artikel 44 Absatz 1 genannten Erzeugnisse eine Nährwertdeklaration enthält, der Inhalt der Deklaration lediglich auf

a) den Brennwert oder

---

[1] **Amtl. Anm.:** ABl. L 164 vom 26.6.2009, S. 45.
[2] **Amtl. Anm.:** ABl. L 124 vom 20.5.2009, S. 21.

b) den Brennwert zusammen mit den Mengen an Fett, gesättigten Fettsäuren, Zucker und Salz beschränken.

(6) Um der Bedeutung der in den Absätzen 2 bis 5 dieses Artikels genannten Angaben für die Information der Verbraucher Rechnung zu tragen, kann die Kommission durch delegierte Rechtsakte gemäß Artikel 51 die in den Absätzen 2 bis 5 dieses Artikels enthaltenen Listen durch Hinzufügung oder Streichung bestimmter Angaben ändern.

(7) [1] Unter Berücksichtigung der in den Mitgliedstaaten gewonnenen wissenschaftlichen Erkenntnisse und Erfahrungen legt die Kommission bis zum 13. Dezember 2014 einen Bericht über Trans-Fettsäuren in Lebensmitteln und in der generellen Ernährung der Bevölkerung der Union vor. [2] Mit diesem Bericht sollen die Auswirkungen geeigneter Mittel bewertet werden, die den Verbrauchern die Möglichkeit an die Hand geben könnten, sich für gesündere Lebensmittel und für eine gesündere generelle Ernährung zu entscheiden, oder mit denen ein größeres Angebot an gesünderen Lebensmitteln für die Verbraucher gefördert werden kann; dazu gehört auch die Bereitstellung von Verbraucherinformationen über Trans-Fettsäuren oder die Beschränkung ihrer Verwendung. [3] Die Kommission fügt dem Bericht gegebenenfalls einen entsprechenden Gesetzgebungsvorschlag bei.

Art. 31 Berechnung. (1) Der Brennwert ist unter Verwendung der in Anhang XIV aufgeführten Umrechnungsfaktoren zu berechnen.

(2) [1] Die Kommission kann durch delegierte Rechtsakte gemäß Artikel 51 Umrechnungsfaktoren für die in Anhang XIII Teil A Nummer 1 genannten Vitamine und Mineralstoffe festlegen, um den Gehalt solcher Vitamine und Mineralstoffe in Lebensmitteln genauer zu berechnen. [2] Diese Umrechnungsfaktoren werden in Anhang XIV hinzugefügt.

(3) [1] Der Brennwert und die Nährstoffmengen gemäß Artikel 30 Absätze 1 bis 5 sind diejenigen des Lebensmittels zum Zeitpunkt des Verkaufs.

[2] Gegebenenfalls können sich diese Informationen auf das zubereitete Lebensmittel beziehen, sofern ausreichend genaue Angaben über die Zubereitungsweise gemacht werden und sich die Informationen auf das verbrauchsfertige Lebensmittel beziehen.

(4) [1] Die angegebenen Zahlen sind Durchschnittswerte, die je nach Fall beruhen auf

a) der Lebensmittelanalyse des Herstellers,

b) einer Berechnung auf der Grundlage der bekannten oder tatsächlichen durchschnittlichen Werte der verwendeten Zutaten oder

c) einer Berechnung auf der Grundlage von allgemein nachgewiesenen und akzeptierten Daten.

[2] Die Kommission kann Durchführungsrechtsakte erlassen, in denen Durchführungsbestimmungen für die einheitliche Durchführung dieses Absatzes hinsichtlich der Genauigkeit der angegebenen Werte, etwa im Hinblick auf Abweichungen zwischen den angegebenen und den bei amtlichen Überprüfungen festgestellten Werten, festgelegt sind. [3] Diese Durchführungsrechtsakte werden gemäß dem in Artikel 48 Absatz 2 genannten Prüfverfahren erlassen.

Art. 32 Angabe je 100 g oder je 100 ml. (1) Der Brennwert und die Nährstoffmengen gemäß Artikel 30 Absätze 1 bis 5 sind unter Verwendung der in Anhang XV aufgeführten Maßeinheiten auszudrücken.

(2) Der Brennwert und die Nährstoffmengen gemäß Artikel 30 Absätze 1 bis 5 sind je 100 g oder je 100 ml anzugeben.

(3) Eine etwaige Deklaration der Vitamine und Mineralstoffe ist zusätzlich zu der in Absatz 2 genannten Form der Angabe als Prozentsatz der in Anhang XIII Teil A Nummer 1 festgelegten Referenzmengen im Verhältnis zu 100 g oder zu 100 ml auszudrücken.

(4) Der Brennwert und die Nährstoffmengen gemäß Artikel 30 Absätze 1, 3, 4 und 5 können zusätzlich zu der in Absatz 2 dieses Artikels genannten Form der Angabe gegebenenfalls als Prozentsatz der in Anhang XIII Teil B festgelegten Referenzmengen im Verhältnis zu 100 g oder zu 100 ml ausgedrückt werden.

(5) Werden Angaben nach Absatz 4 gemacht, muss in unmittelbarer Nähe folgende zusätzliche Erklärung angegeben werden: „Referenzmenge für einen durchschnittlichen Erwachsenen (8 400 kJ/2 000 kcal)".

Art. 33 Angabe je Portion oder je Verzehreinheit. (1) In den folgenden Fällen können der Brennwert und die Mengen an Nährstoffen gemäß Artikel 30 Absätze 1 bis 5 je Portion und/oder je Verzehreinheit in für Verbraucher leicht erkennbarer Weise ausgedrückt werden, sofern die zugrunde gelegte Portion bzw. Verzehreinheit auf dem Etikett quantifiziert wird und die Anzahl der in der Packung enthaltenen Portionen bzw. Verzehreinheiten angegeben ist:

a) zusätzlich zu der Form der Angabe je 100 g oder je 100 ml gemäß Artikel 32 Absatz 2;

b) zusätzlich zu der Form der Angabe je 100 g oder je 100 ml gemäß Artikel 32 Absatz 3 betreffend den Gehalt an Vitaminen und Mineralstoffen;

c) zusätzlich zu oder anstelle der Form der Angabe je 100 g oder je 100 ml gemäß Artikel 32 Absatz 4.

(2) [1] Abweichend von Artikel 32 Absatz 2 dürfen in den Fällen gemäß Artikel 30 Absatz 3 Buchstabe b die Nährstoffmengen und/oder der Prozentsatz der in Anhang XIII Teil B festgelegten Referenzmengen auch nur je Portion oder je Verzehreinheit ausgedrückt werden.

[2] Sind die Nährstoffmengen gemäß Unterabsatz 1 lediglich je Portion oder je Verzehreinheit ausgedrückt, wird der Brennwert je 100 g oder je 100 ml und je Portion oder je Verzehreinheit ausgedrückt.

(3) Abweichend von Artikel 32 Absatz 2 dürfen in den Fällen gemäß Artikel 30 Absatz 5 der Brennwert und die Nährstoffmengen und/oder der Prozentsatz der in Anhang XIII Teil B festgelegten Referenzmengen auch nur je Portion oder je Verzehreinheit ausgedrückt werden.

(4) Die zugrunde gelegte Portion oder Verzehreinheit ist in unmittelbarer Nähe zu der Nährwertdeklaration anzugeben.

(5) [1] Um die einheitliche Durchführung der Angabe der Nährwertdeklaration je Portion oder je Verzehreinheit sicherzustellen und eine einheitliche Vergleichsbasis für Verbraucher bereitzustellen, erlässt die Kommission unter Berücksichtigung tatsächlicher Verbrauchsmuster der Verbraucher und Ernährungsempfehlungen durch Durchführungsrechtsakte Vorschriften für die Anga-

be je Portion oder je Verzehreinheit für bestimmte Klassen von Lebensmitteln. [2] Diese Durchführungsrechtsakte werden gemäß dem in Artikel 48 Absatz 2 genannten Prüfverfahren erlassen.

Art. 34 Darstellungsform. (1) [1] Die Angaben gemäß Artikel 30 Absätze 1 und 2 müssen im selben Sichtfeld erscheinen. [2] Sie müssen als Ganzes in einem übersichtlichen Format und gegebenenfalls in der in Anhang XV vorgegebenen Reihenfolge erscheinen.

(2) [1] Die Angaben gemäß Artikel 30 Absätze 1 und 2 sind, sofern genügend Platz vorhanden ist, in Tabellenform darzustellen, wobei die Zahlen untereinander stehen. [2] Bei Platzmangel können sie hintereinander aufgeführt werden.

(3) [1] Die Angaben gemäß Artikel 30 Absatz 3 müssen wie folgt dargestellt werden:

a) im Hauptsichtfeld und

b) unter Verwendung einer Schriftgröße im Einklang mit Artikel 13 Absatz 2.

[2] Die Angaben gemäß Artikel 30 Absatz 3 können in anderer Form als der Form gemäß Absatz 2 dieses Artikels erscheinen.

(4) Die Angaben gemäß Artikel 30 Absätze 4 und 5 können in anderer Form als der Form gemäß Absatz 2 dieses Artikels erscheinen.

(5) [1] Sind der Brennwert oder die Nährstoffmenge(n) in einem Erzeugnis vernachlässigbar, so können die Angaben dazu durch eine Angabe wie „Enthält geringfügige Mengen von..." ersetzt werden, die in unmittelbarer Nähe zu einer etwaigen Nährwertdeklaration stehen muss.

[2] [1] Um die einheitliche Durchführung dieses Absatzes sicherzustellen, kann die Kommission Durchführungsrechtsakte zum Brennwert und zu den Mengen an Nährstoffen gemäß Artikel 30 Absätze 1 bis 5, die als vernachlässigbar gelten können, erlassen. [2] Diese Durchführungsrechtsakte werden gemäß dem in Artikel 48 Absatz 2 genannten Prüfverfahren erlassen.

(6) [1] Um eine einheitliche Anwendung der Darstellungsweise der Nährwertdeklaration in den in den Absätzen 1 bis 4 dieses Artikels genannten Formen sicherzustellen, kann die Kommission hierzu Durchführungsrechtsakte erlassen. [2] Diese Durchführungsrechtsakte werden gemäß dem in Artikel 48 Absatz 2 genannten Prüfverfahren erlassen.

Art. 35 Weitere Formen der Angabe und der Darstellung. (1) Zusätzlich zu den Formen der Angabe gemäß Artikel 32 Absätze 2 und 4 und Artikel 33 und der Darstellungsform gemäß Artikel 34 Absatz 2 können der Brennwert und die Nährstoffmengen gemäß Artikel 30 Absätze 1 bis 5 in anderer Form angegeben und/oder mittels grafischer Formen oder Symbole zusätzlich zu Worten oder Zahlen dargestellt werden, sofern diese Angabebzw. Darstellungsformen folgende Anforderungen erfüllen:

a) sie beruhen auf fundierten und wissenschaftlich haltbaren Erkenntnissen der Verbraucherforschung und sind für Verbraucher nicht irreführend im Sinne des Artikels 7;

b) ihre Entwicklung ist das Ergebnis der Konsultation einer Vielzahl von Gruppen betroffener Akteure;

c) sie sollen Verbrauchern das Verständnis dafür erleichtern, welchen Beitrag das Lebensmittel für den Energie- und Nährstoffgehalt einer Ernährungsweise leistet oder welche Bedeutung es für sie hat;

d) es gibt wissenschaftlich haltbare Nachweise dafür, dass diese Formen der Angabe oder Darstellung vom Durchschnittsverbraucher verstanden werden;

e) sie basieren, im Falle anderer Formen der Angabe, entweder auf den in Anhang XIII genannten harmonisierten Referenzmengen oder, falls es solche nicht gibt, auf allgemein akzeptierten wissenschaftlichen Empfehlungen in Bezug auf die Zufuhr von Energie und Nährstoffen;

f) sie sind objektiv und nicht diskriminierend; und

g) ihre Anwendung beeinträchtigt nicht den freien Warenverkehr.

(2) [1] Die Mitgliedstaaten können den Lebensmittelunternehmern empfehlen, eine oder mehrere zusätzliche Formen der Angabe oder Darstellung der Nährwertdeklaration zu verwenden, die ihrer Ansicht nach die in Absatz 1 Buchstaben a bis g dargelegten Anforderungen am besten erfüllen. [2] Die Mitgliedstaaten teilen der Kommission die Einzelheiten dieser zusätzlichen Formen der Angabe oder Darstellung mit.

(3) [1] Die Mitgliedstaaten gewährleisten eine angemessene Beobachtung der zusätzlichen Formen der Angabe oder Darstellung der Nährwertdeklaration, die auf dem Markt in ihrem Hoheitsgebiet vorhanden sind.

[2] [1] Um die Beobachtung der Verwendung dieser zusätzlichen Formen der Angabe oder Darstellung zu erleichtern, können die Mitgliedstaaten verlangen, dass die Lebensmittelunternehmer, die auf dem Markt in ihrem Hoheitsgebiet Lebensmittel in Verkehr bringen, die solche Informationen tragen, die zuständige Behörde über die Verwendung einer zusätzlichen Form der Angabe oder Darstellung unterrichten und ihnen die einschlägigen Belege für die Erfüllung der in Absatz 1 Buchstaben a bis g niedergelegten Anforderungen vorlegen. [2] In diesem Fall kann auch eine Unterrichtung über die Einstellung der Verwendung solcher zusätzlicher Formen der Angabe oder Darstellung verlangt werden.

(4) Die Kommission erleichtert und organisiert den Austausch von Informationen zwischen den Mitgliedstaaten und ihr selbst sowie den einschlägigen Akteuren über Angelegenheiten im Zusammenhang mit der Verwendung zusätzlicher Formen der Angabe oder Darstellung der Nährwertdeklaration.

(5) [1] Anhand der gewonnenen Erfahrungen übermittelt die Kommission dem Europäischen Parlament und dem Rat bis zum 13. Dezember 2017 einen Bericht über die Verwendung zusätzlicher Formen der Angabe oder Darstellung, über deren Wirkung auf dem Binnenmarkt und darüber, ob eine weitere Harmonisierung dieser Formen der Angabe und Darstellung empfehlenswert ist. [2] Zu diesem Zweck stellen die Mitgliedstaaten der Kommission die einschlägigen Informationen über die Verwendung solcher zusätzlicher Formen der Angabe oder Darstellung auf dem Markt in ihrem Hoheitsgebiet zur Verfügung. [3] Die Kommission kann diesem Bericht Vorschläge zur Änderung der entsprechenden Unionsvorschriften beifügen.

(6) [1] Um die einheitliche Anwendung dieses Artikels sicherzustellen, erlässt die Kommission Durchführungsrechtsakte, in denen die Durchführungsbestimmungen zu den Absätzen 1, 3 und 4 dieses Artikels festgelegt werden. [2] Diese Durchführungsrechtsakte werden gemäß dem in Artikel 48 Absatz 2 genannten Prüfverfahren erlassen.

Kapitel V. Freiwillige Informationen über Lebensmittel

Art. 36 Geltende Anforderungen. (1) Werden Informationen über Lebensmittel gemäß den Artikeln 9 und 10 freiwillig bereitgestellt, so müssen sie den Anforderungen des Kapitels IV Abschnitte 2 und 3 entsprechen.

(2) Freiwillig bereitgestellte Informationen über Lebensmittel müssen den folgenden Anforderungen entsprechen:

a) sie dürfen für die Verbraucher nicht irreführend im Sinne des Artikels 7 sein;

b) sie dürfen für Verbraucher nicht zweideutig oder missverständlich sein; und

c) sie müssen gegebenenfalls auf einschlägigen wissenschaftlichen Daten beruhen.

(3) [1] Die Kommission erlässt Durchführungsrechtsakte zur Anwendung der in Absatz 2 dieses Artikels genannten Anforderungen für die folgenden freiwillig bereitgestellten Informationen über Lebensmittel:

a) Informationen über das mögliche und unbeabsichtigte Vorhandensein von Stoffen oder Erzeugnissen im Lebensmittel, die Allergien oder Unverträglichkeiten auslösen;

b) Informationen über die Eignung eines Lebensmittels für Vegetarier oder Veganer; und

c) die Angabe von Referenzmengen für spezifische Bevölkerungsgruppen zusätzlich zu den in Anhang XIII festgelegten Referenzmengen.

d) Informationen über das Nichtvorhandensein oder das reduzierte Vorhandensein von Gluten in Lebensmitteln.

[2] Diese Durchführungsrechtsakte werden gemäß dem in Artikel 48 Absatz 2 genannten Prüfverfahren erlassen.

(4) Um eine angemessene Information der Verbraucher sicherzustellen, wenn Lebensmittelunternehmer auf abweichender Basis freiwillige Informationen über Lebensmittel bereitstellen, die Verbraucher irreführen oder zu Verwechslungen führen könnten, kann die Kommission durch delegierte Rechtsakte gemäß Artikel 51 zusätzliche Fälle der Bereitstellung freiwilliger Informationen über Lebensmittel über die in Absatz 3 dieses Artikels genannten Fälle hinaus vorsehen.

Art. 37 Darstellungsform. Freiwillig bereitgestellte Informationen über Lebensmittel dürfen nicht auf Kosten des für verpflichtende Informationen über Lebensmittel verfügbaren Raums gehen.

Kapitel VI. Einzelstaatliche Vorschriften

Art. 38 Einzelstaatliche Vorschriften. (1) [1] Die Mitgliedstaaten dürfen in Bezug auf die speziell durch diese Verordnung harmonisierten Aspekte einzelstaatliche Vorschriften weder erlassen noch aufrechterhalten, es sei denn, dies ist nach dem Unionsrecht zulässig. [2] Diese einzelstaatlichen Vorschriften dürfen nicht den freien Warenverkehr behindern, beispielsweise durch die Diskriminierung von Lebensmitteln aus anderen Mitgliedstaaten.

(2) Unbeschadet des Artikels 39 dürfen die Mitgliedstaaten einzelstaatliche Vorschriften zu Aspekten erlassen, die nicht speziell durch diese Verordnung

harmonisiert sind, sofern diese Vorschriften den freien Verkehr der Waren, die dieser Verordnung entsprechen, nicht unterbinden, behindern oder einschränken.

Art. 39 Einzelstaatliche Vorschriften über zusätzliche verpflichtende Angaben. (1) Zusätzlich zu den in Artikel 9 Absatz 1 und Artikel 10 genannten verpflichtenden Angaben können die Mitgliedstaaten nach dem Verfahren des Artikels 45 Vorschriften erlassen, die zusätzliche Angaben für bestimmte Arten oder Klassen von Lebensmitteln vorschreiben, die aus mindestens einem der folgenden Gründe gerechtfertigt sind:

a) Schutz der öffentlichen Gesundheit;

b) Verbraucherschutz;

c) Betrugsvorbeugung;

d) Schutz von gewerblichen und kommerziellen Eigentumsrechten, Herkunftsbezeichnungen, eingetragenen Ursprungsbezeichnungen sowie vor unlauterem Wettbewerb.

(2) [1]Die Mitgliedstaaten können auf der Grundlage von Absatz 1 nur dann Maßnahmen hinsichtlich der verpflichtenden Angabe des Ursprungslands oder des Herkunftsorts von Lebensmitteln treffen, wenn nachweislich eine Verbindung zwischen bestimmten Qualitäten des Lebensmittels und seinem Ursprung oder seiner Herkunft besteht. [2]Bei der Mitteilung solcher Maßnahmen an die Kommission weisen die Mitgliedstaaten nach, dass die Mehrheit der Verbraucher diesen Informationen wesentliche Bedeutung beimisst.

Art. 40 Milch und Milcherzeugnisse. *[1]* Die Mitgliedstaaten können für Milch und Milcherzeugnisse in Glasflaschen, die zur Wiederverwendung bestimmt sind, Maßnahmen erlassen, die von Artikel 9 Absatz 1 und Artikel 10 Absatz 1 abweichen.

[2] Sie übermitteln der Kommission unverzüglich den Wortlaut dieser Maßnahmen.

Art. 41 Alkoholische Getränke. Die Mitgliedstaaten können bis zum Erlass der in Artikel 16 Absatz 4 genannten Unionsvorschriften einzelstaatliche Vorschriften über das Zutatenverzeichnis von Getränken mit einem Alkoholgehalt von mehr als 1,2 Volumenprozent beibehalten.

Art. 42 Angabe der Nettofüllmenge. *[1]* Bestehen keine Unionsvorschriften im Sinne des Artikels 23 Absatz 2 hinsichtlich der Angabe der Nettofüllmenge für bestimmte Lebensmittel in einer anderen als der in Artikel 23 Absatz 1 vorgesehenen Art, so können die Mitgliedstaaten einzelstaatliche Vorschriften, die vor dem 12. Dezember 2011 erlassen wurden, aufrechterhalten.

[2] [1]Die Mitgliedstaaten teilen der Kommission die entsprechenden Vorschriften bis zum 13. Dezember 2014 mit. [2]Die Kommission unterrichtet die anderen Mitgliedstaaten hiervon.

Art. 43 Freiwillige Angabe von Referenzmengen für spezifische Bevölkerungsgruppen. *[1]* Bis zum Erlass der in Artikel 36 Absatz 3 Buchstabe c genannten Unionsvorschriften können die Mitgliedstaaten einzelstaatliche Maßnahmen zur freiwilligen Angabe von Referenzmengen für spezifische Bevölkerungsgruppen erlassen.

[2] Die Mitgliedstaaten übermitteln der Kommission unverzüglich den Wortlaut dieser Maßnahmen.

Art. 44 Einzelstaatliche Vorschriften für nicht vorverpackte Lebensmittel. (1) Werden Lebensmittel Endverbrauchern oder Anbietern von Gemeinschaftsverpflegung ohne Vorverpackung zum Verkauf angeboten oder auf Wunsch des Verbrauchers am Verkaufsort verpackt oder im Hinblick auf ihren unmittelbaren Verkauf vorverpackt, so

a) sind die Angaben gemäß Artikel 9 Absatz 1 Buchstabe c verpflichtend;

b) sind die anderen Angaben gemäß den Artikeln 9 und 10 nicht verpflichtend, es sei denn, die Mitgliedstaaten erlassen nationale Vorschriften, nach denen einige oder alle dieser Angaben oder Teile dieser Angaben verpflichtend sind.

(2) Die Mitgliedstaaten können nationale Vorschriften darüber erlassen, auf welche Weise und gegebenenfalls in welcher Form der Angabe und Darstellung die Angaben oder die Teile der Angaben gemäß Absatz 1 bereitzustellen sind.

(3) Die Mitgliedstaaten teilen der Kommission den Wortlaut der Vorschriften gemäß Absatz 1 Buchstabe b und Absatz 2 unverzüglich mit.

Art. 45 Mitteilungsverfahren. (1) Bei Bezugnahme auf diesen Artikel teilt der Mitgliedstaat, der den Erlass neuer Rechtsvorschriften auf dem Gebiet der Information über Lebensmittel für erforderlich hält, der Kommission und den anderen Mitgliedstaaten die geplanten Vorschriften zuvor unter Angabe der Gründe mit.

(2) [1] Die Kommission konsultiert den durch Artikel 58 Absatz 1 der Verordnung (EG) Nr. 178/2002[1] eingesetzten Ständigen Ausschuss für die Lebensmittelkette und Tiergesundheit, wenn sie dies für zweckdienlich hält oder wenn ein Mitgliedstaat dies beantragt. [2] In diesem Fall sorgt die Kommission dafür, dass dieser Prozess für alle betroffenen Akteure transparent ist.

(3) Der Mitgliedstaat, der den Erlass neuer Rechtsvorschriften auf dem Gebiet der Information über Lebensmittel für erforderlich hält, darf die in Aussicht genommenen Vorschriften erst drei Monate nach der Mitteilung nach Absatz 1 und unter der Bedingung treffen, dass er keine ablehnende Stellungnahme der Kommission erhalten hat.

(4) Ist die Stellungnahme der Kommission ablehnend, so leitet die Kommission vor Ablauf der in Absatz 3 dieses Artikels genannten Frist das in Artikel 48 Absatz 2 genannte Prüfverfahren ein, um zu bestimmen, ob die in Aussicht genommenen Vorschriften – gegebenenfalls mit geeigneten Änderungen – zur Anwendung gebracht werden können.

(5) Die Richtlinie 98/34/EG des Europäischen Parlaments und des Rates vom 22. Juni 1998 über ein Informationsverfahren auf dem Gebiet der Normen und technischen Vorschriften und der Vorschriften für die Dienste der Informationsgesellschaft[2] gilt nicht für die unter das Mitteilungsverfahren nach diesem Artikel fallenden Vorschriften.

---

[1] Nr. **1**.
[2] **Amtl. Anm.:** ABl. L 204 vom 21.7.1998, S. 37.

Kapitel VII. Durchführungs-, Änderungs- und Schlussbestimmungen

Art. 46 Änderungen der Anhänge. Um dem technischen Fortschritt, dem Stand der Wissenschaft, der Gesundheit der Verbraucher oder dem Informationsbedarf der Verbraucher Rechnung zu tragen, kann die Kommission vorbehaltlich der Bestimmungen des Artikels 10 Absatz 2 und des Artikels 21 Absatz 2 über Änderungen an den Anhängen II und III die Anhänge dieser Verordnung durch delegierte Rechtsakte gemäß Artikel 51 ändern.

Art. 47 Übergangszeitraum für und Beginn der Anwendung von Durchführungsmaßnahmen oder delegierten Rechtsakten. (1) Unbeschadet des Absatzes 2 dieses Artikels wird die Kommission bei der Ausübung der ihr durch diese Verordnung übertragenen Befugnisse zum Erlass von Maßnahmen durch Durchführungsrechtsakte gemäß dem in Artikel 48 Absatz 2 genannten Prüfverfahren oder durch delegierte Rechtsakte gemäß Artikel 51

a) eine geeignete Übergangsfrist für die Anwendung der neuen Maßnahmen festlegen, in der Lebensmittel, deren Etiketten nicht den neuen Maßnahmen entsprechen, in Verkehr gebracht werden dürfen und in der die Bestände solcher Lebensmittel, die vor dem Ablauf der Übergangsfrist in Verkehr gebracht wurden, bis zur Erschöpfung der Bestände verkauft werden dürfen, und

b) sicherstellen, dass diese Maßnahmen ab dem 1. April eines Kalenderjahres anwendbar sind.

(2) Absatz 1 gilt nicht in dringenden Fällen, in denen die in Absatz 1 genannten Maßnahmen dem Schutz der menschlichen Gesundheit dienen.

Art. 48 Ausschuss. (1) ¹Die Kommission wird durch den Ständigen Ausschuss für die Lebensmittelkette und Tiergesundheit, der durch Artikel 58 Absatz 1 der Verordnung (EG) Nr. 178/2002[1] eingesetzt wurde, unterstützt. ²Dieser Ausschuss ist ein Ausschuss im Sinne der Verordnung (EU) Nr. 182/2011.

(2) *[1]* Wird auf diesen Absatz Bezug genommen, so gilt Artikel 5 der Verordnung (EU) Nr. 182/2011.

[2] Gibt der Ausschuss keine Stellungnahme ab, so erlässt die Kommission den Durchführungsrechtsakt nicht und Artikel 5 Absatz 4 Unterabsatz 3 der Verordnung (EU) Nr. 182/2011 findet Anwendung.

Art. 49 Änderungen der Verordnung (EG) Nr. 1924/2006[2]. *(hier nicht wiedergegeben)*

Art. 50 Änderungen der Verordnung (EG) Nr. 1925/2006. *(hier nicht wiedergegeben)*

Art. 51 Ausübung der Befugnisübertragung. (1) Die Befugnis zum Erlass delegierter Rechtsakte wird der Kommission unter den in diesem Artikel festgelegten Bedingungen übertragen.

---

¹⁾ Nr. **1**.
²⁾ Nr. **6**.

(2) [1] Die Befugnis zum Erlass delegierter Rechtsakte gemäß Artikel 9 Absatz 3, Artikel 10 Absatz 2, Artikel 12 Absatz 3, Artikel 13 Absatz 4, Artikel 18 Absatz 5, Artikel 19 Absatz 2, Artikel 21 Absatz 2, Artikel 23 Absatz 2, Artikel 30 Absatz 6, Artikel 31 Absatz 2, Artikel 36 Absatz 4 und Artikel 46 wird der Kommission für einen Zeitraum von fünf Jahren ab dem 12. Dezember 2011 übertragen. [2] Die Kommission erstellt spätestens neun Monate vor Ablauf des Zeitraums von fünf Jahren einen Bericht über die Befugnisübertragung. [3] Die Befugnisübertragung verlängert sich stillschweigend um Zeiträume gleicher Länge, es sei denn, das Europäische Parlament oder der Rat widersprechen einer solchen Verlängerung spätestens drei Monate vor Ablauf des jeweiligen Zeitraums.

(3) [1] Die Befugnisübertragung gemäß Artikel 9 Absatz 3, Artikel 10 Absatz 2, Artikel 12 Absatz 3, Artikel 13 Absatz 4, Artikel 18 Absatz 5, Artikel 19 Absatz 2, Artikel 21 Absatz 2, Artikel 23 Absatz 2, Artikel 30 Absatz 6, Artikel 31 Absatz 2, Artikel 36 Absatz 4 und Artikel 46 kann vom Europäischen Parlament oder vom Rat jederzeit widerrufen werden. [2] Der Beschluss über den Widerruf beendet die Übertragung der in diesem Beschluss angegebenen Befugnis. [3] Er wird am Tag nach seiner Veröffentlichung im *Amtsblatt der Europäischen Union* oder zu einem im Beschluss über den Widerruf angegebenen späteren Zeitpunkt wirksam. [4] Die Gültigkeit von delegierten Rechtsakten, die bereits in Kraft sind, wird von dem Beschluss über den Widerruf nicht berührt.

(4) Sobald die Kommission einen delegierten Rechtsakt erlässt, übermittelt sie ihn gleichzeitig dem Europäischen Parlament und dem Rat.

(5) [1] Ein delegierter Rechtsakt, der gemäß Artikel 9 Absatz 3, Artikel 10 Absatz 2, Artikel 12 Absatz 3, Artikel 13 Absatz 4, Artikel 18 Absatz 5, Artikel 19 Absatz 2, Artikel 21 Absatz 2, Artikel 23 Absatz 2, Artikel 30 Absatz 6, Artikel 31 Absatz 2, Artikel 36 Absatz 4 und Artikel 46 erlassen wurde, tritt nur in Kraft, wenn weder das Europäische Parlament noch der Rat innerhalb einer Frist von zwei Monaten nach Übermittlung dieses Rechtsakts an das Europäische Parlament und den Rat Einwände erhoben haben oder wenn vor Ablauf dieser Frist das Europäische Parlament und der Rat beide der Kommission mitgeteilt haben, dass sie keine Einwände erheben werden. [2] Auf Initiative des Europäischen Parlaments oder des Rates wird diese Frist um zwei Monate verlängert.

Art. 52 Dringlichkeitsverfahren. (1) [1] Delegierte Rechtsakte, die gemäß diesem Artikel erlassen werden, treten umgehend in Kraft und sind anwendbar, solange keine Einwände gemäß Absatz 2 erhoben werden. [2] Bei der Übermittlung eines delegierten Rechtsakts an das Europäische Parlament und den Rat werden die Gründe für die Anwendung des Dringlichkeitsverfahrens angegeben.

(2) [1] Das Europäische Parlament oder der Rat können gemäß dem Verfahren des Artikels 51 Absatz 5 Einwände gegen einen delegierten Rechtsakt erheben. [2] In diesem Fall hebt die Kommission den Rechtsakt umgehend nach der Übermittlung des Beschlusses des Europäischen Parlaments oder des Rates, Einwände zu erheben, auf.

Art. 53 Aufhebung. (1) Die Richtlinien 87/250/EWG, 90/496/EWG, 1999/10/EG, 2000/13/EG, 2002/67/EG und 2008/5/EG und die Verordnung (EG) Nr. 608/2004 werden mit Wirkung vom 13. Dezember 2014 aufgehoben.

(2) Bezugnahmen auf die aufgehobenen Rechtsakte gelten als Bezugnahmen auf die vorliegende Verordnung.

Art. 54 Übergangsmaßnahmen. (1) *[1]* Lebensmittel, die vor dem 13. Dezember 2014 in Verkehr gebracht oder gekennzeichnet wurden, die den Anforderungen dieser Verordnung jedoch nicht entsprechen, dürfen weiterhin vermarktet werden, bis die jeweiligen Bestände erschöpft sind.

[2] Lebensmittel, die vor dem 13. Dezember 2016 in Verkehr gebracht oder gekennzeichnet wurden, die den in Artikel 9 Absatz 1 Buchstabe l niedergelegten Anforderungen jedoch nicht entsprechen, dürfen weiterhin vermarktet werden, bis die jeweiligen Bestände erschöpft sind.

[3] Lebensmittel, die vor dem 1. Januar 2014 in Verkehr gebracht oder gekennzeichnet wurden, die den in Anhang VI Teil B niedergelegten Anforderungen nicht entsprechen, dürfen weiterhin vermarktet werden, bis die jeweiligen Bestände erschöpft sind.

(2) Zwischen dem 13. Dezember 2014 und dem 13. Dezember 2016 muss eine Nährwertdeklaration, die freiwillig bereitgestellt wird, den Artikeln 30 bis 35 entsprechen.

(3) *[1]* Ungeachtet der Richtlinie 90/496/EWG, des Artikels 7 der Verordnung (EG) Nr. 1924/2006[1]) und des Artikels 7 Absatz 3 der Verordnung (EG) Nr. 1925/2006 dürfen gemäß den Artikeln 30 bis 35 dieser Verordnung gekennzeichnete Lebensmittel vor dem 13. Dezember 2014 in Verkehr gebracht werden.

[2] Ungeachtet der Verordnung (EG) Nr. 1162/2009 der Kommission vom 30. November 2009 zur Festlegung von Übergangsregelungen für die Durchführung der Verordnungen (EG) Nr. 853/2004, (EG) Nr. 854/2004 und (EG) Nr. 882/2004 des Europäischen Parlaments und des Rates[2]) dürfen gemäß Anhang VI Teil B dieser Verordnung gekennzeichnete Lebensmittel vor dem 1. Januar 2014 in Verkehr gebracht werden.

Art. 55 Inkrafttreten und Anwendung. *[1]* Diese Verordnung tritt am zwanzigsten Tag nach ihrer Veröffentlichung[3]) im *Amtsblatt der Europäischen Union* in Kraft.

[2] Sie gilt ab dem 13. Dezember 2014, mit Ausnahme des Artikels 9 Absatz 1 Buchstabe l, der ab dem 13. Dezember 2016 gilt, und Anhang VI Teil B, der ab dem 1. Januar 2014 gilt.

Diese Verordnung ist in allen ihren Teilen verbindlich und gilt unmittelbar in jedem Mitgliedstaat.

---

[1]) Nr. **6**.
[2]) **Amtl. Anm.:** ABl. L 314 vom 1.12.2009, S. 10.
[3]) Veröffentlicht am 22.11.2011.

Anhang I.
Spezielle Begriffsbestimmungen
im Sinne von Artikel 2 Absatz 4

1. „Nährwertdeklaration" oder „Nährwertkennzeichnung" bedeutet Informationen über

   a) den Brennwert oder

   b) den Brennwert sowie lediglich einen oder mehrere der folgenden Nährstoffe:

   – Fett (gesättigte Fettsäuren, einfach ungesättigte Fettsäuren, mehrfach ungesättigte Fettsäuren);

   – Kohlenhydrate (Zucker, mehrwertige Alkohole, Stärke);

   – Salz;

   – Ballaststoffe;

   – Eiweiß;

   – in Anhang XIII Teil A Nummer 1 aufgeführte Vitamine und Mineralstoffe, die gemäß der Begriffsbestimmung in Anhang XIII Teil A Nummer 2 in erheblichen Mengen vorkommen;

2. „Fett" bedeutet alle Lipide, einschließlich Phospholipide;

3. „gesättigte Fettsäuren" bedeutet Fettsäuren ohne Doppelbindung;

4. „Trans-Fettsäuren" bedeutet Fettsäuren mit mindestens einer nicht konjugierten (namentlich durch mindestens eine Methylengruppe unterbrochenen) Kohlenstoff-Kohlenstoff-Doppelbindung in der trans-Konfiguration;

5. „einfach ungesättigte Fettsäuren" bedeutet Fettsäuren mit einer cis-Doppelbindung;

6. „mehrfach ungesättigte Fettsäuren" bedeutet Fettsäuren mit zwei oder mehr durch cis-Methylengruppen unterbrochenen Doppelbindungen in der cis-Konfiguration;

7. „Kohlenhydrat" bedeutet jegliches Kohlenhydrat, das im Stoffwechsel des Menschen umgesetzt wird, einschließlich mehrwertiger Alkohole;

8. „Zucker" bedeutet alle in Lebensmitteln vorhandenen Monosaccharide und Disaccharide, ausgenommen mehrwertige Alkohole;

9. „mehrwertige Alkohole" bedeutet Alkohole, die mehr als zwei Hydroxylgruppen enthalten;

10. „Eiweiß" bedeutet den nach folgender Formel berechneten Eiweißgehalt: Eiweiß = Gesamtstickstoff (nach Kjeldahl) × 6,25;

11. „Salz" bedeutet den nach folgender Formel berechneten Gehalt an Salzäquivalent: Salz = Natrium × 2,5;

12. „Ballaststoffe" bedeutet Kohlenhydratpolymere mit drei oder mehr Monomereinheiten, die im Dünndarm des Menschen weder verdaut noch absorbiert werden und zu folgenden Klassen zählen:

    – essbare Kohlenhydratpolymere, die in Lebensmitteln, wenn diese verzehrt werden, auf natürliche Weise vorkommen;

    – essbare Kohlenhydratpolymere, die auf physikalische, enzymatische oder chemische Weise aus Lebensmittelrohstoffen gewonnen werden und laut allgemein anerkannten wissenschaftlichen Nachweisen eine positive physiologische Wirkung besitzen;

    – essbare synthetische Kohlenhydratpolymere, die laut allgemein anerkannten wissenschaftlichen Nachweisen eine positive physiologische Wirkung besitzen;

13. „Durchschnittswert" bedeutet den Wert, der die in einem bestimmten Lebensmittel enthaltenen Nährstoffmengen am besten repräsentiert und jahreszeitlich bedingte Unterschiede, Verbrauchsmuster und sonstige Faktoren berücksichtigt, die eine Veränderung des tatsächlichen Wertes bewirken können.

Anhang II.
Stoffe oder Erzeugnisse, die Allergien oder Unverträglichkeiten auslösen

1. Glutenhaltiges Getreide, namentlich Weizen (wie Dinkel und Khorasan-Weizen), Roggen, Gerste, Hafer oder Hybridstämme davon, sowie daraus hergestellte Erzeugnisse, ausgenommen

   a) Glukosesirupe auf Weizenbasis einschließlich Dextrose[(1)];

   b) Maltodextrine auf Weizenbasis*[(1)];

   c) Glukosesirupe auf Gerstenbasis;

   d) Getreide zur Herstellung von alkoholischen Destillaten einschließlich Ethylalkohol landwirtschaftlichen Ursprungs;

2. Krebstiere und daraus gewonnene Erzeugnisse;

3. Eier und daraus gewonnene Erzeugnisse;

4. Fische und daraus gewonnene Erzeugnisse, außer

   a) Fischgelatine, die als Trägerstoff für Vitamin- oder Karotinoidzubereitungen verwendet wird;

   b) Fischgelatine oder Hausenblase, die als Klärhilfsmittel in Bier und Wein verwendet wird;

5. Erdnüsse und daraus gewonnene Erzeugnisse;

6. Sojabohnen und daraus gewonnene Erzeugnisse, außer

   a) vollständig raffiniertes Sojabohnenöl und -fett*[(1)];

   b) natürliche gemischte Tocopherole (E306), natürliches D-alpha-Tocopherol, natürliches D-alpha-Tocopherolacetat, natürliches D-alpha-Tocopherolsukzinat aus Sojabohnenquellen;

   c) aus pflanzlichen Ölen gewonnene Phytosterine und Phytosterinester aus Sojabohnenquellen;

   d) aus Pflanzenölsterinen gewonnene Phytostanolester aus Sojabohnenquellen;

7. Milch und daraus gewonnene Erzeugnisse (einschließlich Laktose), außer

   a) Molke zur Herstellung von alkoholischen Destillaten einschließlich Ethylalkohol landwirtschaftlichen Ursprungs;

   b) Lactit;

8. Schalenfrüchte, namentlich Mandeln (*Amygdalus communis* L.), Haselnüsse (*Corylus avellana*), Walnüsse (*Juglans regia*), Kaschunüsse (*Anacardium occidentale*), Pecannüsse (*Carya illinoiesis* (Wangenh.) K. Koch), Paranüsse (*Bertholletia excelsa*), Pistazien (*Pistacia vera*), Macadamia- oder Queenslandnüsse (*Macadamia ternifolia*) sowie daraus gewonnene Erzeugnisse, außer Nüssen zur Herstellung von alkoholischen Destillaten einschließlich Ethylalkohol landwirtschaftlichen Ursprungs;

9. Sellerie und daraus gewonnene Erzeugnisse;

10. Senf und daraus gewonnene Erzeugnisse;

11. Sesamsamen und daraus gewonnene Erzeugnisse;

12. Schwefeldioxid und Sulphite in Konzentrationen von mehr als 10 mg/kg oder 10 mg/l als insgesamt vorhandenes SO_2, die für verzehrfertige oder gemäß den Anweisungen des Herstellers in den ursprünglichen Zustand zurückgeführte Erzeugnisse zu berechnen sind;

13. Lupinen und daraus gewonnene Erzeugnisse;

14. Weichtiere und daraus gewonnene Erzeugnisse.

Anhang III.
Lebensmittel, deren Kennzeichnung eine oder mehrere zusätzliche Angaben enthalten muss

Art oder Klasse des Lebensmittels	Angaben
1. In bestimmten Gasen verpackte Lebensmittel	
1.1 Lebensmittel, deren Haltbarkeit durch nach der Verordnung (EG) Nr. 1333/2008 zugelassenes Packgas verlängert wurde	„unter Schutzatmosphäre verpackt"

[(1)] **Amtl. Anm.:** und daraus gewonnene Erzeugnisse, soweit das Verfahren, das sie durchlaufen haben, die Allergenität, die von der EFSA für das entsprechende Erzeugnis ermittelt wurde, aus dem sie gewonnen wurden, wahrscheinlich nicht erhöht.

Art oder Klasse des Lebensmittels	Angaben
2. Lebensmittel, die Süßungsmittel enthalten	
2.1 Lebensmittel, die ein oder mehrere nach der Verordnung (EG) Nr. 1333/2008 zugelassene Süßungsmittel enthalten	„mit Süßungsmittel(n)"; dieser Hinweis ist in Verbindung mit der Bezeichnung des Lebensmittels anzubringen
2.2 Lebensmittel, die sowohl einen Zuckerzusatz oder mehrere Zuckerzusätze als auch ein oder mehrere nach der Verordnung (EG) Nr. 1333/2008 zugelassene Süßungsmittel enthalten	„mit Zucker(n) und Süßungsmittel(n)"; dieser Hinweis ist in Verbindung mit der Bezeichnung des Lebensmittels anzubringen
2.3 Lebensmittel, die nach der Verordnung (EG) Nr. 1333/2008 zugelassenes Aspartam/Aspartam-Acesulfamsalz enthalten	Der Hinweis „enthält Aspartam (eine Phenylalaninquelle)" muss auf dem Etikett erscheinen, wenn das Aspartam/Aspartam-Acesulfamsalz in der Zutatenliste lediglich mit der E-Nummer aufgeführt ist. Der Hinweis „enthält eine Phenylalaninquelle" muss auf dem Etikett erscheinen, wenn das Aspartam/Aspartam-Acesulfamsalz in der Zutatenliste mit seiner spezifischen Bezeichnung benannt ist.
2.4 Lebensmittel mit über 10 % zugesetzten, nach der Verordnung (EG) Nr. 1333/2008 zugelassenen mehrwertigen Alkoholen	„kann bei übermäßigem Verzehr abführend wirken"
3. Lebensmittel, die Glycyrrhizinsäure oder deren Ammoniumsalz enthalten	
3.1 Süßwaren oder Getränke, die Glycyrrhizinsäure oder deren Ammoniumsalz durch Zusatz der Substanz(en) selbst oder der Süßholzpflanze *Glycyrrhiza glabra* in einer Konzentration von mindestens 100 mg/kg oder 10 mg/l enthalten	Der Hinweis „enthält Süßholz" ist unmittelbar nach der Zutatenliste anzufügen, es sei denn, der Begriff „Süßholz" ist bereits im Zutatenverzeichnis oder in der Bezeichnung des Lebensmittels enthalten. Ist kein Zutatenverzeichnis vorgesehen, ist der Hinweis in Verbindung mit der Bezeichnung des Lebensmittels anzubringen.
3.2 Süßwaren, die Glycyrrhizinsäure oder ihr Ammoniumsalz durch Zusatz der Substanz(en) selbst oder der Süßholzpflanze *Glycyrrhiza glabra* in Konzentrationen von mindestens 4 g/kg enthalten	Der Hinweis „enthält Süßholz – bei hohem Blutdruck sollte ein übermäßiger Verzehr dieses Erzeugnisses vermieden werden" ist unmittelbar nach dem Zutatenverzeichnis anzufügen. Ist kein Zutatenverzeichnis vorgesehen, ist der Hinweis in Verbindung mit der Bezeichnung des Lebensmittels anzubringen.
3.3 Getränke, die Glycyrrhizinsäure oder ihr Ammoniumsalz durch Zusatz der Substanz(en) selbst oder der Süßholzpflanze *Glycyrrhiza glabra* in Konzentrationen von mindestens 50 mg/l oder mindestens 300 mg/l im Fall von Getränken enthalten, die einen Volumenanteil von mehr als 1,2 % Alkohol enthalten*[(1)]	Der Hinweis „enthält Süßholz – bei hohem Blutdruck sollte ein übermäßiger Verzehr dieses Erzeugnisses vermieden werden" ist unmittelbar nach dem Zutatenverzeichnis anzufügen. Ist kein Zutatenverzeichnis vorgesehen, ist der Hinweis in Verbindung mit der Bezeichnung des Lebensmittels anzubringen.
4. Getränke mit erhöhtem Koffeingehalt oder Lebensmittel mit Zusatz von Koffein	
4.1 Getränke mit Ausnahme derjenigen, die auf Kaffee, Tee bzw. Kaffee- oder Teeextrakt basieren und bei denen der Begriff „Kaffee" oder „Tee" in der Bezeichnung vorkommt, die – zur Aufnahme in unverarbeitetem Zustand bestimmt sind und Koffein aus beliebiger Quelle in einer Menge enthalten, die 150 mg/l übersteigt, oder – konzentriert oder getrocknet sind und nach der Rekonstituierung Koffein aus beliebiger Quelle in einer Menge enthalten, die 150 mg/l übersteigt	Der Hinweis „Erhöhter Koffeingehalt. Für Kinder und schwangere oder stillende Frauen nicht empfohlen" muss im selben Sichtfeld wie die Bezeichnung des Getränks erscheinen, gefolgt von einem Hinweis in Klammern nach Artikel 13 Absatz 1 dieser Verordnung auf den Koffeingehalt, ausgedrückt in mg je 100 ml.

Art oder Klasse des Lebensmittels	Angaben
4.2 Andere Lebensmittel als Getränke, denen zu physiologischen Zwecken Koffein zugesetzt wird	Der Hinweis „Enthält Koffein. Für Kinder und schwangere Frauen nicht empfohlen" muss im selben Sichtfeld wie die Bezeichnung des Lebensmittels erscheinen, gefolgt von einem Hinweis in Klammern nach Artikel 13 Absatz 1 dieser Verordnung auf den Koffeingehalt, ausgedrückt in mg je 100 g/ml. Bei Nahrungsergänzungsmitteln ist der Koffeingehalt pro empfohlener täglicher Verzehrsmenge, die in der Kennzeichnung angegeben ist, anzugeben.

5. Lebensmittel, denen Phytosterine, Phytosterinester, Phytostanole oder Phytostanolester zugesetzt sind

5.1 Lebensmittel oder Lebensmittelzutaten, denen Phytosterine, Phytosterinester, Phytostanole oder Phytostanolester zugesetzt sind	(1) „mit zugesetzten Pflanzensterinen" bzw. „mit zugesetzten Pflanzenstanolen" im selben Sichtfeld wie die Bezeichnung des Lebensmittels; (2) die Menge an zugesetzten Phytosterinen, Phytosterinestern, Phytostanolen oder Phytostanolestern (Angabe in % oder g der freien Pflanzensterine/Pflanzenstanole je 100 g oder 100 ml des Lebensmittels) muss im Zutatenverzeichnis aufgeführt sein; (3) Hinweis darauf, dass das Erzeugnis nicht für Personen bestimmt ist, die ihren Cholesterinspiegel im Blut nicht zu kontrollieren brauchen; (4) Hinweis darauf, dass Patienten, die Arzneimittel zur Senkung des Cholesterinspiegels einnehmen, das Erzeugnis nur unter ärztlicher Aufsicht zu sich nehmen sollten; (5) gut sichtbarer Hinweis darauf, dass das Erzeugnis für die Ernährung schwangerer und stillender Frauen sowie von Kindern unter fünf Jahren möglicherweise nicht geeignet ist; (6) Empfehlung, das Erzeugnis als Bestandteil einer ausgewogenen und abwechslungsreichen Ernährung zu verwenden, zu der auch zur Aufrechterhaltung des Carotinoid-Spiegels der regelmäßige Verzehr von Obst und Gemüse zählt; (7) im selben Sichtfeld, das den unter Nummer 3 genannten Hinweis enthält, Hinweis darauf, dass die Aufnahme von mehr als 3 g/Tag an zugesetzten Pflanzensterinen/Pflanzenstanolen vermieden werden sollte; (8) Definition einer Portion des betreffenden Lebensmittels oder der Lebensmittelzutat (vorzugsweise in g oder ml) unter Angabe der Menge an Pflanzensterinen/Pflanzenstanolen, die in einer Portion enthalten ist.

6. Eingefrorenes Fleisch, eingefrorene Fleischzubereitungen und eingefrorene unverarbeitete Fischereierzeugnisse

6.1 Eingefrorenes Fleisch, eingefrorene Fleischzubereitungen und eingefrorene unverarbeitete Fischereierzeugnisse	gemäß Anhang X Nummer 3 das Datum des Einfrierens oder das Datum des ersten Einfrierens in Fällen, in denen das Produkt mehr als einmal eingefroren wurde

*(1) **Amtl. Anm.:** Diese Menge gilt für verzehrfertige oder gemäß den Anweisungen des Herstellers in den ursprünglichen Zustand zurückgeführte Erzeugnisse.

Anhang IV.
Definition der x-Höhe

x-Höhe

Legende

1	Oberlinie
2	Versallinie
3	Mittelinie
4	Grundlinie
5	Unterlinie
6	x-Höhe
7	Schriftgröße

Anhang V.
Lebensmittel, die von der verpflichtenden Nährwertdeklaration ausgenommen sind

1. Unverarbeitete Erzeugnisse, die nur aus einer Zutat oder Zutatenklasse bestehen;
2. verarbeitete Erzeugnisse, die lediglich einer Reifungsbehandlung unterzogen wurden und die nur aus einer Zutat oder Zutatenklasse bestehen;
3. für den menschlichen Gebrauch bestimmtes Wasser, auch solches, dem lediglich Kohlendioxid und/oder Aromen zugesetzt wurden;
4. Kräuter, Gewürze oder Mischungen daraus;
5. Salz und Salzsubstitute;
6. Tafelsüßen;
7. Erzeugnisse im Sinne der Richtlinie 1999/4/EG des Europäischen Parlaments und des Rates vom 22. Februar 1999 über Kaffee- und Zichorien-Extrakte[1], ganze oder gemahlene Kaffeebohnen und ganze oder gemahlene entkoffeinierte Kaffeebohnen;
8. Kräuter- oder Früchtetees, Tee, entkoffeinierter Tee, Instant- oder löslicher Tee oder Teeextrakt, entkoffeinierter Instant- oder löslicher Tee oder Teeextrakt ohne Zusatz weiterer Zutaten als Aromen, die den Nährwert des Tees nicht verändern;
9. Gärungsessig und Essigersatz, auch solche, denen lediglich Aromen zugesetzt wurden;
10. Aromen;
11. Lebensmittelzusatzstoffe;
12. Verarbeitungshilfsstoffe;
13. Lebensmittelenzyme;
14. Gelatine;
15. Gelierhilfen für Konfitüre;
16. Hefe;
17. Kaugummi;
18. Lebensmittel in Verpackungen oder Behältnissen, deren größte Oberfläche weniger als 25 cm^2 beträgt;

---

[1] **Amtl. Anm.:** ABl. L 66 vom 13.3.1999, S. 26.

19. Lebensmittel, einschließlich handwerklich hergestellter Lebensmittel, die direkt in kleinen Mengen von Erzeugnissen durch den Hersteller an den Endverbraucher oder an lokale Einzelhandelsgeschäfte abgegeben werden, die die Erzeugnisse unmittelbar an den Endverbraucher abgeben.

Anhang VI.
Bezeichnung des Lebensmittels und spezielle zusätzliche Angaben

Teil A. – Verpflichtende Angaben zur Ergänzung der Bezeichnung des Lebensmittels

1. Die Bezeichnung des Lebensmittels enthält oder wird ergänzt durch Angaben zum physikalischen Zustand des Lebensmittels oder zur besonderen Behandlung, die es erfahren hat (z.B. pulverisiert, wieder eingefroren, gefriergetrocknet, tiefgefroren, konzentriert, geräuchert), sofern die Unterlassung einer solchen Angabe geeignet wäre, den Käufer irrezuführen.

2. Im Falle von Lebensmitteln, die vor dem Verkauf tiefgefroren wurden und aufgetaut verkauft werden, wird der Bezeichnung des Lebensmittels der Hinweis „aufgetaut" hinzugefügt.
Diese Anforderung gilt nicht für:

   a) Zutaten, die im Enderzeugnis enthalten sind;

   b) Lebensmittel, bei denen das Einfrieren ein technologisch notwendiger Schritt im Herstellungsprozess ist;

   c) Lebensmittel, bei denen das Auftauen keine negativen Auswirkungen auf die Sicherheit oder Qualität des Lebensmittels hat.

   Diese Nummer lässt Nummer 1 unberührt.

3. Mit ionisierenden Strahlen behandelte Lebensmittel müssen mit einer der folgenden Angaben versehen sein:
„bestrahlt" oder „mit ionisierenden Strahlen behandelt" oder einer anderen in der Richtlinie 1999/2/EG des Europäischen Parlaments und des Rates vom 22. Februar 1999 zur Angleichung der Rechtsvorschriften der Mitgliedstaaten über mit ionisierenden Strahlen behandelte Lebensmittel und Lebensmittelbestandteile genannten Angabe[1].

4. Im Falle von Lebensmitteln, bei denen ein Bestandteil oder eine Zutat, von dem/der die Verbraucher erwarten, dass er/sie normalerweise verwendet wird oder von Natur aus vorhanden ist, durch einen anderen Bestandteil oder eine andere Zutat ersetzt wird, muss die Kennzeichnung – zusätzlich zum Zutatenverzeichnis – mit einer deutlichen Angabe des Bestandteils oder der Zutat versehen sein, der/die für die teilweise oder vollständige Ersetzung verwendet wurde, und zwar

   a) in unmittelbarer Nähe zum Produktnamen und

   b) in einer Schriftgröße, deren x-Höhe mindestens 75 % der x-Höhe des Produktnamens beträgt und die nicht kleiner als die in Artikel 13 Absatz 2 dieser Verordnung vorgeschriebene Mindestschriftgröße sein darf.

5. Bei Fleischerzeugnissen, Fleischzubereitungen und Fischereierzeugnissen, die zugesetzte Eiweiße als solche, einschließlich hydrolysierte Proteine, unterschiedlicher tierischer Herkunft enthalten, ist die Bezeichnung des Lebensmittels mit einem Hinweis auf das Vorhandensein dieser Eiweiße und ihren Ursprung zu versehen.

6. Bei Fleischerzeugnissen und Fleischzubereitungen, die aussehen wie ein Abschnitt, ein Stück, eine Scheibe oder eine Portion Fleisch oder wie ein Tierkörper, enthält die Bezeichnung des Lebensmittels die Angabe, dass Wasser zugesetzt wurde, wenn das zugesetzte Wasser mehr als 5 % des Gewichts des Enderzeugnisses ausmacht. Diese Bestimmung gilt auch für Fischereierzeugnisse und zubereitete Fischereierzeugnisse, die aussehen wie ein Abschnitt, ein Stück, eine Scheibe oder eine Portion Fisch, ein Filet oder wie ein ganzes Fischereierzeugnis.

7. Fleischerzeugnisse, Fleischzubereitungen und Fischereierzeugnisse, die den Anschein erwecken könnten, dass es sich um ein gewachsenes Stück Fleisch oder Fisch handelt, die jedoch tatsächlich aus verschiedenen Stücken bestehen, die durch andere Zutaten, einschließlich Lebensmittelzusatzstoffe und Enzyme, oder durch andere Mittel zusammengefügt sind, tragen den folgenden Hinweis:

auf Bulgarisch:	„формовано месо" und „формована риба";
auf Spanisch:	„elaborado a partir de piezas de carne„ und "elaborado a partir de piezas de pescado";
auf Tschechisch:	„ze spojených kousků masa" und „ze spojených kousků rybího masa";

---

[1] **Amtl. Anm.:** ABl. L 66 vom 13.3.1999, S. 16.

auf Dänisch:	„Sammensat af stykker af kød" und „Sammensat af stykker af fisk";
auf Deutsch:	„aus Fleischstücken zusammengefügt" und „aus Fischstücken zusammengefügt";
auf Estnisch:	„liidetud liha" und „liidetud kala";
auf Griechisch:	„μορφοποιημένο κρέας" und „μορφοποιημένο ψάρι"
auf Englisch:	„formed meat" und „formed fish";
auf Französisch:	„viande reconstituée" und „poisson reconstitué";
auf Irisch:	„píosaí feola ceangailte" und „píosaí éisc ceangailte";
auf Italienisch:	„carne ricomposta" und „pesce ricomposto";
auf Lettisch:	„formēta gaļa" und „formēta zivs";
auf Litauisch:	„sudarytas (-a) iš mėsos gabalų" und „sudarytas (-a) iš žuvies gabalų";
auf Ungarisch:	„darabokból újraformázott hús" und „darabokból újraformázott hal";
auf Maltesisch:	„laħam rikostitwit" und „ħut rikostitwit";
auf Niederländisch:	„samengesteld uit stukjes vlees" und „samengesteld uit stukjes vis";
auf Polnisch:	„z połączonych kawałków mięsa" und „z połączonych kawałków ryby";
auf Portugiesisch:	„carne reconstituída" und „peixe reconstituído";
auf Rumänisch:	„carne formată" und „carne de pește formată";
auf Slowakisch:	„zo spájaných kúskov mäsa" und „zo spájaných kúskov ryby";
auf Slowenisch:	„sestavljeno, iz koščkov oblikovano meso" und „sestavljene, iz koščkov oblikovane ribe";
auf Finnisch:	„paloista yhdistetty liha" und „paloista yhdistetty kala";
auf Schwedisch:	„sammanfogade bitar av kött" und „sammanfogade bitar av fisk".

Teil B.[1) – Spezielle Anforderungen an die Bezeichnung „Hackfleisch/Faschiertes"

1. Auf der Grundlage eines Tagesdurchschnitts kontrollierte Zusammensetzung:

	Fettgehalt	Verhältnis Kollagen/Fleischeiweiß*[1)
– mageres Hackfleisch/Faschiertes	≤ 7 %	≤ 12 %
– reines Rinderhackfleisch/-faschiertes	≤ 20 %	≤ 15 %
– Hackfleisch/Faschiertes mit Schweinefleischanteil	≤ 30 %	≤ 18 %
– Hackfleisch/Faschiertes von anderen Tierarten	≤ 25 %	≤ 15 %

*[1) **Amtl. Anm.:** Das Verhältnis Kollagen/Fleischeiweiß wird als Prozentsatz des im Fleischeiweiß enthaltenen Kollagens ausgedrückt. Der Kollagengehalt ist der mit dem Faktor 8 vervielfältigte Gehalt an Hydroxyprolin.

2. Neben den Anforderungen gemäß Anhang III Abschnitt V Kapitel IV der Verordnung (EG) Nr. 853/2004 muss die Kennzeichnung die folgenden Angaben enthalten:

– „Fettgehalt geringer als …";

– „Verhältnis Kollagen/Fleischeiweiß geringer als …".

3. Die Mitgliedstaaten können gestatten, dass auf ihrem Inlandsmarkt Hackfleisch/Faschiertes, das die Kriterien der Nummer 1 dieses Teils nicht erfüllt, mit einem nationalen Kennzeichen, das nicht mit den Kennzeichen gemäß Artikel 5 Absatz 1 der Verordnung (EG) Nr. 853/2004 verwechselt werden kann, in Verkehr gebracht wird.

Teil C. – Spezielle Anforderungen an die Bezeichnung von Wursthüllen

Ist eine Wursthülle nicht essbar, muss dies angegeben werden.

[1) Anh. VI Teil B gilt gem. Art. 55 Abs. 2 ab **1.1.2014**.

Anhang VII.
Angabe und Bezeichnung von Zutaten

Teil A. – Spezielle Vorschriften für die Angabe von Zutaten in absteigender Reihenfolge ihres Gewichtsanteils

Zutatenklasse	Vorschriften für die Angabe des Gewichtsanteils
1. Zugefügtes Wasser und flüchtige Zutaten	Werden nach Maßgabe ihres Gewichtsanteils am Enderzeugnis angegeben. Die in einem Lebensmittel als Zutat verwendete Menge Wasser wird durch Abzug aller anderen einbezogenen Zutaten von der Gesamtmenge des Enderzeugnisses bestimmt. Stellt die Menge nicht mehr als 5 % des Gewichts des Enderzeugnisses dar, so kann sie unberücksichtigt bleiben. Diese Ausnahme gilt nicht für Fleisch, Fleischzubereitungen, unverarbeitete Fischereierzeugnisse und unverarbeitete Muscheln.
2. In konzentrierter oder getrockneter Form verwendete und bei der Herstellung in ihren ursprünglichen Zustand zurückgeführte Zutaten	Können nach Maßgabe ihres Gewichtsanteils vor der Eindickung oder vor dem Trocknen im Verzeichnis angegeben werden.
3. Zutaten, die in konzentrierten oder getrockneten Lebensmitteln verwendet werden, denen Wasser zugesetzt werden muss, um sie in ihren ursprünglichen Zustand zurückzuführen	Können in der Reihenfolge der Anteile an dem in seinen ursprünglichen Zustand zurückgeführten Erzeugnis aufgezählt werden, sofern das Zutatenverzeichnis eine Wendung wie „Zutaten des in seinen ursprünglichen Zustand zurückgeführten Erzeugnisses" oder „Zutaten des gebrauchsfertigen Erzeugnisses" enthält.
4. Obst, Gemüse oder Pilze, von denen keines nach seinem Gewichtsanteil deutlich dominiert und die mit potenziell veränderlichen Anteilen in einer Mischung als Zutat für ein Lebensmittel verwendet werden	Können im Zutatenverzeichnis unter der Bezeichnung „Obst", „Gemüse" oder „Pilze" zusammengefasst werden, gefolgt von der Wendung „in veränderlichen Gewichtsanteilen", wobei unmittelbar danach die vorhandenen Obst-, Gemüse- oder Pilzsorten aufzuführen sind. In diesen Fällen wird die Mischung gemäß Artikel 18 Absatz 1 nach dem Gewichtsanteil der Gesamtheit der vorhandenen Obst-, Gemüse- oder Pilzsorten im Zutatenverzeichnis aufgeführt.
5. Mischungen aus Gewürzen oder Kräutern, die sich in ihrem Gewichtsanteil nicht wesentlich unterscheiden	Können in einer anderen Reihenfolge aufgezählt werden, sofern das Verzeichnis der Zutaten eine Wendung wie „in veränderlichen Gewichtsanteilen" enthält.
6. Zutaten, die weniger als 2 % des Enderzeugnisses ausmachen	Können in anderer Reihenfolge nach den übrigen Zutaten aufgezählt werden.
7. Ähnliche und untereinander austauschbare Zutaten, die bei der Herstellung oder Zubereitung eines Lebensmittels verwendet werden können, ohne dass sie dessen Zusammensetzung, dessen Art oder dessen empfundenen Wert verändern, sofern sie weniger als 2 % des Enderzeugnisses ausmachen	Können im Zutatenverzeichnis mit der Angabe „Enthält … und/oder …" aufgeführt werden, sofern mindestens eine von höchstens zwei Zutaten im Enderzeugnis vorhanden ist. Diese Vorschrift gilt nicht für in Teil C dieses Anhangs aufgeführte Lebensmittelzusatzstoffe oder Zutaten und in Anhang II aufgeführte Stoffe oder Erzeugnisse, die Allergien oder Unverträglichkeiten auslösen.
8. Raffinierte Öle pflanzlicher Herkunft	Können im Zutatenverzeichnis unter der Bezeichnung „pflanzliche Öle" zusammengefasst werden, wobei unmittelbar danach eine Liste mit den Angaben der speziellen pflanzlichen Herkunft aufzuführen ist, nach der die Wendung „in veränderlichen Gewichtsanteilen" folgen kann. Im Falle einer Zusammenfassung werden die pflanzlichen Öle gemäß Artikel 18 Absatz 1 nach dem Gewichtsanteil der Gesamtheit der vorhandenen pflanzlichen Öle im Zutatenverzeichnis aufgeführt. Der Hinweis auf ein gehärtetes Öl muss gegebenenfalls mit dem Ausdruck „ganz gehärtet" oder „teilweise gehärtet" versehen sein.

Zutatenklasse	Vorschriften für die Angabe des Gewichtsanteils
9. Raffinierte Fette pflanzlicher Herkunft	Können im Zutatenverzeichnis unter der Bezeichnung „pflanzliche Fette" zusammengefasst werden, wobei unmittelbar danach eine Liste mit den Angaben der speziellen pflanzlichen Herkunft aufzuführen ist, nach der die Wendung „in veränderlichen Gewichtsanteilen" folgen kann. Im Falle einer Zusammenfassung werden die pflanzlichen Fette gemäß Artikel 18 Absatz 1 nach dem Gewichtsanteil der Gesamtheit der vorhandenen pflanzlichen Fette im Zutatenverzeichnis aufgeführt.
	Der Hinweis auf ein gehärtetes Fett muss gegebenenfalls mit dem Ausdruck „ganz gehärtet" oder „teilweise gehärtet" versehen sein.

Teil B. – Bezeichnung bestimmter Zutaten, bei denen die spezielle Bezeichnung durch die Bezeichnung einer Klasse ersetzt werden kann

[0]

Unbeschadet des Artikels 21 können Zutaten, die zu einer der im Folgenden aufgeführten Lebensmittelklasse gehören und die Bestandteile eines anderen Lebensmittels sind, statt mit ihrer speziellen Bezeichnung mit der Bezeichnung der betreffenden Klasse benannt werden.

Definition der Lebensmittelklasse	Bezeichnung
1. Raffinierte Öle tierischer Herkunft	„Öl", ergänzt entweder durch das Adjektiv „tierisch" oder die Angabe der speziellen tierischen Herkunft
	Der Hinweis auf ein gehärtetes Öl muss gegebenenfalls mit dem Ausdruck „ganz gehärtet" oder „teilweise gehärtet" versehen sein.
2. Raffinierte Fette tierischer Herkunft	„Fett", ergänzt entweder durch das Adjektiv „tierisch" oder die Angabe der speziellen tierischen Herkunft
	Der Hinweis auf ein gehärtetes Fett muss gegebenenfalls mit dem Ausdruck „ganz gehärtet" oder „teilweise gehärtet" versehen sein.
3. Mischungen von Mehl aus zwei oder mehr Getreidearten	„Mehl", gefolgt von der Aufzählung der Getreidearten, aus denen es hergestellt ist, in abnehmender Reihenfolge ihres Gewichtsanteils
4. Natürliche Stärke und auf physikalischem oder enzymatischem Wege modifizierte Stärke	„Stärke"
5. Fisch aller Art, wenn der Fisch Zutat eines anderen Lebensmittels ist und sofern sich Bezeichnung und Darstellung dieses Lebensmittels nicht auf eine bestimmte Fischart beziehen	„Fisch"
6. Käse aller Art, wenn der Käse oder die Käsemischung Zutat eines anderen Lebensmittels ist und sofern sich Bezeichnung und Darstellung dieses Lebensmittels nicht auf eine bestimmte Käseart beziehen	„Käse"
7. Gewürze jeder Art, die nicht mehr als 2 Gewichtsprozent des Lebensmittels ausmachen	„Gewürz(e)" oder „Gewürzmischung"
8. Kräuter oder Kräuterteile jeder Art, die nicht mehr als 2 Gewichtsprozent des Lebensmittels ausmachen	„Kräuter" oder „Kräutermischung"
9. Grundstoffe jeder Art, die für die Herstellung der Kaumasse von Kaugummi verwendet werden	„Kaumasse"
10. Paniermehl jeglichen Ursprungs	„Paniermehl"
11. Saccharose jeder Art	„Zucker"
12. Dextroseanhydrid oder Dextrosemonohydrat	„Dextrose"

Definition der Lebensmittelklasse	Bezeichnung
13. Glucosesirup und getrockneter Glucosesirup	„Glukosesirup"
14. Milcheiweiß aller Art (Kaseine, Kaseinate und Molkenproteine) und Mischungen daraus	„Milcheiweiß"
15. Kakaopressbutter, Expeller-Kakaobutter, raffinierte Kakaobutter	„Kakaobutter"
16. Weine aller Art gemäß Anhang XIb der Verordnung (EG) Nr. 1234/2007[*(1)]	„Wein"
17. Skelettmuskeln[*(2)] von Tieren der Spezies „Säugetiere" und „Vögel", die als für den menschlichen Verzehr geeignet gelten, mitsamt dem natürlicherweise darin eingebetteten oder damit verbundenen Gewebe, deren Gesamtanteil an Fett und Bindegewebe die nachstehend aufgeführten Werte nicht übersteigt, und soweit das Fleisch Zutat eines anderen Lebensmittels ist.	„…fleisch", dem der Name/die Namen[*(3)] der Tierart, von der/denen es stammt, vorangestellt ist/sind

Höchstwerte der Fett- und Bindegewebeanteile für Zutaten, die mit dem Begriff „…fleisch" bezeichnet werden:

Art	Fettgehalt	Verhältnis Kollagen/Fleischeiweiß [(1)]
– Säugetiere (ausgenommen Kaninchen und Schweine) und Mischungen von Tierarten, bei denen Säugetiere überwiegen	25 %	25 %
– Schweine	30 %	25 %
– Vögel und Kaninchen	15 %	10 %

[(1)] *Das Verhältnis Kollagen/Fleischeiweiß wird als Prozentsatz des im Fleischeiweiß enthaltenen Kollagens ausgedrückt. Der Kollagengehalt ist der mit dem Faktor 8 vervielfältigte Gehalt an Hydroxyprolin.*

Werden diese Höchstwerte überschritten und sind alle anderen Kriterien der Definition von „…fleisch" erfüllt, so muss der „…fleisch-Anteil" entsprechend nach unten angepasst werden und das Zutatenverzeichnis muss neben der Angabe des Begriffs „…fleisch" die Angabe der Zutat Fett bzw. Bindegewebe enthalten.

Die unter die Definition von „Separatorenfleisch" fallenden Erzeugnisse fallen nicht unter die vorliegende Definition.

18. Alle Arten von Erzeugnissen, die unter die Definition von „Separatorenfleisch" fallen	„Separatorenfleisch", dem der Name/die Namen[*(3)] der Tierart/Tierarten, von der/denen es stammt, vorangestellt ist/sind

[*(1)] **Amtl. Anm.:** Verordnung (EG) Nr. 1234/2007 des Rates vom 22. Oktober 2007 über eine gemeinsame Organisation der Agrarmärkte und mit Sondervorschriften für bestimmte landwirtschaftliche Erzeugnisse (Verordnung über die einheitliche GMO) (ABl. L 299 vom 16.11.2007, S. 1).
[*(2)] **Amtl. Anm.:** Das Zwerchfell und die Kaumuskeln gehören zu den Skelettmuskeln, während das Herz, die Zunge, die Muskeln des Kopfes (außer den Kaumuskeln), des Karpal- und Tarsalgelenks und des Schwanzes nicht darunter fallen.
[*(3)] **Amtl. Anm.:** Bei der Kennzeichnung in englischer Sprache kann diese Bezeichnung durch die allgemeine Bezeichnung für das Fleisch der betreffenden Tierspezies ersetzt werden.

Teil C. – Nennung bestimmter Zutaten mit der Bezeichnung der betreffenden Klasse, gefolgt von ihrer speziellen Bezeichnung oder der E-Nummer

Unbeschadet des Artikels 21 sind Lebensmittelzusatzstoffe und Lebensmittelenzyme, die nicht in Artikel 20 Buchstabe b aufgeführt sind und zu einer der in diesem Teil aufgeführten Klassen gehören, mit der Bezeichnung dieser Klasse zu benennen, gefolgt von ihrer speziellen Bezeichnung, oder gegebenenfalls der E-Nummer. Gehört eine Zutat zu mehreren Klassen, so ist die Klasse anzugeben, der die Zutat aufgrund ihrer hauptsächlichen Wirkung für das betreffende Lebensmittel zuzuordnen ist.

Antioxidationsmittel	Modifizierte Stärke[*(1)]
Backtriebmittel	Säuerungsmittel
Emulgator	Säureregulator
Farbstoff	Schaummittel
Festigungsmittel	Schaumverhüter
Feuchthaltemittel	Schmelzsalz[*(2)]
Füllstoff	Stabilisator
Geliermittel	Süßungsmittel
Geschmacksverstärker	Treibgas
Komplexbildner	Trennmittel
Konservierungsstoff	Überzugsmittel
Mehlbehandlungsmittel	Verdickungsmittel

[*(1)] **Amtl. Anm.:** Die Angabe der spezifischen Bezeichnung oder der E-Nummer ist nicht erforderlich.

[*(2)] **Amtl. Anm.:** Nur im Fall von Schmelzkäse und von Erzeugnissen auf der Grundlage von Schmelzkäse.

Teil D. – Bezeichnung von Aromen im Zutatenverzeichnis

1. Aromen sind mit folgenden Begriffen zu bezeichnen:

   – „Aroma/Aromen" oder einer genaueren Bezeichnung bzw. einer Beschreibung des Aromas, wenn der Aromabestandteil Aromen im Sinne von Artikel 3 Absatz 2 Buchstaben b, c, d, e, f, g oder h der Verordnung (EG) Nr. 1334/2008 enthält;

   – „Raucharoma/Raucharomen" oder „Raucharoma/Raucharomen aus einem Lebensmittel/Lebensmitteln bzw. einer Lebensmittelklasse bzw. einem Ausgangsstoff/Ausgangsstoffen" (z.B. „Raucharoma aus Buchenholz"), wenn der Aromabestandteil Aromen im Sinne von Artikel 3 Absatz 2 Buchstabe f der Verordnung (EG) Nr. 1334/2008 enthält und den Lebensmitteln einen Räuchergeschmack verleiht.

2. Der Begriff „natürlich" wird zur Bezeichnung von Aromen im Sinne von Artikel 16 der Verordnung (EG) Nr. 1334/2008 verwendet.

3. Chinin und/oder Koffein, die als Aromen bei der Herstellung oder Zubereitung von Lebensmitteln Verwendung finden, sind im Zutatenverzeichnis unmittelbar nach dem Begriff „Aroma/Aromen" unter ihrer Bezeichnung aufzuführen.

Teil E. – Bezeichnung von zusammengesetzten Zutaten

1. Eine zusammengesetzte Zutat kann im Zutatenverzeichnis unter ihrer Bezeichnung, sofern diese in einer Rechtsvorschrift festgelegt oder üblich ist, nach Maßgabe ihres Gesamtgewichtsanteils angegeben werden, sofern unmittelbar danach eine Aufzählung ihrer Zutaten folgt.

2. Unbeschadet des Artikels 21 ist das Zutatenverzeichnis bei zusammengesetzten Zutaten nicht verpflichtend,

   a) wenn die Zusammensetzung der zusammengesetzten Zutat in einer geltenden Unionsvorschrift festgelegt ist, sofern die zusammengesetzte Zutat weniger als 2 % des Enderzeugnisses ausmacht; dies gilt jedoch vorbehaltlich des Artikels 20 Buchstaben a bis d nicht für Zusatzstoffe; oder

   b) für die aus Gewürz- und/oder Kräutermischungen bestehenden zusammengesetzten Zutaten, die weniger als 2 % des Enderzeugnisses ausmachen, mit Ausnahme von Lebensmittelzusatzstoffen, vorbehaltlich des Artikels 20 Buchstaben a bis d; oder

c) wenn die zusammengesetzte Zutat ein Lebensmittel ist, für das nach Unionsvorschriften kein Zutatenverzeichnis erforderlich ist.

Anhang VIII.
Mengenmäßige Angabe der Zutaten

1. Die mengenmäßige Angabe ist nicht erforderlich

   a) für eine Zutat oder Zutatenklasse,

     i)   deren Abtropfgewicht gemäß Anhang IX Nummer 5 angegeben ist;

     ii) deren Mengenangabe aufgrund von Unionsvorschriften bereits in der Kennzeichnung aufzuführen ist;

     iii) die in kleinen Mengen zur Geschmacksgebung verwendet wird; oder

     iv) die, obwohl sie in der Bezeichnung des Lebensmittels vorkommt, für die Wahl des Verbrauchers im Land der Vermarktung nicht ausschlaggebend ist, weil unterschiedliche Mengen für die Charakterisierung des betreffenden Lebensmittels nicht wesentlich sind oder es nicht von ähnlichen Lebensmitteln unterscheiden;

   b) wenn in speziellen Unionsbestimmungen die Menge der Zutat oder der Zutatenklasse präzise festgelegt, deren Angabe in der Kennzeichnung aber nicht vorgesehen ist; oder

   c) in den in Anhang VII Teil A Nummern 4 und 5 genannten Fällen.

2. Artikel 22 Absatz 1 Buchstaben a und b gelten nicht für

   a) Zutaten oder Zutatenklassen, die unter die Angabe „mit Süßungsmittel(n)" oder „mit Zucker(n) und Süßungsmittel(n)" fallen, wenn diese Angabe gemäß Anhang III in Verbindung mit der Bezeichnung des Lebensmittels erscheint; oder

   b) zugesetzte Vitamine und Mineralstoffe, wenn diese Stoffe in eine Nährwertdeklaration aufgenommen werden müssen.

3. Die Angabe der Menge einer Zutat oder Zutatenklasse erfolgt

   a) als Prozentsatz der Menge der Zutat bzw. Zutaten zum Zeitpunkt ihrer Verwendung; und

   b) erscheint entweder in der Bezeichnung des Lebensmittels selbst oder in ihrer unmittelbaren Nähe oder im Zutatenverzeichnis zusammen mit der betreffenden Zutat oder Zutatenklasse.

4. Abweichend von Nummer 3

   a) ist die Menge bei Lebensmitteln, denen infolge einer Hitzebehandlung oder einer sonstigen Behandlung Feuchtigkeit entzogen wurde, als Prozentsatz auszudrücken, der der Menge der verarbeiteten Zutat oder Zutaten, bezogen auf das Enderzeugnis, entspricht, es sei denn, diese Menge oder die in der Kennzeichnung angegebene Gesamtmenge aller Zutaten übersteigt 100 %; in diesem Fall erfolgt die Angabe nach Maßgabe des Gewichts der für die Zubereitung von 100 g des Enderzeugnisses verwendeten Zutat bzw. Zutaten;

   b) wird die Menge der flüchtigen Zutaten nach Maßgabe ihres Gewichtsanteils am Enderzeugnis angegeben;

   c) kann die Menge derjenigen Zutaten, die in konzentrierter oder getrockneter Form verwendet und während der Herstellung in ihren ursprünglichen Zustand zurückgeführt werden, nach Maßgabe ihres Gewichtsanteils vor der Konzentration oder der Trocknung angegeben werden;

   d) kann die Menge der Zutaten bei konzentrierten oder getrockneten Lebensmitteln, denen Wasser zugefügt werden muss, nach Maßgabe ihres Gewichtsanteils im seinen ursprünglichen Zustand zurückgeführten Erzeugnis angegeben werden.

Anhang IX.
Angabe der Nettofüllmenge

1. Die Angabe der Nettofüllmenge ist nicht verpflichtend bei Lebensmitteln,

   a) bei denen in Volumen oder Masse erhebliche Verluste auftreten können und die nach Stückzahlen in den Verkehr gebracht oder in Anwesenheit des Käufers abgewogen werden;

   b) deren Nettofüllmenge unter 5 g oder 5 ml liegt; dies gilt jedoch nicht für Gewürze und Kräuter; oder

   c) die normalerweise nach Stückzahlen in den Verkehr gebracht werden, sofern die Stückzahl von außen leicht zu sehen und einfach zu zählen ist oder anderenfalls in der Kennzeichnung angegeben ist.

2. Ist die Angabe einer bestimmten Mengenart (wie Nennfüllmenge, Mindestmenge, mittlere Menge) in den Unionsvorschriften oder – falls solche fehlen – in den einzelstaatlichen Vorschriften vorgesehen, so gilt diese Menge als Nettofüllmenge im Sinne dieser Verordnung.

3. Besteht eine Vorverpackung aus zwei oder mehr Einzelpackungen mit derselben Menge desselben Erzeugnisses, so wird die Nettofüllmenge in der Weise angegeben, dass die in jeder Einzelpackung enthaltene Nettofüllmenge und die Gesamtzahl der Einzelpackungen angegeben werden. Diese Angaben sind jedoch nicht verpflichtend, wenn die Gesamtzahl der Einzelpackungen von außen leicht zu sehen und einfach zu zählen ist und wenn mindestens eine Angabe der Nettofüllmenge jeder Einzelpackung deutlich von außen sichtbar ist.

4. Besteht eine Vorverpackung aus zwei oder mehr Einzelpackungen, die nicht als Verkaufseinheiten anzusehen sind, so wird die Nettofüllmenge in der Weise angegeben, dass die Gesamtnettofüllmenge und die Gesamtzahl der Einzelpackungen angegeben werden.

5. Befindet sich ein festes Lebensmittel in einer Aufgussflüssigkeit, so ist auch das Abtropfgewicht des Lebensmittels anzugeben. Bei glasierten Lebensmitteln ist das Überzugsmittel nicht im angegebenen Nettogewicht des Lebensmittels enthalten.

Als Aufgussflüssigkeiten im Sinne dieser Nummer gelten folgende Erzeugnisse – gegebenenfalls in Mischungen und auch gefroren oder tiefgefroren –, sofern sie gegenüber den wesentlichen Bestandteilen der betreffenden Zubereitung nur eine untergeordnete Rolle spielen und folglich für den Kauf nicht ausschlaggebend sind: Wasser, wässrige Salzlösungen, Salzlake, Genusssäure in wässriger Lösung; Essig, wässrige Zuckerlösungen, wässrige Lösungen von anderen Süßungsstoffen oder -mitteln, Frucht- oder Gemüsesäfte bei Obst und Gemüse.

Anhang X.
Mindesthaltbarkeitsdatum, Verbrauchsdatum und Datum des Einfrierens

1. Das Mindesthaltbarkeitsdatum wird wie folgt angegeben:

a) Diesem Datum geht folgende Angabe voran:

– „mindestens haltbar bis…", wenn der Tag genannt wird;

– „mindestens haltbar bis Ende…" in den anderen Fällen.

b) In Verbindung mit der Angabe nach Buchstabe a wird angegeben

– entweder das Datum selbst oder

– ein Hinweis darauf, wo das Datum in der Kennzeichnung zu finden ist.

Diese Angaben werden erforderlichenfalls durch eine Beschreibung der Aufbewahrungsbedingungen ergänzt, deren Einhaltung die angegebene Haltbarkeit gewährleistet.

c) Das Datum besteht aus der unverschlüsselten Angabe von Tag, Monat und gegebenenfalls Jahr in dieser Reihenfolge.

Ausreichend ist jedoch im Falle von Lebensmitteln,

– deren Haltbarkeit weniger als drei Monate beträgt: die Angabe des Tages und des Monats;

– deren Haltbarkeit mehr als drei Monate, jedoch höchstens achtzehn Monate beträgt: die Angabe des Monats und des Jahres;

– deren Haltbarkeit mehr als achtzehn Monate beträgt: die Angabe des Jahres.

d) Die Angabe des Mindesthaltbarkeitsdatums ist vorbehaltlich der Unionsvorschriften, in denen andere Datumsangaben vorgeschrieben sind, nicht erforderlich bei

– frischem Obst und Gemüse – einschließlich Kartoffeln –, das nicht geschält, geschnitten oder auf ähnliche Weise behandelt worden ist; diese Ausnahmeregelung gilt nicht für Keime von Samen und ähnliche Erzeugnisse, wie Sprossen von Hülsenfrüchten;

– Wein, Likörwein, Schaumwein, aromatisiertem Wein und ähnlichen Erzeugnissen aus anderen Früchten als Weintrauben sowie aus Weintrauben oder Traubenmost gewonnenen Getränken des KN-Codes 2206 00;

– Getränken mit einem Alkoholgehalt von 10 oder mehr Volumenprozent;

– Backwaren, die ihrer Art nach normalerweise innerhalb von 24 Stunden nach der Herstellung verzehrt werden;

– Essig;

– Speisesalz;

– Zucker in fester Form;

– Zuckerwaren, die fast nur aus Zuckerarten mit Aromastoffen und/oder Farbstoffen bestehen;

– Kaugummi und ähnlichen Erzeugnissen zum Kauen.

2. Das Verbrauchsdatum wird wie folgt angegeben:

a) Dem Datum geht der Wortlaut „zu verbrauchen bis" voran.

b) Dem unter Buchstabe a genannten Wortlaut wird Folgendes hinzugefügt:

– entweder das Datum selbst oder

– ein Hinweis darauf, wo das Datum in der Kennzeichnung zu finden ist.

Diesen Angaben folgt eine Beschreibung der einzuhaltenden Aufbewahrungsbedingungen.

c) Das Datum besteht aus der unverschlüsselten Angabe von Tag, Monat und gegebenenfalls Jahr in dieser Reihenfolge.

d) Das Verbrauchsdatum wird auf jeder vorverpackten Einzelportion angegeben.

3. Das Datum des Einfrierens bzw. das Datum des ersten Einfrierens gemäß Anhang III Nummer 6 wird wie folgt angegeben:

a) Dem Datum geht der Wortlaut „eingefroren am…" voran.

b) Dem in Buchstabe a genannten Wortlaut wird Folgendes hinzugefügt:

– entweder das Datum selbst oder

– ein Hinweis darauf, wo das Datum in der Kennzeichnung zu finden ist.

c) Das Datum besteht aus der unverschlüsselten Angabe von Tag, Monat und Jahr in dieser Reihenfolge.

Anhang XI.
Sorten von Fleisch, für die die Angabe des Ursprungslands oder des Herkunftsorts verpflichtend ist

KN-Codes (Kombinierte Nomenklatur 2010)	Beschreibung
0203	Fleisch von Schweinen, frisch, gekühlt oder gefroren
0204	Fleisch von Schafen oder Ziegen, frisch, gekühlt oder gefroren
Ex 0207	Fleisch von Hausgeflügel der Position 0105, frisch, gekühlt oder gefroren

Anhang XII.
Alkoholgehalt

Der vorhandene Alkoholgehalt von Getränken mit einem Alkoholgehalt von mehr als 1,2 Volumenprozent ist durch eine Ziffer mit nicht mehr als einer Dezimalstelle anzugeben. Ihr ist das Symbol „% vol" anzufügen; dieser Angabe darf das Wort „Alkohol" oder die Abkürzung „Alk." oder „alc." vorangestellt werden.

Der Alkoholgehalt wird bei 20 °C bestimmt.

Die für die Angabe des Alkoholgehalts zugelassenen und in absoluten Werten ausgedrückten Abweichungen nach oben und nach unten werden in der folgenden Tabelle festgesetzt. Sie gelten unbeschadet der Toleranzen, die sich aus der für die Bestimmung des Alkoholgehalts verwendeten Analysenmethode ergeben.

Beschreibung des Getränks	Positive oder negative Abweichungen
1. Bier des KN-Codes 2203 00 mit einem Alkoholgehalt von höchstens 5,5 % vol; nicht schäumende Getränke des KN-Codes 2206 00, die aus Weintrauben gewonnen werden	0,5 % vol
2. Bier mit einem Alkoholgehalt von mehr als 5,5 % vol; schäumende Getränke des KN-Codes 2206 00, die aus Weintrauben gewonnen werden, Apfelwein, Birnenwein, Frucht-	1 % vol

Beschreibung des Getränks	Positive oder negative Abweichungen
wein und ähnliche gegorene Getränke, die aus anderen Früchten als Weintrauben gewonnen werden, auch perlend oder schäumend; Met/Honigwein	
3. Getränke mit eingelegten Früchten oder Pflanzenteilen	1,5 % vol
4. Sonstige Getränke mit einem Alkoholgehalt von mehr als 1,2 Volumenprozent	0,3 % vol

Anhang XIII.
Referenzmengen

Teil A. – Referenzmengen für die tägliche Zufuhr von Vitaminen und Mineralstoffen (Erwachsene)

1. Vitamine und Mineralstoffe, die angegeben werden können, sowie ihre Nährstoffbezugswerte (nutrient reference values – NRV)

Vitamin A (µg)	800	Chlorid (mg)	800
Vitamin D (µg)	5	Calcium (mg)	800
Vitamin E (mg)	12	Phosphor (mg)	700
Vitamin K (µg)	75	Magnesium (mg)	375
Vitamin C (mg)	80	Eisen (mg)	14
Thiamin (mg)	1,1	Zink (mg)	10
Riboflavin (mg)	1,4	Kupfer (mg)	1
Niacin (mg)	16	Mangan (mg)	2
Vitamin B6 (mg)	1,4	Fluorid (mg)	3,5
Folsäure (µg)	200	Selen (µg)	55
Vitamin B12 (µg)	2,5	Chrom (µg)	40
Biotin (µg)	50	Molybdän (µg)	50
Pantothensäure (mg)	6	Jod (µg)	150
Kalium (mg)	2 000		

2. Signifikante Menge an Vitaminen und Mineralstoffen
Bei der Festsetzung der signifikanten Menge sollten in der Regel folgende Werte berücksichtigt werden:

– 15 % der Nährstoffbezugswerte nach Nummer 1 je 100 g oder 100 ml im Falle von anderen Erzeugnissen als Getränken;

– 7,5 % der Nährstoffbezugswerte nach Nummer 1 je 100 ml im Falle von Getränken; oder

– 15 % der Nährstoffbezugswerte nach Nummer 1 je Portion, wenn die Packung nur eine einzige Portion enthält.

Teil B. – Referenzmengen für die Zufuhr von Energie und ausgewählten Nährstoffen, die keine Vitamine oder Mineralstoffe sind (Erwachsene)

Energie oder Nährstoff	Referenzmenge
Energie	8 400 kJ/2 000 kcal
Gesamtfett	70 g
gesättigte Fettsäuren	20 g
Kohlenhydrate	260 g
Zucker	90 g
Eiweiß	50 g
Salz	6 g

Anhang XIV.
Umrechnungsfaktoren

Umrechnungsfaktoren für die Berechnung der Energie

Der anzugebende Brennwert wird unter Anwendung der folgenden Umrechnungsfaktoren berechnet:

– Kohlenhydrate (ausgenommen mehrwertige Alkohole)	17 kJ/g – 4 kcal/g
– mehrwertige Alkohole	10 kJ/g – 2,4 kcal/g
– Eiweiß	17 kJ/g – 4 kcal/g
– Fett	37 kJ/g – 9 kcal/g
– Salatrims	25 kJ/g – 6 kcal/g
– Ethylalkohol	29 kJ/g – 7 kcal/g
– organische Säuren	13 kJ/g – 3 kcal/g
– Ballaststoffe	8 kJ/g – 2 kcal/g
– Erythritol	0 kJ/g – 0 kcal/g

Anhang XV.
Abfassung und Darstellung der Nährwertdeklaration

In der Nährwertdeklaration sind für die Energiewerte (Kilojoule (kJ) und Kilokalorien (kcal)) und für die Masse (Gramm (g), Milligramm (mg) oder Mikrogramm (μg)) folgende Maßeinheiten zu verwenden und die entsprechenden Angaben müssen in der nachstehenden Reihenfolge erscheinen:

Energie	kJ/kcal
Fett	g
davon:	
– gesättigte Fettsäuren	g
– einfach ungesättigte Fettsäuren	g
– mehrfach ungesättigte Fettsäuren	g
Kohlenhydrate	g
davon:	
– Zucker	g
– mehrwertige Alkohole	g
– Stärke	g
Ballaststoffe	g
Eiweiß	g
Salz	g
Vitamine und Mineralstoffe	in Anhang XIII Teil A Nummer 1 angegebene Maßeinheiten

4. Verordnung zur Durchführung unionsrechtlicher Vorschriften betreffend die Information der Verbraucher über Lebensmittel (Lebensmittelinformations-Durchführungsverordnung – LMIDV)[1]

Vom 5. Juli 2017

(BGBl. I S. 2272)

FNA 2125-44-19

zuletzt geänd. durch Art. 4 VO zur Novellierung des Fertigpackungsrechts v. 18.11.2020 (BGBl. I S. 2504)

§ 1 Anwendungsbereich. (1) Diese Verordnung ergänzt die Regelungen der Verordnung (EU) Nr. 1169/2011[2] des Europäischen Parlaments und des Rates vom 25. Oktober 2011 betreffend die Information der Verbraucher über Lebensmittel und zur Änderung der Verordnungen (EG) Nr. 1924/2006[3] und (EG) Nr. 1925/2006 des Europäischen Parlaments und des Rates und zur Aufhebung der Richtlinie 87/250/EWG der Kommission, der Richtlinie 90/496/EWG des Rates, der Richtlinie 1999/10/EG der Kommission, der Richtlinie 2000/13/EG des Europäischen Parlaments und des Rates, der Richtlinien 2002/67/EG und 2008/5/EG der Kommission und der Verordnung (EG) Nr. 608/2004 der Kommission (ABl. L 304 vom 22.11.2011, S. 18; L 331 vom 18.11.2014, S. 41; L 50 vom 21.2.2015, S. 48; L 266 vom 30.9.2016, S. 7) und die Regelungen der auf sie gestützten Rechtsakte der Europäischen Union über

1. die Kennzeichnung von Lebensmitteln, die bestimmt sind zur Abgabe an

   a) Endverbraucher im Sinne des Artikels 3 Nummer 18 der Verordnung (EG) Nr. 178/2002[4] des Europäischen Parlaments und des Rates vom 28. Januar 2002 zur Festlegung der allgemeinen Grundsätze und Anforderungen des Lebensmittelrechts, zur Errichtung der Europäischen Behörde für Lebensmittelsicherheit und zur Festlegung von Verfahren zur Lebensmittelsicherheit (ABl. L 31 vom 1.2.2002, S. 1) in der jeweils geltenden Fassung oder

   b) Anbieter von Gemeinschaftsverpflegung im Sinne des Artikels 2 Absatz 2 Buchstabe d der Verordnung (EU) Nr. 1169/2011 und

2. die Weitergabe von Angaben an andere Lebensmittelunternehmer bei der Lieferung von Lebensmitteln, die nicht für die Abgabe an Endverbraucher oder Anbieter von Gemeinschaftsverpflegung bestimmt sind.

(2) Diese Verordnung gilt nicht, soweit in besonderen Rechtsvorschriften Kennzeichnungsvorschriften im Sinne des Absatzes 1 geregelt sind.

§ 2 Allgemeine Anforderungen an die Kennzeichnung von Lebensmitteln beim Inverkehrbringen. (1) Lebensmittel sind beim Inverkehrbringen in deutscher Sprache zu kennzeichnen, wenn die Kennzeichnung verpflichtend ist nach

1. dieser Verordnung,

---

[1] Verkündet als Art. 1 VO v. 5.7.2017 (BGBl. I S. 2272); Inkrafttreten gem. Art. 29 dieser VO am 13.7.2017.
[2] Nr. **3**.
[3] Nr. **6**.
[4] Nr. **1**.

2. der Verordnung (EU) Nr. 1169/2011[1]) und

3. den auf die Verordnung (EU) Nr. 1169/2011 gestützten Rechtsakten der Europäischen Union.

(2) Lebensmittel, die im Flugverkehr in den Verkehr gebracht werden, können abweichend von Absatz 1 in einer anderen leicht verständlichen Sprache gekennzeichnet werden, wobei die Information über Zutaten und Verarbeitungshilfsstoffe nach Artikel 9 Absatz 1 Buchstabe c der Verordnung (EU) Nr. 1169/2011 stets auch in deutscher Sprache erfolgen muss.

§ 3 Besondere Anforderungen an die Kennzeichnung bestimmter vorverpackter Lebensmittel beim Inverkehrbringen. Abweichend von Artikel 16 Absatz 4 der Verordnung (EU) Nr. 1169/2011[1]) ist Bier, das als vorverpacktes Lebensmittel abgegeben wird, beim Inverkehrbringen mit einem Verzeichnis der Zutaten nach Artikel 9 Absatz 1 Buchstabe b der Verordnung (EU) Nr. 1169/2011 zu kennzeichnen.

§ 4 Besondere Vorschriften für die Kennzeichnung von nicht vorverpackten Lebensmitteln beim Inverkehrbringen oder Abgeben. (1) [1]Lebensmittel, die im Hinblick auf ihren unmittelbaren Verkauf vorverpackt und Endverbrauchern zur Selbstbedienung angeboten werden, dürfen durch den Verantwortlichen nach Artikel 8 Absatz 1 oder Absatz 4 Satz 2 der Verordnung (EU) Nr. 1169/2011[1]) nur in den Verkehr gebracht werden oder durch den Verantwortlichen nach Artikel 8 Absatz 3 der Verordnung (EU) Nr. 1169/2011 nur abgegeben werden, wenn sie mit den Angaben nach Artikel 9 Absatz 1 Buchstabe a bis d und f bis k und nach Artikel 10 Absatz 1 der Verordnung (EU) Nr. 1169/2011 gekennzeichnet sind. [2]Bei Lebensmitteln, die über Automaten oder automatisierte Anlagen in den Verkehr gebracht werden, können die Angaben nach Satz 1 auf einem Schild an dem oder in der Nähe des Automaten oder der automatisierten Anlage angebracht werden. [3]Satz 1 gilt nicht

1. für Dauerbackwaren und Süßwaren, die in der Verkaufsstätte im Hinblick auf ihren unmittelbaren Verkauf vorverpackt werden, sofern die Unterrichtung des Verbrauchers über die Angaben nach Satz 1 auf andere Weise gewährleistet ist, und

2. für Lebensmittel, die zu karitativen Zwecken abgegeben werden.

(2) [1]Lebensmittel, die

1. ohne Verpackung zum Verkauf angeboten werden,

2. auf Wunsch des Endverbrauchers oder des Anbieters von Gemeinschaftsverpflegung am Verkaufsort verpackt werden oder

3. im Hinblick auf ihren unmittelbaren Verkauf vorverpackt und nicht zur Selbstbedienung angeboten werden,

dürfen durch den Verantwortlichen nach Artikel 8 Absatz 1 oder Absatz 4 Satz 2 der Verordnung (EU) Nr. 1169/2011 mit dem Ziel der Abgabe an Endverbraucher oder an Anbieter von Gemeinschaftsverpflegung nur in den Verkehr gebracht werden oder durch den Verantwortlichen nach Artikel 8 Absatz 3 der Verordnung (EU) Nr. 1169/2011 nur abgegeben werden, wenn die in Artikel 9 Absatz 1 Buchstabe c der Verordnung (EU) Nr. 1169/2011 bezeichneten Zutaten und Verarbeitungshilfsstoffe nach Maßgabe des Artikels 12 Absatz 2 oder der

---

[1]) Nr. 3.

nachfolgenden Bestimmungen angegeben sind. [2]Satz 1 gilt auch für die in Absatz 1 Satz 3 genannten Lebensmittel.

(3) [1]Die nach Absatz 2 erforderlichen Angaben sind bezogen auf das jeweilige Lebensmittel gut sichtbar, deutlich und gut lesbar bereitzustellen. [2]Die Angaben können erfolgen

1. auf einem Schild auf dem Lebensmittel oder in der Nähe des Lebensmittels,
2. auf Speise- und Getränkekarten oder in Preisverzeichnissen,
3. durch einen Aushang in der Verkaufsstätte oder
4. durch sonstige schriftliche oder vom Lebensmittelunternehmer bereitgestellte elektronische Informationsangebote, sofern die Angaben für Endverbraucher und Anbieter von Gemeinschaftsverpflegung unmittelbar und leicht zugänglich sind.

[3]Die Angaben sind so bereitzustellen, dass der Endverbraucher oder der Anbieter von Gemeinschaftsverpflegung vor Kaufabschluss und vor Übergabe des Lebensmittels von ihnen Kenntnis nehmen kann. [4]Im Falle des Satzes 2 Nummer 2 können Angaben auch in leicht verständlichen Fußnoten oder Endnoten bereitgestellt werden, wenn auf diese bei der Bezeichung des Lebensmittels in hervorgehobener Weise hingewiesen wird. [5]Im Fall des Satzes 2 Nummer 4 muss bei dem Lebensmittel oder in einem Aushang in der Verkaufsstätte darauf hingewiesen werden, wie die nach Absatz 2 erforderlichen Angaben bereitgestellt werden. [6]Die nach Absatz 2 erforderlichen Angaben und der in Satz 5 bezeichnete Hinweis dürfen in keiner Weise durch andere Angaben oder Bildzeichen oder sonstiges eingefügtes Material verdeckt oder undeutlich gemacht werden.

(4) [1]Abweichend von Absatz 3 Satz 1 kann über die nach Absatz 2 erforderlichen Angaben auch der Lebensmittelunternehmer oder das Personal, das über die Verwendung der betreffenden Zutaten und Verarbeitungshilfsstoffe hinreichend unterrichtet ist, mündlich informieren. [2]Voraussetzung ist, dass

1. die nach Absatz 2 erforderlichen Angaben den Endverbrauchern auf deren Nachfrage unverzüglich vor Kaufabschluss und vor Übergabe des Lebensmittels mitgeteilt werden,
2. eine schriftliche Aufzeichnung über die bei der Herstellung des jeweiligen Lebensmittels verwendeten Zutaten und Verarbeitungshilfsstoffe im Sinne des Absatzes 2 vorliegt und
3. die schriftliche Aufzeichnung für die zuständige Behörde und auf Nachfrage auch für die Endverbraucher leicht zugänglich ist.

[3]Bei den betreffenden Lebensmitteln oder in einem Aushang in der Verkaufsstätte muss an gut sichtbarer Stelle, deutlich und gut lesbar darauf hingewiesen werden, dass die nach Absatz 2 erforderlichen Angaben mündlich bereitgestellt werden und eine schriftliche Aufzeichnung auf Nachfrage zugänglich ist. [4]Absatz 3 Satz 6 gilt entsprechend.

§ 4a Erweiterte Nährwertkennzeichnung. (1) Der Verantwortliche nach Artikel 8 Absatz 1 oder Absatz 4 Satz 2 der Verordnung (EU) Nr. 1169/2011[1)] darf Lebensmittel mit dem in der Anlage abgebildeten Nutri-Score-Kennzeichen, das als Gemeinschaftskollektivmarke beim Amt der Europäischen Union für geistiges Eigentum eingetragen ist, in den Verkehr bringen.

[1)] Nr. 3.

(2) Die Nutzung des Nutri-Score-Kennzeichens ist freiwillig.

(3) Die Nutzung des Nutri-Score-Kennzeichens setzt voraus, dass der Verantwortliche nach Artikel 8 Absatz 1 oder Absatz 4 Satz 2 der Verordnung (EU) Nr. 1169/2011 insbesondere

1. die erforderlichen Einwilligungen des Markeninhabers eingeholt hat und

2. die Bedingungen des Markeninhabers für die Nutzung der Marke einhält.

(4) Für die Einholung der Einwilligungen nach Absatz 3 Nummer 1 kann das Bundesministerium für Ernährung und Landwirtschaft Folgendes im Bundesanzeiger veröffentlichen:

1. Musterformulare in deutscher Sprache,

2. Eingabedaten in deutscher Sprache und eine E-Mail-Adresse, die so eingestellt ist, dass dort eingehende E-Mails automatisch an den Markeninhaber weitergeleitet werden.

§ 5 Verkehrs- und Abgabeverbote. (1) Dem Verantwortlichen nach Artikel 8 Absatz 1 oder 4 Satz 2 der Verordnung (EU) Nr. 1169/2011[1]) ist es verboten, vorverpackte Lebensmittel in den Verkehr zu bringen, und dem Verantwortlichen nach Artikel 8 Absatz 3 ist es verboten, vorverpackte Lebensmittel abzugeben, die folgenden Anforderungen nicht entsprechen:

1. den Anforderungen an die Bezeichnung des Lebensmittels und der speziellen zusätzlichen Anforderung

   a) nach Artikel 9 Absatz 1 Buchstabe a in Verbindung mit Artikel 17 Absatz 1, 2 Satz 2, Absatz 3 oder 4 oder Anhang VI Teil A Nummer 1 oder 3 bis 7 oder Teil B Nummer 2 oder Teil C der Verordnung (EU) Nr. 1169/2011 oder

   b) nach Artikel 9 Absatz 1 Buchstabe a in Verbindung mit Anhang VI Teil A Nummer 2 Satz 1 der Verordnung (EU) Nr. 1169/2011,

2. den Anforderungen an das Verzeichnis der Zutaten nach Artikel 9 Absatz 1 Buchstabe b in Verbindung mit Artikel 18 Absatz 1 bis 3 oder Anhang VII Teil A Nummer 1 Satz 1, C oder D der Verordnung (EU) Nr. 1169/2011,

3. den Anforderungen an die Angaben über bestimmte Stoffe oder Erzeugnisse, die Allergien oder Unverträglichkeiten auslösen, nach Artikel 9 Absatz 1 Buchstabe c in Verbindung mit Artikel 21 Absatz 1 Unterabsatz 1, 2 oder 3 oder Anhang II der Verordnung (EU) Nr. 1169/2011,

4. den Anforderungen an die Angaben über die Menge bestimmter Zutaten und Klassen von Zutaten nach Artikel 9 Absatz 1 Buchstabe d in Verbindung mit Artikel 22 Absatz 1 oder Anhang VIII Nummer 3 oder 4 Buchstabe a oder b der Verordnung (EU) Nr. 1169/2011,

5. *(aufgehoben)*

6. den Anforderungen an die Angaben über das Mindesthaltbarkeitsdatum oder über das Verbrauchsdatum nach Artikel 9 Absatz 1 Buchstabe f in Verbindung mit Artikel 24 Absatz 1 Satz 1 oder Absatz 2, jeweils auch in Verbindung mit Anhang X Nummer 1 Buchstabe a, b oder c oder Nummer 2 der Verordnung (EU) Nr. 1169/2011,

---

[1]) Nr. **3**.

7. den Anforderungen an die besonderen Anweisungen für Aufbewahrung oder Verwendungen nach Artikel 9 Absatz 1 Buchstabe g in Verbindung mit Artikel 25 der Verordnung (EU) Nr. 1169/2011,

8. den Anforderungen an die Angaben über den Namen oder die Firma und die Anschrift nach Artikel 9 Absatz 1 Buchstabe h der Verordnung (EU) Nr. 1169/2011,

9. den Anforderungen an die Angaben über das Ursprungsland oder über den Herkunftsort nach Artikel 9 Absatz 1 Buchstabe i in Verbindung mit Artikel 26 Absatz 2 Buchstabe a der Verordnung (EU) Nr. 1169/2011,

10. den Anforderungen an die Angaben über das Ursprungsland oder über den Herkunftsort nach Artikel 9 Absatz 1 Buchstabe i in Verbindung mit Artikel 26 Absatz 2 Buchstabe b Satzteil vor Satz 2 der Verordnung (EU) Nr. 1169/2011 für die dort bezeichneten Sorten Fleisch und Artikel 5 Absatz 1 Unterabsatz 1 und 2 oder Absatz 3, jeweils auch in Verbindung mit Artikel 6 oder 7, der Durchführungsverordnung (EU) Nr. 1337/2013 der Kommission vom 13. Dezember 2013 mit Durchführungsbestimmungen zur Verordnung (EU) Nr. 1169/2011 des Europäischen Parlaments und des Rates hinsichtlich der Angabe des Ursprungslandes bzw. Herkunftsortes von frischem, gekühltem oder gefrorenem Schweine-, Schaf-, Ziegen- und Geflügelfleisch (ABl. L 335 vom 14.12.2013, S. 19; L 95 vom 29.3.2014, S. 70),

11. den Anforderungen an die Angaben über die Gebrauchsanleitung nach Artikel 9 Absatz 1 Buchstabe j in Verbindung mit Artikel 27 Absatz 1 der Verordnung (EU) Nr. 1169/2011,

12. den Anforderungen an die Angaben über den Alkoholgehalt nach Artikel 9 Absatz 1 Buchstabe k in Verbindung mit Artikel 28 Absatz 2 in Verbindung mit Anhang XII Satz 1 oder 2 erster Halbsatz und Satz 4 der Verordnung (EU) Nr. 1169/2011,

13. den Anforderungen an die Angaben über Nährstoffe und andere Substanzen
   a) nach Artikel 9 Absatz 1 Buchstabe l der Verordnung (EU) Nr. 1169/2011 in Verbindung mit Artikel 30 Absatz 1 Satz 1, Artikel 31 Absatz 1, 3 Satz 1 oder Absatz 4 Satz 1, Artikel 32 Absatz 1, 2, 3 oder Absatz 5, Artikel 34 Absatz 1, 2 Satz 1 oder Absatz 3 Satz 1, Anhang XIII Teil B, Anhang XIV oder XV der Verordnung (EU) Nr. 1169/2011,
   b) nach Artikel 7 Satz 1 und 2 der Verordnung (EG) Nr. 1924/2006[1]) des Europäischen Parlaments und des Rates vom 20. Dezember 2006 über nährwert- und gesundheitsbezogene Angaben über Lebensmittel (ABl. L 404 vom 30.12.2006, S. 9; L 12 vom 18.1.2007, S. 3; L 86 vom 28.3.2008, S. 34; L 198 vom 30.7.2009, S. 87; L 160 vom 12.6.2013, S. 15), die zuletzt durch die Verordnung (EU) Nr. 1047/2012 (ABl. L 310 vom 9.11.2012, S. 36) geändert worden ist, in Verbindung mit Artikel 30 Absatz 1 Satz 1, Artikel 31 Absatz 1, 3 Satz 1 oder Absatz 4 Satz 1, Artikel 32 Absatz 1, 2, 3 oder Absatz 5, Artikel 34 Absatz 1, 2 Satz 1 oder Absatz 3 Satz 1, Anhang XIII Teil B, Anhang XIV oder XV der Verordnung (EU) Nr. 1169/2011,
   c) nach Artikel 7 Satz 3 der Verordnung (EG) Nr. 1924/2006 in Verbindung mit Artikel 30 Absatz 2 der Verordnung (EU) Nr. 1169/2011 nach Maßgabe der Artikel 31 Absatz 3 Satz 1 oder Absatz 4 Satz 1, Artikel 32 Absatz 1, 2, 3 oder 5, Artikel 33 Absatz 4, Artikel 34 Absatz 1, 2 Satz 1 oder Absatz 3

---

[1]) Nr. 6.

Satz 1, Anhang XIII Teil A Nummer 1 oder Anhang XV der Verordnung (EU) Nr. 1169/2011 oder

d) nach Artikel 7 Satz 4 der Verordnung (EG) Nr. 1924/2006 nach Maßgabe der Artikel 31 Absatz 3 Satz 1 oder Absatz 4 Satz 1 oder Artikel 32 Absatz 1, 2, 3 oder 5 der Verordnung (EU) Nr. 1169/2011,

14. den Anforderungen an die weiteren erforderlichen Angaben nach Artikel 10 Absatz 1 in Verbindung mit folgenden Nummern des Anhanges III der Verordnung (EU) Nr. 1169/2011:

a) den Nummern 1., 2., 3. oder Nummer 4.,

b) der Nummer 5.1. in Verbindung mit

    aa) Nummer (3), (4), (5) oder Nummer (7) in Spalte „Angabe" der Tabelle oder

    bb) Nummer (1), (2), (6) oder Nummer (8) in Spalte „Angabe" der Tabelle,

c) der Nummer 6.,

15. den Anforderungen an die weiteren Vorgaben der Kennzeichnung nach

a) Artikel 9 Absatz 2 Satz 1,

b) Artikel 12 Absatz 2 oder

c) Artikel 13 Absatz 1, 2, 3 oder 5 der Verordnung (EU) Nr. 1169/2011,

16. die durch Einsatz von Fernkommunikationstechniken zum Verkauf angeboten werden und für die die Angaben nach Artikel 14 Absatz 1 der Verordnung (EU) Nr. 1169/2011 vor Abschluss des Kaufvertrages nicht verfügbar sind und weder auf dem Trägermaterial des Fernabsatzgeschäftes erscheinen noch durch andere geeignete Mittel bereitgestellt werden,

17. den Anforderungen für ein Verzeichnis der Zutaten nach § 3 oder

18. den Anforderungen der Kennzeichnung in deutscher Sprache nach § 2 in Verbindung mit den in § 5 Absatz 1 Nummer 1 bis 3 oder Nummer 6 bis 11, Nummer 13 oder 14, Nummer 15 Buchstabe a oder Nummer 16 oder 17 genannten Angaben.

(2) Absatz 1 gilt auch, wenn die genannten Angaben freiwillig bereitgestellt werden.

(3) Dem Verantwortlichen nach Artikel 8 Absatz 1, oder Absatz 4 Satz 2 der Verordnung (EU) Nr. 1169/2011 ist es verboten, nicht vorverpackte Lebensmittel im Sinne des § 4 Absatz 2 in den Verkehr zu bringen, und dem Verantwortlichen nach Artikel 8 Absatz 3 der Verordnung (EU) Nr. 1169/2011 ist es verboten, nicht vorverpackte Lebensmittel im Sinne des § 4 Absatz 2 abzugeben, die durch Einsatz von Fernkommunikationstechniken zum Verkauf angeboten werden und für die die erforderlichen Angaben nach Artikel 14 Absatz 2 der Verordnung (EU) Nr. 1169/2011 in Verbindung mit Artikel 9 Absatz 1 Buchstabe c in Verbindung mit Artikel 21 Absatz 1 Unterabsatz 1, 2 oder 3 oder Anhang II der Verordnung (EU) Nr. 1169/2011 vor Abschluss des Kaufvertrages nicht verfügbar sind.

(4) Dem nach Artikel 8 Absatz 6 der Verordnung (EU) Nr. 1169/2011 Verantwortlichen ist es verboten, nicht vorverpackte Lebensmittel, die für die Abgabe an Endverbraucher oder Anbieter von Gemeinschaftsverpflegung bestimmt sind, an Lebensmittelunternehmer abzugeben, ohne dass diesem Lebensmittelunternehmer ausreichende Angaben zur Erfüllung der in § 4 Absatz 1 oder 2 genannten Anforderungen übermittelt werden.

(5) [1] Dem nach Artikel 8 Absatz 7 Satz 1 der Verordnung (EU) Nr. 1169/2011 Verantwortlichen ist es verboten, vorverpackte Lebensmittel im Sinne des Artikels

8 Absatz 7 Satz 1 der Verordnung (EU) Nr. 1169/2011, die den in Absatz 1 genannten Anforderungen nicht entsprechen, in den Verkehr zu bringen, wenn nicht gewährleistet ist, dass die in Absatz 1 Nummer 1 bis 14, 16 und 17 genannten Angaben, in beiliegenden oder gleichzeitig versendeten Handelspapieren, die sich auf das Lebensmittel beziehen, gemacht werden. ² Unbeschadet der Regelung in Satz 1 stellt der in Satz 1 genannte Verantwortliche sicher, dass die Angaben nach Absatz 1 Nummer 1 oder Nummer 6 bis 8 auf der Außenverpackung, in der die vorverpackten Lebensmittel vermarktet werden, angebracht sind.

(6) Dem nach Artikel 8 Absatz 8 der Verordnung (EU) Nr. 1169/2011 Verantwortlichen ist es verboten, anderen Lebensmittelunternehmern Lebensmittel, die nicht für die Abgabe an Endverbraucher oder an Anbieter von Gemeinschaftsverpflegung bestimmt sind, zu liefern, ohne dass diese ausreichende Angaben zur Erfüllung der in Absatz 1 oder 3 bis 5 genannten Anforderungen erhalten.

§ 6 Straftaten und Ordnungswidrigkeiten. (1) Nach § 59 Absatz 1 Nummer 21 Buchstabe a des Lebensmittel- und Futtermittelgesetzbuches[1] wird bestraft, wer entgegen § 5 Absatz 1 Nummer 1 Buchstabe b oder Nummer 14 Buchstabe b Doppelbuchstabe aa ein Lebensmittel in den Verkehr bringt.

(2) Nach § 59 Absatz 3 Nummer 2 Buchstabe a des Lebensmittel- und Futtermittelgesetzbuches wird bestraft, wer entgegen Artikel 14 Absatz 1 der Verordnung (EG) Nr. 178/2002[2] des Europäischen Parlaments und des Rates vom 28. Januar 2002 zur Festlegung der allgemeinen Grundsätze und Anforderungen des Lebensmittelrechts, zur Errichtung der Europäischen Behörde für Lebensmittelsicherheit und zur Festlegung von Verfahren zur Lebensmittelsicherheit (ABl. L 31 vom 1.2.2002, S. 1), die zuletzt durch die Verordnung (EU) Nr. 652/2014 (ABl. L 189 vom 27.6.2014, S. 1) geändert worden ist, in Verbindung mit Artikel 24 Absatz 1 der Verordnung (EU) Nr. 1169/2011[3] des Europäischen Parlaments und des Rates vom 25. Oktober 2011 betreffend die Information der Verbraucher über Lebensmittel und zur Änderung der Verordnungen (EG) Nr. 1924/2006[4] und (EG) Nr. 1925/2006 des Europäischen Parlaments und des Rates und zur Aufhebung der Richtlinie 87/250/EWG der Kommission, der Richtlinie 90/496/EWG des Rates, der Richtlinie 1999/10/EG der Kommission, der Richtlinie 2000/13/EG des Europäischen Parlaments und des Rates, der Richtlinien 2002/67/EG und 2008/5/EG der Kommission und der Verordnung (EG) Nr. 608/2004 der Kommission (ABl. L 304 vom 22.11.2011, S. 18; L 331 vom 18.11.2014, S. 41; L 50 vom 21.2.2015, S. 48; L 266 vom 30.9.2016, S. 7), die zuletzt durch die Verordnung (EU) 2015/2283 (ABl. L 327 vom 11.12.2015, S. 1) geändert worden ist, ein mikrobiologischer Hinsicht ein leicht verderbliches Lebensmittel nach Ablauf des Verbrauchdatums in den Verkehr bringt.

(3) Ordnungswidrig im Sinne des § 60 Absatz 1 Nummer 2 des Lebensmittel- und Futtermittelgesetzbuches handelt, wer eine in Absatz 1 oder 2 bezeichnete Handlung fahrlässig begeht.

---

[1] Nr. 2.
[2] Nr. 1.
[3] Nr. 3.
[4] Nr. 6.

(4) Ordnungswidrig im Sinne des § 60 Absatz 2 Nummer 26 Buchstabe a des Lebensmittel- und Futtermittelgesetzbuches handelt, wer vorsätzlich oder fahrlässig

1. entgegen § 4 Absatz 1 Satz 1, Absatz 2 Satz 1, auch in Verbindung mit Absatz 2 Satz 2, oder entgegen § 4 Absatz 5 Satz 1 erster Halbsatz, auch in Verbindung mit Absatz 5 Satz 2, ein Lebensmittel in den Verkehr bringt oder abgibt,

2. entgegen § 5 Absatz 1 Nummer 1 Buchstabe a, Nummer 2 bis 4, Nummer 6 bis 13, Nummer 14 Buchstabe a, b Doppelbuchstabe bb oder Buchstabe c, Nummer 15 bis 17 oder 18, jeweils auch in Verbindung mit § 5 Absatz 2, ein Lebensmittel in den Verkehr bringt,

3. entgegen § 5 Absatz 3 oder 5 Satz 1 ein Lebensmittel in den Verkehr bringt,

4. entgegen § 5 Absatz 4 ein Lebensmittel abgibt,

5. entgegen § 5 Absatz 5 Satz 2 nicht sicherstellt, dass eine dort genannte Angabe auf der Außenverpackung angebracht ist, oder

6. entgegen § 5 Absatz 6 ein Lebensmittel liefert.

Anlage
(zu § 4a Absatz 1)

Abbildung des Nutri-Score-Kennzeichens

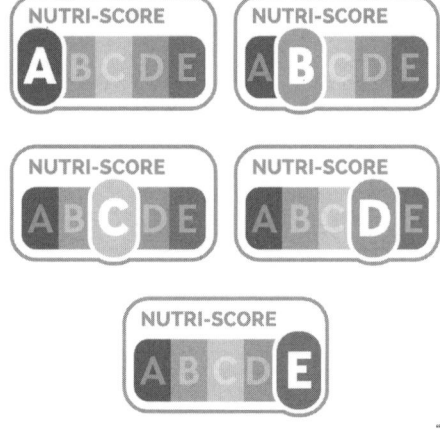

5. Los-Kennzeichnungs-Verordnung (LKV)

Vom 23. Juni 1993

(BGBl. I S. 1022)

FNA 2125–40–52

zuletzt geänd. durch Art. 4 G zur Neuregelung des gesetzlichen Messwesens v. 25.7.2013 (BGBl. I S. 2722)

Auf Grund des § 19 Abs. 1 Nr. 1 und 2 Buchstabe b des Lebensmittel- und Bedarfsgegenständegesetzes vom 15. August 1974 (BGBl. I S. 1945, 1946), der durch Artikel 1 Nr. 3 des Gesetzes vom 22. Januar 1991 (BGBl. I S. 121) geändert worden ist, verordnet der Bundesminister für Gesundheit im Einvernehmen mit den Bundesministern für Ernährung, Landwirtschaft und Forsten und für Wirtschaft:

§ 1 Kennzeichnungspflicht. (1) [1] Lebensmittel dürfen nur in den Verkehr gebracht werden, wenn sie mit einer Angabe gekennzeichnet sind, aus der das Los zu ersehen ist, zu dem sie gehören. [2] Die Angabe muß aus einer Buchstaben-Kombination, Ziffern-Kombination oder Buchstaben-/Ziffern-Kombination bestehen. [3] Der Angabe ist der Buchstabe „L" voranzustellen, soweit sie sich nicht deutlich von den anderen Angaben der Kennzeichnung unterscheidet.

(2) [1] Ein Los ist die Gesamtheit von Verkaufseinheiten eines Lebensmittels, das unter praktisch gleichen Bedingungen erzeugt, hergestellt oder verpackt wurde. [2] Das Los wird vom Erzeuger, Hersteller, Verpacker oder ersten im Inland niedergelassenen Verkäufer des betreffenden Lebensmittels festgelegt.

§ 2 Ausnahmen von der Kennzeichnungspflicht. § 1 gilt nicht für

1. Agrarerzeugnisse, die unmittelbar von einem landwirtschaftlichen Betrieb
   a) an Lager-, Aufmachungs- oder Verpackungsstellen verkauft oder verbracht werden,
   b) an Erzeugerorganisationen weitergeleitet werden,
   c) zur sofortigen Verwendung in einem in Betrieb befindlichen Zubereitungs- oder Verarbeitungssystem gesammelt werden;
2. Lebensmittel, die erst in der Verkaufsstätte auf Anfrage des Käufers oder im Hinblick auf ihre alsbaldige Abgabe an den Verbraucher, wobei dem Verbraucher Gaststätten, Einrichtungen zur Gemeinschaftsverpflegung sowie Gewerbetreibende, soweit sie Lebensmittel zum Verbrauch innerhalb ihrer Betriebsstätte beziehen, gleichstehen, verpackt und dort abgegeben werden;
3. Lebensmittel, die lose an den Verbraucher abgegeben werden;
4. Lebensmittel in Verpackungen oder Behältnissen, deren größte Einzelfläche weniger als 10 cm^2 beträgt;
5. Lebensmittel, bei denen das Mindesthaltbarkeitsdatum oder Verbrauchsdatum unverschlüsselt unter Angabe mindestens des Tages und des Monats in dieser Reihenfolge angegeben ist;
6. Lebensmittel, deren Kennzeichnung mit der Angabe des Loses
   a) in Verordnungen der Europäischen Union,
   b) in Rechtsverordnungen auf Grund des Weingesetzes
   geregelt ist;
7. Speiseeis-Einzelpackungen.

§ 3 Art der Kennzeichnung. Die Angabe nach § 1 Abs. 1 muß gut sichtbar, deutlich lesbar und unverwischbar angebracht sein

1. bei Lebensmitteln in Fertigpackungen im Sinne des § 42 Absatz 1 des Mess- und Eichgesetzes, die dazu bestimmt sind, an den Verbraucher im Sinne des § 2 Nr. 2 abgegeben zu werden, auf der Fertigpackung oder einem mit ihr verbundenen Etikett,

2. bei anderen Lebensmitteln auf dem Behältnis oder der Verpackung oder in einem Begleitpapier.

§ 4 Unberührtheitsklausel. Rechtsvorschriften, die für bestimmte Lebensmittel eine von den Vorschriften dieser Verordnung abweichende oder zusätzliche Kennzeichnung vorschreiben, bleiben unberührt.

§ 5 Ordnungswidrigkeiten. Ordnungswidrig im Sinne des § 60 Abs. 2 Nr. 26 Buchstabe a des Lebensmittel- und Futtermittelgesetzbuches[1] handelt, wer vorsätzlich oder fahrlässig Lebensmittel in den Verkehr bringt, die entgegen § 1 Abs. 1 in Verbindung mit § 3 nicht oder nicht in der vorgeschriebenen Weise gekennzeichnet sind.

§ 6 Übergangsvorschriften. (1) Erzeugnisse, die vor dem 1. Juli 1993 gekennzeichnet oder in den Verkehr gebracht worden sind, dürfen weiter ohne die Angabe nach § 1 Abs. 1 in den Verkehr gebracht werden.

(2) Getränke in Dauerbrandflaschen dürfen noch bis zum 31. Dezember 1996 ohne die Angabe nach § 1 Abs. 1 in den Verkehr gebracht werden.

§ 7 Inkrafttreten. Die Verordnung tritt am 1. Juli 1993 in Kraft.

Der Bundesrat hat zugestimmt.

---

[1] Nr. 2.

6. Verordnung (EG) Nr. 1924/2006 des Europäischen Parlaments und des Rates vom 20. Dezember 2006 über nährwert- und gesundheitsbezogene Angaben über Lebensmittel

(ABl. L 404 S. 9, ber. ABl. 2007 L 12 S. 3, ber. ABl. 2008 L 86 S. 34, ber. ABl. 2009 L 198 S. 87, ber. ABl. 2013 L 160 S. 15)

Celex-Nr. 3 2006 R 1924

zuletzt geänd. durch Art. 1 ÄndVO (EU) 1047/2012 v. 8.11.2012 (ABl. L 310 S. 36)

Nichtamtliche Inhaltsübersicht

DAS EUROPÄISCHE PARLAMENT UND DER RAT DER EUROPÄISCHEN UNION –

gestützt auf den Vertrag zur Gründung der Europäischen Gemeinschaft[1], insbesondere auf Artikel 95[2], *Gesundheitsschutz*

auf Vorschlag der Kommission, *Harmonisierung EU + gesundheitsbezogene*

nach Stellungnahme des Europäischen Wirtschafts- und Sozialausschusses[3],

gemäß dem Verfahren des Artikels 251 des Vertrags[4] [5],

in Erwägung nachstehender Gründe:

(1) Zunehmend werden Lebensmittel in der Gemeinschaft mit nährwert- und gesundheitsbezogenen Angaben gekennzeichnet, und es wird mit diesen Angaben für sie Werbung gemacht. Um dem Verbraucher ein hohes Schutzniveau zu gewährleisten und ihm die Wahl zu erleichtern, sollten die im Handel befindlichen Produkte, einschließlich der eingeführten Produkte, sicher sein und eine angemessene Kennzeichnung aufweisen. Eine abwechslungsreiche und ausgewogene Ernährung ist eine Grundvoraussetzung für eine gute Gesundheit, und einzelne Produkte sind im Kontext der gesamten Ernährung von relativer Bedeutung.

(2) Unterschiede zwischen den nationalen Bestimmungen über solche Angaben können den freien Warenverkehr behindern und ungleiche Wettbewerbsbedingungen schaffen. Sie haben damit eine unmittelbare Auswirkung auf das Funktionieren des Binnenmarktes. Es ist daher notwendig, Gemeinschaftsregeln für die Verwendung von nährwert- und gesundheitsbezogenen Angaben über Lebensmittel zu erlassen.

(3) Die Richtlinie 2000/13/EG des Europäischen Parlaments und des Rates vom 20. März 2000 zur Angleichung der Rechtsvorschriften der Mitgliedstaaten über die Etikettierung und Aufmachung von Lebensmitteln sowie die Werbung hierfür[6] enthält allgemeine Kennzeichnungsbestimmungen. Mit der Richtlinie 2000/13/EG wird allgemein die Verwendung von Informationen untersagt, die den Käufer irreführen können oder den Lebensmitteln medizinische Eigenschaften zuschreiben. Mit der vorliegenden Verordnung sollten die allgemeinen Grundsätze der Richtlinie 2000/13/EG ergänzt und spezielle Vorschriften für die Verwendung von nährwert- und gesundheitsbezogenen Angaben bei Lebensmitteln, die als solche an den Endverbraucher abgegeben werden sollen, festgelegt werden.

(4) Diese Verordnung sollte für alle nährwert- und gesundheitsbezogenen Angaben gelten, die in kommerziellen Mitteilungen, u.a. auch in allgemeinen Werbeaussagen über Lebensmittel und in Werbekampagnen wie solchen, die ganz oder teilweise von Behörden gefördert werden, gemacht

---

[1] Nunmehr Vertrag über die Arbeitsweise der Europäischen Union durch Vertrag von Lissabon v. 13.12.2007 (ABl. C 306 S. 1).

[2] Nunmehr Art. 114 AEUV durch Vertrag von Lissabon v. 13.12.2007 (ABl. C 306 S. 1).

[3] **Amtl. Anm.:** ABl. C 110 vom 30.4.2004, S. 18.

[4] Nunmehr Art. 294 AEUV durch Vertrag von Lissabon v. 13.12.2007 (ABl. C 306 S. 1).

[5] **Amtl. Anm.:** Stellungnahme des Europäischen Parlaments vom 26. Mai 2005 (ABl. C 117 E vom 18.5.2006, S. 187), Gemeinsamer Standpunkt des Rates vom 8. Dezember 2005 (ABl. C 80 E vom 4.4.2006, S. 43) und Standpunkt des Europäischen Parlaments vom 16. Mai 2006 (noch nicht im Amtsblatt veröffentlicht). Beschluss des Rates vom 12. Oktober.

[6] **Amtl. Anm.:** ABl. L 109 vom 6.5.2000, S. 29. Zuletzt geändert durch die Richtlinie 2003/89/EG (ABl. L 308 vom 25.11.2003, S. 15).

werden. Auf Angaben in nichtkommerziellen Mitteilungen, wie sie z.b. in Ernährungsrichtlinien oder -empfehlungen von staatlichen Gesundheitsbehörden und -stellen oder in nichtkommerziellen Mitteilungen und Informationen in der Presse und in wissenschaftlichen Veröffentlichungen zu finden sind, sollte sie jedoch keine Anwendung finden. Diese Verordnung sollte ferner auf Handelsmarken und sonstige Markennamen Anwendung finden, die als nährwert- oder gesundheitsbezogene Angabe ausgelegt werden können.

(5) Allgemeine Bezeichnungen, die traditionell zur Angabe einer Eigenschaft einer Kategorie von Lebensmitteln oder Getränken verwendet werden, die Auswirkungen auf die menschliche Gesundheit haben könnte, wie z.b. „Digestif" oder „Hustenbonbon", sollten von der Anwendung dieser Verordnung ausgenommen werden.

(6) Nährwertbezogene Angaben mit negativen Aussagen fallen nicht unter den Anwendungsbereich dieser Verordnung; Mitgliedstaaten, die nationale Regelungen für negative nährwertbezogene Angaben einzuführen gedenken, sollten dies der Kommission und den anderen Mitgliedstaaten gemäß der Richtlinie 98/34/EG des Europäischen Parlaments und des Rates vom 22. Juni 1998 über ein Informationsverfahren auf dem Gebiet der Normen und technischen Vorschriften und der Vorschriften für die Dienste der Informationsgesellschaft[1] mitteilen.

(7) Auf internationaler Ebene hat der Codex Alimentarius 1991 allgemeine Leitsätze für Angaben und 1997 Leitsätze für die Verwendung nährwertbezogener Angaben verabschiedet. Die Codex-Alimentarius-Kommission hat 2004 eine Änderung des letztgenannten Dokuments verabschiedet. Dabei geht es um die Aufnahme gesundheitsbezogener Angaben in die Leitsätze von 1997. Die in den Codex-Leitsätzen vorgegebenen Definitionen und Bedingungen werden entsprechend berücksichtigt.

(8) Die in der Verordnung (EG) Nr. 2991/94 des Rates vom 5. Dezember 1994 mit Normen für Streichfette[2] vorgesehene Möglichkeit, für Streichfette die Angabe „fettarm" zu verwenden, sollte so bald wie möglich an die Bestimmungen dieser Verordnung angepasst werden. Zwischenzeitlich gilt die Verordnung (EG) Nr. 2991/94 für die darin erfassten Erzeugnisse.

(9) Es gibt eine Vielzahl von Nährstoffen und anderen Substanzen – unter anderem Vitamine, Mineralstoffe einschließlich Spurenelementen, Aminosäuren, essenzielle Fettsäuren, Ballaststoffe, verschiedene Pflanzen- und Kräuterextrakte und andere – mit ernährungsbezogener oder physiologischer Wirkung, die in Lebensmitteln vorhanden und Gegenstand entsprechender Angaben sein können. Daher sollten allgemeine Grundsätze für alle Angaben über Lebensmittel festgesetzt werden, um ein hohes Verbraucherschutzniveau zu gewährleisten, dem Verbraucher die notwendigen Informationen für eine sachkundige Entscheidung zu liefern und gleiche Wettbewerbsbedingungen für die Lebensmittelindustrie zu schaffen.

(10) Lebensmittel, die mit entsprechenden Angaben beworben werden, können vom Verbraucher als Produkte wahrgenommen werden, die gegenüber ähnlichen oder anderen Produkten, denen solche Nährstoffe oder andere Stoffe nicht zugesetzt sind, einen nährwertbezogenen, physiologischen

---

[1] **Amtl. Anm.:** ABl. L 204 vom 21.7.1998, S. 37. Zuletzt geändert durch die Beitrittsakte von 2003.
[2] **Amtl. Anm.:** ABl. L 316 vom 9.12.1994, S. 2.

oder anderweitigen gesundheitlichen Vorteil bieten. Dies kann den Verbraucher zu Entscheidungen veranlassen, die die Gesamtaufnahme einzelner Nährstoffe oder anderer Substanzen unmittelbar in einer Weise beeinflussen, die den einschlägigen wissenschaftlichen Empfehlungen widersprechen könnte. Um diesem potenziellen unerwünschten Effekt entgegenzuwirken, wird es für angemessen erachtet, gewisse Einschränkungen für Produkte, die solche Angaben tragen, festzulegen. In diesem Zusammenhang sind Faktoren wie das Vorhandensein von bestimmten Substanzen in einem Produkt oder das Nährwertprofil eines Produkts ein geeignetes Kriterium für die Entscheidung, ob das Produkt Angaben tragen darf. Die Verwendung solcher Kriterien auf nationaler Ebene ist zwar für den Zweck gerechtfertigt, dem Verbraucher sachkundige Entscheidungen über seine Ernährung zu ermöglichen, könnte jedoch zu Behinderungen des innergemeinschaftlichen Handels führen und sollte daher auf Gemeinschaftsebene harmonisiert werden. Gesundheitsbezogene Information und Kommunikation zur Unterstützung von Botschaften der nationalen Behörden oder der Gemeinschaft über die Gefahren des Alkoholmissbrauchs sollten nicht von dieser Verordnung erfasst werden.

(11) Durch die Anwendung des Nährwertprofils als Kriterium soll vermieden werden, dass die nährwert- und gesundheitsbezogenen Angaben den Ernährungsstatus eines Lebensmittels verschleiern und so den Verbraucher irreführen können, wenn dieser bemüht ist, durch ausgewogene Ernährung eine gesunde Lebensweise anzustreben. Die in dieser Verordnung vorgesehenen Nährwertprofile sollten einzig dem Zweck dienen, festzulegen, unter welchen Voraussetzungen solche Angaben gemacht werden dürfen. Sie sollten sich auf allgemein anerkannte wissenschaftliche Nachweise über das Verhältnis zwischen Ernährung und Gesundheit stützen. Die Nährwertprofile sollten jedoch auch Produktinnovationen ermöglichen und die Verschiedenartigkeit der Ernährungsgewohnheiten und -traditionen sowie den Umstand, dass einzelne Produkte eine bedeutende Rolle im Rahmen der Gesamternährung spielen können, berücksichtigen.

(12) Bei der Festlegung von Nährwertprofilen sollten die Anteile verschiedener Nährstoffe und Substanzen mit ernährungsbezogener Wirkung oder physiologischer Wirkung, insbesondere solcher wie Fett, gesättigte Fettsäuren, trans-Fettsäuren, Salz/Natrium und Zucker, deren übermäßige Aufnahme im Rahmen der Gesamternährung nicht empfohlen wird, sowie mehrfach und einfach ungesättigte Fettsäuren, verfügbare Kohlenhydrate außer Zucker, Vitamine, Mineralstoffe, Proteine und Ballaststoffe, berücksichtigt werden. Bei der Festlegung der Nährwertprofile sollten die verschiedenen Lebensmittelkategorien sowie der Stellenwert und die Rolle dieser Lebensmittel in der Gesamternährung berücksichtigt werden, und den verschiedenen Ernährungsgewohnheiten und Konsummustern in den Mitgliedstaaten sollte gebührende Beachtung geschenkt werden. Ausnahmen von der Anforderung, etablierte Nährwertprofile zu berücksichtigen, können für bestimmte Lebensmittel oder Lebensmittelkategorien je nach ihrer Rolle und ihrer Bedeutung für die Ernährung der Bevölkerung erforderlich sein. Dies würde eine komplexe technische Aufgabe bedeuten und die Verabschiedung entsprechender Maßnahmen sollte daher der Kommission übertragen werden, wobei den Empfehlungen der Europäischen Behörde für Lebensmittelsicherheit Rechnung zu tragen ist.

(13) Die in der Richtlinie 2002/46/EG des Europäischen Parlaments und des Rates vom 10. Juni 2002 über die Angleichung der Rechtsvorschriften der Mitgliedstaaten über Nahrungsergänzungsmittel[1] definierten Nahrungsergänzungsmittel, die in flüssiger Form dargereicht werden und mehr als 1,2 % vol. Alkohol enthalten, gelten nicht als Getränke im Sinne dieser Verordnung.

(14) Es gibt eine Vielzahl von Angaben, die derzeit bei der Kennzeichnung von Lebensmitteln und der Werbung hierfür in manchen Mitgliedstaaten gemacht werden und sich auf Stoffe beziehen, deren positive Wirkung nicht nachgewiesen wurde bzw. zu denen derzeit noch keine ausreichende Einigkeit in der Wissenschaft besteht. Es muss sichergestellt werden, dass für Stoffe, auf die sich eine Angabe bezieht, der Nachweis einer positiven ernährungsbezogenen Wirkung oder physiologischen Wirkung erbracht wird.

(15) Um zu gewährleisten, dass die Angaben der Wahrheit entsprechen, muss die Substanz, die Gegenstand der Angabe ist, im Endprodukt in einer ausreichenden Menge vorhanden bzw. im umgekehrten Fall nicht vorhanden oder ausreichend reduziert sein, um die behauptete ernährungsbezogene Wirkung oder physiologische Wirkung zu erzeugen. Die Substanz sollte zudem in einer für den Körper verwertbaren Form verfügbar sein. Außerdem sollte – falls sachgerecht – eine wesentliche Menge der Substanz, die für die behauptete ernährungsbezogene Wirkung oder physiologische Wirkung verantwortlich ist, durch den Verzehr einer vernünftigerweise anzunehmenden Menge des Lebensmittels bereitgestellt werden.

(16) Es ist wichtig, dass Angaben über Lebensmittel vom Verbraucher verstanden werden können und es ist angezeigt, alle Verbraucher vor irreführenden Angaben zu schützen. Der Gerichtshof der Europäischen Gemeinschaften hat es allerdings in seiner Rechtsprechung in Fällen im Zusammenhang mit Werbung seit dem Erlass der Richtlinie 84/450/EWG des Rates vom 10. September 1984 über irreführende und vergleichende Werbung[2] für erforderlich gehalten, die Auswirkungen auf einen fiktiven typischen Verbraucher zu prüfen. Entsprechend dem Grundsatz der Verhältnismäßigkeit und im Interesse der wirksamen Anwendung der darin vorgesehenen Schutzmaßnahmen nimmt diese Verordnung den normal informierten, aufmerksamen und verständigen Durchschnittsverbraucher unter Berücksichtigung sozialer, kultureller und sprachlicher Faktoren nach der Auslegung des Gerichtshofs als Maßstab, zielt mit ihren Bestimmungen jedoch darauf ab, die Ausnutzung von Verbrauchern zu vermeiden, die aufgrund bestimmter Charakteristika besonders anfällig für irreführende Angaben sind. Richtet sich eine Angabe speziell an eine besondere Verbrauchergruppe wie z.B. Kinder, so sollte die Auswirkung der Angabe aus der Sicht eines Durchschnittsmitglieds dieser Gruppe beurteilt werden. Der Begriff des Durchschnittsverbrauchers beruht dabei nicht auf einer statistischen Grundlage. Die nationalen Gerichte und Verwaltungsbehörden müssen sich bei der Beurteilung der Frage, wie der Durch-

---

[1] **Amtl. Anm.:** ABl. L 183 vom 12.7.2002, S. 51. Geändert durch die Richtlinie 2006/37/EG der Kommission (ABl. L 94 vom 1.4.2006, S. 32).
[2] **Amtl. Anm.:** ABl. L 250 vom 19.9.1984, S. 17. Zuletzt geändert durch die Richtlinie 2005/29/EG des Europäischen Parlaments und des Rates (ABl. L 149 vom 11.6.2005, S. 22).

schnittsverbraucher in einem gegebenen Fall typischerweise reagieren würde, auf ihre eigene Urteilsfähigkeit unter Berücksichtigung der Rechtsprechung des Gerichtshofs verlassen.

(17) Eine wissenschaftliche Absicherung sollte der Hauptaspekt sein, der bei der Verwendung nährwert- und gesundheitsbezogener Angaben berücksichtigt wird, und die Lebensmittelunternehmer, die derartige Angaben verwenden, sollten diese auch begründen. Eine Angabe sollte wissenschaftlich abgesichert sein, wobei alle verfügbaren wissenschaftlichen Daten berücksichtigt und die Nachweise abgewogen werden sollten.

(18) Eine nährwert- oder gesundheitsbezogene Angabe sollte nicht gemacht werden, wenn sie den allgemein akzeptierten Ernährungs- und Gesundheitsgrundsätzen zuwiderläuft oder wenn sie zum übermäßigen Verzehr eines Lebensmittels verleitet oder diesen gutheißt oder von vernünftigen Ernährungsgewohnheiten abbringt.

(19) Angesichts des positiven Bildes, das Lebensmitteln durch nährwert- und gesundheitsbezogene Angaben verliehen wird, und der potenziellen Auswirkung solcher Lebensmittel auf Ernährungsgewohnheiten und die Gesamtaufnahme an Nährstoffen sollte der Verbraucher in die Lage versetzt werden, den Nährwert insgesamt zu beurteilen. Daher sollte die Nährwertkennzeichnung obligatorisch und bei allen Lebensmitteln, die gesundheitsbezogene Angaben tragen, umfassend sein.

(20) Die Richtlinie 90/496/EWG des Rates vom 24. September 1990 über die Nährwertkennzeichnung von Lebensmitteln[1] enthält allgemeine Vorschriften für die Nährwertkennzeichnung von Lebensmitteln. Nach der genannten Richtlinie sollte die Nährwertkennzeichnung zwingend vorgeschrieben sein, wenn auf dem Etikett, in der Aufmachung oder in der Werbung, mit Ausnahme allgemeiner Werbeaussagen, eine nährwertbezogene Angabe gemacht wurde. Bezieht sich eine nährwertbezogene Angabe auf Zucker, gesättigte Fettsäuren, Ballaststoffe oder Natrium, so sind die Angaben der in Artikel 4 Absatz 1 der Richtlinie 90/496/EWG definierten Gruppe 2 zu machen. Im Interesse eines hohen Verbraucherschutzniveaus sollte diese Pflicht, die Angaben der Gruppe 2 zu liefern, entsprechend für gesundheitsbezogene Angaben, mit Ausnahme allgemeiner Werbeaussagen, gelten.

(21) Es sollte eine Liste zulässiger nährwertbezogener Angaben und der spezifischen Bedingungen für ihre Verwendung erstellt werden, beruhend auf den Verwendungsbedingungen für derartige Angaben, die auf nationaler und internationaler Ebene vereinbart sowie in Gemeinschaftsvorschriften festgelegt wurden. Für jede Angabe, die als für den Verbraucher gleich bedeutend mit einer in der oben genannten Aufstellung aufgeführten nährwertbezogenen Angabe angesehen wird, sollten die in dieser Aufstellung angegebenen Verwendungsbedingungen gelten. So sollten beispielsweise für Angaben über den Zusatz von Vitaminen und Mineralstoffen wie „mit …", „mit wieder hergestelltem Gehalt an …", „mit Zusatz von …", „mit … angereichert" die Bedingungen gelten, die für die Angabe „Quelle von …" festgelegt wurden. Die Liste sollte zur Berücksichtigung des wissenschaftlichen und technischen Fortschritts regelmäßig aktualisiert werden.

---

[1] **Amtl. Anm.:** ABl. L 276 vom 6.10.1990, S. 40. Zuletzt geändert durch die Richtlinie 2003/120/EG der Kommission (ABl. L 333 vom 20.12.2003, S. 51).

Außerdem müssen bei vergleichenden Angaben dem Endverbraucher gegenüber die miteinander verglichenen Produkte eindeutig identifiziert werden.

(22) Die Bedingungen für die Verwendung von Angaben wie „laktose-" oder „glutenfrei", die an eine Verbrauchergruppe mit bestimmten Gesundheitsstörungen gerichtet sind, sollten in der Richtlinie 89/398/EWG des Rates vom 3. Mai 1989 zur Angleichung der Rechtsvorschriften der Mitgliedstaaten über Lebensmittel, die für eine besondere Ernährung bestimmt sind[1]), geregelt werden. Überdies bietet die genannte Richtlinie die Möglichkeit, bei für den allgemeinen Verzehr bestimmten Lebensmitteln auf ihre Eignung für diese Verbrauchergruppen hinzuweisen, sofern die Bedingungen für einen solchen Hinweis erfüllt sind. Bis die Bedingungen für solche Hinweise auf Gemeinschaftsebene festgelegt worden sind, können die Mitgliedstaaten einschlägige nationale Maßnahmen beibehalten oder erlassen.

(23) Gesundheitsbezogene Angaben sollten für die Verwendung in der Gemeinschaft nur nach einer wissenschaftlichen Bewertung auf höchstmöglichem Niveau zugelassen werden. Damit eine einheitliche wissenschaftliche Bewertung dieser Angaben gewährleistet ist, sollte die Europäische Behörde für Lebensmittelsicherheit solche Bewertungen vornehmen. Der Antragsteller sollte auf Antrag Zugang zu seinem Dossier erhalten, um sich über den jeweiligen Stand des Verfahrens zu informieren.

(24) Neben die Ernährung betreffenden gibt es zahlreiche andere Faktoren, die den psychischen Zustand und die Verhaltensfunktion beeinflussen können. Die Kommunikation über diese Funktionen ist somit sehr komplex, und es ist schwer, in einer kurzen Angabe bei der Kennzeichnung von Lebensmitteln und in der Werbung hierfür eine umfassende, wahrheitsgemäße und bedeutungsvolle Aussage zu vermitteln. Daher ist es angebracht, bei der Verwendung von Angaben, die sich auf psychische oder verhaltenspsychologische Wirkungen beziehen, einen wissenschaftlichen Nachweis zu verlangen.

(25) Im Lichte der Richtlinie 96/8/EG der Kommission vom 26. Februar 1996 über Lebensmittel für kalorienarme Ernährung zur Gewichtsverringerung[2]), in der festgelegt ist, dass die Kennzeichnung und die Verpackung der Erzeugnisse sowie die Werbung hierfür keine Angaben über Dauer und Ausmaß der aufgrund ihrer Verwendung möglichen Gewichtsabnahme enthalten dürfen, wird es als angemessen betrachtet, diese Einschränkung auf alle Lebensmittel auszudehnen.

(26) Andere gesundheitsbezogene Angaben als Angaben über die Reduzierung eines Krankheitsrisikos sowie die Entwicklung und die Gesundheit von Kindern, die sich auf allgemein anerkannte wissenschaftliche Nachweise stützen, sollten einer anderen Art von Bewertung und Zulassung unterzogen werden. Es ist daher erforderlich, nach Konsultation der Europäischen Behörde für Lebensmittelsicherheit eine Gemeinschaftsliste solcher zulässiger Angaben zu erstellen. Ferner sollten zur Förderung der Innovation diejenigen gesundheitsbezogenen Angaben, die auf neuen wissenschaftli-

---

[1]) **Amtl. Anm.:** ABl. L 186 vom 30.6.1989, S. 27. Zuletzt geändert durch die Verordnung (EG) Nr. 1882/2003 des Europäischen Parlaments und des Rates (ABl. L 284 vom 31.10.2003, S. 1).
[2]) **Amtl. Anm.:** ABl. L 55 vom 6.3.1996, S. 22.

chen Nachweisen beruhen, einem beschleunigten Zulassungsverfahren unterzogen werden.

(27) Zur Anpassung an den wissenschaftlichen und technischen Fortschritt sollte die vorstehend erwähnte Liste umgehend geändert werden, wann immer dies nötig ist. Eine solche Überarbeitung ist eine Durchführungsmaßnahme technischer Art, deren Erlass der Kommission übertragen werden sollte, um das Verfahren zu vereinfachen und zu beschleunigen.

(28) Die Ernährung ist einer von vielen Faktoren, die das Auftreten bestimmter Krankheiten beim Menschen beeinflussen. Andere Faktoren wie Alter, genetische Veranlagung, körperliche Aktivität, Konsum von Tabak und anderen Drogen, Umweltbelastungen und Stress können ebenfalls das Auftreten von Krankheiten beeinflussen. Daher sollten für Angaben, die sich auf die Verringerung eines Krankheitsrisikos beziehen, spezifische Kennzeichnungsvorschriften gelten.

(29) Damit sichergestellt ist, dass gesundheitsbezogene Angaben wahrheitsgemäß, klar, verlässlich und für den Verbraucher bei der Entscheidung für eine gesunde Ernährungsweise hilfreich sind, sollte die Formulierung und Aufmachung gesundheitsbezogener Angaben bei der Stellungnahme der Europäischen Behörde für Lebensmittelsicherheit und in anschließenden Verfahren berücksichtigt werden.

(30) In manchen Fällen kann die wissenschaftliche Risikobewertung allein nicht alle Informationen bereitstellen, die für eine Risikomanagemententscheidung erforderlich sind. Andere legitime Faktoren, die für die zu prüfende Frage relevant sind, sollten daher ebenfalls berücksichtigt werden.

(31) Im Sinne der Transparenz und zur Vermeidung wiederholter Anträge auf Zulassung bereits bewerteter Angaben sollte die Kommission ein öffentliches Register mit den Listen solcher Angaben erstellen und laufend aktualisieren.

(32) Zur Förderung von Forschung und Entwicklung in der Agrar- und Lebensmittelindustrie sind die Investitionen, die von Innovatoren bei der Beschaffung von Informationen und Daten zur Unterstützung eines Antrags auf Zulassung nach dieser Verordnung getätigt werden, zu schützen. Dieser Schutz sollte jedoch befristet werden, um die unnötige Wiederholung von Studien und Erprobungen zu vermeiden und den kleinen und mittleren Unternehmen (KMU), selten die finanzielle Kapazität zur Durchführung von Forschungstätigkeiten besitzen, den Zugang zur Verwendung von Angaben zu erleichtern.

(33) KMU bedeuten für die europäische Lebensmittelindustrie einen erheblichen Mehrwert, was die Qualität und die Bewahrung unterschiedlicher Ernährungsgewohnheiten betrifft. Zur Erleichterung der Umsetzung dieser Verordnung sollte die Europäische Behörde für Lebensmittelsicherheit rechtzeitig insbesondere den KMU geeignete technische Anweisungen und Hilfsmittel anbieten.

(34) Angesichts der besonderen Eigenschaften von Lebensmitteln, die solche Angaben tragen, sollten den Überwachungsstellen neben den üblichen Möglichkeiten zusätzliche Instrumente zur Verfügung gestellt werden, um eine effiziente Überwachung dieser Produkte zu ermöglichen.

(35) Es sind angemessene Übergangsmaßnahmen erforderlich, damit sich die Lebensmittelunternehmer an die Bestimmungen dieser Verordnung anpassen können.

(36) Da das Ziel dieser Verordnung, nämlich das ordnungsgemäße Funktionieren des Binnenmarkts für nährwert- und gesundheitsbezogene Angaben sicherzustellen und gleichzeitig ein hohes Verbraucherschutzniveau zu bieten, auf Ebene der Mitgliedstaaten nicht ausreichend verwirklicht werden kann und daher besser auf Gemeinschaftsebene zu verwirklichen ist, kann die Gemeinschaft im Einklang mit dem in Artikel 5 des Vertrags[1] niedergelegten Subsidiaritätsgrundsatz tätig werden. Entsprechend dem in demselben Artikel genannten Verhältnismäßigkeitsprinzip geht diese Verordnung nicht über das zur Erreichung dieses Ziels erforderliche Maß hinaus.

(37) Die zur Durchführung dieser Verordnung erforderlichen Maßnahmen sollten gemäß dem Beschluss 1999/468/EG des Rates vom 28. Juni 1999 zur Festlegung der Modalitäten für die Ausübung der der Kommission übertragenen Durchführungsbefugnisse[2] erlassen werden –

HABEN FOLGENDE VERORDNUNG ERLASSEN:

Kapitel I. Gegenstand, Anwendungsbereich und Begriffsbestimmungen

Art. 1 Gegenstand und Anwendungsbereich. (1) Mit dieser Verordnung werden die Rechts- und Verwaltungsvorschriften der Mitgliedstaaten über nährwert- und gesundheitsbezogene Angaben harmonisiert, um das ordnungsgemäße Funktionieren des Binnenmarkts zu gewährleisten und gleichzeitig ein hohes Verbraucherschutzniveau zu bieten.

(2) *[1]* Diese Verordnung gilt für nährwert- und gesundheitsbezogene Angaben, die in kommerziellen Mitteilungen bei der Kennzeichnung und Aufmachung von oder bei der Werbung für Lebensmittel gemacht werden, die als solche an den Endverbraucher abgegeben werden sollen.

[2] ¹ Auf nicht vorverpackte Lebensmittel (einschließlich Frischprodukte wie Obst, Gemüse oder Brot), die dem Endverbraucher oder Einrichtungen zur Gemeinschaftsverpflegung zum Kauf angeboten werden, und auf Lebensmittel, die entweder an der Verkaufsstelle auf Wunsch des Käufers verpackt oder zum sofortigen Verkauf fertig verpackt werden, finden Artikel 7 und Artikel 10 Absatz 2 Buchstaben a und b keine Anwendung. ² Einzelstaatliche Bestimmungen können angewandt werden, bis gegebenenfalls Gemeinschaftsmaßnahmen zur Änderung nicht wesentlicher Bestimmungen dieser Verordnung, auch durch Ergänzung, nach dem in Artikel 25 Absatz 3 genannten Regelungsverfahren mit Kontrolle erlassen werden.

[3] Diese Verordnung gilt auch für Lebensmittel, die für Restaurants, Krankenhäuser, Schulen, Kantinen und ähnliche Einrichtungen zur Gemeinschaftsverpflegung bestimmt sind.

(3) Handelsmarken, Markennamen oder Phantasiebezeichnungen, die in der Kennzeichnung, Aufmachung oder Werbung für ein Lebensmittel verwendet

---

[1] Nunmehr Art. 5 EUV durch Vertrag von Lissabon v. 13.12.2007 (ABl. C 306 S. 1).
[2] **Amtl. Anm.:** ABl. L 184 vom 17.7.1999, S. 23.

werden und als nährwert- oder gesundheitsbezogene Angabe aufgefasst werden können, dürfen ohne die in dieser Verordnung vorgesehenen Zulassungsverfahren verwendet werden, sofern der betreffenden Kennzeichnung, Aufmachung oder Werbung eine nährwert- oder gesundheitsbezogene Angabe beigefügt ist, die dieser Verordnung entspricht.

(4) ¹Im Fall allgemeiner Bezeichnungen, die traditionell zur Angabe einer Eigenschaft einer Kategorie von Lebensmitteln oder Getränken verwendet werden und die auf Auswirkungen auf die menschliche Gesundheit hindeuten könnten, kann auf Antrag der betroffenen Lebensmittelunternehmer eine Ausnahme von Absatz 3, die eine Änderung nicht wesentlicher Bestimmungen dieser Verordnung durch Ergänzung bewirkt, nach dem in Artikel 25 Absatz 3 genannten Regelungsverfahren mit Kontrolle erlassen werden. ²Der Antrag ist an die zuständige nationale Behörde eines Mitgliedstaats zu richten, die ihn unverzüglich an die Kommission weiterleitet. ³Die Kommission erlässt und veröffentlicht Regeln, nach denen Lebensmittelunternehmer derartige Anträge stellen können, um sicherzustellen, dass der Antrag in transparenter Weise und innerhalb einer vertretbaren Frist bearbeitet wird.

(5) Diese Verordnung gilt unbeschadet der folgenden Bestimmungen des Gemeinschaftsrechts:

a) Richtlinie 89/398/EWG und Richtlinien, die über Lebensmittel erlassen werden, die für besondere Ernährungszwecke bestimmt sind;

b) Richtlinie 80/777/EWG des Rates vom 15. Juli 1980 zur Angleichung der Rechtsvorschriften der Mitgliedstaaten über die Gewinnung von und den Handel mit natürlichen Mineralwässern¹⁾;

c) Richtlinie 98/83/EG des Rates vom 3. November 1998 über die Qualität von Wasser für den menschlichen Gebrauch²⁾;

d) Richtlinie 2002/46/EG.

Art. 2 Begriffsbestimmungen. (1) Für die Zwecke dieser Verordnung

a) gelten für „Lebensmittel", „Lebensmittelunternehmer", „Inverkehrbringen" und „Endverbraucher" die Begriffsbestimmungen in Artikel 2 und Artikel 3 Nummern 3, 8 und 18 der Verordnung (EG) Nr. 178/2002³⁾ des Europäischen Parlaments und des Rates vom 28. Januar 2002 zur Festlegung der allgemeinen Grundsätze und Anforderungen des Lebensmittelrechts, zur Errichtung der Europäischen Behörde für Lebensmittelsicherheit und zur Festlegung von Verfahren zur Lebensmittelsicherheit⁴⁾;

b) gilt für „Nahrungsergänzungsmittel" die Begriffsbestimmung der Richtlinie 2002/46/EG;

c) gelten für „Nährwertkennzeichnung", „Eiweiß", „Kohlenhydrat", „Zucker", „Fett", „gesättigte Fettsäuren", „einfach ungesättigte Fettsäuren", „mehrfach ungesättigte Fettsäuren" und „Ballaststoffe" die Begriffsbestimmungen der Richtlinie 90/496/EWG; → aufgenoben durch LMIV

---

¹⁾ **Amtl. Anm.:** ABl. L 229 vom 30.8.1980, S. 1. Zuletzt geändert durch die Verordnung (EG) Nr. 1882/2003.
²⁾ **Amtl. Anm.:** ABl. L 330 vom 5.12.1998, S. 32. Geändert durch die Verordnung (EG) Nr. 1882/2003.
³⁾ Nr. **1**.
⁴⁾ **Amtl. Anm.:** ABl. L 31 vom 1.2.2002, S. 1. Zuletzt geändert durch die Verordnung (EG) Nr. 575/2006 der Komission (ABl. L 100 vom 8.4.2006, S. 3).

d) gilt für „Kennzeichnung" die Begriffsbestimmung in Artikel 1 Absatz 3 Buchstabe a der Richtlinie 2000/13/EG. *aufgehoben durch LMIV Art. 2 Abs 2 „ j"*

(2) Ferner bezeichnet der Ausdruck

1. „Angabe" jede Aussage oder Darstellung, die nach dem Gemeinschaftsrecht oder den nationalen Vorschriften nicht obligatorisch ist, einschließlich Darstellungen durch Bilder, grafische Elemente oder Symbole in jeder Form, und mit der erklärt, suggeriert oder auch nur mittelbar zum Ausdruck gebracht wird, dass ein Lebensmittel besondere Eigenschaften besitzt;

2. „Nährstoff" ein Protein, ein Kohlenhydrat, ein Fett, einen Ballaststoff, Natrium, eines der im Anhang der Richtlinie 90/496/EWG aufgeführten Vitamine und Mineralstoffe, sowie jeden Stoff, der zu einer dieser Kategorien gehört oder Bestandteil eines Stoffes aus einer dieser Kategorien ist;

3. „andere Substanz" einen anderen Stoff als einen Nährstoff, der eine ernährungsbezogene Wirkung oder eine physiologische Wirkung hat;

4. „nährwertbezogene Angabe" jede Angabe, mit der erklärt, suggeriert oder auch nur mittelbar zum Ausdruck gebracht wird, dass ein Lebensmittel besondere positive Nährwerteigenschaften besitzt, und zwar aufgrund

   a) der Energie (des Brennwerts), die es
      i) liefert,
      ii) in vermindertem oder erhöhtem Maße liefert oder
      iii) nicht liefert, und/oder

   b) der Nährstoffe oder anderen Substanzen, die es
      i) enthält,
      ii) in verminderter oder erhöhter Menge enthält oder
      iii) nicht enthält;

5. „gesundheitsbezogene Angabe" jede Angabe, mit der erklärt, suggeriert oder auch nur mittelbar zum Ausdruck gebracht wird, dass ein Zusammenhang zwischen einer Lebensmittelkategorie, einem Lebensmittel oder einem seiner Bestandteile einerseits und der Gesundheit andererseits besteht;

6. „Angabe über die Reduzierung eines Krankheitsrisikos" jede Angabe, mit der erklärt, suggeriert oder auch nur mittelbar zum Ausdruck gebracht wird, dass der Verzehr einer Lebensmittelkategorie, eines Lebensmittels oder eines Lebensmittelbestandteils einen Risikofaktor für die Entwicklung einer Krankheit beim Menschen deutlich senkt;

7. „Behörde" die Europäische Behörde für Lebensmittelsicherheit, die durch die Verordnung (EG) Nr. 178/2002 eingesetzt wurde.

Kapitel II. Allgemeine Grundsätze

Art. 3 Allgemeine Grundsätze für alle Angaben. *[1]* Nährwert- und gesundheitsbezogene Angaben dürfen bei der Kennzeichnung und Aufmachung von Lebensmitteln, die in der Gemeinschaft in Verkehr gebracht werden, bzw. bei der Werbung hierfür nur verwendet werden, wenn sie der vorliegenden Verordnung entsprechen.

[2] Unbeschadet der Richtlinien 2000/13/EG und 84/450/EWG dürfen die verwendeten nährwert- und gesundheitsbezogenen Angaben

a) nicht falsch, mehrdeutig oder irreführend sein;

b) keine Zweifel über die Sicherheit und/oder die ernährungsphysiologische Eignung anderer Lebensmittel wecken;

c) nicht zum übermäßigen Verzehr eines Lebensmittels ermutigen oder diesen wohlwollend darstellen;

d) nicht erklären, suggerieren oder auch nur mittelbar zum Ausdruck bringen, dass eine ausgewogene und abwechslungsreiche Ernährung generell nicht die erforderlichen Mengen an Nährstoffen liefern kann; bei Nährstoffen, von denen eine ausgewogene und abwechslungsreiche Ernährung keine ausreichenden Mengen liefern kann, können unter Beachtung der in Mitgliedstaaten vorliegenden besonderen Umstände abweichende Regelungen, einschließlich der Bedingungen für ihre Anwendung zur Änderung nicht wesentlicher Bestimmungen dieser Verordnung durch Ergänzung nach dem in Artikel 25 Absatz 3 genannten Regelungsverfahren mit Kontrolle erlassen werden; → z.B. NEM

e) nicht – durch eine Textaussage oder durch Darstellungen in Form von Bildern, grafischen Elementen oder symbolische Darstellungen – auf Veränderungen bei Körperfunktionen Bezug nehmen, die beim Verbraucher Ängste auslösen oder daraus Nutzen ziehen könnten.

Art. 4 Bedingungen für die Verwendung nährwert- und gesundheitsbezogener Angaben. (1) *[1]* [1] Bis zum 19. Januar 2009 legt die Kommission spezifische Nährwertprofile, einschließlich der Ausnahmen, fest, denen Lebensmittel oder bestimmte Lebensmittelkategorien entsprechen müssen, um nährwert- oder gesundheitsbezogene Angaben tragen zu dürfen, sowie die Bedingungen für die Verwendung von nährwert- oder gesundheitsbezogenen Angaben bei Lebensmitteln oder Lebensmittelkategorien in Bezug auf die Nährwertprofile. [2] Diese Maßnahmen zur Änderung nicht wesentlicher Bestimmungen dieser Verordnung durch Ergänzung werden nach dem in dem in Artikel 25 Absatz 3 genannten Regelungsverfahren mit Kontrolle erlassen.

[2] Die Nährwertprofile für Lebensmittel und/oder bestimmte Lebensmittelkategorien werden insbesondere unter Berücksichtigung folgender Faktoren festgelegt:

a) der Mengen bestimmter Nährstoffe und anderer Substanzen, die in dem betreffenden Lebensmittel enthalten sind, wie z.B. Fett, gesättigte Fettsäuren, trans-Fettsäuren, Zucker und Salz/Natrium;

b) der Rolle und der Bedeutung des Lebensmittels (oder der Lebensmittelkategorie) und seines (oder ihres) Beitrags zur Ernährung der Bevölkerung allgemein oder gegebenenfalls bestimmter Risikogruppen, einschließlich Kindern;

c) der gesamten Nährwertzusammensetzung des Lebensmittels und des Vorhandenseins von Nährstoffen, deren Wirkung auf die Gesundheit wissenschaftlich anerkannt ist.

[3] Die Nährwertprofile stützen sich auf wissenschaftliche Nachweise über die Ernährung und ihre Bedeutung für die Gesundheit.

[4] Bei der Festlegung der Nährwertprofile fordert die Kommission die Behörde auf, binnen zwölf Monaten sachdienliche wissenschaftliche Ratschläge zu erarbeiten, die sich auf folgende Kernfragen konzentrieren:

i) ob Nährwertprofile für Lebensmittel generell und/oder für Lebensmittel-
    kategorien erarbeitet werden sollten
ii) die Auswahl und Ausgewogenheit der zu berücksichtigenden Nährstoffe
iii) die Wahl der Referenzqualität/Referenzbasis für Nährwertprofile
iv) den Berechnungsansatz für die Nährwertprofile
v) die Durchführbarkeit und die Erprobung eines vorgeschlagenen Systems.

[5] Bei der Festlegung der Nährwertprofile führt die Kommission Anhörungen der Interessengruppen, insbesondere von Lebensmittelunternehmern und
Verbraucherverbänden, durch.

[6] Nährwertprofile und die Bedingungen für ihre Verwendung, die eine
Änderung nicht wesentlicher Bestimmungen dieser Verordnung durch Ergän-
zung bewirken, werden zur Berücksichtigung maßgeblicher wissenschaftlicher
Entwicklungen nach Anhörung der Interessengruppen, insbesondere von Le-
bensmittelunternehmern und Verbraucherverbänden, nach dem in Artikel 25
Absatz 3 genannten Regelungsverfahren mit Kontrolle aktualisiert.

(2) Abweichend von Absatz 1 sind nährwertbezogene Angaben zulässig,

a) die sich auf die Verringerung von Fett, gesättigten Fettsäuren, trans-Fettsäuren, Zucker und Salz/Natrium beziehen, ohne Bezugnahme auf ein Pro-
   fil für den/die konkreten Nährstoff(e), zu dem/denen die Angabe gemacht
   wird, sofern sie den Bedingungen dieser Verordnung entsprechen;

b) wenn ein einziger Nährstoff das Nährstoffprofil übersteigt, sofern in unmittelbarer Nähe der nährwertbezogenen Angabe auf derselben Seite und genau
   so deutlich sichtbar wie diese ein Hinweis auf diesen Nährstoff angebracht
   wird. Dieser Hinweis lautet: „Hoher Gehalt an [… [1])]".

(3) *[1]* Getränke mit einem Alkoholgehalt von mehr als 1,2 Volumenprozent
dürfen keine gesundheitsbezogenen Angaben tragen.

[2] Bei Getränken mit einem Alkoholgehalt von mehr als 1,2 Volumenprozent sind nur nährwertbezogene Angaben zulässig, die sich auf einen geringen
Alkoholgehalt oder eine Reduzierung des Alkoholgehalts oder eine Reduzierung des Brennwerts beziehen.

(4) In Ermangelung spezifischer Gemeinschaftsbestimmungen über nährwertbezogene Angaben zu geringem Alkoholgehalt oder dem reduzierten bzw.
nicht vorhandenen Alkoholgehalt oder Brennwert von Getränken, die normalerweise Alkohol enthalten, können nach Maßgabe der Bestimmungen des
Vertrags die einschlägigen einzelstaatlichen Regelungen angewandt werden.

(5) Maßnahmen zur Bestimmung anderer als der in Absatz 3 genannten
Lebensmittel oder Kategorien von Lebensmitteln, bei denen die Verwendung
nährwert- oder gesundheitsbezogener Angaben eingeschränkt oder verboten
werden soll, und zur Änderung nicht wesentlicher Bestimmungen dieser Verordnung können im Licht wissenschaftlicher Nachweise nach dem in Artikel 25
Absatz 3 genannten Regelungsverfahren mit Kontrolle erlassen werden.

Art. 5 Allgemeine Bedingungen. (1) Die Verwendung nährwert- und gesundheitsbezogener Angaben ist nur zulässig, wenn die nachstehenden Bedingungen erfüllt sind:

---

[1]) **Amtl. Anm.:** Name des Nährstoffs, der das Nährstoffprofil übersteigt.

[handwritten: von LM–Unternehm. Art. 13 Basis VO]

a) Es ist anhand allgemein anerkannter wissenschaftlicher Nachweise nachgewiesen, dass das Vorhandensein, das Fehlen oder der verringerte Gehalt des Nährstoffs oder der anderen Substanz, auf die sich die Angabe bezieht, in einem Lebensmittel oder einer Kategorie von Lebensmitteln eine positive ernährungsbezogene Wirkung oder physiologische Wirkung hat.

b) Der Nährstoff oder die andere Substanz, für die die Angabe gemacht wird,

   i) ist im Endprodukt in einer gemäß dem Gemeinschaftsrecht signifikanten Menge oder, wo einschlägige Bestimmungen nicht bestehen, in einer Menge vorhanden, die nach allgemein anerkannten wissenschaftlichen Nachweisen geeignet ist, die behauptete ernährungsbezogene Wirkung oder physiologische Wirkung zu erzielen, oder

   ii) ist nicht oder in einer verringerten Menge vorhanden, was nach allgemein anerkannten wissenschaftlichen Nachweisen geeignet ist, die behauptete ernährungsbezogene Wirkung oder physiologische Wirkung zu erzielen.

c) Soweit anwendbar, liegt der Nährstoff oder die andere Substanz, auf die sich die Angabe bezieht, in einer Form vor, die für den Körper verfügbar ist.

d) Die Menge des Produkts, deren Verzehr vernünftigerweise erwartet werden kann, liefert eine gemäß dem Gemeinschaftsrecht signifikante Menge des Nährstoffs oder der anderen Substanz, auf die sich die Angabe bezieht, oder, wo einschlägige Bestimmungen nicht bestehen, eine signifikante Menge, die nach allgemein anerkannten wissenschaftlichen Nachweisen geeignet ist, die behauptete ernährungsbezogene Wirkung oder physiologische Wirkung zu erzielen.

e) Die besonderen Bedingungen in Kapitel III bzw. Kapitel IV, soweit anwendbar, sind erfüllt.

(2) Die Verwendung nährwert- oder gesundheitsbezogener Angaben ist nur zulässig, wenn vom durchschnittlichen Verbraucher erwartet werden kann, dass er die positive Wirkung, wie sie in der Angabe dargestellt wird, versteht.

(3) Nährwert- und gesundheitsbezogene Angaben müssen sich gemäß der Anweisung des Herstellers auf das verzehrfertige Lebensmittel beziehen.

Art. 6 Wissenschaftliche Absicherung von Angaben. (1) Nährwert- und gesundheitsbezogene Angaben müssen sich auf allgemein anerkannte wissenschaftliche Nachweise stützen und durch diese abgesichert sein.

(2) Ein Lebensmittelunternehmer, der eine nährwert- oder gesundheitsbezogene Angabe macht, muss die Verwendung dieser Angabe begründen.

(3) Die zuständigen Behörden der Mitgliedstaaten können einen Lebensmittelunternehmer oder eine Person, die ein Produkt in Verkehr bringt, verpflichten, alle einschlägigen Angaben zu machen und Daten vorzulegen, die die Übereinstimmung mit dieser Verordnung belegen.

Art. 7 Nährwertkennzeichnung. *[1]* [1] Die Nährwertkennzeichnung von Erzeugnissen, bei denen nährwert- und/oder gesundheitsbezogene Angaben gemacht werden, ist obligatorisch, es sei denn, es handelt sich um produktübergreifende Werbeaussagen. [2] Es sind die in Artikel 30 Absatz 1 der Verordnung (EU) Nr. 1169/2011 des Europäischen Parlaments und des Rates vom 25. Oktober 2011 betreffend die Information der Verbraucher über Lebensmittel[1]

---

[1] **Amtl. Anm.:** ABl. L 304 vom 22.11.2011, S. 18

[handwritten: LMIV Art 30]

aufgeführten Angaben zu machen. [3] Bei nährwert- und/oder gesundheitsbezogenen Angaben für einen in Artikel 30 Absatz 2 der Verordnung (EU) Nr. 1169/2011[1]) genannten Nährstoff wird die Menge dieses Nährstoffs nach Maßgabe der Artikel 31 bis 34 der genannten Verordnung angegeben.

[2] [1] Für Stoffe, die Gegenstand einer nährwert- oder gesundheitsbezogenen Angabe sind und nicht in der Nährwertkennzeichnung erscheinen, sind die jeweiligen Mengen nach Maßgabe der Artikel 31, 32 und 33 der Verordnung (EU) Nr. 1169/2011 in demselben Blickfeld anzugeben wie die Nährwertkennzeichnung. [2] Zur Angabe der Mengen werden den jeweiligen einzelnen Stoffen angemessene Maßeinheiten verwendet.

[3] Im Falle von Nahrungsergänzungsmitteln ist die Nährwertkennzeichnung gemäß Artikel 8 der Richtlinie 2002/46/EG anzugeben.

Kapitel III. Nährwertbezogene Angaben

Art. 8 Besondere Bedingungen. (1) Nährwertbezogene Angaben dürfen nur gemacht werden, wenn sie im Anhang aufgeführt sind und den in dieser Verordnung festgelegten Bedingungen entsprechen.

(2) [1] Änderungen des Anhangs werden nach dem in Artikel 25 Absatz 3 genannten Regelungsverfahren mit Kontrolle, gegebenenfalls nach Anhörung der Behörde, erlassen. [2] Gegebenenfalls bezieht die Kommission Interessengruppen, insbesondere Lebensmittelunternehmer und Verbraucherverbände, ein, um die Wahrnehmung und das Verständnis der betreffenden Angaben zu bewerten.

Art. 9 Vergleichende Angaben. (1) [1] Unbeschadet der Richtlinie 84/450/EWG ist ein Vergleich nur zwischen Lebensmitteln derselben Kategorie und unter Berücksichtigung einer Reihe von Lebensmitteln dieser Kategorie zulässig. [2] Der Unterschied in der Menge eines Nährstoffs und/oder im Brennwert ist anzugeben, und der Vergleich muss sich auf dieselbe Menge des Lebensmittels beziehen.

(2) Vergleichende nährwertbezogene Angaben müssen die Zusammensetzung des betreffenden Lebensmittels mit derjenigen einer Reihe von Lebensmitteln derselben Kategorie vergleichen, deren Zusammensetzung die Verwendung einer Angabe nicht erlaubt, darunter auch Lebensmittel anderer Marken.

Kapitel IV. Gesundheitsbezogene Angaben

Art. 10 Spezielle Bedingungen. (1) Gesundheitsbezogene Angaben sind verboten, sofern sie nicht den allgemeinen Anforderungen in Kapitel II und den speziellen Anforderungen im vorliegenden Kapitel entsprechen, gemäß dieser Verordnung zugelassen und in die Liste der zugelassenen Angaben gemäß den Artikeln 13 und 14 aufgenommen sind.

(2) Gesundheitsbezogene Angaben dürfen nur gemacht werden, wenn die Kennzeichnung oder, falls diese Kennzeichnung fehlt, die Aufmachung der Lebensmittel und die Lebensmittelwerbung folgende Informationen tragen:

---

[1]) Nr. 3.

Z.B. nicht „leicht" bei Wein
→ Schurz

a) einen Hinweis auf die Bedeutung einer abwechslungsreichen und ausgewogenen Ernährung und einer gesunden Lebensweise,

b) Informationen zur Menge des Lebensmittels und zum Verzehrmuster, die erforderlich sind, um die behauptete positive Wirkung zu erzielen,

c) gegebenenfalls einen Hinweis an Personen, die es vermeiden sollten, dieses Lebensmittel zu verzehren, und

d) einen geeigneten Warnhinweis bei Produkten, die bei übermäßigem Verzehr eine Gesundheitsgefahr darstellen könnten.

(3) Verweise auf allgemeine, nichtspezifische Vorteile des Nährstoffs oder Lebensmittels für die Gesundheit im Allgemeinen oder das gesundheitsbezogene Wohlbefinden sind nur zulässig, wenn ihnen eine in einer der Listen nach Artikel 13 oder 14 enthaltene spezielle gesundheitsbezogene Angabe beigefügt ist.

(4) Gegebenenfalls werden nach dem in Artikel 25 Absatz 2 genannten Verfahren und, falls erforderlich, nach der Anhörung der Interessengruppen, insbesondere von Lebensmittelunternehmern und Verbraucherverbänden, Leitlinien für die Durchführung dieses Artikels angenommen.

Art. 11 Nationale Vereinigungen von Fachleuten der Bereiche Medizin, Ernährung oder Diätetik und karitative medizinische Einrichtungen. Fehlen spezifische Gemeinschaftsvorschriften über Empfehlungen oder Bestätigungen von nationalen Vereinigungen von Fachleuten der Bereiche Medizin, Ernährung oder Diätetik oder karitativen gesundheitsbezogenen Einrichtungen, so können nach Maßgabe der Bestimmungen des Vertrags einschlägige nationale Regelungen angewandt werden.

Art. 12 Beschränkungen der Verwendung bestimmter gesundheitsbezogener Angaben. Die folgenden gesundheitsbezogenen Angaben sind nicht zulässig:

a) Angaben, die den Eindruck erwecken, durch Verzicht auf das Lebensmittel könnte die Gesundheit beeinträchtigt werden;

b) Angaben über Dauer und Ausmaß der Gewichtsabnahme;

c) Angaben, die auf Empfehlungen von einzelnen Ärzten oder Angehörigen von Gesundheitsberufen und von Vereinigungen, die nicht in Artikel 11 genannt werden, verweisen.

Art. 13 Andere gesundheitsbezogene Angaben als Angaben über die Reduzierung eines Krankheitsrisikos sowie die Entwicklung und die Gesundheit von Kindern. (1) In der in Absatz 3 vorgesehenen Liste genannte gesundheitsbezogene Angaben, die

a) die Bedeutung eines Nährstoffs oder einer anderen Substanz für Wachstum, Entwicklung und Körperfunktionen,

b) die psychischen Funktionen oder Verhaltensfunktionen oder

c) unbeschadet der Richtlinie 96/8/EG die schlank machenden oder gewichtskontrollierenden Eigenschaften des Lebensmittels oder die Verringerung des Hungergefühls oder ein verstärktes Sättigungsgefühl oder eine verringerte Energieaufnahme durch den Verzehr des Lebensmittels

beschreiben oder darauf verweisen, dürfen gemacht werden, ohne den Verfahren der Artikel 15 bis 19 zu unterliegen, wenn sie

i) sich auf allgemein anerkannte wissenschaftliche Nachweise stützen und
ii) vom durchschnittlichen Verbraucher richtig verstanden werden.

(2) Die Mitgliedstaaten übermitteln der Kommission spätestens am 31. Januar 2008 Listen von Angaben gemäß Absatz 1 zusammen mit den für sie geltenden Bedingungen und mit Hinweisen auf die entsprechende wissenschaftliche Absicherung.

(3) Nach Anhörung der Behörde verabschiedet die Kommission nach dem in Artikel 25 Absatz 3 genannten Regelungsverfahren mit Kontrolle spätestens am 31. Januar 2010 als Änderung nicht wesentlicher Bestimmungen dieser Verordnung durch Ergänzung eine Gemeinschaftsliste zulässiger Angaben gemäß Absatz 1 sowie alle für die Verwendung dieser Angaben notwendigen Bedingungen.

(4) Änderungen an der in Absatz 3 genannten Liste, die auf allgemein anerkannten wissenschaftlichen Nachweisen beruhen, und zur Änderung nicht wesentlicher Elemente dieser Verordnung durch Ergänzung werden nach Anhörung der Behörde auf eigene Initiative der Kommission oder auf Antrag eines Mitgliedstaats nach dem in Artikel 25 Absatz 3 genannten Regelungsverfahren mit Kontrolle erlassen.

(5) Weitere Angaben, die auf neuen wissenschaftlichen Nachweisen beruhen und/oder einen Antrag auf den Schutz geschützter Daten enthalten, werden nach dem Verfahren des Artikels 18 in die in Absatz 3 genannte Liste aufgenommen, mit Ausnahme der Angaben über die Entwicklung und die Gesundheit von Kindern, die nach dem Verfahren der Artikel 15, 16, 17 und 19 zugelassen werden.

Art. 14 Angaben über die Verringerung eines Krankheitsrisikos sowie Angaben über die Entwicklung und die Gesundheit von Kindern.

(1) Ungeachtet des Artikels 2 Absatz 1 Buchstabe b der Richtlinie 2000/13/EG können die folgenden Angaben gemacht werden, wenn sie nach dem Verfahren der Artikel 15, 16, 17 und 19 der vorliegenden Verordnung zur Aufnahme in eine Gemeinschaftsliste zulässiger Angaben und aller erforderlichen Bedingungen für die Verwendung dieser Angaben zugelassen worden sind:

a) Angaben über die Verringerung eines Krankheitsrisikos,
b) Angaben über die Entwicklung und die Gesundheit von Kindern.

(2) Zusätzlich zu den allgemeinen Anforderungen dieser Verordnung und den spezifischen Anforderungen in Absatz 1 muss bei Angaben über die Verringerung eines Krankheitsrisikos die Kennzeichnung oder, falls diese Kennzeichnung fehlt, die Aufmachung der Lebensmittel und die Lebensmittelwerbung außerdem eine Erklärung dahin gehend enthalten, dass die Krankheit, auf die sich die Angabe bezieht, durch mehrere Risikofaktoren bedingt ist und dass die Veränderung eines dieser Risikofaktoren eine positive Wirkung haben kann oder auch nicht.

Art. 15 Beantragung der Zulassung. (1) Bei Bezugnahme auf diesen Artikel ist ein Antrag auf Zulassung nach Maßgabe der nachstehenden Absätze zu stellen.

(2) Der Antrag wird der zuständigen nationalen Behörde eines Mitgliedstaats zugeleitet.

a) Die zuständige nationale Behörde

  i) bestätigt den Erhalt eines Antrags schriftlich innerhalb von 14 Tagen nach Eingang. In der Bestätigung ist das Datum des Antragseingangs zu vermerken;

  ii) informiert die Behörde unverzüglich und

  iii) stellt der Behörde den Antrag und alle vom Antragsteller ergänzend vorgelegten Informationen zur Verfügung.

b) Die Behörde

  i) unterrichtet die Mitgliedstaaten und die Kommission unverzüglich über den Antrag und stellt ihnen den Antrag sowie alle vom Antragsteller ergänzend vorgelegten Informationen zur Verfügung;

  ii) stellt die in Absatz 3 Buchstabe g genannte Zusammenfassung des Antrags der Öffentlichkeit zur Verfügung.

(3) Der Antrag muss Folgendes enthalten:

a) Name und Anschrift des Antragstellers;

b) Bezeichnung des Nährstoffs oder der anderen Substanz oder des Lebensmittels oder der Lebensmittelkategorie, wofür die gesundheitsbezogene Angabe gemacht werden soll, sowie die jeweiligen besonderen Eigenschaften;

c) eine Kopie der Studien einschließlich – soweit verfügbar – unabhängiger und nach dem Peer-Review-Verfahren erstellter Studien zu der gesundheitsbezogenen Angabe sowie alle sonstigen verfügbaren Unterlagen, aus denen hervorgeht, dass die gesundheitsbezogene Angabe die Kriterien dieser Verordnung erfüllt;

d) gegebenenfalls einen Hinweis, welche Informationen als eigentumsrechtlich geschützt einzustufen sind, zusammen mit einer entsprechenden nachprüfbaren Begründung;

e) eine Kopie anderer wissenschaftlicher Studien, die für die gesundheitsbezogene Angabe relevant sind;

f) einen Vorschlag für die Formulierung der gesundheitsbezogenen Angabe, deren Zulassung beantragt wird, gegebenenfalls einschließlich spezieller Bedingungen für die Verwendung;

g) eine Zusammenfassung des Antrags.

(4) Nach vorheriger Anhörung der Behörde legt die Kommission nach dem in Artikel 25 Absatz 2 genannten Verfahren Durchführungsvorschriften zum vorliegenden Artikel, einschließlich Vorschriften zur Erstellung und Vorlage des Antrags, fest.

(5) Um den Lebensmittelunternehmern, insbesondere den KMU, bei der Vorbereitung und Stellung eines Antrags auf wissenschaftliche Bewertung behilflich zu sein, stellt die Kommission in enger Zusammenarbeit mit der Behörde geeignete technische Anleitungen und Hilfsmittel bereit.

Art. 16 Stellungnahme der Behörde. (1) [1] Bei der Abfassung ihrer Stellungnahme hält die Behörde eine Frist von fünf Monaten ab dem Datum des Eingangs eines gültigen Antrags ein. [2] Wenn die Behörde beim Antragsteller zusätzliche Informationen gemäß Absatz 2 anfordert, wird diese Frist um bis zu zwei Monate nach dem Datum des Eingangs der vom Antragsteller übermittelten Informationen verlängert.

(2) Die Behörde – oder über sie eine nationale zuständige Behörde – kann gegebenenfalls den Antragsteller auffordern, die Unterlagen zum Antrag innerhalb einer bestimmten Frist zu ergänzen.

(3) Zur Vorbereitung ihrer Stellungnahme überprüft die Behörde, ob

a) die gesundheitsbezogene Angabe durch wissenschaftliche Nachweise abgesichert ist;

b) die Formulierung der gesundheitsbezogenen Angabe den Kriterien dieser Verordnung entspricht.

(4) Wird in der Stellungnahme die Zulassung der Verwendung der gesundheitsbezogenen Angabe befürwortet, so muss sie außerdem folgende Informationen enthalten:

a) Name und Anschrift des Antragstellers;

b) Bezeichnung des Nährstoffs oder der anderen Substanz oder des Lebensmittels oder der Lebensmittelkategorie, wofür die gesundheitsbezogene Angabe gemacht werden soll, sowie die jeweiligen besonderen Eigenschaften;

c) einen Vorschlag für die Formulierung der gesundheitsbezogenen Angabe, gegebenenfalls einschließlich der speziellen Bedingungen für ihre Verwendung;

d) gegebenenfalls Bedingungen für die oder Beschränkungen der Verwendung des Lebensmittels und/oder zusätzliche Erklärungen oder Warnungen, die die gesundheitsbezogene Angabe auf dem Etikett oder bei der Werbung begleiten sollten.

(5) Die Behörde übermittelt der Kommission, den Mitgliedstaaten und dem Antragsteller ihre Stellungnahme einschließlich eines Berichts mit der Beurteilung der gesundheitsbezogenen Angabe, einer Begründung ihrer Stellungnahme und über die Informationen, auf denen ihre Stellungnahme beruht.

(6) *[1]* Die Behörde veröffentlicht ihre Stellungnahme gemäß Artikel 38 Absatz 1 der Verordnung (EG) Nr. 178/2002[1]).

[2] Der Antragsteller bzw. Vertreter der Öffentlichkeit können innerhalb von 30 Tagen nach dieser Veröffentlichung gegenüber der Kommission Bemerkungen dazu abgeben.

Art. 17 Gemeinschaftszulassung. (1) [1]Innerhalb von zwei Monaten nach Erhalt der Stellungnahme der Behörde legt die Kommission dem in Artikel 23 Absatz 2 genannten Ausschuss einen Entwurf für eine Entscheidung über die Listen der zugelassenen gesundheitsbezogenen Angaben vor, wobei die Stellungnahme der Behörde, alle einschlägigen Bestimmungen des Gemeinschaftsrechts und andere für den jeweils zu prüfenden Sachverhalt relevante legitime Faktoren berücksichtigt werden. [2]Stimmt der Entwurf der Entscheidung nicht mit der Stellungnahme der Behörde überein, so erläutert die Kommission die Gründe für die Abweichung.

(2) Jeder Entwurf für eine Entscheidung zur Änderung der Listen der zugelassenen gesundheitsbezogenen Angaben enthält die in Artikel 16 Absatz 4 genannten Informationen.

(3) *[1]* Die endgültige Entscheidung über den Antrag zur Änderung nicht wesentlicher Bestimmungen dieser Verordnung durch Ergänzung wird nach

---

[1]) Nr. 1.

dem in Artikel 25 Absatz 3 genannten Regelungsverfahren mit Kontrolle getroffen.

[2] In den Fällen, in denen die Kommission auf das Ersuchen eines Antragstellers um den Schutz geschützter Daten hin beabsichtigt, die Verwendung der Angabe zugunsten des Antragstellers einzuschränken, gilt jedoch Folgendes:

a) Eine Entscheidung über die Zulassung der Angabe wird nach dem in Artikel 25 Absatz 2 genannten Regelungsverfahren getroffen. In solchen Fällen wird die erteilte Zulassung nach fünf Jahren ungültig.

b) Vor Ablauf der fünf Jahre legt die Kommission, falls die Angabe immer noch den Anforderungen dieser Verordnung entspricht, einen Entwurf von Maßnahmen zur Änderung nicht wesentlicher Bestimmungen dieser Verordnung durch Ergänzung zur Zulassung der Angabe ohne Einschränkung ihrer Verwendung vor; über diesen Entwurf wird nach dem in Artikel 25 Absatz 3 genannten Regelungsverfahren mit Kontrolle entschieden.

(4) Die Kommission unterrichtet den Antragsteller unverzüglich über die Entscheidung und veröffentlicht die Einzelheiten dieser Entscheidung im *Amtsblatt der Europäischen Union.*

(5) Gesundheitsbezogene Angaben, die in den Listen nach den Artikeln 13 und 14 enthalten sind, können von jedem Lebensmittelunternehmer unter den für sie geltenden Bedingungen verwendet werden, wenn ihre Verwendung nicht nach Artikel 21 eingeschränkt ist.

(6) Die Erteilung der Zulassung schränkt die allgemeine zivil- und strafrechtliche Haftung eines Lebensmittelunternehmens für das betreffende Lebensmittel nicht ein.

Art. 18 Angaben gemäß Artikel 13 Absatz 5. (1) Ein Lebensmittelunternehmer, der eine gesundheitsbezogene Angabe zu verwenden beabsichtigt, die nicht in der in Artikel 13 Absatz 3 vorgesehenen Liste aufgeführt ist, kann die Aufnahme der Angabe in diese Liste beantragen.

(2) [1] Der Aufnahmeantrag ist bei der zuständigen nationalen Behörde eines Mitgliedstaats einzureichen, die den Eingang des Antrags innerhalb von 14 Tagen nach Eingang schriftlich bestätigt. [2] In der Bestätigung ist das Datum des Eingangs des Antrags anzugeben. [3] Der Antrag muss die in Artikel 15 Absatz 3 aufgeführten Daten und eine Begründung enthalten.

(3) *[1]* [1] Der gültige Antrag, der gemäß den in Artikel 15 Absatz 5 genannten Anweisungen erstellt wurde, sowie alle vom Antragsteller übermittelten Informationen werden unverzüglich der Behörde für eine wissenschaftliche Bewertung sowie der Kommission und den Mitgliedstaaten zur Kenntnisnahme übermittelt. [2] Die Behörde gibt ihre Stellungnahme innerhalb einer Frist von fünf Monaten ab dem Datum des Eingangs des Antrags ab. [3] Diese Frist kann um bis zu einem Monat verlängert werden, falls es die Behörde für erforderlich erachtet, zusätzliche Informationen vom Antragsteller anzufordern. [4] In diesem Fall übermittelt der Antragsteller die angeforderten Informationen binnen 15 Tagen ab dem Datum des Erhalts der Anfrage der Behörde.

[2] Das Verfahren des Artikels 16 Absatz 3 Buchstaben a und b, Absatz 5 und Absatz 6 findet sinngemäß Anwendung.

(4) Gibt die Behörde nach der wissenschaftlichen Bewertung eine Stellungnahme zu Gunsten der Aufnahme der betreffenden Angabe in die in Artikel 13 Absatz 3 vorgesehene Liste ab, so entscheidet die Kommission binnen zwei

Monaten nach Eingang der Stellungnahme der Behörde, und nachdem sie die Mitgliedstaaten konsultiert hat, über den Antrag, wobei sie die Stellungnahme der Behörde, alle einschlägigen Vorschriften des Gemeinschaftsrechts und sonstige für die betreffende Angelegenheit relevante legitime Faktoren berücksichtigt.

(5) *[1]* Gibt die Behörde eine Stellungnahme ab, in der die Aufnahme der betreffenden Angabe in die in Absatz 4 genannte Liste nicht befürwortet wird, wird nach dem in Artikel 25 Absatz 3 genannten Regelungsverfahren mit Kontrolle eine Entscheidung über den Antrag zur Änderung nicht wesentlicher Bestimmungen dieser Verordnung durch Ergänzung getroffen.

[2] In den Fällen, in denen die Kommission auf das Ersuchen eines Antragstellers um den Schutz geschützter Daten hin vorschlägt, die Verwendung der Angabe zugunsten des Antragstellers einzuschränken, gilt jedoch Folgendes:

a) Eine Entscheidung über die Zulassung der Angabe wird nach dem in Artikel 25 Absatz 2 genannten Regelungsverfahren getroffen. In solchen Fällen wird die erteilte Zulassung nach fünf Jahren ungültig.

b) Vor Ablauf der fünf Jahre legt die Kommission, falls die Angabe immer noch den Bedingungen dieser Verordnung entspricht, einen Entwurf von Maßnahmen zur Änderung nicht wesentlicher Bestimmungen dieser Verordnung durch Ergänzung zur Zulassung der Angabe ohne Einschränkung ihrer Verwendung vor; über diesen Entwurf wird nach dem in Artikel 25 Absatz 3 genannten Regelungsverfahren mit Kontrolle entschieden.

Art. 19 Änderung, Aussetzung und Widerruf von Zulassungen.

(1) [1] Der Antragsteller/Nutzer einer Angabe, die in einer der Listen nach den Artikeln 13 und 14 aufgeführt ist, kann eine Änderung der jeweils einschlägigen Liste beantragen. [2] Das Verfahren der Artikel 15 bis 18 findet sinngemäß Anwendung.

(2) *[1]* Die Behörde legt auf eigene Initiative oder auf Antrag eines Mitgliedstaats oder der Kommission eine Stellungnahme darüber vor, ob eine in einer der Listen nach den Artikeln 13 und 14 aufgeführte gesundheitsbezogene Angabe immer noch den Bedingungen dieser Verordnung entspricht.

[2] [1] Sie übermittelt ihre Stellungnahme unverzüglich der Kommission, den Mitgliedstaaten und gegebenenfalls dem ursprünglichen Antragsteller, der die Verwendung der betreffenden Angabe beantragt hat. [2] Die Behörde veröffentlicht ihre Stellungnahme gemäß Artikel 38 Absatz 1 der Verordnung (EG) Nr. 178/2002[1]).

[3] Der Antragsteller/Nutzer bzw. ein Vertreter der Öffentlichkeit kann innerhalb von 30 Tagen nach dieser Veröffentlichung gegenüber der Kommission Bemerkungen dazu abgeben.

[4] [1] Die Kommission prüft die Stellungnahme der Behörde sowie alle eingegangenen Bemerkungen so bald wie möglich. [2] Gegebenenfalls wird die Zulassung nach dem Verfahren der Artikel 17 und 18 abgeändert, ausgesetzt oder widerrufen.

---

[1]) Nr. 1.

Kapitel V. Allgemeine und Schlussbestimmungen

Art. 20 Gemeinschaftsregister. (1) Die Kommission erstellt und unterhält ein Gemeinschaftsregister der nährwert- und gesundheitsbezogenen Angaben über Lebensmittel, nachstehend „Register" genannt.

(2) *[1]* Das Register enthält Folgendes:

a) die nährwertbezogenen Angaben und die Bedingungen für ihre Verwendung gemäß dem Anhang;

b) gemäß Artikel 4 Absatz 5 festgelegte Einschränkungen;

c) die zugelassenen gesundheitsbezogenen Angaben und die Bedingungen für ihre Verwendung nach Artikel 13 Absätze 3 und 5, Artikel 14 Absatz 1, Artikel 19 Absatz 2, Artikel 21, Artikel 24 Absatz 2 und Artikel 28 Absatz 6 sowie die innerstaatlichen Maßnahmen nach Artikel 23 Absatz 3;

d) eine Liste abgelehnter gesundheitsbezogener Angaben und die Gründe für ihre Ablehnung.

[2] Gesundheitsbezogene Angaben, die aufgrund geschützter Daten zugelassen wurden, werden in einen gesonderten Anhang des Registers aufgenommen, zusammen mit folgenden Informationen:

1. Datum der Zulassung der gesundheitsbezogenen Angabe durch die Kommission und Name des ursprünglichen Antragstellers, dem die Zulassung erteilt wurde;

2. die Tatsache, dass die Kommission die gesundheitsbezogene Angabe auf der Grundlage geschützter Daten und mit Einschränkung der Verwendung zugelassen hat;

3. in den in Artikel 17 Absatz 3 Unterabsatz 2 und Artikel 18 Absatz 5 Unterabsatz 2 genannten Fällen die Tatsache, dass die gesundheitsbezogene Angabe auf begrenzte Zeit zugelassen ist.

(3) Das Register wird veröffentlicht.

Art. 21 Datenschutz. (1) Die wissenschaftlichen Daten und anderen Informationen in dem in Artikel 15 Absatz 3 vorgeschriebenen Antrag dürfen während eines Zeitraums von fünf Jahren ab dem Datum der Zulassung nicht zugunsten eines späteren Antragstellers verwendet werden, es sei denn, dieser nachfolgende Antragsteller hat mit dem früheren Antragsteller vereinbart, dass solche Daten und Informationen verwendet werden können, vorausgesetzt,

a) die wissenschaftlichen Daten und anderen Informationen wurden vom ursprünglichen Antragsteller zum Zeitpunkt des ursprünglichen Antrags als geschützt bezeichnet und

b) der ursprüngliche Antragsteller hatte zum Zeitpunkt des ursprünglichen Antrags ausschließlichen Anspruch auf die Nutzung der geschützten Daten und

c) die gesundheitsbezogene Angabe hätte ohne die Vorlage der geschützten Daten durch den ursprünglichen Antragsteller nicht zugelassen werden können.

(2) Bis zum Ablauf des in Absatz 1 genannten Zeitraums von fünf Jahren hat kein nachfolgender Antragsteller das Recht, sich auf von einem vorangegangenen Antragsteller als geschützt bezeichnete Daten zu beziehen, sofern und

solange die Kommission nicht darüber entscheidet, ob eine Angabe ohne die von dem vorangegangenen Antragsteller als geschützt bezeichneten Daten in die in Artikel 14 oder gegebenenfalls in Artikel 13 vorgesehene Liste aufgenommen werden könnte oder hätte aufgenommen werden können.

Art. 22 Nationale Vorschriften. Die Mitgliedstaaten dürfen unbeschadet des Vertrags, insbesondere seiner Artikel 28 und 30, den Handel mit Lebensmitteln oder die Werbung für Lebensmittel, die dieser Verordnung entsprechen, nicht durch die Anwendung nicht harmonisierter nationaler Vorschriften über Angaben über bestimmte Lebensmittel oder über Lebensmittel allgemein einschränken oder verbieten.

Art. 23 Notifizierungsverfahren. (1) Hält ein Mitgliedstaat es für erforderlich, neue Rechtsvorschriften zu erlassen, so teilt er der Kommission und den übrigen Mitgliedstaaten die in Aussicht genommenen Maßnahmen mit einer schlüssigen Begründung mit, die diese rechtfertigen.

(2) Die Kommission hört den mit Artikel 58 Absatz 1 der Verordnung (EG) Nr. 178/2002[1]) eingesetzten Ständigen Ausschuss für die Lebensmittelkette und Tiergesundheit (nachstehend „Ausschuss" genannt) an, sofern sie dies für nützlich hält oder ein Mitgliedstaat es beantragt, und nimmt zu den in Aussicht genommenen Maßnahmen Stellung.

(3) *[1]* Der betroffene Mitgliedstaat kann die in Aussicht genommenen Maßnahmen sechs Monate nach der Mitteilung nach Absatz 1 und unter der Bedingung treffen, dass er keine gegenteilige Stellungnahme der Kommission erhalten hat.

[2] ¹ Ist die Stellungnahme der Kommission ablehnend, so entscheidet die Kommission nach dem in Artikel 25 Absatz 2 genannten Verfahren vor Ablauf der in Unterabsatz 1 des vorliegenden Absatzes genannten Frist, ob die in Aussicht genommenen Maßnahmen durchgeführt werden dürfen. ² Die Kommission kann bestimmte Änderungen an den vorgesehenen Maßnahmen verlangen.

Art. 24 Schutzmaßnahmen. (1) *[1]* Hat ein Mitgliedstaat stichhaltige Gründe für die Annahme, dass eine Angabe nicht dieser Verordnung entspricht oder dass die wissenschaftliche Absicherung nach Artikel 6 unzureichend ist, so kann er die Verwendung der betreffenden Angabe in seinem Hoheitsgebiet vorübergehend aussetzen.

[2] Er unterrichtet die übrigen Mitgliedstaaten und die Kommission und begründet die Aussetzung.

(2) *[1]* Eine Entscheidung hierüber wird gegebenenfalls nach Einholung einer Stellungnahme der Behörde nach dem in Artikel 25 Absatz 2 genannten Verfahren getroffen.

[2] Die Kommission kann dieses Verfahren auf eigene Initiative einleiten.

(3) Der in Absatz 1 genannte Mitgliedstaat kann die Aussetzung beibehalten, bis ihm die in Absatz 2 genannte Entscheidung notifiziert wurde.

Art. 25 Ausschussverfahren. (1) Die Kommission wird vom Ausschuss unterstützt.

---

¹⁾ Nr. 1.

(2) *[1]* Wird auf diesen Absatz Bezug genommen, so gelten die Artikel 5 und 7 des Beschlusses 1999/468/EG unter Beachtung von dessen Artikel 8.

[2] Der Zeitraum nach Artikel 5 Absatz 6 des Beschlusses 1999/468/EG wird auf drei Monate festgesetzt.

(3) Wird auf diesen Absatz Bezug genommen, so gelten Artikel 5a Absätze 1 bis 4 und Artikel 7 des Beschlusses 1999/468/EG unter Beachtung von dessen Artikel 8.

Art. 26 Überwachung. Um die wirksame Überwachung von Lebensmitteln mit nährwert- oder gesundheitsbezogenen Angaben zu erleichtern, können die Mitgliedstaaten die Hersteller oder die Personen, die derartige Lebensmittel in ihrem Hoheitsgebiet in Verkehr bringen, verpflichten, die zuständige Behörde über das Inverkehrbringen zu unterrichten und ihr ein Muster des für das Produkt verwendeten Etiketts zu übermitteln.

Art. 27 Bewertung. [1]Spätestens am 19. Januar 2013 legt die Kommission dem Europäischen Parlament und dem Rat einen Bericht über die Anwendung dieser Verordnung vor, insbesondere über die Entwicklung des Markts für Lebensmittel, für die nährwert- oder gesundheitsbezogene Angaben gemacht werden, und darüber, wie die Angaben von den Verbrauchern verstanden werden; gegebenenfalls fügt sie diesem Bericht einen Vorschlag für Änderungen bei. [2]Der Bericht umfasst auch eine Beurteilung der Auswirkungen dieser Verordnung auf die Wahl der Ernährungsweise und der möglichen Auswirkungen auf Übergewicht und nicht übertragbare Krankheiten.

Art. 28 Übergangsmaßnahmen. (1) [1]Lebensmittel, die vor dem Beginn der Anwendung dieser Verordnung in Verkehr gebracht oder gekennzeichnet wurden und dieser Verordnung nicht entsprechen, dürfen bis zu ihrem Mindesthaltbarkeitsdatum, jedoch nicht länger als bis zum 31. Juli 2009 weiter in Verkehr gebracht werden. [2]Unter Berücksichtigung von Artikel 4 Absatz 1 dürfen Lebensmittel bis 24 Monate nach Annahme der entsprechenden Nährwertprofile und der Bedingungen für ihre Verwendung in Verkehr gebracht werden.

(2) Produkte mit bereits vor dem 1. Januar 2005 bestehenden Handelsmarken oder Markennamen, die dieser Verordnung nicht entsprechen, dürfen bis zum 19. Januar 2022 weiterhin in den Verkehr gebracht werden; danach gelten die Bestimmungen dieser Verordnung.

(3) Nährwertbezogene Angaben, die in einem Mitgliedstaat vor dem 1. Januar 2006 gemäß den einschlägigen innerstaatlichen Vorschriften verwendet wurden und nicht im Anhang aufgeführt sind, dürfen bis zum 19. Januar 2010 unter der Verantwortung von Lebensmittelunternehmern verwendet werden; dies gilt unbeschadet der Annahme von Schutzmaßnahmen gemäß Artikel 24.

(4) [1]Nährwertbezogene Angaben in Form von Bildern, Grafiken oder Symbolen, die den allgemeinen Grundsätzen dieser Verordnung entsprechen, jedoch nicht im Anhang aufgeführt sind, und die entsprechend den durch einzelstaatliche Bestimmungen oder Vorschriften aufgestellten besonderen Bedingungen und Kriterien verwendet werden, unterliegen folgenden Bestimmungen:

a) Die Mitgliedstaaten übermitteln der Kommission spätestens bis zum 31. Januar 2008 diese nährwertbezogenen Angaben und die anzuwendenden einzelstaatlichen Bestimmungen oder Vorschriften zusammen mit den wissenschaftlichen Daten zu deren Absicherung;

b) Die Kommission fasst nach dem in Artikel 25 Absatz 3 genannten Regelungsverfahren mit Kontrolle einen Beschluss über die Verwendung solcher Angaben zur Änderung nicht wesentlicher Bestimmungen dieser Verordnung.

[2] Nährwertbezogene Angaben, die nicht nach diesem Verfahren zugelassen wurden, können bis zu zwölf Monate nach Erlass des Beschlusses weiter verwendet werden.

(5) Gesundheitsbezogene Angaben im Sinne des Artikels 13 Absatz 1 Buchstabe a dürfen ab Inkrafttreten dieser Verordnung bis zur Annahme der in Artikel 13 Absatz 3 genannten Liste unter der Verantwortung von Lebensmittelunternehmern verwendet werden, sofern die Angaben dieser Verordnung und den einschlägigen einzelstaatlichen Vorschriften entsprechen; dies gilt unbeschadet der Annahme von Schutzmaßnahmen gemäß Artikel 24.

(6) Für gesundheitsbezogene Angaben, die nicht unter Artikel 13 Absatz 1 Buchstabe a und Artikel 14 Absatz 1 Buchstabe a fallen und unter Beachtung der nationalen Rechtsvorschriften vor dem Inkrafttreten dieser Verordnung verwendet wurden, gilt Folgendes:

a) Gesundheitsbezogene Angaben, die in einem Mitgliedstaat einer Bewertung unterzogen und zugelassen wurden, werden nach folgendem Verfahren zugelassen:

 i) Die Mitgliedstaaten übermitteln der Kommission spätestens bis zum 31. Januar 2008 die betreffenden Angaben sowie den Bericht mit der Bewertung der zur Absicherung der Angaben vorgelegten wissenschaftlichen Daten;

 ii) nach Anhörung der Behörde fasst die Kommission nach dem in Artikel 25 Absatz 3 genannten Regelungsverfahren mit Kontrolle einen Beschluss über die gesundheitsbezogenen Angaben, die auf diese Weise zugelassen wurden, zur Änderung nicht wesentlicher Bestimmungen dieser Verordnung durch Ergänzung.

Gesundheitsbezogene Angaben, die nicht nach diesem Verfahren zugelassen wurden, dürfen bis zu sechs Monate nach Erlass des Beschlusses weiter verwendet werden.

b) Gesundheitsbezogene Angaben, die keiner Bewertung in einem Mitgliedstaat unterzogen und nicht zugelassen wurden, dürfen weiterhin verwendet werden, sofern vor dem 19. Januar 2008 ein Antrag nach dieser Verordnung gestellt wird; gesundheitsbezogene Angaben, die nicht nach diesem Verfahren zugelassen wurden, dürfen bis zu sechs Monate nach einer Entscheidung im Sinne des Artikels 17 Absatz 3 weiter verwendet werden.

Art. 29 Inkrafttreten. *[1]* Diese Verordnung tritt am zwanzigsten Tag nach ihrer Veröffentlichung[1] im *Amtsblatt der Europäischen Union* in Kraft.

[2] Sie gilt ab dem 1. Juli 2007.

Diese Verordnung ist in allen ihren Teilen verbindlich und gilt unmittelbar in jedem Mitgliedstaat.

---

[1] Veröffentlicht am 30.12.2006.

Anhang.

Nährwertbezogene Angaben und Bedingungen für ihre Verwendung

Energiearm

Die Angabe, ein Lebensmittel sei energiearm, sowie jede Angabe, die für den Verbraucher voraussichtlich dieselbe Bedeutung hat, ist nur zulässig, wenn das Produkt im Falle von festen Lebensmitteln nicht mehr als 40 kcal (170 kJ)/100 g oder im Falle von flüssigen Lebensmitteln nicht mehr als 20 kcal (80 kJ)/100 ml enthält. Für Tafelsüßen gilt ein Grenzwert von 4 kcal (17 kJ) pro Portion, die der süßenden Wirkung von 6 g Saccharose (ca. 1 Teelöffel Zucker) entspricht.

Energiereduziert

Die Angabe, ein Lebensmittel sei energiereduziert, sowie jegliche Angabe, die für den Verbraucher voraussichtlich dieselbe Bedeutung hat, ist nur zulässig, wenn der Brennwert um mindestens 30 % verringert ist; dabei sind die Eigenschaften anzugeben, die zur Reduzierung des Gesamtbrennwerts des Lebensmittels führen.

Energiefrei

Die Angabe, ein Lebensmittel sei energiefrei, sowie jegliche Angabe, die für den Verbraucher voraussichtlich dieselbe Bedeutung hat, ist nur zulässig, wenn das Produkt nicht mehr als 4 kcal (17 kJ)/100 ml enthält. Für Tafelsüßen gilt ein Grenzwert von 0,4 kcal (1,7 kJ) pro Portion, die der süßenden Wirkung von 6 g Saccharose (ca. 1 Teelöffel Zucker) entspricht.

Fettarm

Die Angabe, ein Lebensmittel sei fettarm, sowie jegliche Angabe, die für den Verbraucher voraussichtlich dieselbe Bedeutung hat, ist nur zulässig, wenn das Produkt im Fall von festen Lebensmitteln nicht mehr als 3 g Fett/100 g oder nicht mehr als 1,5 g Fett/100 ml im Fall von flüssigen Lebensmitteln enthält (1,8 g Fett pro 100 ml bei teilentrahmter Milch).

Fettfrei/ohne Fett

Die Angabe, ein Lebensmittel sei fettfrei/ohne Fett, sowie jegliche Angabe, die für den Verbraucher voraussichtlich dieselbe Bedeutung hat, ist nur zulässig, wenn das Produkt nicht mehr als 0,5 g Fett pro 100 g oder 100 ml enthält. Angaben wie „X % fettfrei" sind verboten.

Arm an gesättigten Fettsäuren

Die Angabe, ein Lebensmittel sei arm an gesättigten Fettsäuren, sowie jegliche Angabe, die für den Verbraucher voraussichtlich dieselbe Bedeutung hat, ist nur zulässig, wenn die Summe der gesättigten Fettsäuren und der trans-Fettsäuren bei einem Produkt im Fall von festen Lebensmitteln 1,5 g/100 g oder 0,75 g/100 ml im Fall von flüssigen Lebensmitteln nicht übersteigt; in beiden Fällen dürfen die gesättigten Fettsäuren und die trans-Fettsäuren insgesamt nicht mehr als 10 % des Brennwerts liefern.

Frei von gesättigten Fettsäuren

Die Angabe, ein Lebensmittel sei frei von gesättigten Fettsäuren, sowie jegliche Angabe, die für den Verbraucher voraussichtlich dieselbe Bedeutung hat, ist nur zulässig, wenn die Summe der gesättigten Fettsäuren und der trans-Fettsäuren 0,1 g je 100 g bzw. 100 ml nicht übersteigt.

Zuckerarm

Die Angabe, ein Lebensmittel sei zuckerarm, sowie jegliche Angabe, die für den Verbraucher voraussichtlich dieselbe Bedeutung hat, ist nur zulässig, wenn das Produkt im Fall von festen Lebensmitteln nicht mehr als 5 g Zucker pro 100 g oder im Fall von flüssigen Lebensmitteln 2,5 g Zucker pro 100 ml enthält.

Zuckerfrei

Die Angabe, ein Lebensmittel sei zuckerfrei, sowie jegliche Angabe, die für den Verbraucher voraussichtlich dieselbe Bedeutung hat, ist nur zulässig, wenn das Produkt nicht mehr als 0,5 g Zucker pro 100 g bzw. 100 ml enthält.

Ohne Zuckerzusatz

Die Angabe, einem Lebensmittel sei kein Zucker zugesetzt worden, sowie jegliche Angabe, die für den Verbraucher voraussichtlich dieselbe Bedeutung hat, ist nur zulässig, wenn das Produkt keine zugesetzten Mono- oder Disaccharide oder irgendein anderes wegen seiner süßenden Wirkung verwendetes Lebensmittel enthält. Wenn das Lebensmittel von Natur aus Zucker enthält, sollte das Etikett auch den folgenden Hinweis enthalten: „ENTHÄLT VON NATUR AUS ZUCKER".

Natriumarm/Kochsalzarm

Die Angabe, ein Lebensmittel sei natrium-/kochsalzarm, sowie jegliche Angabe, die für den Verbraucher voraussichtlich dieselbe Bedeutung hat, ist nur zulässig, wenn das Produkt nicht mehr als 0,12 g Natrium oder den gleichwertigen Gehalt an Salz pro 100 g bzw. 100 ml enthält. Bei anderen Wässern als natürlichen Mineralwässern, die in den Geltungsbereich der Richtlinie 80/777/EWG fallen, darf dieser Wert 2 mg Natrium pro 100 ml nicht übersteigen.

Sehr Natriumarm/Kochsalzarm

Die Angabe, ein Lebensmittel sei sehr natrium-/salzarm[1], sowie jegliche Angabe, die für den Verbraucher voraussichtlich dieselbe Bedeutung hat, ist nur zulässig, wenn das Produkt nicht mehr als 0,04 g Natrium oder den entsprechenden Gehalt an Salz pro 100 g bzw. 100 ml enthält. Für natürliche Mineralwässer und andere Wässer darf diese Angabe nicht verwendet werden.

Natriumfrei oder Kochsalzfrei

Die Angabe, ein Lebensmittel sei natriumfrei oder kochsalzfrei, sowie jegliche Angabe, die für den Verbraucher voraussichtlich dieselbe Bedeutung hat, ist nur zulässig, wenn das Produkt nicht mehr als 0,005 g Natrium oder den gleichwertigen Gehalt an Salz pro 100 g enthält.

Ohne Zusatz von Natrium/Kochsalz

Die Angabe, einem Lebensmittel sei kein Natrium/Kochsalz zugesetzt worden, sowie jegliche Angabe, die für den Verbraucher voraussichtlich dieselbe Bedeutung hat, ist nur zulässig, wenn das Produkt kein zugesetztes Natrium/Kochsalz oder irgendeine andere Zutat enthält, der Natrium/Kochsalz zugesetzt wurde, und das Produkt nicht mehr als 0,12 g Natrium oder den entsprechenden Gehalt an Kochsalz pro 100 g bzw. 100 ml enthält.

Ballaststoffquelle

Die Angabe, ein Lebensmittel sei eine Ballaststoffquelle, sowie jegliche Angabe, die für den Verbraucher voraussichtlich dieselbe Bedeutung hat, ist nur zulässig, wenn das Produkt mindestens 3 g Ballaststoffe pro 100 g oder mindestens 1,5 g Ballaststoffe pro 100 kcal enthält.

Hoher Ballaststoffgehalt

Die Angabe, ein Lebensmittel habe einen hohen Ballaststoffgehalt, sowie jegliche Angabe, die für den Verbraucher voraussichtlich dieselbe Bedeutung hat, ist nur zulässig, wenn das Produkt mindestens 6 g Ballaststoffe pro 100 g oder mindestens 3 g Ballaststoffe pro 100 kcal enthält.

Proteinquelle

Die Angabe, ein Lebensmittel sei eine Proteinquelle, sowie jegliche Angabe, die für den Verbraucher voraussichtlich dieselbe Bedeutung hat, ist nur zulässig, wenn auf den Proteinanteil mindestens 12 % des gesamten Brennwerts des Lebensmittels entfallen.

Hoher Proteingehalt

Die Angabe, ein Lebensmittel habe einen hohen Proteingehalt, sowie jegliche Angabe, die für den Verbraucher voraussichtlich dieselbe Bedeutung hat, ist nur zulässig, wenn auf den Proteinanteil mindestens 20 % des gesamten Brennwerts des Lebensmittels entfallen.

[Name des Vitamins/der Vitamine] und/oder [Name des Mineralstoffs/der Mineralstoffe]-Quelle

Die Angabe, ein Lebensmittel sei eine Vitaminquelle oder Mineralstoffquelle, sowie jegliche Angabe, die für den Verbraucher voraussichtlich dieselbe Bedeutung hat, ist nur zulässig, wenn das Produkt mindestens eine gemäß dem Anhang der Richtlinie 90/496/EWG signifikante Menge oder eine Menge enthält, die den gemäß Artikel 6 der Verordnung (EG) Nr. 1925/2006 des Europäischen Parlaments und des Rates vom 20. Dezember 2006 über den Zusatz von Vitaminen und Mineralstoffen sowie bestimmten anderen Stoffen zu Lebensmitteln[2] zugelassenen Abweichungen entspricht.

Hoher [Name des Vitamins/der Vitamine] und/oder [Name des Mineralstoffs/der Mineralstoffe]-Gehalt

Die Angabe, ein Lebensmittel habe einen hohen Vitamingehalt und/oder Mineralstoffgehalt, sowie jegliche Angabe, die für den Verbraucher voraussichtlich dieselbe Bedeutung hat, ist nur zulässig,

---

[1] Richtig wohl: „natrium-/kochsalzarm".
[2] **Amtl. Anm.:** ABl. L 404 vom 30.12.2006, S. 26.

wenn das Produkt mindestens das Doppelte des unter „[NAME DES VITAMINS/DER VITAMINE] und/oder [NAME DES MINERALSTOFFS/DER MINERALSTOFFE]-Quelle" genannten Werts enthält.

Enthält [Name des Nährstoffs oder der anderen Substanz]

Die Angabe, ein Lebensmittel enthalte einen Nährstoff oder eine andere Substanz, für die in dieser Verordnung keine besonderen Bedingungen vorgesehen sind, sowie jegliche Angabe, die für den Verbraucher voraussichtlich dieselbe Bedeutung hat, ist nur zulässig, wenn das Produkt allen entsprechenden Bestimmungen dieser Verordnung und insbesondere Artikel 5 entspricht. Für Vitamine und Mineralstoffe gelten die Bedingungen für die Angabe „Quelle von".

Erhöhter [Name des Nährstoffs]-Anteil

Die Angabe, der Gehalt an einem oder mehreren Nährstoffen, die keine Vitamine oder Mineralstoffe sind, sei erhöht worden, sowie jegliche Angabe, die für den Verbraucher voraussichtlich dieselbe Bedeutung hat, ist nur zulässig, wenn das Produkt die Bedingungen für die Angabe „Quelle von" erfüllt und die Erhöhung des Anteils mindestens 30 % gegenüber einem vergleichbaren Produkt ausmacht.

Reduzierter [Name des Nährstoffs]-Anteil

Die Angabe, der Gehalt an einem oder mehreren Nährstoffen sei reduziert worden, sowie jegliche Angabe, die für den Verbraucher voraussichtlich dieselbe Bedeutung hat, ist nur zulässig, wenn die Reduzierung des Anteils mindestens 30 % gegenüber einem vergleichbaren Produkt ausmacht; ausgenommen sind Mikronährstoffe, für die ein 10 %iger Unterschied im Nährstoffbezugswert gemäß der Richtlinie 90/496/EWG akzeptabel ist, sowie Natrium oder der entsprechende Gehalt an Salz, für das ein 25 %iger Unterschied akzeptabel ist.

Die Angabe „reduzierter Anteil an gesättigten Fettsäuren" sowie jegliche Angabe, die für den Verbraucher voraussichtlich dieselbe Bedeutung hat, ist nur in folgenden Fällen zulässig:

a) wenn bei einem Produkt mit dieser Angabe die Summe der gesättigten Fettsäuren und der trans-Fettsäuren mindestens 30 % unter der Summe der gesättigten Fettsäuren und der trans-Fettsäuren eines vergleichbaren Produkts liegt und

b) wenn bei einem Produkt mit dieser Angabe der Gehalt an trans-Fettsäuren gleich oder geringer ist als in einem vergleichbaren Produkt.

Die Angabe „reduzierter Zuckeranteil" sowie jegliche Angabe, die für den Verbraucher voraussichtlich dieselbe Bedeutung hat, ist nur zulässig, wenn der Brennwert des Produkts mit dieser Angabe gleich oder geringer ist als der Brennwert eines vergleichbaren Produkts.

Leicht

Die Angabe, ein Produkt sei „leicht", sowie jegliche Angabe, die für den Verbraucher voraussichtlich dieselbe Bedeutung hat, muss dieselben Bedingungen erfüllen wie die Angabe „reduziert"; die Angabe muss außerdem mit einem Hinweis auf die Eigenschaften einhergehen, die das Lebensmittel „leicht" machen.

Von Natur aus/Natürlich

Erfüllt ein Lebensmittel von Natur aus die in diesem Anhang aufgeführte(n) Bedingung(en) für die Verwendung einer nährwertbezogenen Angabe, so darf dieser Angabe der Ausdruck „von Natur aus/natürlich" vorangestellt werden.

Quelle von Omega-3-Fettsäuren

Die Angabe, ein Lebensmittel sei eine Quelle von Omega-3-Fettsäuren, sowie jegliche Angabe, die für den Verbraucher voraussichtlich dieselbe Bedeutung hat, ist nur zulässig, wenn das Produkt mindestens 0,3 g Alpha-Linolensäure pro 100 g und pro 100 kcal oder zusammengenommen mindestens 40 mg Eicosapentaensäure und Docosahexaenoidsäure pro 100 g und pro 100 kcal enthält.

Mit einem hohen Gehalt an Omega-3-Fettsäuren

Die Angabe, ein Lebensmittel habe einen hohen Gehalt an Omega-3-Fettsäuren, sowie jegliche Angabe, die für den Verbraucher voraussichtlich dieselbe Bedeutung hat, ist nur zulässig, wenn das Produkt mindestens 0,6 g Alpha- Linolensäure pro 100 g und pro 100 kcal oder zusammengenommen mindestens 80 mg Eicosapentaensäure und Docosahexaenoidsäure pro 100 g und pro 100 kcal enthält.

Mit einem hohen Gehalt an einfach ungesättigten Fettsäuren

Die Angabe, ein Lebensmittel habe einen hohen Gehalt an einfach ungesättigten Fettsäuren, sowie jegliche Angabe, die für den Verbraucher voraussichtlich dieselbe Bedeutung hat, ist nur zulässig, wenn mindestens 45 % der im Produkt enthaltenen Fettsäuren aus einfach ungesättigten Fettsäuren stammen und sofern die einfach ungesättigten Fettsäuren über 20 % der Energie des Produktes liefern.

Mit einem hohen Gehalt an mehrfach ungesättigten Fettsäuren

Die Angabe, ein Lebensmittel habe einen hohen Gehalt an mehrfach ungesättigten Fettsäuren, sowie jegliche Angabe, die für den Verbraucher voraussichtlich dieselbe Bedeutung hat, ist nur zulässig, wenn mindestens 45 % der im Produkt enthaltenen Fettsäuren aus mehrfach ungesättigten Fettsäuren stammen und sofern die mehrfach ungesättigten Fettsäuren über 20 % der Energie des Produktes liefern.

Mit einem hohen Gehalt an ungesättigten Fettsäuren

Die Angabe, ein Lebensmittel habe einen hohen Gehalt an ungesättigten Fettsäuren, sowie jegliche Angabe, die für den Verbraucher voraussichtlich dieselbe Bedeutung hat, ist nur zulässig, wenn mindestens 70 % der Fettsäuren im Produkt aus ungesättigten Fettsäuren stammen und sofern die ungesättigten Fettsäuren über 20 % der Energie des Produktes liefern.

Sachverzeichnis

Die fetten Zahlen kennzeichnen die Nummern der Gesetze, Verordnungen usw.,
die mageren Zahlen die jeweiligen Paragraphen oder Artikel.

Sachverzeichnis

Sachverzeichnis

Sachverzeichnis

Sachverzeichnis

Fette Zahlen = Gesetzesnummern